本书系2018年度广州市哲学社会科学“十三五”规划重大委托课题（课题批准号：2018GZWTZD35）研究成果

老 年 教 育 丛 书

“一带一路”与老年教育研究

STUDIES ON THE BELT AND ROAD & ELDERLY EDUCATION

林元和　主　编

王友农　李宣海
熊仿杰　副主编

北京师范大学出版集团
BEIJING NORMAL UNIVERSITY PUBLISHING GROUP
北京师范大学出版社

Préface

Les routes de la soie ont été dans le passé un formidable lieu d'échanges non seulement économique mais surtout culturel et humains. Grâce aux routes de la soie, les peuples d'Asie, du Moyen Orient et d'Europe ont pu bénéficier du meilleur de leur propre civilisation en participants *à* une multitude d'échanges mutuels dans un cadre pacifique.

Aujourd'hui, les nouvelles routes de la soie, appelées One Road, One Belt constitue une initiative exceptionnelle pour renforcer toutes les formes de coopération non seulement depuis le Chine et l'Asie vers l'Europe mais également vers l'ensemble des continents depuis l'Australie et le Pacifique jusqu'en Afrique et en Amérique. Cette initiative doit permettre d'améliorer considérablement ce qu'étaient dans le passé les voies de communications terrestres et maritimes de la route de la soie. Grâce aux investissements réalisés dans les pays du chemin de la route de la soie, il sera de plus en plus facile de prendre son véhicule personnel pour visiter les sites historiques et culturels tout au long des routes de la soie en partant de Lyon, la capitale de la soie en France ou de Valencia la capitale de la soie de l'Espagne jusqu'*à* Xi'an, l'ancienne capitale de la Chine jusqu'aux villes côtières. Cette avancée considérable doit bénéficier *à* tous des plus jeunes aux plus âgées.

Les plus âgées c'est *à* dire les séniors ont un rôle fondamental *à* jouer dans cet ambitieux programme des routes de la soie:

• Ce sont lesséniors qui sont les dépositaires de la notre mémoire

• Ce sont les séniors qui connaissent le mieux l'importance de la paix

• Ce sont les séniors qui assurent la transmission aux générations futures

Aujourd'hui l'initiative conjointe de l'AIUTA avec le CAUA constitue avec la conférence de Wuhan consacré aux nouvelles routes da la soie One Road, One Belt et les Universités du Troisième Age est un enjeu exceptionnel. Les Universités du Troisième Age tout au long des routes de la soie sont une courroie de transmission pour assurer le développement des échanges éducatifs et culturels.

Les Universités du Troisième Age peuvent apporter une contribution très importante pour contribuer au succès des nouvelles routes le la soie:

• Les universités du troisième âge sont le lieu de l'éducation tout au long de la vie, elles permettent de transmettre les savoirs entre pays et entre générations.

• Les universités du troisième âge sont le lieu des recherches pour les personnes âgées pour assurer une vie meilleure pour tous les peuples notamment du point de vue médical et de la santé.

• Les universités du troisième âge sont *a* l'origine de nombreuses innovations économiques pour les séniors avec le développement des nouvelles structures de maison de retraites basées sur les nouvelles technologie et la domotique pour les retraités les plus âgées, pour la prévention des maladies liées *a* l'avancée en âge et pour le développement des productions alimentaires adaptées aux différents âge.

• Les universités du troisième âge sont *à*l'origine d'innovation dans de nombreux secteurs des services tels que l'enseignement *à* distance et les séniors study tours qui permettent d'allier visites des sites touristiques et conférences *à* l'université.

Grâce *à* l'initiative du CAUA, une nouvelle avancée très importante s'offre aujourd'hui aux universités du troisième âge et *à* tous les séniors: Celle de pouvoir apporter leur savoir et leur expérience pour assurer un futur brillant *à* tous les peuples.

Professeur François Vellas

Président de l'AIUTA

序　言

古老的丝绸之路不仅是重要的经济贸易之路，而且是各国间文化交往和人文交流的重要通道。丝绸之路将亚洲、中东地区和欧洲各国人民联系起来，使他们能够在和谐的氛围下通过多种方式进行交换与交流，从而使各参与方受益。

今天，“新丝绸之路经济带”是一项特殊举措。这一项目不仅加强了中国同亚洲、欧洲各国多种形式的合作，也加强了从澳大利亚和太平洋地区到非洲、美洲大陆乃至全球的合作。该项目还起到了改善过去陆上和海上丝绸之路的作用。沿线国家对丝绸之路的投资，使人们参观法国丝绸之都里昂、西班牙丝绸之都瓦伦西亚，以及中国古都西安、中国各沿海城市等丝绸之路沿线的历史和文化古迹变得越来越容易。这一重大举措必将使各个阶层不同年龄段的人都受益。

即使是年长的人，在“一带一路”倡议中也发挥着重要作用：

老年人阅历丰富，承载了社会的记忆；

老年人更了解和平的重要性；

老年人确保了历史文化的代代相传。

在国际老年大学协会(AIUTA)与中国老年大学协会(CAUA)的联合倡议下，“‘一带一路’与老年教育”武汉国际研讨会召开，老年大学将成为“一带一路”沿线国家教育发展和文化交流的重要纽带。

老年大学可以为“一带一路”的成功作出重要的贡献，因为：

老年大学是终身教育的场所，有利于知识文化在国家间和代际交

流传播；

老年大学是老年人进行研究的场所，有利于人们能更美好地生活，特别是在医疗和健康领域；

老年大学随经济创新而生，它推动了基于新技术的养老机构的发展，其目的在于预防老年疾病的产生以及促进不同年龄段所需食品的开发；

老年大学有助于推动服务领域的创新，如远程教育和与大学课程相结合的老年游学。

感谢中国老年大学协会的倡议，给老年大学和老年人提出了一项新的重要挑战：将老年人丰富的知识和经验传递给下一代，以确保人类的光明未来。

弗朗索瓦·维拉斯

国际老年大学协会主席

前　言

2013年9月和10月，习近平主席先后提出共建“丝绸之路经济带”和“21世纪海上丝绸之路”倡议。截至2019年10月底，中国已经与137个国家和30个国际组织签署了197份共建“一带一路”合作文件。

2019年5月，国际老年大学协会(AIUTA)第104届理事会和“‘一带一路’与老年教育”国际研讨会在中国武汉召开。会议通过了《武汉共识》，决定将AIUTA平台与中国“一带一路”倡议对接，使世界老年大学都关注和研究中国“一带一路”倡议。《武汉共识》指出：老年人参与“一带一路”倡议，不再仅仅代表着历史的记忆，而且是世界和平力量的一部分，更可以预兆人类社会的未来。

的确，“一带一路”延伸到世界老年教育这个广阔、充满机遇的合作领域，必将为参与各方带来实实在在的合作红利，也将为世界老年教育的发展作出贡献。

老年教育在“一带一路”框架下，形成许多可探索的理论问题。研究“‘一带一路’与老年教育”课题，是一次在全球视野下对老年教育的教育功能和社会功能的全新审视，必将对老年大学的教学理念、课程设计、教学管理、校园文化、理论研究、教材采编等各项工作产生新的启示，也必将进一步推动诸如国际老年游学、银发旅游、国际老年教育项目合作、国际教育资源共建共享等与老年教育相关的新兴领域的研究和发展，进而全面促进老年大学的国际化发展，提升其国际合作水平。

AIUTA主席维拉斯教授认为：“通过老年大学这一媒介，老年人可以为'一带一路'带来极大的成功。老年人口众多，同时他们拥有活力和丰富的技能、经验。因此，老年大学是世代之间传承的重要工具。更具体地说，为了促进'一带一路'的成功，老年大学可以成为教育、研究和银发经济等领域的合作和资源中心。"我完全同意他的看法。我认为本书的目的就在于发掘"一带一路"框架下老年大学的这种力量。

本书论证了：第一，"一带一路"倡议构建国际合作的总体框架与AIUTA建立终身教育国际体系的目标高度一致，"一带一路"的框架可以和AIUTA的框架实现完美对接。第二，文化融通是"一带一路"的灵魂，世界各国老年大学是多元文化交流互鉴的重要桥梁，可以发挥极其重要的作用。第三，民心相通是"一带一路"建设的民意基础，老年教育可以通过其独特的教育活动，使全世界的老年人逐步相互了解、相互尊重。第四，政策沟通是"一带一路"推进和实施的前提及重要保障。各国老年大学需要进行老年教育相关政策的沟通，相互理解，相互学习借鉴，共同创新发展。第五，"一带一路"所倡导的共商、共建、共享原则完全适用于世界老年大学的交流和国际合作，AIUTA则提供了一个非常重要的交流平台。

本书预兆着：国际老年教育融入"一带一路"发展将有一个美好的前景。在全球老龄化背景下，老年教育将成为人类命运共同体的一部分。

本书具有时代性的显著特点和值得重视的学术价值，将对中国老年大学的发展提供新的启示和新的动力，提升中国老年大学的国际化发展水平。在此，我谨向参与课题研究和写作的专家学者致谢，感谢他们的辛勤劳作和为我们所奉献的具有开创性、前瞻性的研究成果！

张晓林

目录

导论

我们眼前的这个世界充满了变数。

当美国学者泰德·菲什曼(Ted C. Fishman)以“世界又老又穷”论断直面全球老龄化(白发新世界)冲击，“增加的数十亿年人类寿命”需要“另一个地球”来承受时[①]，世界经济增速放缓，保护主义、单边主义抬头，风险挑战加剧，全球治理出现赤字。世界何去何从？世界渴望倾听中国的声音，“一带一路”倡议应运而生。

一

2013年9月和10月，中国国家主席习近平先后提出共建“丝绸之路经济带”和“21世纪海上丝绸之路”(以下简称“一带一路”)倡议。“一带一路”倡议

① [美]泰德·菲什曼：《当世界又老又穷：全球老龄化大冲击》，黄煜文译，15页，北京，生活·读书·新知三联书店，2018。

借用古丝绸之路的历史符号，融入新的时代内涵，既是实现多元、自主、平衡和可持续发展的中国方案，也是深化区域合作、加强文明交流互鉴、维护世界和平稳定的中国主张。

关于全球格局和全球治理存在两种"陷阱论"。第一种是关于守成大国和新崛起大国必有一战的"修昔底德陷阱"。[①] 随着中国领导人"世上本无'修昔底德陷阱'"论断的提出[②]，中国通过倡导、推动"一带一路"建设，使"修昔底德陷阱"失去了热度。第二种是指世界大国不愿承担提供全球公共产品的责任，从而导致国际社会失序，甚至世界大战爆发的"金德尔伯格陷阱"。[③] 防止陷入"金德尔伯格陷阱"，关键是要推动构建人类命运共同体。"一带一路"为全球治理提供了多层面的公共产品。中国是现行国际体系的参与者、建设者、贡献者。中国提供公共产品，提出解决世界问题的方案，都是在现行的国际框架中进行的。

从世界历史维度来看，以"一带一路"为载体的中国理念、中国方案为全球治理注入了新能量，形成了人类社会发展新格局，跳出了"修昔底德陷阱"和"金德尔伯格陷阱"。

二

"一带一路"可以说是中国5000年历史文化凝聚的成果，是1840年鸦片

① "修昔底德陷阱"(Thucydides Trap)：古希腊著名历史学家修昔底德认为，当一个崛起的大国与既有的统治霸主竞争时，战争就不可避免。

② 2015年9月22日，中国国家主席习近平在西雅图欢迎宴会上的演讲中指出，世界上本无"修昔底德陷阱"。

③ 2017年1月，美国政治学家约瑟夫·奈(Joseph S. Nye)在欧洲新闻网发表的文章里提出：中国崛起以后的动向可能不是"示强"，而是"示弱"，即不愿承担目前美国无力负责的重要国际公共产品的供给，从而使世界陷入领导力空缺、危机四起的险境。

战争以来中国第一次向世界展示“求同存异”和“商量着办”的全球发展方式。“一带一路”的核心原则是“共商、共建、共享”；“一带一路”的内涵主要是互联互通，即“五通三同”。“五通”就是政策沟通、设施联通、贸易畅通、资金融通、民心相通；“三同”就是利益共同体、命运共同体和责任共同体。“一带一路”是开放性、包容性区域合作倡议，而非排他性、封闭性的中国“小圈子”；“一带一路”是务实合作平台，而非中国的地缘政治工具；“一带一路”是共商、共建、共享的联动发展倡议，而非中国的对外援助计划；“一带一路”是和现有机制的对接与互补，而非替代；“一带一路”是促进人文交流的桥梁，而非触发文明冲突的引线。①

“一带一路”跨越不同区域、不同文化、不同宗教信仰，它带来的不是文明冲突，而是各文明间的交流互鉴。它要以文明交流超越文明隔阂、文明互鉴超越文明冲突、文明共存超越文明优越，为相关国家加强交流、增进理解搭起了新的桥梁，为不同文化和文明加强对话、交流互鉴织就了新的纽带，推动各国相互理解、相互尊重、相互信任。“一带一路”倡议的理念和方向，同联合国《2030 年可持续发展议程》②高度契合。

同一个世界，同一个梦想。当我们用“一带一路”的视野审视中国老年教育乃至世界老年教育的时候，豁然开朗的是：“一带一路”的内涵要求、思维、理念、原则、主张，都完全适用于老年教育发展事业。“一带一路”的合作范围不断扩大，必将延伸到世界老年教育领域，这是一个广阔又充满机遇的合作领域，必将为参与各方带来实实在在的合作红利。“一带一路”必将为世界老年教育贡献应对挑战、强化信心、提升水平的智慧与力量。

2019 年 2 月，中国政府发布了《中国教育现代化 2035》，提出建成服务于全民终身教育的现代教育体系总目标，提出构建服务全民的终身学习体

① 陈积敏：《正确认识“一带一路”》，载《学习时报》，2018-02-26。

② 2015 年 9 月，世界各国领导人在联合国可持续发展峰会上通过了该议程。该议程涵盖 17 个可持续发展目标，于 2016 年 1 月 1 日正式生效。

系，加快发展城乡社区、老年教育，推动各类学习型组织的建设。[①] 国家教育目标、战略任务的确立，为老年教育融入“一带一路”提供了非常好的思想武装。

三

共建“一带一路”是在全球老龄化的背景下展开的。当老年教育已被全世界认可为人类应对人口老龄化的共同选择时，老年教育被纳入“一带一路”的视野，所以推进国际老年教育与“一带一路”框架对接不可避免。这既是“一带一路”内涵的必然要求，也是老年教育发展的趋势之一。“一带一路”的宏大构思和布局涵盖人类社会共同利益的方方面面，理所当然包含了人类应对老龄化的共同战略——老年教育。

近半个世纪以来，全球化对世界政治、经济格局的影响愈加深远。与此同时，不可逆转的人口老龄化现象也日益凸显，成为各国共同面对的社会问题。作为全球应对人口老龄化问题的共同选择，老年教育在“一带一路”框架下承载了新的历史使命和社会责任，产生了新的时代内涵，形成了许多可探索的理论问题。

研究“‘一带一路’与老年教育”课题，是一次在全球化视野下对老年教育的教育功能和社会功能的全新审视，更是一次对老年大学办学内涵和外延的升华与创新，旨在通过对“一带一路”与老年教育的研究，在文化融通、民心相通、政策沟通的视野下重新审视、确立老年教育的社会功能和定位；从人口老龄化的发展和需求角度，延伸和丰富老年教育的涉及面和发展模式，同时也为拓展和丰富“一带一路”的内涵提供实践论证案例。

---

① 中共中央办公厅、国务院办公厅：《中国教育现代化 2035》，http://www.moe.gov.cn/jyb_xwfb/s6052/moe_838/201902/t20190223_370857.html，2019-02-23。

研究“一带一路”与老年教育这一国际高度关注的前沿论题，有利于进一步让中外老年大学互相了解、互相借鉴、相知互重。同时，我们也可以通过老年教育这一全球关注的朝阳事业，从一个侧面向世界宣传“一带一路”构建人类命运共同体等国际倡议，传递协同发展、持续发展、多元发展、友好发展的中国声音。

老年教育主动融入“一带一路”建设框架，汲取其丰富内涵的养分，必将对老年大学的教学理念、课程设计、教学管理、校园文化、理论研究、教材采编等各项工作产生新的启示，也必将进一步推动诸如国际老年游学、银发旅游、国际老年教育项目合作、国际教育资源共建共享等与老年教育相关的新兴领域的研究和发展，进而全面促进全球老年大学的发展，提升其国际合作水平。

四

文化融通是“一带一路”的灵魂。古丝绸之路早就鲜明地体现出和睦、和谐、和平、多元、共荣的文化交流融合特征。

“一带一路”倡议为文化融通开辟了一条宽阔的渠道。国际老年大学协会提出的《老年大学宪章》，非常强调世界各国的老年大学是各国老年人进行文化交流沟通的有力平台，强调在老年大学这个平台上进行国际合作。① 老年大学教育在世界各国实际上有很多相同的东西，有许多价值观是一致的。但是各国文化不同，这反映和体现在老年教育方面，呈现出丰富多彩的老年教育文化。这些体现各国民族文化以及文化特征的老年大学，在AIUTA的平台上已经通过很多的国际理论研究的沟通，以及教学科研项目的合作，基本

① 林元和、王友农：《中国老年教育理论研究与国际对接（2013—2016）》，344～345页，广州，广东高等教育出版社，2018。

实现了多元、多种文化的相互借鉴和相容。我们可以在很多领域、很多层面优化文化交流的工作，让文化交流更加理性化、科学化、经常化，并转化为实践果实。从文化交流的办学理念到实际运用，文化融通在老年大学课程设置创新、理论研究合作、校园文化发展、跨国游学兴起等方面，可以开启各国文化交流的强大"魔盒"。

老年教育促进文化融通，需要搭建和完善国际老年大学教学成果展示平台，把老年大学作为一块实验田，在"一带一路"框架下促进文化交流，深刻了解本国的文化，再了解他国的文化，尊重他国的文化，把相互之间的文化精华提取出来，扬长避短。这方面的工作是有独特优势、独特成功经验的。

"一带一路"框架下的文化融通，实际上又构成了民心相通的基础。民心相通实际上主要是通过文化交流融汇实现的。终身学习已经成为 21 世纪的生存理念，老年教育越来越在全球蔓延发展，这注定为世界文化融通提供了一条非常新颖宽阔而诱人的道路。

五

民心相通是"一带一路"建设的民意基础和社会根基，也是"一带一路"建设取得成功的关键点和落脚点。世界已经是老龄化的世界，民心相通范畴覆盖的相当大比例的人口是老年人，而且老年人影响社会，影响其他各个年龄段的人，同时影响未来。在一定程度上可以说老年人民心相通，则天下民心相通。

老年教育可以通过其独特的教育活动，通过老年大学国际交流平台，使全世界的老年人逐步互相了解、互相尊重，形成手足情谊。全球老龄化造就了老年大学这种老年人命运共同体因素。老年人在老年大学里面可以通过学习其他国家的语言，通过学习其他国家的历史、宗教等，来了解他国，然后做到互相尊重，情感相融，以真心诚心广交、广结天下老年人朋友，以包容的情怀，建立起良好的友谊，缩短相互之间的心理距离。老年教育能提供一个平台，能通过有效的教学活动来促进跨地域、跨国的老年人的相识相知，增进理解信任，真正促进民心相通。

“一带一路”的核心价值取向就是秉持和平合作、开放包容、互学互鉴、互利共赢的理念。这种理念体现在全世界的老年教育里，是大家认可的价值取向。AIUTA 成立 40 多年来，通过召开国际学术会议，不断地进行国际的校际交流，使各国老年教育的理论、理念对接，让“一带一路”的核心价值取向得以传播和深入老年教育领域。办学者也越来越心意相连了。

增进民心相通要侧重于一个“情”字，要带着感情去做好民心相通的事情，多开展一些以情动人、注重情感的老年教育活动；增进民心相通要讲究一个“实”字，要把民心相通的事情和老年大学的具体教学结合起来；增进民心相通要彰显一个“容”字，就是包容开放，能够理解别人，促进相互之间的学习，取长补短，正确地对待一些由于民族特性或者意识形态而引发的观念的分歧，求同存异。

民心相通就是最基础、最坚实、最持久的互联互通。可以说全世界的老年大学是民心相通的一个非常重要的实验基地、一个独特又很关键的阵地，或者一座心意及情感沟通的桥梁。让我们在 AIUTA 的框架下，引入“一带一路”民心相通的理念，共同把全世界的以老年大学为主体的老年教育发展好、促进好，造福于全世界的每一个老人。世界老年大学的民心相通事业也会反过来助力“一带一路”建设。

六

政策沟通是“一带一路”建设的重要保障。政策沟通是为适应人类社会所处的新变革时代所作出的一个重要战略抉择，因为人类社会处于一个大变革、大发展、大调整的时代。在这样一个多变的世界里，各国的政策之间的相互沟通和相互了解显得非常重要。同样，世界老年教育也需要政策沟通。

世界老年教育大都以老年大学为主要载体，现在呈现出很多且不同的办学模式，而各种办学模式实质上是各国老年教育政策的产物。这些不同的办学模式的出现和运行，是各国按照终身教育的思潮兴办老年教育采用不同政策的结果。这就非常需要各国之间进行老年教育的相关政策的沟通。比如，各国在法律法规、规章制度方面，对老年教育是怎么界定、规范的？实施什么教育政策、财政税务政策和宏观管理机制？等等。特别是对于一些最新的政策规定，如果各国进行比较快的沟通，就可以相互学习借鉴，共同创新发展。

AIUTA 在政策沟通方面是作出了一些成绩的。追溯多年来 AIUTA 提出的各项国际会议主题，可以发现它们很多是要求对各国的老年教育政策进行沟通的。虽然这些主题侧重于从教育学、社会学、心理学的一些角度来研究理论问题，但是很多都聚焦展示各国的老年教育政策，包括顶层决策、宏观法规和微观政策。

我们强调在“一带一路”框架下研究政策沟通，说的是老年教育领域里各国之间的老年教育政策的沟通。但是我们也必须指出，老年教育在各个国家，实际上都是服务于、服从于这个国家的经济社会发展大局的。因此从这个角度讲，政策沟通还应该包括宏观的方面，就是我们要沟通各国老年教育在社会发展中、在各国所占的地位和所起的作用，在经济社会中的布局，在社会建设方面的布局，这些都应该属于政策沟通的范畴。

人类社会为应对世界老龄化形成了许多原则方针，提出了一些政策措施。实现积极老龄化成为世界的共识。各国政府也不断探索、试验、推动各种适应本国老龄化事业的行动计划，这方面的政策沟通也非常必要。老年大学由于贴近老年群体，最了解老年人，也最了解老龄政策，在本国积极老龄化事业中承担着重要角色，有条件开展国际的老龄化政策沟通和研究工作。

今后老年大学可以着力各国积极老龄化政策的沟通。

七

世界老年教育现在主要有三种模式：法国模式、英国模式和中国模式。当然除了这三种主要模式，世界上还有其他的一些模式。用“一带一路”倡议来审视所有这些老年教育的办学模式，我们认为它们是可以共存互鉴的。不管哪一种办学模式，它都各有长短，各有特色。它能够存在和发展，就肯定与其国的历史文化、社会背景紧密联系。共商、共建、共享，就是要共同来商量，在各种办学模式中求同存异，在一些具体的教学内容上、教学要求上达成共识，共同建设一些老年大学的学术平台，共同建设一些理念，共同建设一些教材，然后再来共享这些成果，共同提高全世界老年大学的水平，提升全世界老年教育的学术层次。把“一带一路”的一些精髓、思想、价值观、精神取向引入老年教育领域，可使老年大学教育内涵得以创新和丰富发展。

这个方面最主要的突破口是在教学方面。各国的老年大学教学显然是丰富多彩的，内容各异，教学方法各异，教学要求各异，师资各异，学员也各异。但是，既然同是老年教育的教学，那这些不同的因素里面，必然包含很多相同的东西。而我们就是要找到并研究这些共性的东西，进行理论升华和实践创新。

老年大学教学的创新，可以从以下方面着手。第一，对课程设置进行创新。为适应“一带一路”的要求，可以在课程中引入“一带一路”专题课，让每一个学员都了解什么是“一带一路”，包括“一带一路”究竟包含什么内容，“一带一路”对我们每一个人的生活、对我们国家有什么影响。第二，课程可以加入一些服务于“一带一路”建设的内容。老年人虽然不需要亲临“一带一路”建设的前沿、前线，但是在很多方面是可以通过力所能及的参与，服务于“一带一路”

的。比如说外语教学，如果老年大学能自我培养、储蓄一批学员，让他们以志愿者身份服务于一些中外交流活动，则是老年大学的重大成绩。第三，可以有意识地强化一些文化融通的内容。比如说中国的传统书画，很需要国际交流。欧洲老年大学里面比较常见的油画、考古、历史这些学科可引入中国的老年大学。还有我们可以将一些极具民族风格、民族特色的内容加以宣传，像中国剪纸、中国民族音乐、中国围棋，甚至中国麻将等。中国的老年大学应该搭建一些平台，在“一带一路”的文化融通政策措施的支持下，将这些内容推荐给全世界的老年大学。“一带一路”框架所产生的外溢驱动力和张力促使我们对老年大学教育的课程进行改革和创新。

在跟国外的交流中我们发现在老年大学的教学里大量引入高新技术是非常重要的。在引入高新技术这方面中国的老年大学毫不逊色，也是可以跟国外加大交流互鉴的。意大利的泽尔比尼教授多次在 AIUTA 的执委会上提出要建立一个 AIUTA 的国际老年大学新技术研究中心。AIUTA 建议中国跟 AIUTA 合作搞研究，这是教学创新很重要的一方面。“一带一路”里所有的联通措施，都是在信息技术迅猛发展这样一个社会背景下提出和实施的。老年大学的教学应该与之同步。

八

老年游学热潮与“一带一路”所倡导的理念息息相通，可以为“一带一路”倡议增添美丽的风景。“一带一路”倡导文化融通、民心相通，而游学刚好是实现这“两通”的一种新方法。老年人在一起游学，可以促进文化习俗相融，可以通过相互了解增进友谊，还可以促进两个国家或者两个地区老年人的心灵相通、情感相融。在老年大学组织的游学实例中，大家虽然很多是首次见面，但是都感觉到相逢何必曾相识，都感觉到大家是亲人，都感觉到世界就是一个大家庭。可见，游学已经展示出它在沟通民心、融通文化方面有巨大的潜力。在老龄化的背景下，游学这种模式，可以为“一带一路”里的“五通”挖掘和提供有利元素。开展老年游学不是一种简单消费，而是老年教育发挥其社会功能的一个方面。

老年游学并不是简单的旅游，而是将学习和旅游有机结合了起来。AIUTA 非常注重老年游学，在葡萄牙亚速尔群岛建立了一个老年游学的世界观测平台，由桑托斯教授主办。多年来 AIUTA 也发表过不少关于老年游学的研究成果，特别是最近 AIUTA 提出，要侧重于研究老年游学的原始动机，即老年人游学的原因。另外，AIUTA 提出要侧重于研究将新技术与老年游学结合起来的问题。因为现代老年人生活在一个信息化的、高技术的世界，所以老年人在游学中不单纯是简单观看一下历史遗迹或自然风光，拍几张照片，而是要将新技术的一些手段应用于游学过程，提高游学的文化层次，享受游学。

九

“一带一路”倡议覆盖了经贸、文化、教育、科技、旅游等多个领域，成为世界大变革时期一个崭新的理论体系框架。“一带一路”倡议的诸多理论，需要在推进的实践中，由各国人民来创新、丰富和发展。因此围绕“一带一路”进行理论研究是一个历史性的但又崭新的课题，我们可以预测到对“一带一路”的理论研究必然会逐步成为席卷世界的一股热潮。世界老年教育主动将自身的理论研究纳入其中，是一种大的前瞻性战略考量。这是大有可为的广阔天地。

首先，世界老年大学理论研究有共同的目标、共同的价值追求、共同的研究对象、共同的探索规律，因此理论研究的成果是共商的结果，是可以共享的财富。也因此大家都有探索研究老年教育国际议题的积极性，都有许多研究心得和探索见解想拿到国际平台上进行展示交流，而且在国际层面的理论交流往往是与各国丰富多彩的老年教育实践经验结合打包推出的，更有理论影响力。其次，"一带一路"的理念是共同发展，目标是合作共赢，这是世界老年教育领域理论研究对接、合作的主旋律。各国老年教育范畴内的理论研究，都没有意识形态的对立，没有政治观点的纠结，纯属教育学术讨论，研究成果在学术层面有普遍价值，惠及五大洲蓬勃兴起、发展强劲的老年大学事业。再次，中外老年教育思潮、理论相互影响越来越明显，越来越深入，越来越广泛。各国关于老年教育的研究成果在共性规律问题上观点趋同，但研究视角不同，研究方法不同，表达方式不同。思想有碰撞的火花，更有相得益彰的可以共享的成果。最后，AIUTA是中国老年大学连接世界老年大学、对接国际老年教育前沿理论的最好平台。中国老年大学协会国际联络部根据"1+1"研究模式，在每次国际学术会议之前，组织中国学者对国际议题先行研究，形成学术意见，整理后在AIUTA国际会议上演讲，因此，AIUTA国际会议每次都有中国声音，中国学者每次都有新的展示。AIUTA开始关注、了解、研究"一带一路"倡议，正可以推动这个现成的平台与"一带一路"对接，而且首先期待在老年教育理论研究上取得突破。

十

推进老年教育对接"一带一路"，让老年教育融入和服务于"一带一路"的大格局，需要建设一支具有国际素养、具有国际视野、具有相关国际知识、通晓国际老年教育前沿理论的老年教育工作者队伍。这是老年大学的教育能真正在"一带一路"建设中起到应有作用的一个关键。

从现状来看，中国老年大学教育的工作者既有较好的一面，也有不足的一面。现有的老年大学的工作管理队伍，可以说总体上还不太适应“一带一路”框架下老年教育的国际化发展。因此，老年大学要将队伍建设的国际化素养、国际化工作能力的提高作为非常重要的一个环节抓紧抓好。

第一，在思想意识方面一定要引入、确立“一带一路”伟大构想的理念、原则。老年教育工作者最起码要了解“一带一路”，确立老年教育为“一带一路”服务这样一个理念。虽然老年大学不需要它的教育工作者和它的教育对象直接参与“一带一路”的建设，但是，老年大学的阵地和老年大学的工作，在文化融通、民心相通、政策沟通等多个方面，都可以为“一带一路”提供强大助力。第二，提升这个队伍的国际素养和能力，最主要是从加强培训入手。各级老年大学的管理部门、各级领导都应不失时机地抓紧在“一带一路”框架下的老年教育工作者队伍应有素质的培训。第三，所有的老年大学都将“一带一路”的内涵、知识真正融入教学内容，使老年教育工作者在工作中学习，在工作中提升。

老年教育工作者队伍的国际素养的培养和提高不是一朝一夕可成的，将经历一个漫长的过程。

十一

“一带一路”倡议提出来以后，很快得到了许多国家的认同、响应和支持。不少国家都跟中国签订了对接的合作框架，因此全世界的老年大学之间的国际合作也可以实现战略对接，与“一带一路”建设大局接轨，实现“一带一路”框架与 AIUTA 目标中的“国际终身教育体系”框架的对接。

这种对接在许多方面是可以实现的。

第一，老年大学之间的参观互访。目前这种交流模式是比较普遍的，也比较简便，通过观摩教学、座谈、交流资料等一些模式进行。第二，可以开展教学方面的合作，包括各种语言教学、各国历史教学、互派师资、交换生源、交换教材方面的合作。第三，可以在展示平台方面进行合作，老年大学的学员有全世界共性的东西，那就是老年学生喜欢展示。教学成果尤其需要展示。各国可以在搭建国与国之间的展示平台方面合作，如开展书画、手工艺品、摄影作品、文艺作品、乐器演奏方面的同台展示、同台演绎。这方面可以大有作为。第四，可以开展老年大学的网络合作。现在的社会是信息社会，网络之间的合作天地广阔。人们通过网络可以进行老年教育方面的交流，包括理论成果、教学成果、教材成果、管理模式成果、观念上的新变化成果方面的交流，等等。第五，可以开展老年大学科研课题、科研项目的合作。这方面的合作非常有前景，由于现在各国老年大学在语言沟通上还有问题，所以需要大力加强合作手段和技术的沟通。科研项目的合作能够非常好地促进融合，包括文化融合、政策相通和民心融合。

《中国教育现代化2035》指出：要开创教育对外开放新格局，全面提升国际交流合作水平，扎实推进“一带一路”教育行动。① 面对全球老龄化的世界，“一带一路”需要全世界老年大学的了解、关注，需要大家共同来商讨问题，需要大家共同建设老年教育的国际体系，然后共享这个体系所带来的应对全球老龄化的老年教育成就。

十二

我们共同的未来应该是更加光明的未来。人类命运共同体是平等的共同

① 中共中央办公厅、国务院办公厅：《中国教育现代化2035》，http://www.moe.gov.cn/jyb_xwfb/s6052/moe_838/201902/t20190223_370857.html，2019-02-23。

体，是和平的共同体，是繁荣的共同体，是文明的共同体，是绿色的共同体，是包容了老年教育的共享的共同体。

“一带一路”沿线主要有60多个国家和地区。老年教育在这一区域发展不平衡。“一带一路”倡议将为这一地区注入老年教育崛起和发展的强大动力。老年教育势必伴随经济社会的发展蓬勃兴起，逐步覆盖各个国家和地区。

——亚欧大陆是世界经济增长的重要引擎之一，也是共建“一带一路”的主要地区。欧洲，特别是西欧，是世界老龄化最深度的地区，也是老年教育的发祥地，该地区老年教育的理念和实践都较为成熟、先进。世界老年教育法、英、中三种主要办学模式产生于亚欧大陆，东亚以日本、韩国为代表的老年教育“日韩模式”也独具特色。①

——非洲是共建“一带一路”的关键伙伴。非洲部分地区曾经是海上丝绸之路的重要区域。非洲老年教育近年开始启动，塞内加尔、尼日利亚、南非、几内亚等国均成立了老年大学。2018年11月，AIUTA首次在非洲召开国际会议，毛里求斯老年大学成功举办了“多元文化融合与老年大学”国际研讨会。老年教育在非洲的崛起不可避免。

——拉丁美洲和加勒比地区是重要的新兴市场，也是中国最重要的贸易伙伴之一。中国致力于将“一带一路”同拉丁美洲和加勒比有关国家的发展对接，不断扩大共同利益。巴西、智利、哥伦比亚、哥斯达黎加等国的高校举办老年教育的潮流正在涌动漫延。

——大洋洲是“21世纪海上丝绸之路”的南向延伸地区。共建“21世纪海上丝绸之路”为太平洋岛国加快自身发展、深化与中国的南南合作创造了新的机遇。澳大利亚和新西兰办有较规范的多所老年大学，大洋洲其他20多个国家或地区暂时没有老年教育。岛国人口少，老龄化不明显，但老年教育的需求势必萌芽。

老年教育在五大洲兴起、发展。通过愿景展望我们清晰地看到，老年教

① 王友农：《国际老年教育办学模式研究》，载《广州老年教育研究》，2017(2)。

育与“一带一路”可以同频；从现实到未来，我们愿意开创与 AIUTA 合作的新格局，开创与五大洲所有老年大学交流合作的新局面，让世界老年教育服务和助力构建人类命运共同体。

“一带一路”源于中国而属于世界，基于历史而放眼未来：世界老年教育的明天会更加美好！

第一章　全球化与老年教育

第一节　全球化与全球老龄化

一、全球化概述

(一)全球化的开始及其进程

关于全球化的起源，一种观点认为，“全球化”可谓“古已有之”，因为这是一个从一开始就具有人类特征的过程，即人类自从在非洲东部某个地方诞生起就不断地运动着、互动着，为求生存而散布到地球的各个角落，同时群与群之间在相互隔离的情况下发展着自己的文化。随着交通能力的进步和生存条件的改善，分散的人群又慢慢地会合起来了。此时可以说全球化进程就开始了。

对于全球化进程开始的标志年，几乎所有西方的全球化学者都推定为1492年，即哥伦布发现新大陆那一年。我们认为，这个标志年应该远推至公元前138年至公元前119年，即“张骞通西域”年。此一大事件不仅加强了西域同西汉的政治经济文化交流而导引出“全球化”概念，而且为“丝绸之路”的开辟奠定了基础，更为其后“海上丝绸之路”的开辟奠定了基础，意义非凡。

关于全球化的进程，美国新闻工作者、经济学家托马斯·弗里德曼(Thomas Loren Friedman)在《世界是平的》一书中有一个经典的表述：全球化是从国家到企业，再到个人主导的全球化融合的过程。

弗里德曼将全球化划分为如下三个阶段。

“全球化1.0”阶段。这一阶段主要是国家间的融合，全球化开始于1492年哥伦布发现新大陆之时，持续到1800年前后。劳动力推动着这一阶段的全球化进程，这期间世界从大号变为中号。

“全球化2.0”阶段。这一阶段是公司之间的融合，从1800年前后一直到2000年，各种硬件的发明和革新成为这次全球化的主要推动力——从蒸汽船、铁路到电话和计算机的普及。这期间因大萧条和两次世界大战全球化进程被迫中断。这期间世界从中号变为小号。

“全球化3.0”阶段。在这一阶段，个人成了主角，肤色或东西方的文化差异不再是合作或竞争的障碍。软件的不断创新，网络的普及，让世界各地的人们可以通过互联网轻松实现自己的社会分工。新一波的全球化，正在抹平疆界。世界变平了，从小号缩成了微小号。

弗里德曼列举出了十股造成世界平坦化的重要力量，其中包括中国加入世界经济贸易组织(简称经贸组织，WTO)这个重要因素。他认为，在世界变得更平坦的未来三十年之内，世界将从“卖给中国”变成“中国制造”，再到“中国设计”甚至变成“中国梦想”。①

① [美]托马斯·弗里德曼：《世界是平的》，何帆、肖莹莹、郝正非译，8～10、111页，长沙，湖南科学技术出版社，2006。

(二)推动全球化的动力

全球化的发展趋势在20世纪80年代开始明朗化。推动全球化的动力，研究者认为来自四个方面。

第一，技术全球化。它加强了世界各地的互相往来和互相理解，在这个过程中传统的习俗逐渐消解，新的观念、新的生存方式陆续出现，继而文化全球化开始生成。德国存在主义哲学家雅斯贝斯(Karl Theodor Jaspers)因此认识到，“技术使前所未有的交往和通讯速度变为可能，它造成了全球的统一。人类整体的共同的历史开始了。统一的命运控制着人类整体。全球四面八方的人们都能互相理解。”①技术的发展把生活在地球上的人类变成了在同一时间、同一空间里共同生存的整体，这种相互依赖、风险共担、共同生活的现实是全球文化产生的最大动力，显示了交通技术和通信技术与全球历史和全球意识的关系，就是说，在自然土地上的共同生活和在时间里的共同存在造成了人类的统一。人造卫星技术与计算机技术的相互融合推动了全球化的进程。全球化的进程影响着人们的日常生活，改变着人们的思维方式，也改变着社会的结构和组织。

第二，经济全球化。正是经济全球化，如金融全球化、贸易全球化和投资全球化为全球化时代的到来提供了巨大的动力。世界范围内的经济交往是全球化时代的动力，也是促成人们形成全球意识的一个因素。现在，加入共同贸易协定的国家越来越多，贸易商品的范围越来越广，世界金融市场在贸易中的作用越来越大，可以说经济全球化已经是一种事实。经济全球化的过程引起了全球性的竞争，结果是出现了资源短缺、环境恶化、金融风险等全球性问题，这些都说明了竞争的极限性，也使人们清醒地认识到世界的整体性。在这个整体的世界中，发生在遥远地区的事件可以对我们产生影响，反过来，我们作为个人所作出的决定，其后果也可能是全球性的。于是人们意识到了同在一个地球的意义，开始了彼此之间的合作，认识到了相互依赖的

① [德]卡尔·雅斯贝斯：《历史的起源与目标》，220页，北京，华夏出版社，1989。

重要性。

第三，人道主义全球化。如果说经济的发展和科技的进步是全球化的客观动力，具有十分重要的意义，那么人道主义因素就构成了全球化动力的主观部分，它的存在对于全球化同样不可或缺。为了解决全球性问题，人们创设了多种国际机构，包括政府机构和非政府机构(如联合国、世贸组织、国际货币基金组织、绿色和平组织、红十字会、野生动物基金会等)。这些机构建立的目的就是要解决各种全球性问题，如生态保护、南北关系、人权问题等。它们发出维护正义的声音，提供人类为之努力的方向。随着全球化时代的到来，这样的机构越来越多，所起的作用也将越来越大，这也加快了全球化时代的到来，它们是促进全球化文化产生的重要力量。

第四，文化全球化。它几乎涉及地球的所有地方。美国的政治学家塞缪尔·亨廷顿(Samuel Phillips Huntington)认为，文化全球化既不是一种简单的重大承诺，也非一种简单的巨大威胁，而是一种文化层面上的多元化的挑战：原先被认为是不成问题的传统如今陷于崩解，而信念、价值观和生活方式更出现了多种选择。如果说这一巨大的挑战就是个人和集体都得到更大的自由，那也不算过分。

综上所述，全球化时代既产生于现代化的危机中，也产生于现代化的成就中，现代化成就则为全球化时代的到来提供了坚实的物质基础。对促成全球化时代到来的各种因素，英国的马丁·阿尔布劳(Martin Albrow)作了一个综合性的考察，认为全球化至少在五个方面使我们超越了现代性的种种假设。这五个方面是：由全部人类活动造成的全球性的环境后果；由具有全球破坏性的武器导致的安全感的丧失；通信系统的全球性；全球性经济现象的涌现；全球主义的反省性——在有这种反省性的地方，人们和各种团体都把全球作为自己确定信仰的参照系。

二、全球化直面全球老龄化冲击

美国的泰德·费什曼在《当世界又老又穷：全球老龄化大冲击》一书中

深入探讨了全球老龄化对于政治、经济、社会、居民生活等多方面的影响，分析了越来越少的年轻人供养众多老年人、许多工业化国家因为缺少年轻劳动力而加速吸收国外移民等现象。费什曼深入走访了美国、日本、西班牙、中国等国家和地区，广泛采访各阶层社会成员，梳理出一幅世界范围内老龄化社会的图卷，指出老龄化冲击将在多个方面影响我们每一个人的未来生活。

老龄化对全球化的冲击主要表现在以下方面。

(一)全球一起变老

2010 年，欧洲多个国家和亚洲的日本每 5 人中有一位 65 岁以上的老人，北美洲和澳洲大陆老龄人口比例普遍在 10%～15%，而中国则还不到 10%。预计到 2030 年，全球 65 岁以上人口将超过 10 亿，50 岁以上人口会超过 17 岁以下人口；而中国 65 岁以上人口比例将超过日本，成为全球老龄化程度最高的国家。到 2050 年，北半球(包括中国)老龄人口普遍占到各国总人口的 20%以上。2100 年，南美洲各国也普遍加入“一起变老”阵营，只有非洲大陆仍在“变老”线下徘徊。①

(二)全球 2/3 的老龄人口生活在发展中国家

虽然发达国家率先进入了老龄化社会，但全球 60 岁以上人口中的 2/3 却生活在发展中国家，而且这一比例在未来几十年里会进一步提高。虽然老龄人口数量在发达国家中持续增长，但增速相对平稳。而发展中国家在未来几十年里将面临老龄人口的快速增长。预计到 2050 年，发展中国家的老龄人口数量将比现在翻一番。

① 此处数据出自泰德·菲什曼：《当世界又老又穷：全球老龄化大冲击》，生活·读书·新知三联书店 2018 年版。

(三)慢性病成为全球老人减寿首因

对美洲、澳洲大陆和欧洲的居民来说，心脏病是居民减寿的首要原因，而中风是中国及其邻国居民早逝的首要原因。对其他一些发展中国家来说，下呼吸道感染(包括肺炎)仍是居民减寿的首要原因。很多非洲国家居民则仍饱受传染性疾病的困扰，如疟疾、腹泻和艾滋病。

(四)全球老人面临孤独的困境

联合国的数据显示，在老龄人口比例高的地区，老人独居或老两口身边无子女的比例也相对较高。在老龄人口比例接近或超过20%的发达地区，绝大多数老人过着独居或老两口生活的日子。发达地区女性独居比例高于男性，从某种程度上反映了老龄人口中“阴盛阳衰”的性别比例失调问题。在欠发达地区，每4个老人中就有1个因不与子女居于同一屋檐下而孤独面对夕阳。人口迅速老龄化，可能成为引爆下一场全球经济危机的导火索。

全球老龄化对人类社会产生的影响是非常深刻且深远的。全球都在积极应对这一前所未有的历史难题。

第二节　全球化与“一带一路”

一、“一带一路”彰显中国的全球化理念

正当西方世界出现“逆全球化”风潮的时候，中国接过这面全球化大旗——“一带一路”倡议，就是中国对世界自由贸易体系的承诺和担当。在哈萨克斯坦首都阿斯塔纳提出“丝绸之路经济带”构想时，中国国家主席习近平就直言，当前世界经济融合加速发展，区域合作方兴未艾。未来的世界，不

是单个国家之间的竞争，而是地区与地区之间的竞争。“一带一路”将把欧亚各国经济紧密联系在一起，让欧亚各国“获得更大发展空间”。

(一)全球化中各国的相互依赖，是世界稳定繁荣的压舱石

弗里德曼在论及国际关系时提出一个麦当劳理论——两个国内有麦当劳连锁店的国家，从不打仗。这个看上去不太严肃的理论在第二次世界大战后却始终灵验。其背后隐含着这样一条逻辑，即国际贸易让世界各国的联系空前加强，通过贸易获得资源的性价比远高于战争，世界贸易体系的存在让战争越来越无利可图。

第二次世界大战后建立的自由开放的国际秩序，不但促进了经济的大繁荣，也大大降低了国际冲突的烈度，19 世纪那种为了争取市场开放而轻易发动战争的情形再难见到，这正是全球化给国际社会带来的红利。正如美国的罗伯特·基欧汉(Robert O. Keohane)与约瑟夫·奈在《权力与相互依赖》一书中指出的那样，经济上密切联系的国家，相互之间的关系具有敏感性和脆弱性，与经济相互依赖相伴随的是动武成本的提高，这降低了地区发生暴力冲突的可能性。大数据也印证了贸易、投资带来的冲突递减。人们常说“贸易是中美关系的压舱石”，事实证明贸易也是全球和平的压舱石。

根据世界地缘战略学家斯皮克曼(Nicholas John Spykman)的边缘地带理论，中国的地缘特点是位于亚洲东部的边缘地带，整个亚洲地区——包括中亚、南亚、东南亚，甚至西亚地区，都是中国发展的重要腹地。要实现和平崛起和伟大复兴的中国梦，亚洲核心地区的稳定至关重要，这不但影响中国在该地区的贸易投资风险，也将影响中国崛起的外部环境。

(二)“一带一路”是中国提供的全球公共产品

大国崛起，总要为国际社会作出些贡献。正在崛起的中国，向全球提供的“一带一路”这一公共产品，正是作为一个不断崛起中的大国为世界作出的原创性贡献。

在“一带一路”沿线地区，各国都有独特的资源禀赋和发展侧重。但资金不足，就制约了它们的发展；人民贫困，就影响社会稳定，一些国家甚至出现政局动荡和恐怖主义猖獗的情形。因而发展才是消除恐怖主义、维持社会稳定的根本之道。自然，一些西方国家每年以转移支付、官方援助的模式向欠发达国家投入数以百亿计的资助，但是被援助国却越来越陷入“永久依赖、永久贫困”的恶性状态，也因此，只有帮助这些国家“造血”，才能永久性地避免“输血”的局面。

当然，要想改变这种局面，有学者建议，可通过发展“先出口导向、后进口替代”的产业结构，逐步建立起本国的工业体系，俾得以跻身工业国之列。但难点在于发展制造业需要资金、技术，还需要配套的工业体系和基础设施，而很多国小力微的第三世界国家，很难做得成这“无米之炊”。

中国积极推动的“一带一路”倡议，将为沿线地区的崛起提供重要的资金和就业机会。美国经济学家和社会学家奥尔森(Mancur Lloyd Olson. Jr)在《集体行动的逻辑》里，充分解释了在一个无政府状态的国际社会，很难有人主动为各国都需要的公共产品承担成本。在过去的几十年里，美国曾经在很大程度上为世界提供了自由贸易体系这一公共产品。今天，美国的这种服务日益衰退，导致国际公共产品供给不足。这时，中国这个世界贸易体系的受益者，主动承担起相应的大国责任。“一带一路”是中国崛起后提供的补充性的全球公共产品。它并非挑战美国霸权的、替代现行国际规则的产物。“一带一路”是开放性、包容性的，欢迎世界上有能力的国家都来参与合作。例如，中国“一带一路”与俄罗斯的欧亚经济联盟、蒙古的“草原之路”、波兰的“琥珀之路”、土耳其的“中间走廊”、哈萨克斯坦的“光明之路”等实现对接。即使对于美国，中国也采取欢迎的态度。中美双边全面经济对话继续推动，未来双边投资有巨大的开拓空间。

(三)“一带一路”是具有中国特色的全球化

“一带一路”倡议契合中国以及沿线国家和地区的发展需要，既符合有关各方共同利益，也顺应了地区和全球的合作潮流。当然，“一带一路”属于“中国创造”，因而也有着深深的“中国烙印”。中国在基础设施建设上的禀赋优势，可以说领先全球。因此中国提供的公共产品也发挥中国所长，带上了浓浓的基建色彩。

亚洲国家的基建需求缺口巨大。根据2009年亚洲开发银行发布的《亚洲基础设施建设》报告测算，2010—2020年亚洲基础设施投资总需求预计为8.28万亿美元，也就意味着亚洲国家大约每年有8000亿美元的基建需求。① 但现有的国际援助、多边组织都无法满足这一庞大的数字。而中国倡导的“一带一路”正是对现有机制的有益补充。中国大量企业都有着“走出去”的意愿——走出国门，寻找最佳的投资机会，将实现企业盈利创收，而与国家的倡议结合起来，是公共外交的最佳实践机会。截至2017年6月，中国已经完成建设、建设之中或刚赢得招标的总计2500个“一带一路”项目，研究发现其具有明显的“中国特色”——将最多的资金、产能投向了中国擅长的道路交通（公路、铁路、管道、桥梁），电力设施，工业园区，能源开采，水利设施，港口建设等基础设施项目。②

二、“一带一路”书写中国版全球化的恢宏篇章

与过去大国有意无意地坚持本国优先、将世界划分为“中心—边缘”的做法相比，中国主张的“一带一路”欢迎全世界所有国家和地区的平等参与，倡导建立的是一种超越意识形态的全人类共同体，书写了中国版全球化的恢宏篇章。

---

① 《亚行关于亚洲基础设施投资需求为8万亿美元的测算说明》，http://finance.china.com.cn/roll/20150203/2942741.shtml，2019-02-03。

② 曹靖楠：《“一带一路”，彰显中国的全球化理念》，http://news.china.com.cn/world/2018-03/22/content_50737579_3.htm，2019-03-22。

(一)“一带一路”重塑空间广阔全球化

目前，由于地区发展失衡现象严重，一些国家间又互有龃龉，因而一些发展中国家对全球化并不欢迎。而作为全球化主要受益者的西方国家也同样面临社会不公不平等的情形——巨额利润为少数资本和技术拥有者占有，普通大众所获甚微，甚至坠入贫穷境地；再加上移民危机、政府危机和国际金融深层次危机的“雪上加霜”，逆全球化的主张便甚嚣尘上。在这种形势下，中国提出了“一带一路”倡议。它以“互联互通”为纲，秉持开放包容的区域合作精神，重点面向亚欧非大陆，基于但不限于古丝绸之路沿线国家。这些国家不论来自亚洲、欧洲，还是非洲、美洲，都是“一带一路”建设国际合作的伙伴。可见，“一带一路”是一个覆盖面广、包容性强的新型发展倡议，旨在打造开放式的国际合作平台。作为“一带一路”建设的重点方向，欧亚地区重新走向繁荣预示着大陆文明的复兴，而其产生的巨大效应，势必辐射带动非洲和拉美等地区的参与，从而构建开放式的全球发展伙伴网络。因此，新的全球化进程空间广阔，将塑造海陆均衡和区域协调发展的世界经济版图。

(二)“一带一路”重现历史自觉全球化

“一带一路”具有前瞻性的顶层设计，充分体现了人类对自身发展规律认识的深化。

“一带一路”坚持鲜明的历史问题意识，以新型全球化的核心理念为方向指引。该倡议的提出，主要着眼于解决全球发展不平衡的问题。“一带一路”沿线大部分国家发展水平相对滞后。在全球化的“洼地”开展“一带一路”建设，旨在促进这些地区的发展，改善当地民众生活，推动全球发展实现再平衡。“一带一路”积极回应各国人民追求、向往美好生活的诉求，增强了全球发展的道义性，有助于实现各国联动、协调、包容发展。

“一带一路”沿线国家属于多样文明，彼此文化差异显著。“一带一路”倡议主张尊重文明的多样性；倡导各种文明地位平等，没有高低优劣之分，相互之间和谐共处；倡导通过加强文明对话，开展文明互学互鉴，取长补短，以文明交流超越文明隔阂、文明互鉴超越文明冲突、文明共存超越文明优越，增进各国人民的相互理解和友谊。此外，建设绿色之路、健康之路、廉洁之路等概念的提出，也为开展“一带一路”建设提供了明确指南。

(三)“一带一路”重启发展导向全球化

“一带一路”倡议不是要替代现有的地区合作机制和倡议，而是要在已有基础上，推动沿线国家实现发展战略相互对接、优势互补。

经济全球化时代要求国家之间在共生关系中实现对立统一，这就使各国都面临如何摆脱传统国际政治、地缘政治观念束缚的问题，进而再发现、再认识全球化对自己的挑战。“一带一路”倡导的新型全球化正视主权国家为当今国际社会基本行为体的现实，主张按照市场规律开展国际合作，同时倡导各国政府超越国家本位的利益考量，从世界视野思考本国与他国的共生关系，把握自主发展和融合发展的平衡，致力于构建开放、包容、普惠、平衡、共赢的全球发展新格局。

“一带一路”将互联互通作为优先领域，把改善基础设施作为推动发展的基本导向，按共商、共建、共享三个维度依次递进。所谓共商，是指各国共同协商“一带一路”的发展大计。无论强弱贫富，政治制度是否有差异，各国参与“一带一路”的地位一律平等，充分进行政策沟通，寻求互利合作的最大公约数。各国通过各施所长，各尽所能，发挥经济互补优势，探求对接发展战略的可行路径，就法律适用、投资标准等进行协商，研究论证“一带一路”的规划设计，制定近期、中期、远期的目标，实现目标协同。所谓共建，是指各国共同参与“一带一路”的项目建设。各国都是“一带一路”建设的重要一员，应当责任共担，搞好“大合唱”，齐心协力搭建形式多样的务实合作平台和机制，既深入推动经贸和基础设施等“硬项目”领域的合作，又广泛促进社会人文等“软项目”领域的交流。所谓共享，是指各国共同分享“一带一路”的合作成果。“一带一路”建设遵循共享原则，沿线国家共创共享发展机遇，谋求包容互惠的发展前景，让互利合作惠及更加广泛的区域和民众。“一带一路”建设的目的，从国际层面而言，就是实现各国共同发展，改变全球发展洼地的落后面貌，缩减国家间的发展鸿沟；从国家层面而言，就是照顾各国不同阶层、群体的利益，缩小社会收入差距，保障和改善民生。

(四)“一带一路”重构命运与共全球化

在以互联互通为纽带的全球化时代，各国人民的前途命运更加紧密相连。“一带一路”传承和弘扬“和平合作、开放包容、互学互鉴、互利共赢”的丝绸之路精神，是对人类社会走向何方终极之问的回答，充满历史启迪和人文情怀。它反映了各国人民心灵深处的永恒呼唤，因而代表着人类社会发展的必由之路。

面对一个充满着变数和不确定性的世界，构建人类命运共同体日益成为国际社会的共识。而“一带一路”沿线社会各界民众的理解和支持，是“一带一路”建设行稳致远的坚实保障。深入推进“一带一路”建设，目的就是要增进各国人民福祉，实现各国人民的相知相亲，让各国人民共享和平繁荣的美好生活。“一带一路”沿线将率先建成政治互信、经济融合、文化包容的利益共同体、命运共同体和责任共同体，成为构建人类命运共同体的示范区。

新型全球化喻示着对全球化的再造，主要体现为遵循富有价值追求的理念指引。可以期待，随着“一带一路”建设的顺利推进，全球化将以一种全新的面貌呈现在世人面前，将让世界变得持久和平、普遍安全、共同繁荣、开放包容、清洁美丽。

第三节 “一带一路”提出的背景、内涵与意义

一、“一带一路”提出的背景

当今世界主要面临着和平问题、发展问题、共享问题等重大理论和现实问题。中国为解决这些全球问题提出了中国方案。这就是：坚决反对霸权主义，维护国家安全和世界和平；推动“一带一路”建设，坚持合作共赢；遵循“共商、共建、共享”原则，构建人类命运共同体。“一带一路”倡议和构建人类命运共同体的主张，为当今世界和平赤字、发展赤字、治理赤字的解决提出了“中国理念、中国方案”，贡献了“中国智慧、中国力量”。

2013 年 9 月，中国国家主席习近平在哈萨克斯坦纳扎尔巴耶夫大学发表演讲，倡议共同建设“丝绸之路经济带”，以点带面，从线到片，逐步形成区域大合作。同年 10 月 3 日，习近平又在印度尼西亚国会发表演说，倡议中国与印度尼西亚共同建设“21 世纪海上丝绸之路”；而在此前一天，习近平在同印度尼西亚总统苏西洛的会谈中，倡议成立亚洲基础设施投资银行，为包括东盟在内的亚洲国家基础设施建设服务。至此，中国向世界公开宣示了“一带一路”的新国家发展倡议。

2014 年 11 月 8 日，在加强互联互通伙伴关系对话会上，习近平提出了“一带一路”第一步的核心内容，包括：以交通设施为突破口，优先部署中国同邻国的铁路、公路项目，实现亚洲的互联互通。在同月召开的亚太经合组织(APEC)峰会上，互联互通内容被写进《亚太经合组织推动实现亚太自贸区北京路线图》和《亚太经合组织互联互通蓝图(2015—2025)》两个文件里，这

体现出"一带一路"得到了国际社会的认可。

2015年3月，国家发展改革委、外交部和商务部共同发布了《推动共建丝绸之路经济带和21世纪海上丝绸之路的愿景与行动》的文件。这个号召举国参与"一带一路"倡议的文件，使得中国进入了"一带一路"的时代。

二、"一带一路"的内涵

"一带一路"倡议顺应了时代要求和各国加快发展的愿望，是一个内涵丰富、涉及面广、包容性强的巨大发展平台。这个平台立有"三四五六"四种台柱，这"三四五六"四种台柱高度概括着"一带一路"的内涵："三"，是三个共同体，就是利益共同体、命运共同体与责任共同体；"四"，是四大理念及四大特色，就是共同合作、互利共赢、开放包容与互学互鉴四个理念，以及绿色丝绸之路、健康丝绸之路、和平丝绸之路与智力丝绸之路四个特色；"五"，是五大共通模式，就是资金融通、政策沟通、贸易畅通、设施联通和民心相通五个模式；"六"，是"六廊六路"，"六廊"是指打通六大国际经济合作走廊(指的是中国与"一带一路"沿线国家一道规划的一个经济带，建设包含中巴、孟中印缅、新亚欧大陆桥、中蒙俄、中国—中亚—西亚和中国—中南半岛六大经济走廊)，"六路"是指畅通六大路网，推动铁路、公路、水路、空路、管路和信息高速路互联互通。

"一带一路"内涵丰富，除了纵向的"三四五六"四种台柱，更有古今传承、内外开放、海陆统筹、东西互济、中外共赢的横向延伸。

一是古今传承。"一带一路"充分依靠我国与有关国家既定的双多边机制，借助既有的、行之有效的区域合作平台。丝绸之路始于古代中国，是连接亚洲、非洲和欧洲的古代商业贸易路线，从汉、唐、宋时期通过陆路和海上把丝绸、瓷器、茶叶、冶铁、耕作等商品和技术，传播到国外，同时从国外带回国内没有的东西，这种互通有无的经贸联系和文化交流，改善了沿线国家的社会生产力，提高了人民生活水平。今天重新提出"一带一路"，不是简单恢复古老丝路的辉煌，它已成为一个象征性的标志，一个意义重大的国家发展倡议；旨在借用古代的这个历史符号，高举和平发展的旗帜，积极发展与沿线国家的经济伙伴合作关系，共同打造“政治互信、经济融合、文化包容”的利益共同体、命运共同体和责任共同体。

二是内外开放。“一带一路”既涉及国内区域又涉及国外区域，是国内沿线区域与国外沿线国家和地区通过现代运输方式和信息网络连接起来的相互开放倡议，对外开放是“一带一路”的核心。我国当代对外开放从空间上看不平衡，沿海地区起步早，开放程度高，而内陆和沿边地区相对较晚，开放程度较低。丝路经济带要有包括内陆地区和沿边地区乃至沿海地区的国内大部分区域的参与，要扩大这些地区的对外开放水平，形成既内亦外的全方位的开放经济体系。

三是海陆统筹。“一带一路”既涉及陆上通道又涉及海上通道。陆路通过铁路、公路联通中国和中亚、东南亚、西亚乃至欧洲，形成若干条陆上大通道、大动脉；海上丝绸之路在古代路线基础上不断拓展新航线，也就是现在的“21 世纪海上丝绸之路”，实现陆海连接双向平衡。“一带一路”将打破长期以来陆权和海权分立的格局，推动欧亚大陆与太平洋、印度洋和大西洋完全连接的陆海一体化，形成陆海统筹的经济循环和地缘空间格局。

四是东西互济。丝路经济带贯穿东西，联通南北，但主线是东西两个方向。从我国来看，过去 40 多年的开放主要是依托东部地区通过海上贸易的东向开放，丝路经济带则更多考虑通过连接亚欧的陆路大通道，加大西向开放的力度。

五是中外共赢。“一带一路”是由我国提出的倡议，不仅有利于我国充分利用“两种资源、两个市场”，尤其能保障我国的能源资源安全，化解富余产能，促进经济转型升级，而且有利于加强我国与周边国家尤其是新兴市场国家的经济和文化交流，建立合作伙伴关系。

三、"一带一路"的战略意义

"一带一路"倡议之所以受到国际社会普遍认可，原因在于人们意识到，它是解决当代世界经济难题、推动经济全球化持续健康发展的切实有效的方案。其战略意义主要表现在以下方面。

(一)夯实世界经济稳定发展的基础

"一带一路"以其所倡导的和平合作、开放包容、互学互鉴、互利共赢新理念，成为推动新型经济全球化发展的新引擎。它将自身的产能优势、技术与资金优势、经验与模式优势转化为市场与合作优势。"一带一路"沿线国家和地区可以通过"一带一路"建设共同分享中国改革发展红利，以及中国发展的经验和教训。"一带一路"推动沿线国家实现合作与对话，建立更加平等均衡的新型全球发展伙伴关系，夯实世界经济长期稳定发展的基础。

(二)推动建立共同繁荣的和谐世界

"一带一路"向国际社会推行全球化包容性发展的理念，并主动向西推广中国优质产能和优势产业，以使沿途、沿岸国家首先获益，也一改历史上"一带一路"沿线地带只作为东西方贸易、文化交流的过道而形成的"洼地"面貌。这就超越了西方人开创的全球化所造成的贫富差距、地区发展不平衡，而得以推动建立持久和平的、普遍安全的和共同繁荣的和谐世界。

(三)给 21 世纪的国际合作带来新理念

"一带一路"作为全方位对外开放的倡议，向世界提出了一系列崭新的理论，这包括新经济走廊理论、新经济带理论、新全球化理论、新区域合作理论，以及新国际合作理论等经济发展理论。而"一带一路"所强调的共商、共建、共享原则，对外援助以及走出去战略，更超越了马歇尔计划，给 21 世纪的国际合作带来了新的曙光。

第四节　全球老年教育的兴起与发展

经济全球化推动了世界上人、财、物、知识以及信息等的跨国交流，加深了各个国家和地区相互依存的程度，促进了各国劳动资料、劳动对象和劳动者的优化配置，也使教育乃至老年教育在这一新的大环境里蓬勃发展。经济全球化过程中的很多老年教育问题需要国际社会来共同商议解决，如全民教育问题、信息通信技术在全球老年教育领域的运用和发展问题、老年教育的可持续发展问题、国际老年教育的资源共享问题、国家间老年教育的经验交流问题等，都促使老年教育要越来越国际化。

一、全球老年教育的兴起

随着人口老龄化的日益加剧，终身教育思想逐渐被人们普遍接受，老年教育也在终身教育理念下诞生。

法国是世界上第一个老年型国家，也是老年教育比较正规的一个国家。法国老年教育的源头是发表于1962年的《拉罗克报告》，该报告提出“要重视老年学习”和“生命的各阶段的所有人都要接受继续教育”的观点。1973年，皮埃尔·维拉斯(Pierre Vellas)教授在图卢兹大学创办了世界上第一所第三年龄大学，即老年大学。这所老年大学是从办暑期大学开始的，学员由50人发展到500人，再发展到1200多人。招生对象为各行各业的退休人员，平均年龄为65岁，最年长的为90岁。第三年龄大学在法国逐渐推开，到2018年，老年大学遍布法国250个地区，在校学员达75万人。① 学校根据老年学员的特殊需要和困难，采取一些特殊措施

① ［法］弗朗索瓦·维拉斯：《法国老年大学及老年教育》，载《广州老年教育研究》，2018(1)。

进行教学活动。学员多数进行的是非全日制学习，属于一种非正式教育。

第一所老年大学的创立，是世界老年教育兴起的标志。虽然这只是老年教育的星星之火，可是它以燎原之势开始了它在全球的蔓延、扩张和发展的途程。

二、老年教育在全球的蔓延、扩张和发展

老年大学的创立催生了在发达国家中较早出现人口老龄化的欧洲老年教育的发展。40 多年过去了，老年大学现在已几乎遍布欧洲，如英国、德国、瑞典、捷克、俄罗斯、立陶宛、马耳他、葡萄牙、西班牙、斯洛伐克、波兰、保加利亚、克罗地亚、阿塞拜疆、意大利、乌克兰和瑞士等国家均有老年大学。40 多年来老年大学向全球迅速蔓延，世界老年教育的版图已扩张至美洲的美国、加拿大、墨西哥、哥伦比亚、巴西、智利等国家，亚洲的中国、日本、韩国、新加坡等国家，澳洲的澳大利亚、新西兰等国家，以及非洲的南非、塞内加尔、毛里求斯等国家。

全世界的老年大学教育形态林林总总，各适其适，各美其美。除法国外，英国、德国、瑞典、美国、日本和中国是其中的佼佼者。

英国的老年教育基本上属于成人教育的一部分，没有独立的行政体系。目前全英国约有 1000 所地区第三年龄大学，学员人数超过 40 万。[①] 课程为非正规的自助学习，不衔接正规课程；亦无任何学历要求，也不颁发任何学历证书。学科设置丰富多彩，约有上百种。每所第三年龄大学都有自己的学习小组，讨论新的学习和活动内容，每月开一次例会，还举行各种类型的演讲。[②]

瑞典的“学习圈”不仅是老年教育的摇篮，也是终身教育和学习型社会的

① [英]玛利亚·切斯特：《老年大学：英国的经验》，载《广州老年教育研究》，2018(1)。

② 迟宝策：《英国老年教育：以第三年龄大学为中心》，硕士学位论文，东北师范大学，2011。

摇篮。瑞典1000万人口中，每年约有150万人参加“学习圈”的学习，尤以退休的老年人为主体。大多数“学习圈”每周活动一次，通常在晚上，这样每个人就都能腾出时间参加。“自由教育”被瑞典人视为老年教育的最高境界。[①]

2000年，美国65岁以上的老年人占全美人口的13%，预计到2020年达到17%。美国的老年教育有正规教育、非正规教育和非正式教育三种形式。一是社区学院为老年人提供教育，由政府提供经费补助。二是大学对老年人开放。美国规定一些国立高等教育机构允许老年人参加课程学习，并允许他们享受免费或减费听课。三是建立老年寄宿教育学校。一部分学院和大学，建立寄宿学校供老年人居住，方便老年人来校学习。1975年成立的老年游学营是寄宿教育的典型代表，20年后发展到了30多万人。截至1997年，美国有1500所学院、大学和学习机构参与老年游学营。[②]

1970年，日本的高龄人口比例已超过7%，预计到2020年将超过25%。日本政府积极倡导公立、私立社会教育机构，以高龄受教育者为对象，充分利用通信媒体进行函授教育，开展包括讲座、座谈会、交流会等多种形式在内的教育活动，并为这些机构提供资助。日本还设立了老年人大学、老年人大学院和长寿学院，以规范、丰富老年人的社会教育活动，并同时培养老年教育活动的指导者。

中国老年教育模式是与法国模式、英国模式并列的世界三大老年教育模式之一，其特色和优势是“执政党和政府办学”，有80%以上的老年大学由执政党和政府主办。中国老年教育发展的整体布局，一是“普及”，指扩大和优化老年教育的资源供给，将老年教育的增量重点放在基层和农村；二是“提高”，指提升各级老年大学的办学水平，要求每个县级以上城市至少要建一所老年大学，并要加强特色品牌和现代化建设，更好地推动区域老年教育发

① ［瑞典］托瑞·波尔森：《瑞典学习圈——现代社会中的“古老”学习方式》，http://www.chinanpo.gov.cn/1632/24276/preindex.html，2019-02-26。

② 王文超：《美国老年教育发展及启示》，硕士学位论文，河南师范大学，2011。

展，提升老年教育在现代化水平上发挥示范引领和辐射带动的作用。①

在全球经济日益相互依赖的背景下，世界不同老年大学的交流与合作也比以往更加频繁。各个国家的老年教育，已经被纳入全球教育体系之中，并已在进行着彼此相似且互相模仿学习的知识分类体系改革，以应对全球共同的老年教育问题——人类已经步入一个实实在在的老年教育国际化的崭新时代。

然而，“一带一路”沿线国家和地区的老年教育发展并不充分且不平衡。通过对“一带一路”沿线国家和地区老年教育状态作出估量、分析、判断，我们形成以下看法(见表一，仅供参考)。

表一 “一带一路”沿线国家和地区老年教育概况

序号	国家/地区	所属区域或组织	总人(百万)	老年人口占比	老年大学教育状况
1	中国	东亚	1394.1	17.9%	政府部门办有大量老年大学，成立老年大学协会
2	蒙古		3.1	4.0%	
3	新加坡	东南亚	5.6	13.0%	各类私人办学较多，普遍规模小，学术层次低
4	马来西亚		31.6	6.0%	办有少量老年大学，成立老年大学协会
5	印度尼西亚		262.0	5.3%	办有少量老年大学
6	缅甸		53.4	5.7%	
7	泰国		69.0	11.4%	有个别老年大学，由高校开办
8	老挝		6.9	4.0%	
9	柬埔寨		14.8	4.4%	政府旅游部门和老龄工作部门规划办学
10	越南		95.5	7.2%	有极少数老年学校，规模很小
11	文莱		0.4	4.6%	
12	菲律宾		102.0	4.8%	
13	东帝汶		1.3	4.3%	

① 国务院办公厅：《老年教育发展规划(2016—2020年)》，http：//www.gov.cn/zhengce/content/2016-10/19/content_5121344.htm，2019-08-19。

续表

序号	国家/地区	所属区域或组织	总人口（百万）	老年人口占比	老年大学教育状况
14	伊朗	西亚北非	81.2	5.4%	有个别老年大学，由高校开办
15	伊拉克		38.0	3.2%	
16	土耳其		80.7	8.2%	
17	叙利亚		18.3	4.3%	
18	约旦		9.7	3.8%	
19	黎巴嫩		6.1	8.5%	有个别老年大学，规模很小
20	以色列		8.7	11.7%	终身学习盛行
21	巴勒斯坦		4.7	3.0%	
22	沙特阿拉伯		32.5	3.3%	
23	也门		27.6	2.9%	
24	阿曼		4.6	2.4%	
25	阿联酋		9.3	1.1%	即将建立第一所老年大学
26	卡塔尔		2.6	1.3%	少数大学筹办老年大学
27	科威特		4.1	2.4%	
28	巴林		1.5	2.4%	办有少量老年大学，成立全国老年大学协会
29	阿富汗		35.5	2.6%	
30	埃及		96.6	5.23%	
31	印度	南亚	1324.0	6.0%	宗教和慈善机构办有少数几个老年大学
32	巴基斯坦		197.0	4.5%	准备筹办老年大学
33	孟加拉国		160.0	5.1%	
34	斯里兰卡		21.4	10.1%	办有少量老年大学
35	马尔代夫		0.4	4.1%	
36	尼泊尔		29.0	5.8%	办有少量老年大学，成立全国老年大学协会
37	不丹		0.7	4.9%	

续表

序号	国家/地区	所属区域或组织	总人口（百万）	老年人口占比	老年大学教育状况
38	哈萨克斯坦	中亚	18.0	7.0%	
39	乌兹别克斯坦		32.4	4.5%	
40	土库曼斯坦		5.6	4.3%	
41	塔吉克斯坦		8.9	3.5%	
42	吉尔吉斯斯坦		6.2	4.5%	
43	俄罗斯	独联体	144.5	14.2%	有个别老年大学，规模很小；个别国民大学筹办老年大学
44	白罗斯		9.5	14.8%	办有少量老年大学
45	阿塞拜疆		9.9	6.0%	办有少量老年大学
46	亚美尼亚		2.9	11.2%	办有少量老年大学
47	摩尔多瓦		3.3	10.9%	
48	乌克兰	中东欧	44.8	16.5%	办有少量老年大学，已成立全国老年大学协会
49	格鲁吉亚		3.7	14.9%	办有少量老年大学
50	波兰		38.0	16.8%	政府支持办学，在国民大学里办老年大学
51	立陶宛		2.8	19.0%	政府支持办学，在国民大学里办老年大学
52	爱沙尼亚		1.3	19.5%	政府支持办学，在国民大学里办老年大学
53	拉脱维亚		1.9	19.8%	政府支持办学，在国民大学里办老年大学
54	捷克		10.6	19.0%	政府支持办学，在国民大学里办老年大学
55	斯洛伐克		5.4	15.1%	政府支持办学，在国民大学里办老年大学，老年教育活动活跃

续表

序号	国家/地区	所属区域或组织	总人口（百万）	老年人口占比	老年大学教育状况
56	匈牙利	中东欧	9.8	18.6%	政府支持办学，在国民大学里办老年大学
57	斯洛文尼亚		2.1	19.1%	政府支持办学，在国民大学里办老年大学
58	克罗地亚		4.1	19.7%	政府支持办学，在国民大学里办老年大学
59	波黑		3.5	16.6%	
60	黑山		0.6	14.8%	
61	塞尔维亚		7.0	17.4%	办有少量老年大学
62	罗马尼亚		19.4	17.9%	在国民大学里办老年大学
63	保加利亚		7.0	20.8%	政府职能部门办学，同时在国民大学里办老年大学
64	马其顿		2.1	13.3%	
65	阿尔巴尼亚		2.9	13.7%	

三、老年教育国际化背景下的历史使命

进入信息化时代以来，各国都十分关注国际老年教育的发展动向，积极响应国际组织提出的新教育理念，并努力实施在国际公约中所作出的承诺，以促进各自国家老年教育的改革和发展。中国提出的“新全球化”理念和“一带一路”倡议，为国际老年教育活动的开展注入了强大新活力。如何在老年教育的各个领域开展国际交流，并为这些领域的发展作出具有国际性影响的贡献，成为各国老年教育在国际化时代的新的历史使命。同时，经济合作与发展组织、世界卫生组织、世界银行以及联合国教科文组织等国际组织之间紧密合作，客观上也推动着全球化老年教育向新的历史阶段发展，赋予了国际老年教育新的历史性合作任务。

(一)对老年人和老年教育的认知将进一步提升

联合国第二次老龄问题世界大会《政治宣言》提出的“老年人的潜力是未来发展的强大基础”的观点，将进一步在世界范围内获得认同，并得到传播，促进老年人积极老龄化的价值取向逐步深入人心。《联合国老年人原则》提出的“独立”“参与”“照顾”“自我实现”和“尊严”五大标准原则将进一步在世界范围内得到关注和尽量落实，以老年人为本的老年教育理念将会取得共识。随着自我完善理论和社会参与理论的广泛传播，国际社会发展老年教育的内在动力将得到增强。

(二)老年教育体系将得以形成和发展

在联合国的推动下，随着各国政府对老年教育认知的提升，老年教育将不断得到推进，内容将进一步充实和丰富，模式将进一步多样化。其中，交叉结合型模式，如旅游与学习相结合、养老与教育相结合、服务与学习相结合等模式将会得到迅速推广和发展，从而进一步推进正规、非正规、非正式相结合的老年教育体系的建立和完善。

(三)社会弱势老年群体教育将进一步被关注

联合国将1999年定为国际老人年，提出了“建立不分年龄、人人共享的社会”的理念。联合国又在《2002年马德里老龄问题国际行动计划》中特别提出，世界各国在发展老年教育时要关注社会上的弱势老年群体，尤其是老年妇女及老年劳动者。随着联合国行动计划的推进和权利理论的广泛传播，各个国家对弱势老年群体的教育将会得到进一步加强。①

① 联合国：《2002年马德里老龄问题国际行动计划》，https：//www.un.org/chinese/esa/ageing/actionplan1.htm，2019-08-11。

(四)第三年龄大学的内涵将进一步变化

根据国际社会的界定，第三年龄教育是为了不断提高退休老年人的生活质量，对 60～75 岁的老年人进行的新知识和新技能方面的教育。由于发达国家经济不景气，失业率提升，城市人口结构变化，所以社会期望第三年龄大学更加广泛地向社会开放，这导致第三年龄大学发生了改变。最大的变化在于增加了学员的类型，把提前退休者、家庭主妇、失业者以及一些身体残病者吸纳了进来。由于学员的结构发生了变化，学员需求、课程内容也随之变化，学习过程强调代际交流；再加上社会大众在心理上对"第三年龄"称谓并不那么接受，于是有的学校开始改为新的名称，如法国第三年龄大学改名为"休闲大学""混龄大学""全民大学"等崭新的名字。这种改变，符合终身教育、终身学习、学习社会的理念，未来可能成为一种趋势在国际社会扩大。

(五)代际教育互动将积极推行

近 20 年来，联合国多次将"代际关系"作为一个重要议题加以呼吁，以引起国际社会及各国重视。1999 年，联合国就将"世代间的关系"作为四大议题之一呼吁各国关注。2014 年联合国召开的老龄化会议，其主题就是"代间社会中的老年人"。于是，近年来代际教育成为国际社会老年教育领域的一个热点，并取得明显的成效。在家庭、邻里和社区内开展丰富多彩的代际教育活动，不仅能加强代际的沟通和互动，促进家庭和社会和谐，而且能为老年人提供实现知识文化传承的机会，充分发挥老年人的社会价值。可见，代际教育行动方案，未来将在国际社会得到进一步积极推行。

(六)信息和通信科技将更多地得以运用

20 世纪 90 年代以来，全球信息网络化进程加快，整个社会由工业社会向信息社会转变。未来社会日益信息化和网络化，势必导致老年教育的深刻变革。各国在推进老年教育发展过程中，将进一步应用现代化的信息和通信科技手段，拓展和延伸老年教育的空间和时间，以扩大和满足老年人学习的机会和需求，提升老年教育的现代化、信息化水平。

(七)地区间老年教育将逐步相对平衡

世界经济社会发展的区域不平衡，以及各国政府对老年教育认知、重视的差异性和政策不同，导致当今世界各国老年教育发展很不平衡。随着联合国老年教育理念的推广与逐步普及，行动计划得到贯彻落实。各国的合作与交流，以及各国经济社会的发展，将会使老年教育区域不平衡的状况得到改善，并逐步走向相对平衡。

(八)国际合作及资源共享将日益发展

在全球老龄化日益严峻的背景下，共同应对老龄化社会的挑战，是世界各国共同关注的问题。特别是在联合国的推动下，在 AIUTA 等一些国际老年教育组织的作用下，各国老年教育学术成果和成功经验的交流与共享，有关老年教育的项目合作，将会进一步发展，这是应对老龄化的必然趋势。

第五节　“一带一路”与老年教育

2013 年秋，中国向世界发出“一带一路”倡议。几乎与“一带一路”倡议同步，AIUTA 广州会议开启了我国老年大学国际交流的新格局。2016 年 10 月，中国国务院印发的《老年教育发展规划(2016—2020 年)》提出：“加强国际交流合作。积极参与有关国际教育组织的活动，加强与国外老年教育机构的交流与合作，借鉴国外老年教育先进理念和做法，宣传推广我国发展老年教育的经验与成果，扩大我国老年教育的国际影响力。”①“一带一路”倡议，赋予中国老年教育新的历史合作使命，也翻开了中国老年教育新的历史篇章。

一、“一带一路”视域下老年教育的多元文化时代使命

(一)多元文化与老年教育的文化融合

20 世纪 80 年代以来，随着经济全球化的不断发展，文化多元化已成为历史的发展趋势。在文化多元化的过程中，处在同一时代、同一文化体系中的多元文化拥有各自鲜明的民族特色，而彼此之间却也在时刻不停地进行着相互交流和相互作用。这种融合是你中有我、我中有你的。在相互融合的过程中，每一种文化都按照自己的价值观念和标准进行着自主选择——通过吸纳异质文化精华，来不断丰富和发展自己。因此，文化在任何时候都是一个动态的、开放的、不断变化着的系统，也一直影响着人们的思想、行为和生活，甚至相互间产生出诸多矛盾与对抗。以尊重、包容弥合不同文化间的异质与差距，对于和平、稳定与发展至关重要。

要实现多元文化融合，首先得承认、尊重世界文化的多样性，因为“文化多样性乃是人类文明进步的动力”。为此，2001 年联合国教科文组织通过的《世界文化多样性宣言》指出：“文化多样性是交流、革新和创作的源泉，对人类来讲就像生物多样性对维持生物平衡那样必不可少。从这个意义上讲，文化多样性是人类的共同遗产，应当从当代人和子孙后代的利益考虑予以承认和肯定。”②此外，不同特质的文化之间还要进行“接触”“撞击”和“整

① 国务院办公厅：《老年教育发展规划(2016—2020 年)》，http://www.gov.cn/zhengce/content/2016-10/19/content_5121344.htm，2019-08-19。

② 联合国教科文组织第三十一届会议于 2001 年 11 月 2 日在巴黎通过《世界文化多样性宣言》。

合”。每一种文化都是从原来的多个文化体系中选择优质元素，经过调适整合融为一体而形成的一种新的文化体。

“一带一路”过去是、现在是、未来也是包括教育乃至老年教育的合作与交流之路。

(二)老年教育的多元文化教育发展与实践

2014 年 6 月，国际老年大学协会在法国图卢兹召开第 94 次理事会和国际研讨会，主题为“老年大学与国际合作”。这个主题的世界意义就表述为：“开展老年大学的国际合作，是国际老年大学协会章程所设定了的目标和主要任务。全世界的老年大学现在都高度重视国际化合作。进行国际合作，老年大学是非常有效的平台。国际合作能在文化相融、政策相通等方面对国际社会产生积极影响和正面效应，也能起到相互借鉴、相互促进、相互提高的作用，同时还能很大程度地激发老年大学的教师和学员的积极性，并为教与学注入新的活力，以具传统文化特色的项目作为交流活动的主要内容，无疑还能起到有利于宣传和推广各国文化的巨大作用。”对于经过 30 多年的播种、耕耘、收获，把一件关系到千家万户的夕阳工程做成朝阳事业的中国老年教育而言，积极参与有关国际教育组织的活动，加强与国外老年教育机构的交流与合作，借鉴国外老年教育的先进理念和做法，宣传推广我国发展老年教育的经验与成果，扩大我国老年教育的国际影响力，在今天显得尤为必要。

二、在“一带一路”框架下，共同开创老年教育美好明天

要促进“一带一路”沿线国家老年大学的多元文化融合，必须要有共同的根基、共同的话语，那就是构建人类命运共同体。

作为中华民族对理想世界的憧憬与追求，人类命运共同体理念不仅是对世界历史发展趋势的现实观照，而且植根于中华传统文化，具有重要的启示

与价值——无论是“天下为公”的公义精神、“海纳百川”的包容精神，还是“和而不同”“求同存异”的融通精神，都在新时代的国家交往中，在文化教育的交流中焕发出强大的生命力。

2013 年 3 月 23 日，中国国家主席习近平在莫斯科国际关系学院的演讲中指出：“这个世界，各国相互联系、相互依存的程度空前加深，人类生活在同一个地球村里，生活在历史和现实交汇的同一个时空里，越来越成为你中有我、我中有你的命运共同体。”其后在博鳌亚洲论坛 2015 年年会开幕式上，习近平又作了《迈向命运共同体　开创亚洲新未来》的主旨演讲，他根据人类命运共同体的科学内涵，提出了构建人类命运共同体的“四个必须坚持”，即必须坚持各国相互尊重、平等相待，必须坚持合作共赢、共同发展，必须坚持实现共同、综合、合作、可持续的安全，必须坚持不同文明兼容并蓄、交流互鉴。

习近平在十九大报告中提出，我们要将“一带一路”建成文明之路。“一带一路”建设要以文明交流超越文明隔阂、文明互鉴超越文明冲突、文明共存超越文明优越，推动各国相互理解、相互尊重、相互信任。① 可以说，这“三个超越”是文明之路建设的核心理念和美好愿景，是实现民心相通的根本途径，是实现世界和平的思想基础。

人类文明多元多样，彼此间如何和谐、融洽相处——既消弭“文明隔阂”、战胜“文明冲突”，又能够克服某些人群的“文明优越感”，这就需要国际社会大家庭的人们贡献出大智慧。因此这“三个超越”，不仅对于文明之路的建设具有历史意义，而且对于全人类的发展也具有深刻的历史意义。

当然，共同体是人类的一个社会现象，从人的生命和生活过程看，它是与人类应对当前环境、发展与自己的基本生存方式相适应的人的存在形式。在最一般的意义上，共同体是以共同利益追求为基础并不断调整具体主体关系的社会组织形式。因而，它往往会以一定的功能为其组织基础，更有一定

① 《习近平在中国共产党第十九次全国代表大会上的报告》，http：//cpc.people.com.cn/n1/2017/1028/c64094-29613660.html，2019-08-28。

的结构和不同的层次，像国际老年大学协会、中国老年大学协会、中国各省市自治区的老年大学协会就是一个有关老年教育的“人类命运共同体”。

秉持“世界老年教育命运共同体”理念的中国老年大学教育，应该充分认识自己的历史使命——教育乃至老年大学教育，为国家富强、民族繁荣、人民幸福之本，在共建“一带一路老年教育共同体”中应该具有基础性和先导性的作用。中国老年教育的国际交流将为沿线各国民心相通架设桥梁，也尽可能地为沿线各国的政策沟通、设施联通、贸易畅通和资金融通提供有力的支持。让沿线各国老年大学人同呼吸共命运，一起携手发展老年教育，合力推进共建老年教育的“一带一路”，俾得造福沿线各国老年人群。对此，中国老年大学人愿意在力所能及的范围内承担更多的责任和义务，为世界老年教育的大交流、大融合、大繁荣和大发展作出更大的贡献。

三、中国老年大学是“一带一路”的践行者

中国的老年大学近年来始终坚持不懈地推进着国际化合作的事业，并且自觉地在为“一带一路”多元文化融合做工作，其中在东亚地区进行的国际交流活动最为频繁，约占总数的 50%。在亚洲，中国尤其与韩国、日本和新加坡的交流合作最多。近几年来，韩国龙仁老人大学、日本大阪府高龄者大学和新加坡快乐学堂等多所老年学校经常与中国各地的老年大学进行交流合作。此外，中国内地的老年大学与香港特别行政区、澳门特别行政区老年学校的交流合作也十分频繁。香港理工大学和澳门理工学院的长者书院等涉及老年教育的组织，都与内地多所老年大学建立起了长期稳定的交流合作关系。台湾地区的南阳义学等也与大陆多所老年大学建立起了长期稳定的交流合作关系。

中国老年大学参与国际交流的主要形式是参观互访，而且大多表现为友好访问：考察办学场地、设施及课堂情况。当然，中国老年大学开展对外交流活动的时间并不长，与国外老年学校或团体的接触交往仍停留在初步尝试

阶段。不过，这种方式也有利于快速加深彼此的了解和发掘彼此的优秀特色。

文艺演出是中国老年大学在国际交流活动中经常采用的形式。这是因为文艺表演具有较强的娱乐性和亲和性，有利于活跃气氛和增进友谊。同时也是因为歌舞器乐等表演性项目在中国老年大学课程中占有较大比例，中国老年大学有相当大一部分是由老干部活动中心发展而来的。因而，在开办之初考虑到歌唱舞蹈等项目不但拥有广泛的群众基础，而且深受广大老年人的喜爱，在师资、场地和设施上的要求又相对较低，很多学校将其作为打开局面的重要课程。发展至今，歌舞器乐便成了中国很多老年大学在对外交往中一个相当重要的手段。

而像中国书法、中国画、中国京剧，以及各地方剧种等具有中国文化特色的内容，则往往是交流活动中的重头戏。国外团体也对这些具有浓厚东方文化特色的项目很感兴趣。同时，健身、保健项目也一直是世界老年人共同喜爱的，诸如太极拳、太极剑，以及养生学、经络学等一些由中国传统医学衍生出来的内容，也占了不小的比例。因而，以具有中国传统文化特色的项目为交流活动的主要内容，无疑对宣传和推广中国老年文化和中国老年大学的特色十分有利。

多年来中国老年大学协会致力于广泛开展国际交流，借鉴国外老年教育的先进理念和经验，以促进我国老年教育与国际对接，宣传推广我国发展老年教育的经验与成果，扩大我国老年教育的国际影响力，取得了很大的成绩。对此，国际老年大学协会主席维拉斯教授给予了很高的评价，他说："在国际合作角度上讲，国际老年大学协会同中国老年大学协会之间的合作，可以成为促进全世界老年大学发展的合作典范。"①

中国老年大学协会自 2013 年 11 月在广州设立国际联络部后，即开始致力于广泛开展国际学术交流活动，特别是加强与国际老年大学协会的合作，每年参加两次主题明确的国际研讨会，借鉴国外老年教育的先进理念和经

① 程远:《老年教育译文集》，256 页，武汉老年教育研究会内部刊物。

验，促进我国老年教育与国际对接。近年来，中国老年大学协会国际联络部梳理出了一些国际合作必需的信息，主要包括："一带一路"沿线各国老年大学之间在办学模式、办学理念、教学方法、课程设置等一系列深层次的课题上交流研讨的资料；互通师资、互通资源、共同发展的数据资料；搭建有文化底蕴和学术内涵，参与双方都非常感兴趣的项目内容(如参观互访，开发银发游学活动，组织钢琴、歌舞、绘画、器乐等的跨国交流和友谊比赛等)。

2016 年 7 月 15 日，我国教育部发布的《推进共建"一带一路"教育行动》文件，给了中国老年大学一个很好的"参照系"——对接好沿线各国老年大学意愿，互鉴先进老年大学教育经验，共享优质老年大学教育资源，全面推动各国老年大学教育提速发展。接下来可以开展的工作主要有以下几个方面。

第一，拟订"一带一路"老年教育合作交流总体布局，以协调推动沿线各国建立老年教育双边多边合作机制和老年教育质量保障协作机制。

第二，推动老年大学共同体内或校际的老年教育资源共享。

第三，将丝路文化遗产及丝路文化遗产保护纳入沿线各国老年大学教育课程体系，加强老年人对不同国家文化的理解。

第四，鼓励沿线国家老年大学学者开展或合作开展中国课题研究，增进沿线各国对中国发展模式、国家政策以及教育文化等各方面的理解。

第五，推进沿线国家老年大学间的研修访学乃至游学活动。

第六，开展"一带一路"老年教育法律、政策协同研究，构建沿线各国老年教育政策信息交流通报机制。尝试签署双边、多边和次区域老年教育合作框架协议，制定沿线各国老年教育合作交流国际公约。

第七，加强"一带一路"老年大学教师交流，协调老年大学管理人员的交流研修，推动沿线各国老年大学校长交流访问，推荐优质老年教育模式在沿线各国互学互鉴。

第八，创办老年教育共同体的多语种刊物，以刊发富有创见性的文章和对于老年大学教育文化合作与交流的建议。

第九，建设老年教育国际化智库联盟和合作网络。

当然，要着力增进的是老年教育合作交流的广度和深度，着力追求的是老年教育合作交流的质量和效益，并且要着力构建好“一带一路”老年教育共同体。

四、共建“一带一路”，老年教育需要愿景与行动

“一带一路”是一种创造性的战略设计，更是一种愿景。这种愿景也表达了中国老年大学对未来亚洲和世界的一种文明期许。

国家发展改革委、外交部和商务部于2015年3月28日在联合发布的《推动共建丝绸之路经济带和21世纪海上丝绸之路的愿景与行动》中提出了“打造政治互信、经济融合、文化包容的利益共同体、命运共同体和责任共同体”这样一个基本框架。“文化包容”在这里是一个很重要的部分。然而要实现文化包容乃至“老年教育包容”的愿景，就需要有缜密而周详的设计，这也就引出了“一带一路”背景下老年文化教育的重要命题，即老年教育文化战略的政治视角和文化视角——文化战略的价值基础：平等、进步和包容；战略语境下的文化表述：符号与叙事；等等。

“一带一路”如同一幅美不胜收的画卷，已经在中国老年大学面前一一展开。

第二章　文化融通与老年教育

中华文化是人类历史上延续至今从未间断过的民族文化。中华文明之所以能够延续，在于始终坚持融合与创新。纵观人类历史，善于吸收与融合外来民族优秀文化的文明相对繁荣、兴旺。

改革开放40年来，中国人秉承五四新文化运动精神，解放思想，开拓创新，向外学习，砥砺前行。“一带一路”倡议是中国进一步融入世界经济文化体系，求同存异、兼容并蓄、和平共处、共生共荣的倡议，也是主动学习、借鉴世界各国优秀文化，与不同宗教信仰的国家、民族携手发展的倡议。用“一带一路”的文化融通理念重新审视老年大学的国际交流，我们会发现老年大学教育是促进人类文化融通的一个不可或缺的平台。而国际老年教育的发展，实际上也是多元文化的一种融合发展。

第一节　文化在人类文明中的作用

文化、文明积淀深厚的中华民族，走出国门看世界，对中国的经济发展、文化融合创新、国家制度建设等有了全新的认识。在主动接触外来文化的同时，中华民族也深刻领悟到人类要和谐共存，须在文化层面上相融相通。

一、文化是人类文明进步的基石

(一)文明是文化的内在价值，文化是文明的外显形式

文化犹如一条奔腾不息的河流，绵延不绝地影响着人们的生产生活。在“一带一路”沿线，我们看到：在塞尔维亚首都贝尔格莱德，小摊贩出售的工艺品在制作工艺和设计理念上总是令人有似曾相识之感；在意大利高速路休息站，商场销售的各国国旗中，五星红旗被放在了醒目的位置；在越南首都河内，企业在推销产品时以中国的“一带一路”精神作为楔子，小商贩们见到中国游客都会跟着学汉语；而在日本，面对各种汉字路标、招牌，你会忘记自己身在异乡；东南亚各国凡是郑和下西洋所到之地，都充满了中华民族文化与当地文化融合的印记。

发达的交通使地球成为一个村庄，人们不但把商品轻松地推销到千里之外，还把工厂建到了人口多、物资需求量大的国家和地区，本民族文化也随之进入地球村的千家万户。进入互联网时代，人们获取信息的速度以秒计算，人与人之间的相互交流不再受时空限制。人们闲暇时行走在世界各处，汲取着他国文化，也传播了本土文化，促进了人类文化的融合共生。

文化之所以存在就是为了满足人类需要，促进社会文明的进步和人的全面发展。因此，文化的内在价值是文明。不论何种文明均是以文化的形式展现的，因此文明的外显形式就是文化。不同民族、地域、时代的人所处的生活环境不同，其发展会促使各类文化产生，从而影响社会的变革，这一切成为人类文明向前发展的动力。

据联合国有关部门统计，全世界的主要冲突有四分之三与文化层面的差

异有关。不同文明凝聚着不同民族的智慧，本质上没有高低优劣之分，不应该成为世界冲突的根源。人类社会发展的历史已经清楚地表明，文明隔绝是没有前途的，文化交流与融合才是人类在地球上和谐共生以及文明进步的基石。

(二)文化是一种不断创新、不断嬗变的创造力

文化是指人类在社会历史发展过程中所创造的物质财富和精神财富的总和。中华文化就历经了夏、商、周的酝酿，先秦各国的文化交融，汉唐时期对西域等周边文化的吸收。18世纪后的欧洲科学技术发展迅速，这时的中国却闭关锁国，造成了晚清落后于世界的局面。中华文化的发展历史揭示，当中国传统文化主动与外来文化融合时，社会经济发展较快，科技水平快速提升，人民生活安稳富裕；当中国传统文化自我封闭、妄自尊大时，社会发展停顿，上升通道受阻，人民生活陷入迷茫。正如英国著名历史学家阿诺德·汤因比(Arnold Joseph Toynbee)所说，一种文明总会遇到外来的挑战，如果该文明能很好地应付这个挑战，就能继续发展；如果不能很好地应付挑战，就会衰退，甚至消亡。可以说，中华民族5000年的历史，是一部不断学习、发展、进步的文明史，也印证了文化是一种不断创新、不断嬗变的创造力。

(三)全球老龄化对文化发展提出新的历史使命

人口老龄化是第二次世界大战结束以后人类社会出现的最显著特征。全球人均寿命由第二次世界大战结束时的不到50岁，发展到现在的71.4岁。中国的人均预期寿命已达76.8岁，发达国家的人均预期寿命已超过80岁，全球老龄化的趋势不可逆转。

人类是一种有思想与智慧的物种，在吃饱穿暖后，需要有水平不断提高的精神需求。目前人们大都只关注抚育婴幼儿成长、教育青少年适应社会的发展等，而对离开工作岗位步入人生晚年的老年群体的精神需求，关注不多，研究较少。老年人在人生的后二三十年还可以做什么？蓬勃兴起的老年

大学给予的答案应该是目前相对最成熟的。

老年大学是老龄化社会背景下地球大家庭的一种共同选择，既是各个国家积极老龄化的战略，又是地球村一种默契的行动。随着全球老龄化的日益加深，老年大学将会迎来更快速的发展，这为文化融合提供了一个新颖的渠道。

目前，中国已成为全世界老年大学在校学员最多的国家，老年大学的优势在于以服务为主，以老年人的爱好和接受能力为课程设置和教学的标准，秉承了中华民族一贯的仁爱、中庸、和谐、共赢之道。昆明老年大学校长董利华曾这样总结培养老年学员的作用："培养一名学员，带动一个家庭，熏陶周围邻居；培养千名学员，带动一个乡镇，辐射一个县区；培养万名学员，带动一个区域，感染一座城市；培养千万名学员，带动整个社会，影响一个国家。"可以说，老年大学已成为传播本民族优秀文化，学习他国先进文化的最佳平台之一，在文化融通与发展中承担着重要责任。

二、我国优秀传统文化在文化融通中的地位和作用

文化是一个国家、一个民族的灵魂。文化融合是指本国的优秀文化、民族精神与外来先进文化思想有机结合。

(一)坚守文化自信，倡导文化融合

中华文化源远流长，是中华民族历史上伦理道德、学术思想、精神追求等的总和。博大精深的中华文化，很早就吸引了西方传教士、学者、文学家、艺术家、旅行家以及商界精英分子的视线，他们络绎不绝地来到中华大地，在带来西方文化的同时也将中华文化传播到世界各地。中华文化深深地影响着世界文化和文明的发展。

中华文化倡导文化融合，是中华民族延续的根本，是中华民族自信的根基。只有坚守文化自信，才能在不同文化的交流碰撞中，辨良莠识真伪，纳

精华去糟粕，固根基促发展。

(二)加强文化传播，凝聚价值共识

文化影响力与经济发展力是相辅相成的。"一带一路"倡议的提出是中国进一步融入世界经济体系，强化与周边国家经济、贸易和文化合作的客观需要。只有倡导文化宽容，尊重道路选择，加强文明对话，才能求同存异，兼容并蓄，和平共处，共生共荣。

"一带一路"倡议使中华文化的传播有了新思路、新途径、新方式、新平台。老年教育如何用好这一新平台，使其在加强文化传播，凝聚价值共识上有所作为呢？2013 年，地处中国西南边疆的昆明老年大学提出对老年学员要有培养目标，并确立了四个目标，即"培养康乐向上的现代人，培养终身学习的带头人，培养中华文化的传承人，培养中国特色社会主义事业的传班人"。中国的许多老年大学在制定办学目标时，都将文化传承作为办学的一项重要任务，并以教学为媒介，让每一位老年学员发挥文化的传承与传播作用，使其成为促进社会文明发展的重要力量。

(三)普及信息技术，助力文化发展

信息技术的发展应用，推动了经济的增长，丰富了人们的物质文化生活，推动了全球化市场的形成，打破了文化之间的疆界，促进世界各国文化的交流和融合。

近年来，中国各级老年大学高度重视信息技术的应用，如多媒体教学设备的广泛运用，远程教学的广泛开展，智能终端和软件的广泛使用。特别是 3G、4G 手机的普及，推动中国老年群体快速加入网民大军。统计数据显示，截至 2017 年 12 月，中国网民已达 7.72 亿人，普及率达到 55.8%，超过全球平均水平 4.1 个百分点，超过亚洲平均水平 9.1 个百分点。其中，手机网

民占 97.5％。[①] 网络对老年人生活的影响越来越明显，如网络社交、网络购物、网络支付等。中国的许多老年大学紧跟老年群体需求，开办了手机应用专业，在老年人中普及智能手机，在班级管理中使用“微信”等。信息技术已成为老年人学习知识、传播文化和优化生活的时尚选择，推动着文化事业的发展和社会文明的进步。

第二节 “一带一路”的文化融通要求

文化交流和融合是“一带一路”的灵魂。“一带一路”所倡导的正是众多民族相处、多种宗教交织、不同文明交汇的文化融合，而两千多年前横贯欧亚大陆的古丝绸之路就已经鲜明地体现出和睦和谐、多元共荣的文化交流特征。

一、文化格局：欧亚大陆的多元文化

欧亚大陆是古丝绸之路所在地，也是“一带一路”的重心，其原生文化影响到了世界。了解欧亚大陆文化有助于减少文化对立和冲突，能更好地促进全球文化融通。

(一)欧亚大陆是世界主要文化发源地

当今各国人民广为传承和实践的主要文化，起源于欧亚大陆，其起源时间早并依然繁荣地存在着。

欧亚大陆诞生的四种主要文化为：东亚的中华文化，南亚的印度文化，

① 中国互联网信息中心：第 41 次《中国互联网络发展状况统计报告》，http://www.cnnic.cn/gywm/xwzx/rdxw/201801/t20180131_70188.htm，2018-01-31。

地中海沿岸的西方文化和阿拉伯半岛的伊斯兰文化。

中华文化诞生于中国，主要建立在公元前3世纪及更早时期的本土经典基础之上。儒家文化是中华文化的重要代表。儒家文化的核心一是仁义；二是家族伦理本位；三是贵和尚中、和而不同。儒家文化在古代即已影响到东亚、东南亚和西伯利亚南部等地区。

印度文化诞生在南亚次大陆印度河谷一带，以宗教为中心，佛教对其影响很大。印度文化影响到青藏高原、蒙古高原、中南半岛、中亚等广阔地区。从印度文化中诞生的佛教则同中华文化有机融合。

西方文化诞生于地中海东侧，概括地说是古希腊的哲学、古罗马的法律和基督教的道德结合形成的文化，崇尚政府自然、个人本位和理性精神。其影响辐射到了全欧洲。随着新大陆的发现，西方文化逐渐影响到美洲、非洲、大洋洲等地区。

伊斯兰文化起源时间约为7世纪，以伊斯兰信仰为灵魂，融多民族多样性文化为一体。随着阿拉伯帝国的征服行动以及穆斯林商人的活动，伊斯兰文化扩展到西亚、北非、东非、南亚、东南亚、中亚和中国西北部等广大区域。

当今欧亚大陆的国家，基本可以纳入上述四种主要文化圈。但各主要文化圈内部并非铁板一块，始终都有纷繁复杂的细节。正是这种细节使得不同文化圈的人们(民族)呈现出丰富多彩的差异。

(二)地域现象和人们的故土情感

在欧亚大陆，文化—地域分布模式在不少国家稳定呈现着。如中国云南的白族、哈尼族、傣族等多个特有的世居少数民族都有自己的故土，他们千百年来在故土上延续着本民族基因，传承着本民族文化，同时与其他民族和谐相处。在英国，英格兰约13万平方千米的疆域内居住着5000多万英格兰人，苏格兰约7.8万平方千米的疆域内居住着500多万苏格兰人。作为一个迁徙自由的国家，英国并未出现英格兰人大规模迁移到地广人稀的苏格兰地区的情况。相反，在加拿大、澳大利亚等，英格兰移民和苏格兰移民完全混居，已经分不出彼此，形成“民族熔炉”。文化—地域现象在欧亚大陆几乎所有国家和地区都是如此，不论大小。

文化—地域现象反映了一种故土情感。欧亚大陆的绝大多数民族在自己脚下的土地上少则生活数世纪，多则生活数千年，他们都强烈地认为自己的文化和自己脚下的土地是紧密联系在一起的，在自己的土地上以自己的民族和文化为本位是理所当然的。

二、历史启示：丝绸之路与和平互利的文化融合

欧亚大陆以东西向为主轴向，延展出一条极长的气温相似区域，非常有利于农作物的相互引进，从而催生了历史上第一种贸易活动——农业贸易，并奠定了其他贸易的基础。“一带一路”倡议以古丝绸之路精神为主导，以丝绸之路带来的商品交换、族群交流、文化相融为前提，为全球减少文化冲突、提振经济发展、构建和谐世界提出了新的模式。

(一)和平互利的市场精神

丝绸之路首先是一条贸易通道，贸易活动贯穿丝绸之路的始终，并且极大地提高了沿线人民的生活水平。贸易是双方各取所需，互通有无，互惠互利，促进了当地的经济发展和文明进步。

(二)民族共存的包容精神

丝绸之路上的贸易交流带来物质财富和精神财富的交流和扩散，为扩散这些商品，必然会有一些商人迁徙和旅居，从而促成不同民族间的了解和共生。

(三)接纳外来事物的开放精神

贸易的一个核心作用是互通有无，这意味着在自己的国家和文化圈里将

出现新的东西。丝绸之路贸易的广泛开展，使沿线各国居民逐渐以开放的精神接受来自其他民族和国家的新生事物。

三、搭建桥梁：“一带一路”文化融通的要求

老年教育要积极参与到“一带一路”中，为文化融合作出努力，就必须培养具有文化知识素养、懂得尊重他人和其他民族文化、能够理性看待世界的老年群体。

（一）知文化——培养世界文化知识素养是文化融合的基本前提

明确认识本国和他国的文化基本特征是人的整体知识素养的重要组成部分。所以有必要了解一种文化的主要特征、分布范围、起源条件等，这属于人的“世界文化知识素养”。人们只有具备这种素养，才能在对外交往时预判对方的行为模式，消除陌生感；只有理解文化实践或文化要素的来源和内在逻辑，才能消除诧异感；只有理解文化与各民族生活史的联系，才能消除抵触感。这样就可减少交往中的误判，增进理解，为进一步的文化交流和融合创造条件。

（二）尊感情——坚持文化尊重和文化宽容是文化融合的内在要求

各族人民对自己的传统文化抱有强烈的认同感和自豪感，并与故土感情相交织，从而产生出强烈的坚守文化的动力。“一带一路”沿线国家乃至世界各国，常常会有不同文化的思想行为模式的直接碰撞。因此，文化尊重和文化宽容是地球村居民应该具备的基本素养，也是老年教育的重要内容之一。中国不少老年大学不但开设了中国历史课程，还开设了世界历史课程，这将有利于促进老年教育在“一带一路”中的文化融合。

（三）明意识——以理性自觉的方式开拓文化融合路径

每个国家和民族都是自己文化的主人。文化，无论是精华还是糟粕，首

先影响到的都是本民族自身。由于经济发展水平和社会背景不同，各国各地区的文化各具特色。文化的多元化会产生差异，导致矛盾。

“一带一路”倡议为文化融合开辟了一条宽阔的渠道，促成多元文化和平共处，相互借鉴，共存共荣，以利于世界文化的共同进步。

(四)择行动——在和平交流中展示中国胸怀

学习是一个人、一个民族、一个国家永续发展的动力。文化融通不仅是输出，也是吸纳。中华文化的延续，就在于中华民族的兼收并蓄和豁达包容，我们要让文化融合更加理性化、科学化、经常化，从而转化为实践成果。

“一带一路”对老年大学的国际化提出了新要求。目前，中国老年大学在校学员占全球老年大学在校学员的一半，其办学模式和办学成果，得到国际老年大学协会的充分肯定。老年大学可以作为一块实验田，通过文娱交流、出国游学等形式，在“一带一路”框架下促进文化融通。

第三节　老年教育在文化发展和文化传承中的作用

老年群体的社会地位决定了老年教育在文化发展和传承中的作用，一是帮助老年人通过自身的学习跟上时代的发展，二是发挥老年人的潜能以助力社会发展。老年大学作为老年教育的核心基地，在文化的发展和传承中发挥了重要作用。

一、老年教育是文化发展的重要领域

老年文化是社会文化的重要组成部分，二者不可分割。因此，研究文化

发展，就必须把老年文化发展纳入其中。

老年文化是存在于老年群体中并反映到社会上的特殊文化。这些特殊性，构建了老年教育的特殊内涵，提出了老年教育的特殊任务。

(一)老年人内生的学习需求需要老年教育来满足

物质生活的丰富提高了老年人的生活质量。他们的幸福观也从注重追求物质生活质量向追求精神文化生活质量转变。把文化养老作为自己生活追求的目标已经成为老年人群的全球性话题。世界各地的许多老年人，无论文化基础如何，都希望有机会去学习自己感兴趣的知识和技能，去实现自己的梦想，都希望通过学习使自己成为全新的自我。因此，在我国，老年大学“一座难求”的局面持续升温。这是老年人日益增长的对美好生活需要的充分表达，也彰显了老年教育在文化发展中的重要作用。

老年文化是老年教育必须研究的一种文化现象，是老年教育存在与发展的土壤。对老年文化的认知程度决定着老年教育工作的方向、方法、路径和实效。全球老龄化背景下的老年文化，有显著的地域性和民族性特色，受各国经济发展状况和政策制度的影响。但就老龄和教育这两个基本属性而言，全球老年教育又有一些共同的、根本性的特点和规律。把握了这些特点和规律，就能从中找寻出国际老年教育界的共同语言，从而搭建起共享的交流平台，凝聚发展老年教育的共同意志，彼此学习发展。

虽然老年教育与普通教育、职业教育、高等教育、成人教育的基本属性都是教育，但老年教育同时带有老龄工作性质，因而生发了老年教育所固有的四点本质特征：老年教育的对象是老年人；老年教育的目的是满足老年人日益增长的精神文化需要；老年教育的内涵是文化的学习和传播；老年教育的任务是推动社会文化的繁荣与发展。

国际上对老年教育的实践和研究是集中在老年大学教育上的。无论法国模式、英国模式还是其他模式，也无论老年大学的规模大小，其共同的本质属性是学校，是围绕老年人的需要来办学的。老年人走进学校学习是自愿的，学习的课程及学习时间的长短都是自己选择的。这是老年群体文化现象的一个折射点，是研究老年文化的一个切入点，是探讨老年教育与社会文化发展相互关系的一个基本点。实际上，在国内，在“一带一路”沿线国家，大部分老年人并没有到老年大学学习的愿望，他们有自己的相法和信仰。认识到这一点，可以客观全面地了解和把握老年文化的表象和本质，更坚定稳妥地开展老年大学教育。

前已述及，老年大学教育的目的是满足老年人日益增长的精神文化需要。这个过程凸显了老年教育在文化发展中的重要作用。

1. 享受学习的过程就是推进文化发展的过程

老年人把学习作为一种生活方式，自愿自费走进老年大学，把学习当成丰富晚年生活、提高生活质量的重要渠道，把遂愿而学的过程视为一种享受和幸福。为满足老年人的学习需求，老年大学开设了丰富的课程。熊仿杰教授主编的《老年大学课程建设要略》涵盖了我国老年大学目前课程设置的 15 个大类，61 个专业，298 门课程。《老年大学课程建设要略》凝练了我国 30 多年老年大学教育的经验和一代代老年教育工作者的智慧，绘制了老年大学课程建设的范本，必将有效提升我国老年大学教育的课程质量，更好地满足老年人的学习需求，推动社会文化发展。

《老年大学课程建设要略》中既有参考国外的课程，也有体现中华民族特有文化的课程，还设置了具有地方民族特色的课程。在“一带一路”背景下，原有课程如何与外国文化交流融合，进一步提升教学质量，将是我们需要关注的课题。

2. 追求奉献的过程就是推动文化发展的过程

世界各地老年大学教育的共同特点是，在教学、科研和管理人员中，大部分是老年人。他们中间有老年大学和老年大学协会的各级领导，有致力于老年教育理论研究的专家学者，有在老年大学讲台上辛勤耕耘的教师，更有默默工作在学校管理一线的老同志。这些德高望重、学识渊博的老年教育工作者，已经成为老年大学教育的顶梁柱，发挥着举旗和引领的重大作用，是老年教育事业的宝贵财富。

与老年学员在老年大学享受学习的目标追求不同，活跃在老年大学教学、科研和管理工作中的老年人更加追求奉献。他们视老年教育工作为己任，自设目标，不断进取。他们的付出推动了老年教育事业的长足发展，也推动了社会文化的长足发展，生动体现了老年教育在文化发展中的重要作用。

以全球视野审视老年大学教育，没有活跃在老年大学教育战线上的一批批精英老人，就没有老年大学教育今天的成就。而在全球老龄化的今天，没有老年大学教育事业的发展，社会文化的发展将会出现空白，进而影响社会的全面协调发展。这就是老年教育对文化发展重要作用之所在。

3. 回归社会的过程就是推动文化发展的过程

在老年大学，老年学员除了满足自身的学习需求外，还有至少两个重要诉求。一是结交新朋友，扩大交际圈；二是回归社会，有所作为。这些诉求及由此带来的行动，都属于老年文化范畴。老年大学是提升老年人道德文化修养的重要平台。

除了通过第一课堂学习知识技能、提高综合素质外，老年学员还可以通过其他多种渠道接触社会，重新获得人生价值。如第二课堂活动，游学和银发旅游活动，志愿者服务活动，国内外老年大学间的交流互访活动等。较之没有进过老年大学学习的普通老人，老年学员显示出更高的文化素养和身心健康水平。他们在家庭、社区、社会上树立起良好形象，以润物无声的方式影响身边人群，净化人文环境，从而推动社会文化的发展。

(二)老年人外在的生存压力需要老年教育来消弭

世界各国的老年群体都深受生存环境和社会文化的影响，这种影响所形成的一系列问题和压力，只有通过老年教育才能解决。老年教育能使老年人的权利得以保护，能使其生活质量得以提高。

1. 社会地位的压力

从文化学视角审视，老年文化是社会的一种“次文化”，受到明显的文化歧视。由于衰老及对他人的依靠，老年人在社会上容易被边缘化。在文化教育方面，老年弱势群体，特别是弱势群体中的“更弱势人群”被看成孱弱、固执、刻板，甚至愚昧的。老年文化的“优势部分”被忽略，老年人的负面形象被放大，这导致社会对老年群体和老年文化的歧视和不公，导致教育资源过分向青年群体倾斜。这必将影响和阻碍社会主流文化的发展，影响和阻碍优秀传统文化的传承，影响和阻碍社会的和谐发展和文明进步。

当然，现实是，大多数老年人还没有机会进行再学习。也恰恰是由于这个原因，老年群体依旧被视为弱势群体，并形成了特殊的“文化弱势”，甚至“文化歧视”。这种歧视甚至同时存在于老年群体内，表现在诸如老年大学准入等问题上。

2. 科技进步的压力

由于学习渠道的缺乏和学习能力的下降，老年人接受现代教育的困难较大，知识更新速度慢，掌握程度差。这就不断扩大了老年群体与其他社会群体的知识差距，从而出现文化代沟。譬如，在数字浪潮面前，大多数老年人由于未曾接触跨速发展的信息技术，所以较为缺乏信息素养。因而，他们在面对快速发展的信息社会时感觉不适应甚至逃避。虽然有些老年人想去学习相关知识，但由于学习能力弱化，没有适当的学习途径，所以他们跟不上时代的步伐，并加快被社会边缘化。

老年大学通过开设与信息技术有关的课程，如电脑应用、手机摄影等课程，使老年学员较快、较系统地掌握了日常可用的网络知识技能。老年大学通过对老年朋友的传授，使越来越多的老年人掌握技能，从而提高了他们跟进时代的信心和自豪感，提高了他们回归社会、融入社会、服务社会的荣誉感和使命感。

二、老年教育是文化传承的重要渠道

文化传承是文化发展的有机组成部分，是世界各国教育工作和文化工作的重要任务，是国家和民族共同的历史责任。作为终身教育组成部分的老年教育，在文化传承中具有重要作用。这些作用不仅表现在老年群体本身的文化教育上，也表现在它对社会其他群体的代际文化传播上。研究老年教育在文化传承中的作用，除了研究老年文化自身，还必须研究它在代际文化传播中的特点及作用。

老年教育的代际文化传播是指老年教育与老年人以外其他年龄代群之间的文化传播。其特点是双向性、互补性和共生性。老年教育的代际文化传播应该是老年教育的重要功能和任务。

(一)代际文化传播体现了积极老龄化原则

1. 老年教育的代际文化传播是老年群体回归社会的途径

随着时代的发展，不同代群之间在思维方式、价值观念、行为取向等方面出现差异，甚至冲突。如老年人与其他群体特别是与青年群体之间的文化互通与传播出现裂缝和障碍，造成了老年群体的自我封闭。这种群体传播的隔阂，妨碍老年群体文化的发展与老年教育的顺利进行。因此，老年人的活动基本在老年群体内进行，他们之间的人际交往和文化交流形成老年文化。老年文化是一种“次文化”，它是社会主流文化的补充。但是，这种“次文化”也造成了老年群体与其他代群之间文化交流的淡化和疏离，使老年群体不自觉地走向社会边缘。这是老年群体社会边缘化的根本原因。

老年教育的代际文化传播可以打破这种局面，促进各代人之间的相互交流，为老年人创造与年轻代群共同活动的机会，促使老年人参与广泛的文化教育活动，促使老年群体与其他群体以平等的地位进行文化交往，更好地回归社会，建立和谐的代际关系。这也是“积极老龄化”理念在老年教育中的体现与要求。

2. 老年教育的代际文化传播是老年群体服务社会的实践

在文化传承发展的过程中，代际文化既有共性又各具特点。它们相互依存，相互影响，形成代际文化传播现象。科学健康的代际文化传播应该是双向互动的，即采取互相学习、互相教育的态度和方式。虽然老年群体是社会弱势群体，但老年人也具有自身的文化优势，在人生阅历、知识积累等方面有年轻人远不能及的地方。因此，老年教育的一个重要任务就是要把老年群体中的这种优势资源挖掘出来并将之发扬光大。老年大学教育应把传播优秀文化、彰显老一代精神风貌、助推文化繁荣发展作为重要任务。

重视代际文化传播是我国老年教育工作的一大特点。老年大学通过开展文娱活动、志愿活动、广播电视媒体专题活动等与其他代群进行积极互动，在实践中，弘扬民族精神，凝聚民族意志，汇聚民族力量，为民族文化的传承作出了显著的贡献。与此同时，老年群体也从年轻代群那里丰富了知识，拓宽了眼界，激发了活力。代际文化传播实现了优质文化资源共享，丰富了老有所学内涵，践行了“积极老龄化”理念。

(二)代际文化传播体现了多元文化融合要求

1. 以文化开放的态度奠基多元文化融合的基础

文化传播建立在文化自信的基础上。多元文化碰撞是多元文化融合的前提。多元文化在碰撞过程中，可能会产生文化自卑问题。因此，老年教育要帮助老年人重塑自信，开放心态，勇于面对困难。

文化开放就是在文化自信的基础上，在多元文化交汇碰撞时，坚持传扬中华文化的博大精深，坚持宣传中华文化的历史内涵，使中华优秀文化得到国内外的广泛了解和尊重，吸引更多国家和民族加强与中国的文化互通和融合，使中华优秀文化之树更加茁壮成长。这是老年教育的重要使命。

在代际文化碰撞传播过程中，我们要注重在多元文化融合的框架中加强老年教育的理论探索，在求实求是的研究成果引领下，在高度文化自觉的基础上，提炼多元文化的精要和智慧，创新中华文化的内涵，推动社会文明的发展。

2. 以文化包容的原则构建多元文化融合的渠道

一是多元文化间的包容促使一些不同渊源、不同特色的文化在求同存异与相互包容过程中和谐相处，并以此产生新的文化。二是多元文化间的包容带来了文化的气度与活力，催生文化的繁荣与发展。

构建多元文化融合渠道要注重摒弃文化自负和文化自卑情绪。自1983年山东老年大学成立以来，我国的老年教育从无到有，从弱到强，呈现出一种跨越式发展的势头，无论是办学条件、学校规模、教学质量、科研水平还是社会效益等各个方面，都取得了丰硕成果，处于世界领先地位。但我国的老年教育仍然存在许多问题和困难，尤其在办学理念和办学体制机制方面还存在一些深层次问题。唯有开放胸怀，虚心学习和研究他国老年教育先进理念和先进经验，清理痼疾，创新发展，才能使老年教育更加适应时代发展的要求。

文化自卑是文化交流和文化融合的天敌，更是文化传承的天敌。要理直气壮地在老年教育中坚持对民族文化的自信自爱，宣传和发扬本国优秀传统文化精神，坚持在互学共生的原则下构建多元文化融合的渠道。老年大学要通过课程设置、课堂教学和社会实践等多种途径来帮助老年学员学会从多元文化的视角去观察中国文化和他国文化，最大限度地消解以往存在的偏颇和错误认识，提升他们的民族自信心和文化自信心，并通过代际文化传播影响年青一代。

第四节　多元文化融通与老年大学国际化发展

多元文化融通是老年大学国际化发展的内涵所在和本质要求，是老年大学国际化发展的必备前提和必由之路。

一、老年大学教育必须走国际化发展的道路

回顾国内外老年大学教育发展的历史轨迹，把脉我国老年大学教育发展中的症结，可知老年大学教育必须走国际化发展的道路，在多元文化融合中实现国际化，在国际化中实现多元文化融合。中国老年大学对比国外先进的理念和运作模式，有重大优势，也有很多的不足。一是从总体上来说，办学内涵特别是教育的学术层次较低；二是理论研究的整体性和系统性欠缺；三是普及度很低，中国老年人口基数太大，所以毛入学率非常低；四是发展不平衡，东南地区老年教育蓬勃发展，而西部老年教育薄弱甚至空白。因此，加强国际交流，学习和借鉴国际老年教育的优秀经验和做法，引入国外先进理念和经验，输出中国特色的老年教育的理论研究成果和实践做法，对正在转型发展期的中国老年教育意义重大。

二、学习《老年大学宪章》思想，促进老年大学教育的多元文化融合

(一)《老年大学宪章》的功能、作用

2013 年 5 月，国际老年大学协会在广州召开第 92 届理事会，与会理事一致通过了一个重要文件——《老年大学宪章》。这是世界老年大学发展过程中的一件大事。

《老年大学宪章》是国际老年大学协会这一国际组织对机构组织内的老年大学的规定性要求。宪章的原则、精神，将指导各国老年大学的办学水平和教育国际化水平不断提高。《老年大学宪章》为老年大学教育中的多元文化融合提出了实践导向和探索思路。我国的老年大学教育欲融入国际化发展的潮

流，在“一带一路”的文化融合中发挥积极有效的作用，就必须认真学习领会《老年大学宪章》的丰富内涵，从实际出发，研究现状、发现问题、创新驱动、主动对接，使我国的老年大学教育能够不断嬗变进取，不断贡献中国经验和中国智慧。

因此，研习《老年大学宪章》，深刻把握其蕴含的社会人文、教育文化的现代先进理念，结合实际，发散思维，创新办学理念，努力开创更加普惠优质的老年大学教育新局面，是当前我国老年教育所面临的迫切任务和重要课题。实际上，实践《老年大学宪章》的往复过程就是文化融合的过程，就是民心沟通的过程，就是政策沟通的过程。

(二)坚持人本原则和公平原则是老年大学教育多元文化融合的核心要求

“以人为本”是《老年大学宪章》的核心理念，也是基本原则。其中的10款条目中，有6条明确提出要以老年人为本，其他4条也都是紧紧围绕人本理念来铺叙的。这一核心理念无论是在人文关怀、社会责任还是在哲学思辨等方面，都充分体现了科学性和先进性。

《老年大学宪章》强调人人平等原则，坚决反对任何歧视。宪章指出，年龄、文凭、收入、性别、种族、宗教等因素都不能限制老人入学受教育的权利。宪章认定老年大学是一个集体，是一个所有老年人平等相处的集体。在这里，老年人没有等级之分，没有歧视。这个集体的道德准则是人的尊严，要保持、尊重和维护每个老人的尊严。

《老年大学宪章》倡导教育公平原则。教育公平是社会公平的基础，也是社会公平的体现。可见，老年大学教育只有坚持人本原则和公平原则，才能容纳包含不同文化，促进多元文化的融合。

(三)坚持一致的教学原则是老年大学教育多元文化融合的基本前提

老年大学教学工作的各个环节都与多元文化融合密切相关。

第一，《老年大学宪章》规定老年大学的目的，“旨在学校范围内传播知识与文化”，从而确认老年大学是学校，是传播知识和文化的场所。老年大学的中心工作是教学，而不是单纯的休闲娱乐。在老年大学，教师是知识与文化的传播者，老年学员是受众。这些知识和文化传播活动的本质是教育。

第二，《老年大学宪章》规定老年大学的任务，“旨在促进老年人文化福利与社会和谐发展”，把老年人在文化知识的学习中必将收获的愉悦、成长和幸福看成老年人应该得到的福利。而老年人在获得这种文化福利的同时，又生成社会效益，促进社会和谐发展。

第三，《老年大学宪章》规定老年大学校园活动的文化追求是“帮助老年人对现在、过去及未来有更好的理解”。这里“更好的理解”实质上是世界观和人生观问题。老年大学校园文化所追求的终极目标，内涵极为丰富。老年人只有具备了高度的文化自觉，才能清楚老年大学校园活动的文化追求的目标、培育的内容和实现的路径。

第四，《老年大学宪章》规定，“老年大学设有各个学科的课程、会议及研讨会”，还规定“老年大学旨在通过自主一体化发展，或与其他教学机构的合作来确保学术活动的地位”；并从老年大学的教学活动和学术活动两个方面提出了具体要求。这是将老年大学的课程设置、课堂教学、教务工作会议和教学研讨会都列入教学工作范畴，对我们有很大启示。

第五，《老年大学宪章》强调要“确保”老年大学的学术活动地位，并且指明要通过“自主发展”和“机构合作”两条途径来实现这一目标。这显然是对学校个体而言的，教学和科研是老年大学教育的两个基本抓手。尤其是科学研究工作，若不重视，不取得有指导意义的成果，就不可能在老年大学教育多元文化融合的工作中创新发展。

(四)坚持服务原则是老年大学教育多元文化融合的根本宗旨

老年大学教育多元文化融合是为了促进文化发展，以更好地为老年人服务。

《老年大学宪章》规定，“老年大学的任务旨在通过社会活动、智力活动、体力活动等多种创新形式促进老年人身体健康”。在这里，“促进老年人身体健康”涉及民生问题，强调了老年大学的服务功能。“创新”活动方式和内容包括“社会活动、智力活动、体力活动”等。这种以人为本的服务理念是精髓。因为人的身体包括肉体和精神，所以《老年大学宪章》要求促进老年人的身体健康完全就是促进老年人的身心健康。围绕这一任务，老年大学的教学和服务工作就有了更加明确的内容要求。

三、老年大学教育只有通过多元文化融通才能实现国际化发展

实现老年大学国际化发展的一个重要原则是坚持多元文化融通。

(一)要承认和尊重各国老年大学教育的多元性

世界各国老年大学的办学情况都深受本国历史文化等因素的影响。这就带来了老年大学教育的多元性。只有充分承认、高度尊重这种多元性，才有对话的基础，也才能得到别国的尊重和接纳，从而融入国际老年大学教育共同体，实现国际化发展。

(二)要研究和提炼各国老年大学教育的科学性

老年大学多元文化融合的过程是求同存异的过程。“求同”求的是科学性。科学性就是事物发展的基本的、本质的规律。从法国图卢兹老年大学成立之日起，从国际老年大学协会成立之日起，从我国的第一所老年大学——山东老年大学成立之日起，全世界的每一所老年大学都在积极探索老年大学发展的科学途径。这些实践带给老年大学的启示，成为全世界老年大学教育共同的财富。认真研究其中包含的科学性，就会找到共振点，找到融合点，从而推动老年大学多元文化的融合和国际化发展。

(三)要借鉴和学习各国老年大学教育的先进性

先进性是一个历史概念，也是能推动社会发展、经得起历史检验的理念和行动。从宏观上讲，《老年大学宪章》就充分展示了其先进性和引领性，其中规定的人本原则、公平原则等，都是其先进性的体现。从微观上讲，“一带一路”沿线和世界各地的老年大学个体也都不同程度地具备了宪章精神的先进性。

(四)要催化和融汇各国老年大学教育的共享性

共享是一种实践过程，强调的是互动、互通、互助和互利。全球老龄化、老年大学教育国际化趋势和“一带一路”倡议的大背景为老年大学教育的发展创造了新的机遇，提出了新的使命。植根于这样丰厚沃土上的老年大学教育，一定会生发出许多“生长极”。这些“生长极”就蕴含着老年大学教育的共享性。清楚地认识这一点，以高度的文化自觉去催化和融汇这些共享性，是我们促进老年大学多元文化融合和国际化发展的重要任务。

第五节　老年大学搭建多元文化融通平台

国际老年大学教育的一个重要特点是形式和内容的多元化。各国的交流和互鉴有助于求实创新，国内的老年大学教育实践充分证明了这一点。中国老年大学协会老年教育学术委员会“五个十工程”项目的研究成果，在对五十个特色鲜明、创新实践、规范发展的老年大学的丰富实践全面纪实的基础上抽象出共同经验，对全国所有老年大学的发展都具有借鉴作用。同时，向国际同行较全面地提供了中国经验和中国智慧，有助于他们更深入地了解我国老年大学教育的情况和拓展他们的发展思路。

一、国际老年大学协会是促进多元文化融合的平台

国务院印发的《老年教育发展规划(2016—2020年)》指出，要"加强国际交流合作，积极参与有关国际教育组织的活动，加强与国外老年教育机构的交流与合作，借鉴国外老年教育的先进理念与做法，宣传推广我国发展老年教育的经验与成果，扩大我国老年教育的国际影响力"。加强老年教育的国际合作与交流是保持我国老年教育科学发展并影响和带动包括"一带一路"沿线国家在内的世界各国老年教育持续发展的重要途径。

(一)国际老年大学协会的"诞生"

1978年，国际老年大学协会成立，总部设在法国图卢兹大学。《国际老年大学协会章程》提出的协会目标一是联盟(to federate)，即"联合全球的老年大学和相关组织，包括任何目标一致但头衔不同的组织"；二是构建(to constitute)，即"在全球各大学的支持下，建立终生教育的国际体系，并发展老年教育的相关研究"；三是发展(to develop)，即"促进老年人之间的知识交流，从而促进社会的整体进步"。国际老年大学协会是世界各国老年大学、老年教育机构工作范围内最具影响力和最具权威性的国际组织，是世界各地老年大学沟通信息、交流经验、开展合作、协作科学研究的良好平台，是推动全球老年大学共同发展的工作网络。

1994年，经全国老龄委提起申报，提交中华人民共和国民政部、外交部和财政部审批，中国老年大学协会正式加入了国际老年大学协会，成为国际老年大学协会最大的团体会员，从此开启了中国老年大学教育与国际对接的新时期。中国老年大学协会提出了"1+1"研讨模式，即采取"一题一议"的方式，把每一次的国际议题与国内研究相对接，深入研究，精准提炼，科学归纳，努力取得切实成果。这一模式打开了我国老年教育理论研究与国际对接的突破口，既使我国在近几年的国际老年大学协会理论研讨会上开阔了眼

界，拓展了思维，也向全球同行推介了中国经验，产生了深刻的国际影响。

(二)国际老年大学协会的研究交流活动助推全球老年大学教育和文化发展

国际老年大学协会成立40多年来所开展的主要工作就是为老年教育理论研究搭建国际交流平台。近年来国际老年大学协会每年召开两次国际研讨会。国际老年大学协会国际研讨会的主题有广阔的国际视野、较高的学术研究水平，理论研究的选题和切入点注重创新，有助于世界各国老年大学学习借鉴。

①2013年5月，第92届AIUTA国际研讨会在广州举行，研究主题是"老年大学创新发展，融入社会和银发旅游"。给我们的启示：要把老年教育和老年旅游深度融合起来。

②2013年9月，第93届AIUTA国际研讨会在瑞典乌普萨拉举行，研究主题是"平等机会与老年人"。给我们的启示：必须使每一个老年人都有学习、参与、共享社会进步成果的平等机会。

③2014年6月，第94届AIUTA国际研讨会在法国图卢兹举行，研究主题是"老年大学与国际化合作"。给我们的启示：老年教育迫切需要国际化合作。

④2014年11月，第95届AIUTA国际研讨会在巴西伊瓜苏举行，研究主题是"老年大学与代际合作"。给我们的启示：老年大学要在思维理念层面、具体工作层面与代际合作有机融合。

⑤2015年5月，第96届AIUTA国际研讨会在西班牙阿利坎特大学举行，研究主题是"老年大学，公民和社会凝聚力"。给我们的启示：老年教育本质是实现公民权，为提升社会凝聚力而努力。

⑥2015年9月，第97届AIUTA国际研讨会在波兰卢布林举行，研究主题是"老年大学学生—新一代学生"。给我们的启示：会议认为，老年大学学生是新时代的学生，应该受到社会的认可和尊重。

⑦2016年5月，第98届AIUTA国际研讨会在法国兰斯举行，研究主题是“第三年龄大学在世界的历史与发展”。给我们的启示：要从文化视角研究老年教育共同的历史。

⑧2016年10月，第99届AIUTA国际研讨会在日本大阪举行，研究主题是“老年大学连接世界：积极健康老龄化与代际合作”。给我们的启示：积极健康老龄化在老年大学充分展示，代际合作在老年大学得到最好实践。

⑨2017年5月，第100届AIUTA国际研讨会在斯洛伐克布拉迪斯拉发举行，研究主题是“老年人平等的学习机会”。给我们的启示：老年教育必须均等化。

⑩2017年11月，第101届AIUTA国际研讨会在哥伦比亚波哥大举行，研究主题是“机构在老年大学发展中的作用”。给我们的启示：涉及老年教育的机构各国各有特色，应相互了解借鉴。

⑪2018年6月，第102届AIUTA国际研讨会在西班牙巴塞罗那举行，研究主题是“老年大学与教育标准”。给我们的启示：全世界老年大学在教育标准上有共同认知，可以形成一定的规范条文。

⑫2018年11月，第103届AIUTA国际研讨会在毛里求斯路易港举行，研究主题是“老年大学与多元文化”。给我们的启示：多元文化必然共存和相互影响，在此老年大学有重要文化作用。

(三)国际老年大学协会国际研讨会从理论层面助力文化融通

AIUTA国际研讨会每次提出的议题都是在深刻考虑世界各国老年教育面对的共同重大问题的基础上提出来的，都具有深远文化意义。这些议题体现出AIUTA广阔的国际视野和较高的学术研究水平，以及活跃的理论研究创新能力。这些议题不仅契合其他国家，也非常符合我国实情，让我们在AIUTA国际研讨会这个平台上找到了自身的不足，拓宽了研究的思路，融汇了国际智慧。我们回过头来审视自己的学术研究选题，发现这些选题仍有束缚性思维，因循守旧，少有突破性创新。比如说在老年大学教育的公平性方面，比如说在尊重每一个老年人学习愿望和学习权利方面，比如说老年大学教育的体制机制创新方面，比如说在提高老年大学的办学效益方面，等等。国际视野带给我们新的办学理念和思维方式，带给我们新的文化体验，这也是文化融通的可喜成果。

自 2013 年第 92 届 AIUTA 国际研讨会以来，在历届研讨会收到的学术研究论文中，从总体看我国的论文数量最多，接近一半。这表明我国已经成为 AIUTA 国际研讨会中活跃和重要的力量。但是，从单体看，在我国的研究论文中，广州市老年干部大学(中国老年大学协会国际联络部)的文章超过总数的三分之一。这一方面凸显了广州老年干部大学和中国老年大学协会国际联络部在我国老年教育与国际对接中所付出的巨大努力和取得的卓越成绩，另一方面也表明我国老年大学教育与国际交流平台对接的宽度还不够。这一现象提示我们，应加快推进我国老年大学教育与国际对接的广度、速度和深度，注重对接成果的孵化和转化，使其成为全国各老年大学的共同文化财富。中国老年大学协会各会员校也应积极主动地进行国际互访和交流合作，这是符合“一带一路”精神要求的。

2018 年 4 月 11 日，中国老年大学协会国际老年教育研究中心在上海成立，中心设立在上海老年大学。该中心的职能是加强国际老年教育研究，学习借鉴西方发达国家老年教育的先进理念和经验，推动国际老年教育的交流和科研合作，提升中国老年教育的国际化水准。国际老年教育研究中心的成立，必将为老年教育领域里中外文化融通形成较大助推力，为提升我国老年教育的国际化水平作出重大贡献。

二、中国老年大学协会和各老年大学通过多种平台促进文化融通

长期以来，我国的老年大学教育都比较注重学习交流、成果展示、文化建设和服务社会等文化融合工作，取得了丰富的成果和经验。

(一)以平台建设促进多元文化融合

我国幅员辽阔，民族众多。民族文化、外来文化既共生共存，又摩擦碰撞。老年文化和老年教育也必然产生共生、冲突、包容、互鉴、继承、传播、发展等多元文化融合问题。老年大学在搭建多种交流互动平台，促进多元文化融合方面做了大量卓有成效的工作。

1. 搭建协会交流平台

1988 年，中国老年大学协会成立，现内设办公室、事业发展部、社会活动部、学员部、国际联络部和游学部，还设立了老年教育学术委员会、教学工作委员会、宣传出版工作委员会、远程教育工作委员会、企业老年大学工作委员会和高校老年大学工作委员会 6 个分支机构。协会充分发挥桥梁纽带和凝聚作用，广泛联系各地老年大学和老年学校，开展了大量活动，落实老年大学办学宗旨，积极协助有关部门做好老年教育工作。在中国老年大学协会的带领和指导下，省、市级城市的老年大学协会也陆续成立，为各地老年大学搭建了交流学习、协调发展的重要平台。

2. 搭建国际交流平台

1994 年 8 月，中国老年大学协会加入了国际老年大学协会，开启了我国老年大学教育国际化之路。中外许多老年大学之间建立了友好学校关系，开展了学生互访、课程互听、信息互通、项目合作等交流活动，文化交流深深地刻在老年教育载体上了。

3. 搭建社会交流平台

各级老年大学与社会团体、各类学校、传媒机构、企事业单位、老年服务机构等建立多种合作交流渠道，为老年学员学习社会、服务社会、回归社会创造条件，促进多元文化融合和文化传承发展。

(二)以活动开展促进多元文化融合

1. 教学成果展演

教学成果是文化在老年大学的亮点。老年大学举办的教学成果展演是学员喜闻乐见的形式，是学科间、学生间、教师间互学互鉴、共融共进的优质交流形式。

2. 社会实践活动

老年大学社会实践全都是文化现象。老年大学要组织学员参加党和政府及社会团体举办的各类文化活动，如各类文艺体育赛事，各类庆典活动，学校、企业、军队、养老院等的慰问演出活动和联欢活动等。

3. 校际交流活动

老年大学相互交流聚焦的是校园文化。学校间开展教学观摩、工作交流、考察学习、主题联谊等活动，交流在学科建设、课程建设、校园文化建设、规章制度建设、体制机制建设、三支队伍建设等方面的理念和经验，取长补短，共谋发展非常重要。我国老年大学更应加强与境外国外老年教育机构的交流互访和各类文化活动，积极开展不同民族文化的交流与学习活动。

4. 游学交流活动

游学本身就是一种文化。老年大学组织学员开展游学活动，要把旅游和学习密切结合起来，通过游学，丰富生活，陶冶情操，提升素质；采取走出去和请进来的方式，与国内外各类群众团体、文化团体开展多种形式的文化交流活动，加强了解，增进友谊，增长知识。

5. 代际文化交流

老年大学创造条件积极开展和参加社会举办的各类代际文化交流活动，教育学员自觉把日常生活的点滴言行视为代际文化传播的体现，努力做风范长者，彰显长者风范，为传承优秀文化、促进多元文化融合尽责尽力；鼓励学员自信自强，通过学校教学和课后自学，掌握必要的信息网络应用技能，跟进社会，回归社会。

6. 理论研讨活动

理论是文化的重要组成部分。要重视老年教育理论研究工作，努力建设一支高素质的理论研究队伍；积极参加各级老年大学协会组织的课题研究和理论研讨会，跟踪、学习、把握国内外老年教育理论研究新成果，自觉结合本校实际，推进学校各项工作进展。

由此可见，走出校门，走出国门，搭建老年教育的国内外多种交流平台，是老年大学教育必不可少的重要工作。这个过程就是文化融通的过程，就是各国老年大学教育携手发展的过程，就是践行“一带一路”倡议的文化融通精神的过程。

第三章 民心相通与老年教育

国之交在于民相亲，要搞好“一带一路”倡导的政策沟通、设施联通、贸易畅通、资金融通、民心相通，必须得到各国人民的广泛支持，必须加强人民的友好往来，增进相互了解和传统友谊，并开展区域合作，奠定坚实的民意基础和社会基础。民心相通既是“一带一路”的目的，也是其重要的实现条件；既是“一带一路”伟大构想的重要内容，也为它的落地实施、顺利推进提供社会根基。因此，只有实现民心相通，“一带一路”建设才能行稳致远，才能实现构建人类命运共同体的目标。

第一节 民心相通在“一带一路”倡议中的地位

一、民心相通的全局战略意义

民心相通是“互通”的基础工程，是“五通”中的桥梁、纽带、润滑剂。民心相通的内核是民心，关键是相通。民心相通是各国民众对“一带一路”倡议的理解、认可和支持，是“一带一路”建设取得的能看得见、摸得着的成果，是以文明交流超越文明隔阂、文明互鉴超越文明冲突、文明共存超越文明优劣的结果。建立多层次的人文合作机制，推动教育、文化、卫生事业等的合作，不仅可实现通路、通气、通水、通油的目的，还能实现通心的目的。随着“一带一路”建设的全面推进，越来越多沿线国家的普通民众会感受到周围的变化。各国民众之间的距离在不断拉近，心与心的沟通在不断加强，这有助于夯实“一带一路”倡议持续发展和民心相通的坚实基础。

二、民心相通的现状

(一)全世界民心相通的状况

民心相通是各国人民在社会交往实践中基于发展理念、发展目标、心理情感和文化文明等方面的交流互动、相互认知、相互认同而形成的相互理解和相互信任。

自2013年丝绸之路经济带构想提出以来，民心相通的概念和内涵不断深化，目标和实现思路不断明确。民心相通要实现的目标是：“人文交流更加广泛深入，不同文明互鉴共荣，各国人民相知相交、和平友好。”而实现这一目标的思路则为“传承和弘扬丝绸之路友好合作精神，广泛开展文化交流、学术往来、人才交流合作、媒体合作和妇女交往、志愿者服务等，为深化双多边合作奠定坚实的民意基础”。在此基础上，2016年，“十三五规划”中进一步提出民心相通未来发展的目标是“共创开放包容的人文交流新局面”。实现这一目标的具体方式则是在沿线国家民众现有人文交流活动基础上，办好“一带一路”国际高峰论坛，发挥丝绸之路(敦煌)国际文化博览会的作用，等等。

近年来，“一带一路”沿线国家和地区加强人文交流活动，包括文化交流、艺术交流、宗教交流、体育赛事、文化旅游、媒体交流合作等活动，强化舆论宣传，特别是注重对丝绸之路经济带的学术理论研究和话语表达方式研究，以促进沿线国家民众对于丝绸之路经济带的准确了解和合理认识，从而增进沿线国家民众对于丝绸之路经济带的亲近感和认同感。这些举措促进了沿线国家民众的交流和沟通，民心相通整体呈现出一片欣欣向荣的气象。

1. 注重人文交流合作，文化交流活动频繁，民心相通建设不断推进

近年来，中国不断与“一带一路”沿线国家签订人文交流合作项目，扩大和深化文化交流合作领域及层次，官方和民间举办形式多样的文化交流活动，不断促进各国人民之间的相互了解和认识，推动民心相通的发展。第三届丝绸之路国际文化论坛以“开创‘一带一路’多边合作新时代”为主题，就推动丝绸之路沿线国家传统文化的传承与发展，加强沿线各国文化交流与多边合作提出了具体的多边合作设想，并希望通过科学、教育、文化、旅游等领域的合作，加深沿线国家的相互了解，从而推动中国同沿线国家全方位的合作。各国学者在第四届“伟大丝绸之路上的多元价值观：语言、文化和教育”国际学术研讨会上通过交流互动，促进了古丝绸之路经验的传承与相关学术研究和教育合作的发展。

在国内，不管是陕西、甘肃、新疆等西北五省区，还是河南、四川、重庆、内蒙古等其他省区市，都高度重视并积极通过相关政策规划来着力推动文化交流合作，进而推动民心相通的发展。

2. 旅游业蓬勃发展，文艺交流形式多样，文化产业发展迅速，民心相通不断增强

近年来，“一带一路”沿线国家和地区大力开发丝绸之路历史文化资源，推动丝路旅游业蓬勃发展，并举办形式多样的旅游和文艺交流活动，带动文化产业不断发展，由此促进各国民众相互了解和认识，增进民心相通。在国际上，“长安—天山廊道的路网”跨国联合申遗成功入选《世界遗产名录》之后，跨国跨区域的丝绸之路旅游交流合作作为人文交流合作的重要方式，开始受到人们的高度重视。继两届丝绸之路国际旅游博览会成功举办之后，第三届丝绸之路国际旅游博览会以“优质旅游·共享发展”为主题，吸引了来自35个国家和地区的参展商参加，进一步深化了丝绸之路旅游交流合作。

3. 教育、科技、医疗卫生等领域的交流合作日益密切，民心相通不断加深

民心相通建设是全面性和总体性的，这就要求“一带一路”沿线各国人民不仅要开展旅游、文艺领域及文化产业方面的交流合作，而且需要开展教育、科技、医疗卫生等领域的交流合作，不断扩大和深化社会交往的范围和层次，推动民心相通不断向前发展。基于此，中国不断加强与沿线国家教育、媒体、智库、科技、医疗卫生等领域的交流合作，签署合作项目，开展官方到民间、政府机构到非政府组织机构等多层次、多领域的跨文化交流。

在教育领域，截至2018年9月11日，中国在“一带一路”沿线国家已经建立了137所孔子学院和130个中小学孔子课堂，一方面向外传播中国文化，促进沿线国家人民深入了解“一带一路”倡议及其成果，进而认识和理解中国及其文化；另一方面帮助中国人更好地学习和了解其他相关国家的语言和文化。这种双向学习和沟通，对于促进丝路沿线国家、地区人民和中国人的相互理解、相互认同，进而推动民心相通发展，发挥了独特的作用。除了搭建孔子学院等交流平台外，建立沿线国家大学联盟，推动高等教育的合作交流，也成为各国人民在教育领域合作交流的重要模式。教育部制定并发布的《推进共建“一带一路”教育行动》，提出要通过开展教育互联互通合作、开展人才培养培训合作、共建丝路合作机制来扩大“一带一路”沿线国家间教育领域合作交流。与此同时，“一带一路”教育合作高峰论坛在北京举办，就中国教育企业走出去，推动中国教育国际化发展等相关问题进行了深入交流和探讨。

在科技和医疗卫生领域，截至2016年9月我国已经和沿线49个国家展开了科技合作，启动了一系列科技伙伴计划，包括中国—东盟科技伙伴计划、中国—南亚科技伙伴计划、中国—阿拉伯国家科技伙伴计划等。在此基础上，科技部、国家发展改革委、外交部和商务部提出要不断推进科技创新合作，包括农业、能源、交通、信息通信、资源、环境、海洋、先进制造、新材料、航空航天、医药健康、防灾减灾等领域的科技创新合作。

民心相通是“一带一路”建设的基础，承担着增进各国人民友谊、使各国人民加深了解的重担，有助推“一带一路”经济建设合作的作用。事实证明：民心相通既是手段，也是目的，更是“一带一路”建设顺利进行的保障。

(二)推进民心相通的有利因素

1. 高层互动，规划引领

“一带一路”沿线国家领导人不断加强往来互动，顶层规划并设计“一带一路”建设方案，提升了国民对“一带一路”建设的认识度和信任度，增进了沿线国家民众心与心、情与情的相交、相融，为民心相通搭建起了桥梁。经过几年的发展，截至 2019 年 4 月 30 日，中国已经与 131 个国家和 30 个国际组织签署了 187 份共建“一带一路”合作文件，就“一带一路”建设与合作达成了广泛共识。例如，发挥沿线各国区域和次区域相关论坛、博览会、洽谈会等平台的建设性作用，支持沿线各国区域和地区联合开发、举办形式多样的丝路文化交流会等。根据沿线国家的需求，开拓一些新的机制化合作路径。中央政府还充分发挥我国地方政府层面的创新实践作用，让企业以及文化、教育、体育、卫生部门等自发强化社会责任，用担当、道义形象来通民心，解民忧。“一带一路”沿线许多国家的领导人，主动将他们国家的发展规划与“一带一路”建设对接，为国家发展，为改善民生，引领人民融于“一带一路”建设。国家高层领导人的交流互动，规划引领，为“一带一路”建设民心相通奠定了牢固基础。

2. 注重经济往来，更重人文交流

“一带一路”建设之所以受到沿线国家的欢迎，受到世界很多国家的关注，一个重要的原因是我国既重经济往来，也重人文交流，“五通”并举。打通商脉，畅通文脉，以共商、共建、共享为原则，以合作共赢为目标，发挥文脉畅通润泽功能，用文化交流赋予经济往来情感和温度，各国文化元素因

为惠及民众而自然融合，润泽民心，这是构建人类命运共同体的现实基础。民心相通是“一带一路”建设的社会基础，而人文交流和民心相通密不可分，只有通过交流促进民心相通，才能为“一带一路”建设夯实民意基础、社会基础。

3. 古丝绸之路精神的历史动力

“一带一路”借用了古丝绸之路这一历史痕迹，并赋予其新的时代内涵。民心不只是中华文明的关注点，也是人类文明互鉴的契合点、交汇点，已引起“一带一路”沿线国家的高度重视。沿线国家民众的对话、沟通和协商，形成了各国民众的共识，体现了对古丝绸之路精神的传承。中国提出的“一带一路”倡议，不采取单方决定的思维，更没有预设明确的路线图，而是确立了共商、共建、共享的原则，通过鼓励“一带一路”沿线国家民众的对话、沟通和协商，通过实实在在的项目合作，寻求彼此的互利共赢，最终实现民心相通，让命运共同体在“一带一路”沿线国家的民众中落地生根，开枝散叶。显然，中国“一带一路”倡议是一种以民心相通为社会基础的合作倡议，是一种寻求相向而行、心灵沟通的理解之路、信任之路、共赢之路。只有通过加强交流对话，植入人脉网络，传承古丝绸之路精神，民心相通方可行稳致远。

4. 中国有诺必践的信誉取信世界

诚信是民心相通的基础。中国在“一带一路”沿线国家中确立了有诺必践的良好信誉。中国是全球经济的发展驱动机，是地区合作的重要推动力。在与“一带一路”沿线国家的经济合作实践中，中国的承诺从未落空，能够使倡议变成现实；中国贷款从不附加政治条件。共建“一带一路”是经济合作倡议，不是搞地缘政治联盟或军事同盟，是开放包容进程，不是要关起门来搞小圈子或者“中国俱乐部”，是不以意识形态划界，不搞零和游戏，只要各国有意愿，我们都欢迎。有事大家商量着办，大家一起建设，不搞“独唱”搞“合唱”，发展的成果由参与国民众共享，机会、成果属于世界。

(三)推进民心相通需要排忧解难

“一带一路”倡议提出以来，民心相通不但成为这项伟大构想的重要内容，而且为它的落成实施、顺利推进提供了社会根基。但作为一个系统工程，民心相通建设在具体落实和推进的阶段面临一些困难和挑战，依然有一些消极因素和问题制约着沿线各国人民之间的交流互动，导致民心相通发展相对缓慢。

1. 海外不断制造出“‘一带一路’威胁论”“中国威胁论”等论调

民心相通面临几个有待破解的命题，就是“国强必霸”“零和博弈”“过剩产能威胁论”“地缘政治冲突论”“文明冲突论”等。这些论调反过来提醒我们，“一带一路”要超越国家利益层面，扎实推进民心相通。民心相通不只是加强相互了解，更在于创造共同历史记忆，共同谱写辉煌，即帮助沿线国家唤醒丝绸之路历史记忆，塑造共同回忆，在交流沟通中释疑，凝聚共识。

2. 国际话语权欠缺

话语权可以引导舆论，甚至左右经济合作项目的成败。“一带一路”沿线有 60 多个国家和地区，44 亿多人口，但都处于弱势地位，信息不畅通，媒体力量较弱，国际化水平低，获取信息来源不对称，影响力不大。中国发出的声音往往很难传递给普通民众，民心沟通渠道不畅。

3. 欧亚地区的复杂性

“一带一路”沿线国家是各种文明的汇聚之地，也是各种矛盾的交织之地，政权不稳甚至更替的情况屡屡发生。沿线国家集中了世界上的主要宗教，各国的传统各异、国情不同、制度多样、发展水平差异大，彼此间有友好交往的历史，也有长期累积的矛盾。

4. 语言方面的劣势

语言是民心相通的重要工具。“一带一路”沿线 60 多个国家和地区有 50 多种通用语和 200 多种民族语言。沿线国家中懂汉语的人才寥寥无几，汉语的影响力较之英语甚至俄语，有很大差距。没有语言的桥梁，沿线国家民众了解中国文化就会非常困难。

5. 中国尚缺乏影响世界的文化产品

传播主流文化、塑造国家形象需要载体，其中最重要、最具持续性的是文化产品。中国有深厚的文化底蕴，但近代以来对世界影响式微。文化产品不仅是商品，更是民心沟通的载体，中国及“一带一路”沿线国家在世界级文化产品提供上与西方的差距很大。

第二节　民心相通需要老年教育助力

在老龄化背景下，民心相通的“民”有相当大比例是老年人，老年人既能影响当前社会也能影响未来。

一、老年教育对民心相通的作用

国之交在于民相亲，民相亲在于心相通。教育是促进民心相通的重要途径。随着全球老龄化形势的加剧，老年教育正逐步成为教育的一个重要组成部分，成为构建人类命运共同体的助燃剂。发展老年教育，是提升社会治理水平、应对人口老龄化、实现教育现代化的重要举措；是维护老年人参与社会发展和共享发展成果的权益，缓解老年人日益增长的精神文化需求和供给不平衡不充分之间的矛盾，促进社会和谐的必然选择；是实现老年人身心健康和提高生活品质、满足老年人幸福生活的必然要求。国国有老人，人人都会老，老年教育不只是老年人这一族群的事，也不局限于老年事业，而是关系“一带一路”沿线国家人民切身利益和社会和谐稳定的一个重大问题，是关乎民生的重要社会事业。老年教育对民心相通的作用主要表现在以下方面。

(一)老年教育的基础作用

教育是人全面发展的基础，人的发展不单纯是衣食住行的物质需求，而且要通过教育推动其身心素质的发展，以实现其质的飞跃。只有高素质的人群，才能使更高水平、更深层次的心际交流成为可能，也才能推动社会的发展。老年教育是教育事业的一部分。尽管对象、目标、任务不同，但老年教育的本质属性与国民教育一脉相承。因此，老年教育在民心相通中同样发挥着重要的基础性作用。

(二)老年教育的共振作用

老年教育作为终身教育链条的末端，是一种非学历非职业非刚性的身心素质教育，是老年人通过老年课堂或非课堂形式增长知识、丰富生活、陶冶情操、增进健康、服务社会，最终达到完善自我目的的一种教育方式。这种教育方式容易与国际老年人群引起共振，尤其是老年教育中的中国特色文化传承和艺术修养课(如中国太极、中国麻将、中国书法、中国剪纸、中国戏曲等)，感染力强，最易引起不同国度、不同种族、不同文化、不同语言、不同阶层的老年群体的兴趣与共鸣。

(三)中国老年教育的牵引作用

从老年人口占比来看，“一带一路”沿线国家的老年人口占比在20%以内，中东欧地区65岁以上的人口占比最高，达到15.38%，中国次之(9.18%)。截至2017年年底，中国60岁以上老人已达2.41亿，占人口总数的17.3%。可见，就单一经济体讲，中国老年人口最多，老年群体最大，尤其是经过30多年的发展，中国的老年教育机构与在校老年学员也最多，老年教育积累的经验也越来越丰富，客观上为“一带一路”民心相通提供了巨大的牵引支撑。特别是“一带一路”倡议提出以来，各级各类各层次“边游边学：民心相通”“老有所养：民心相通”“教育合作：民心相通”“媒体传播：民心相通”等举措层出不穷，大大促进了我国与“一带一路”沿线国家的相互了解、共享交流与多边合作。

(四)老年教育在“一带一路”倡议中具有联通性作用

教育具有“水滴石穿”和“心灵渗透”的能力，它能够穿越国家、民族、种族、文化、宗教和区域隔阂，加深国际理解，促进人类命运共同体的形成。目前，中国老年教育与国际对接的渠道主要有：AIUTA 组织的各项活动、中国国际教育年会框架下的国际老年教育论坛、全国各级各类老年大学的国际交流活动等。下一步应继续扩大中国老年教育的交流范围，对接“一带一路”沿线国家，促进沿线国家老年人之间的知识文化交流，建立老年教育的互联互通国际体系。

二、老年教育如何推进民心相通

民心相通是中国长期的外交政策，其原则、方向都是清晰的，中国国家主席习近平在周边外交会议上提出“亲、诚、惠、容”理念，表示要坚持睦邻友好，守望相助，多走动，多做得人心、暖人心的事；要着力加强宣传工作、公共外交、民间外交、人文交流，广交朋友，广结善缘；要广泛开展文化交流、学术交流、人才交流合作、媒体合作、青年和妇女交往志愿者服务；扩大相互间留学生规模，开展高水平的合作办学，互办文化年、艺术节、电影节、电视周和图书展等活动。提高沟通效率，需要做到：凝聚共识，共同做好民心相通工作；加强沟通能力和沟通渠道建设；注重交往的方式方法，提高沟通效率；事后评估和总结，及时修正。具体做法如下。

(一)形成共识，共同行动

民心相通的主体很多，有政府、企业、智库、民间团体，还有中老年普通游客。政府须调动企业、民间组织和公民个人的积极性，使所有行为主体都自觉地将民心沟通融于日常生活。一个贴近当地百姓的好的投资企业，在民心沟通的前沿，胜过讲百个中国故事。凡企业都有趋利性，国家要加强引导和管理，防止“一只老鼠害一锅汤”。企业的主要做法是：一要促企业诚信，建立诚信是利润、是附加值的意识；二要主动承担社会责任，进行反哺社会的公益活动；三要关注生态，保护环境；四要充分吸纳当地人就业，使企业当地化。老年大学涉外活动也一样，要将诚信、尊重、自律放在第一位，以心交心。

(二)重视人才，推动交流

“一带一路”民心沟通亟待解决两大问题，一是人才，二是渠道。随着“一带一路”建设的铺开，我国对掌握沿线国家语言、法律、宗教、文化、金融知识的人才需求会大增。因此，我国需要吸引“一带一路”沿线国家的留学生赴华学习，也要有意识地鼓励、引导和派遣留学生赴沿线国家学习；要推动与沿线国家的学历互认，成绩互认。中国的教育(含老年教育)需要走出去与沿线国家交流互鉴，在当地开展联合办学。我国和沿线各国需要建立文化、教育、旅游、科技、政党、民间组织等各领域的全方位、多层次的沟通渠道。最迫切的是媒体有待走出去。目前，我国媒体与沿线国家媒体缺乏持续性合作，对“一带一路”建设的报道还没有形成系列。中国媒体可考虑与当地国媒体合作，联合制作关于丝路的宣传片，针对不同国家各有侧重，使对方有兴趣传播；要译制反映中国伟大建设成就的“沿线工程”，提升各国对中国科技水平的认可度。

(三)运用大智慧，善讲中国故事

中国是“一带一路”发起国，实现民心相通首先要准确介绍中国。中国国家主席习近平在全国宣传思想工作会议上提出，要“讲好中国故事，传播好中国声音”。他本人在外交实践中也多次通过小故事，传递真情感，收到良好效果。要讲真实的故事。讲中国，既要讲成绩，也要讲困难；既要讲经验，也要讲教训，有血有肉的才是可信的；要根据对象讲故事，讲到对方心坎儿里。沟通需要有针对性，需要了解对方最关心什么，针对不同国家，讲对方关心的故事，才能引起共鸣；要让对方的专家学者、留学生也讲中国故事，他们所讲的故事更容易被他们国家的人们接受；要用别人听得懂的方法讲故事。讲合作，既讲共同利益，也讲风险；既讲对方的利益，也讲清中国的好处；故事是讲出来的，更是做出来的。

(四)换位思考，将心比心

民心相通，须会换位思考。第一，要承认“中国式”在当地国未必是最合理的。如中国常将效率放在第一位，有令人惊叹的中国速度。我们的企业不愿使用当地劳工的理由是效率不高，人家是多年形成的作为模式，不能用中国的生活模式替代，这就要换位思考。第二，要学会从对方的视角看问题，将心比心，相互尊重。老年大学师生在对外交流中，要谦虚谨慎，以诚心对人，不应盲目自夸。

(五)筑“丝路精神”，铸共同理念

只有拥有共同的理念，才能真正一路同行。“一带一路”独特的符号，就是“丝路精神”。在当前复杂的国际背景下，“和平合作、开放包容、互学互鉴、互利共赢”的“丝路精神”，是沿线国家人民的夙愿。丝绸之路是沿线国家的共同遗产，各国固然有文化差异，但更有共同点。民心相通重点不是强调差异，而是发现和总结更多相同点，增强相互认同感。

(六)共同商议评估，确定机制标准

民心相通虽然不容易量化，但可以感受，如民众对主要合作项目的满意度，对中国文化的了解度，对合作共赢新型国际关系的了解度等。将各领域的信息和指数进行综合，形成民心相通评估标准和机制，民心相通才能为“一带一路”奠基搭桥。民心相通任重道远，它是一项长期的、艰苦的、琐碎

的工作，需要有耐心，有决心，有毅力，有智慧。但同时它又有基础性、长期性和稳定性的特点，一旦建立则收益巨大，影响深远。

第三节　突出老年学员在民心相通中的独特作用

民心相通作为“一带一路”“五通”中的重要基础和最终目的，“民”是其主体，这个概念涵括了存在地域、种族、文化、年龄、阶层等诸多不同的人；“心相通”则从人的心理层面入手关注身处不同文明的人的需求的共同点，追寻代表人类这个整体中大多数人的共同愿景，探求其实现路径。

人的本质规定性在于社会性。马克思在《资本论》中曾经说过：“人即使不像亚里士多德所说的那样，天生是政治动物，无论如何也天生是社会动物。”反之，社会是由人组成的社会，必然有一些个体要追求的共同的目标与愿景，否则会四分五裂。人类政治、经济、文化等领域的发展，最终无非是为了构建一个文明积极健康、物质更为丰富、生活更加美好、关系更为和谐的社会，并让生活其中的个体获得精神、物质生活水平的不断提升。

老年群体作为生活经验、知识技能最为丰富的群体，生活悠闲，有一定的经济积累、人脉资源，对人生的理解更为宽容达观，更能理解人类社会发展的共同目标与愿景，因此，他们在不同国度、不同文明间担当交流者是适切的。同时，不同国度、不同文明的老年人的交往，因为经济、年龄等诸多原因少了竞争性因子，多了对美好生活的追寻与探求。发挥老年人在民心相通中的主体作用，有助于“润物细无声”地求同存异，团结更广泛的可团结对象，促进“一带一路”建设。

一、老龄化社会背景下的民心相通，老年学员是主体

20世纪，人类寿命发生了巨大变化。人类的平均预期寿命从1950年至今延长了20年，达到66岁，预计到2050年将再延长10年。预计全球划定为老年的人口所占的比例将从1998年的10%增加到2025年的15%。到2050年，世界上老年人的数目将在历史上首次超过年轻人的数目。而且，1998年较发达国家已经发生了这种年轻人和老年人的相对比例的历史性扭转。在20世纪，老年人的比例不断增长；进入21世纪，全球人口老龄化有明显的加速趋势。例如，老年人的比例在1950年是8%，在2000年是10%，预计在2050年将达到21%(如图一)。

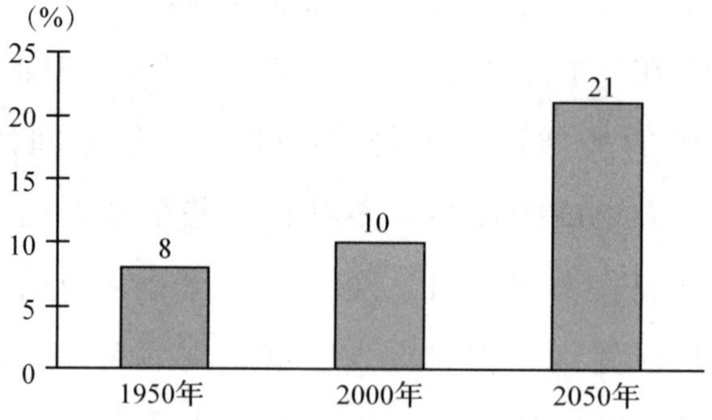

图一　1950、2000、2050年60岁以上的人口比例

我国老龄化则呈现出速度快、人口数量大的显著特征。截至2017年年底，我国60岁以上老年人口为2.41亿人，占总人口的17.3%。我国从1999年进入人口老龄化社会，到2017年，老年人口净增1.1亿，预计到2050年前后，我国老年人口数将达到峰值4.87亿，占总人口的34.9%。

具体到"一带一路"沿线国家，除了尼泊尔、文莱、土耳其等国家暂时老少比很低外，包括中国在内的众多国家和地区老龄化趋势都是与工业化进程的推进呈现相同的趋势的(如图二)。如果说在科技上年轻人具有主体地位，那么，在人类寿命普遍延长的大趋势下，各国具备财富优势、人脉优势、阅

历优势的老年人必将在其他各个领域显现出主体地位。如特朗普 70 多岁仍活跃于政坛、马哈蒂尔 92 岁任马来西亚第七任总理等。

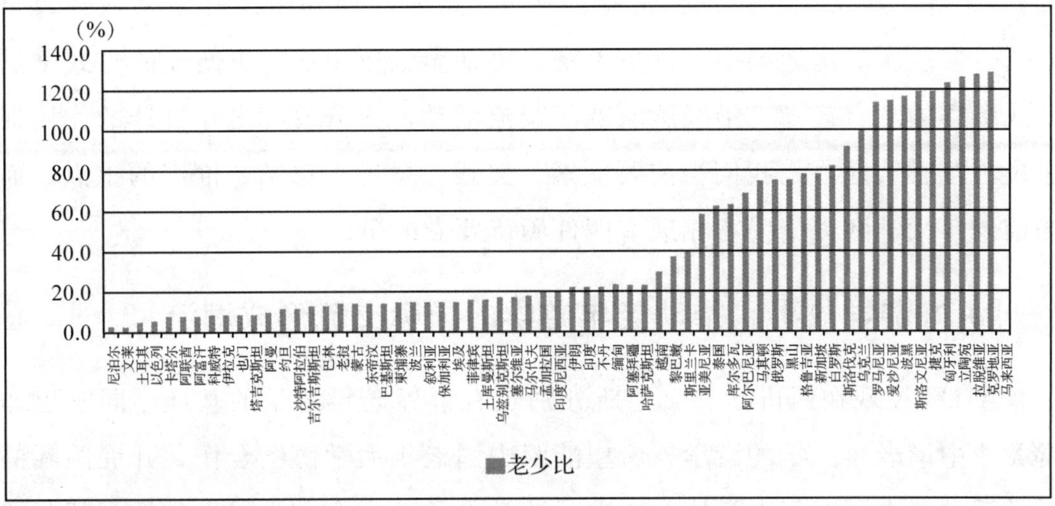

注：马来西亚数据缺失。
资料来源：WORLD BANK，兴业研究。

图二 “一带一路”沿线不同国家和地区老少比

处在共同的工业化、信息化进程之中，处在经济全球化、老龄化背景之下，有着共同的美好生活向往，有着对不同文明迫切的学习愿望，利益竞争欲望不高的普通老年群体，放下语言与文化的隔阂，他们的心从人本意义上讲是特别容易相互沟通的。在将来的社会里，老年人特别是各国那些接受老年教育继续参与社会活动的老年学员，将成为不同国家民心互通互联的主力军之一。

二、多样形式、多样渠道发挥老年群体的多样作用

在全球已经进入后工业化时代的今天，信息化、智能化程度日渐加深，年龄已经不是影响人能力发挥、价值实现的主要因素。老年人在人口占比逐渐增加的同时，影响社会的能力也在增长。他们影响其他年龄段的人，同时影响未来，可谓能量非凡。民心相通作为“一带一路”中“五通”的灵魂大显其

能，而老年民心先相通，则有利于天下民心的相通。

借助国际老年大学协会等平台，参考我国《推进共建“一带一路”教育行动》等文件，从文化、教育、旅游、科技、政党、民间组织等多领域建设全方位、多层次的沟通渠道，以更丰富、更平衡、更现代、更便捷的方式推进形式多样的“一带一路”沿线国家老年交流活动，充分发挥老年群体的作用促进民心互融共通，是我们当前要探索、实践、思考、总结、推广的重点。而当前老年大学致力于民心相通有四件亟待要做的事。

(一)讲好游学故事，推动老年游学的国际交流形成潮流

AIUTA现在西班牙、突尼斯分别建有世界老年游学的基地，同时也非常关注中国老年大学的游学，希望能跟中国老年大学协会合作，开展国际的游学活动。中国老年大学协会成立了游学部和若干个游学养生基地，部分老年大学现在已经在这方面作出了成绩。比如山东老年大学、广州老年大学、长春老年大学、景德镇老年大学、上海老年大学都分别开展了迈出国门与他国老年大学一起合作的游学活动。山东老年大学与日本和歌山县、山口县，澳大利亚新南威尔士州，法国图卢兹，西班牙赫里卡等地的老年大学、养老机构建立了友好交流机制。在游学中，学员们在休闲、游玩和购物的同时，还为当地老年人展示京剧、舞蹈、太极拳、剪纸、面塑等中国传统文化。在一定程度上，学员充当了“使者”，宣传了中国老年教育的发展成就和老年大学的办学成果，展示了当代中国老年人的精神风貌，更与当地同龄老人进行深入交流，感受异域文化的魅力和国外的养老观念。2001年，美国一对研究生物学的退休教授夫妻为了研究长江流域的藻类来到了洪湖，他们通过外事部门介绍在洪湖一中从事外语口语教学工作，学校为他们提供住宿，发放工资，他们则在洪湖、长湖、斧头湖等地开展研究。通过半年左右的游学与研究，夫妻俩学会了基本的日常汉语，研究也取得了一些成果。这是一个民心相通的成功案例。

(二)广泛开展国际友好学校、友好团体建设，形成国际交流的现实团队

民心相通首先是感情上的共鸣、志趣上的共向。于老年人而言，无论兴趣爱好是音乐、绘画、文学，还是体育、影视，追求目标无非美与善。除了语言、文化、宗教造成的隔阂外，大多数的美与善的标准是有共同之处的。这就为不同国度的不同老年学校、不同团队发展友好关系奠定了基础。共办一次音乐交流活动，也许就有相互吸引的老年人结为终身挚友；共赴风景名胜摄影采风，也许就会给一批人留下终身美好记忆。借助 AIUTA 这一平台，各省市可以逐步发展结交自己的友好学校、友好团体，把民心相通的事情和老年大学的具体教学、交流活动结合起来，每年固定时间、选择地域开展不同形式的老年交流活动。随着时间的推移、语言障碍的逐步克服，老年群体的交流会使民心相通的速度大大加快。

美国的一个民间组织，人员来自美国各地各行各业，他们到上海老年大学参观。其中不少人第一次来到中国，对中国国情不甚了解。上海老年大学热情接待了客人，介绍情况，安排参观，客人与老年学员用外语交谈着，他们对上海老年大学产生了浓厚的兴趣。此后该组织共有 30 批近 200 人来上海老年大学参观，盛赞上海老年大学是“一个神奇的地方”“一所神奇的学校”，“是个奇迹”。一次，一批美国客人来校参观，恰逢外语班老年学员举办英语沙龙，客人与学员们亲切地交谈，一片欢声笑语。此情此景，让客人十分激动。一位客人泪水盈眶地说，他是第一次来中国，来前所闻与如今所见有着天壤之别，特别是看到在充满着欢乐、和谐、友爱的大家庭里，老年人学习生活丰富多彩，乐观开朗热情。老人们“活到老，学到老”，孜孜以求，这令他感慨和感动。他说他“看到了一个真实的中国，看到了人民真实的生活”。

山东老年大学与国内外老年教育团体的友好往来和文化交流越来越多。该校先后接待了法国老年大学代表团、韩国文化国际交流事业团、新加坡快

乐学堂游学团的来访，同时应邀赴日本、韩国和中国台湾地区进行了文化交流，加强了与国内外同行的交流，大家相互学习借鉴，共同发展提高。2014年11月杜英杰校长作为中国老年大学协会理事会副会长受协会委托，应邀参加在巴西伊瓜苏举办的国际老年大学协会理事会和国际研讨会。他向与会者介绍了中国各级政府对老年教育事业的关心和重视、中国的老年大学近年来的发展情况，重点介绍了山东老年大学的发展历程和校园文化建设，畅谈了中国老年教育事业和中国老年大学的发展前景，引起强烈反响。

(三)搭建老年教育广域信息交流合作平台，构建心理交流的全域虚拟空间

现代社会是信息社会。人们通过网络可以进行老年教育方面的交流，包括理论成果、教学成果、教材成果、管理模式成果、观念上的新变化成果方面的交流，等等。就国际而言，AIUTA 现在非常关注这一点，已经在巴西 UDC 大学创建 AIUTA 网站，旨在采用多种语言搭建一个全世界老年大学共同的网络平台。就国内而言，加快老年远程教育建设，集中一批各专业的教师和音视频作品制作人员，筹建集中的数字图书馆，拓展面向老年人的数字资源服务，组编一批适合各地市老年大学的统编数字化教材，鼓励制作适合微博、微信、手机客户端等新媒体传播的优秀老年文化作品等工作都在加快步伐。

南京金陵老年大学接受“借助信息技术让老年人生活得更加美好”的理念，推进了学校教学的信息化。他们从第三年龄学习国际研究武汉会议上吸纳了16个先进教育教学理念，在全校传达学习，推进了教学的创新。在该校建校20周年庆祝活动中，他们统计出20年来学校先后接待欧美日15个国家的外宾123批2854人次来校学习考察。通过这些活动，他们既学到了先进的理念、经验，拉近了中外老年学员的心理距离，也扩大了学校的影响力。

(四)形成学术交流、成果展示的常态化交流活动机制

从马斯洛的需求层次理论来看，多数老年人处在人生价值自我实现的阶

段，生活、学习都以自己的志趣为准，所以处在第三年龄的老年人特别是老年大学学员都喜欢展示。借鉴奥运会等全球赛事的举办模式，可以由AIUTA牵头搭建国与国之间的展示平台，充分发挥老年人的智力、经验、技能优势，让脱离了社会主流的老年人再一次社会化，提高他们的生活参与度与成就感。根据老年人的特点设置展示项目，开展书画、手工艺品、摄影作品、文艺作品、乐器演奏方面的同台展示、同台演绎活动，以现实、虚拟等多种方式提供展示机会，充分发挥老年人的民心沟通作用。

广州老年干部大学多年来不断接待来自世界各地的外国友人，给他们留下了许多美好记忆。特别是2010年亚运会期间，广州市老年干部大学的学员们心系亚运，参与亚运，感动了许多外国运动员。学员们精心制作的自绘中国书画纸扇和用尼龙编织的亚运吉祥物礼品等，全部捐赠给了外国运动员和外国志愿者，这令很多外国运动员激动不已，他们说这是比比赛更有意义的奖品。

三、民心相通重点在民，发挥老年教育学员的民心交流作用

民心相通的主体更多的是普通民众。虽然前期促进民心相通工作往往被认为是政府的事，但民心具体的形态都是作为个体存在的，即便形成了普遍趋势的心理导向也是建基于个体的各行各业民众。

2014年，武汉经济技术开发区老年大学书画班的学员沈爱芬到丹麦带孙子，每逢周末、节假日她就泼墨挥毫，画花鸟，绘山水，创作了不少中国传统画作。她还喜欢吹奏葫芦丝，能够演奏不少中国民乐名曲。时间不长，左邻右舍就有不少外国朋友成了她的铁杆粉丝，节假日他们喜欢聚在她家办音乐会，绘画涂鸦，不少人从心底爱上了风格独特的中国音乐、中国绘画。这是普通民众在民心相通中做出成绩的典型例子，无心之间插柳成荫，于细无声之中滋润了一个区域的民心。

近年来，出国旅游和出国走亲访友的老年人数目庞大。有能力出国的老人绝大多数有在老年大学上学的经历，摸清这些老年人的具体情况，把他们发展成促进民心相通的领头人、主力军，可谓大有可为。近年来欧美、东南亚的一些国家不断放宽对华游客签证，甚至免签证争抢中国客源。但去中亚的哈萨克斯坦、乌兹别克斯坦等地和东欧的爱沙尼亚、拉脱维亚等国家的中国人不多。其实在旅游合作方面，中亚地区有众多的丝路古迹，如布哈拉、撒马尔罕、希瓦等。老年人购物欲望不如中青年，纯玩的人多，组织老年人多走走中亚和东欧的一些国家，与不同国度的国民交流志趣，形成生活往来，对“一带一路”民心融通可以起到开拓之功。

老年群体特别是有知识、有技术、有特长的老年人在一定区域内都有一定的知名度和影响力，他们的沟通能力强于其他年龄段的人。从不同层面发挥老年人的民心融通作用，对“一带一路”建议将大有裨益。

第四节　促进民心相通，老年教育需要改革和创新

塞缪尔·亨廷顿在《文明的冲突与世界秩序的重建》一书中写道：“文明的冲突是对世界和平的最大威胁，而建立在多文明基础之上的国际秩序是防止世界战争的最可靠保障。”近代以来，在地球村的构建过程中，战争殖民模式、技术控制模式、金融控制模式等越来越遭到不同文明的共同抵制，提倡文明平等对话、物质生产技术平等交流的思潮越来越成为主流。“一带一路”新思想、新理论、新项目、新征程映射到老年教育领域形成崭新要求：老年教育对民心相通形成助力也必须不断投身改革、励志创新。

一、思想理念、制度、模式的创新

从哲学原理和客观事实来看，万事万物皆有冲突发生，也皆能共存共处。中国本身的文明史就充满了不同文明的交融，因为文化(文明)的交融，中国文化才生生不息。中国文化(文明)走过的融合之路对全球构建和平、繁荣、美好的命运共同体具有导向意义。

如果探求人类交流的历史轨迹，那丝绸之路无疑是人类友好交流的最美好、最久远的记忆，是历史给人类留下的最美好的非物质文化遗产。纵观丝绸之路的历史可以看出，文明既有相互冲突的一面，也有和谐共存的一面。文明即使发生冲突，也可能产生更优秀的文化混生物，形成文化在冲击中的交流、融合和生长。从18、19世纪充斥的战争状态发展到现代，人类不应该继续停留在争抢地盘、争夺资本控制权的丛林动物层面，而应该平等交流，互通有无，让生命追求更美好的价值。“一带一路”倡议指出了重塑世界的具体路径，是构建美好地球村的路径创新。

“一带一路”的核心理念是共同发展，目标是合作共赢，这也可以成为世界老年教育领域共同发展，实现完美对接、合作的主旋律。全球老年教育在构建人类美好生活与价值追求上有着共同的目标、共同的研究对象、共同的探索规律，因此发展的成果是共商的结果，也是可以共享的财富。习近平总书记在党的十九大报告中提出判断：“我国社会主要矛盾已经转化为人民日益增长的美好生活需要和不平衡不充分的发展之间的矛盾。”其实把这个判断加之全球也是适切的，全球不同国度的发展是不平衡不充分的，南北不同国家老年教育供给更是不平衡不充分的。全球老年教育需要正视中国的探索，进行管理制度、教学模式的创新，中国也正在关注和借鉴世界老年教育的创新成果。

二、课程设置，教学内容、活动等层面的创新

要为“一带一路”民心相通助力，老年教育在课程设置、教学理念、教学内容、成果展示、教学活动等方面都要根据新局面、新要求进行必要的改革和创新。

第一是对课程设置进行创新，适应“一带一路”的要求，在课程中引入“一带一路”专题课和民心沟通所需要的课程。老年大学通过专题课的内容让每一个学员了解什么是“一带一路”，“一带一路”包含哪些具体内容，“一带一路”对我们国家和我们所生活的城市，对我们每一个人有什么影响等内容。虽然老年人不需要亲临“一带一路”建设的前沿、前线，但是在很多方面是可以通过力所能及地参与，服务于“一带一路”的，老年教育的课程设置也需要具有国际化意识。比如外语教学，“一带一路”沿线有 60 多个国家和地区，因此需要大量的各语种语言交流人才。各国老年大学游学活动、校际参观互访、科研教学项目合作常态化后，也需要大量的翻译人员。老年大学的课程不可能将此排除在外。

第二是在老年大学的教学里面可以有意识地对一些有助于民心融通的内容进行加强和改造。如欧美老年大学里面比较常见的一些课程像油画、考古、历史、宗教、哲学等中的一些内容可以融入中国老年大学教育相应课程里面。在“一带一路”的发展融合政策措施的感召和支撑下，中国老年大学还应该搭建一些平台，将中国的传统书画、剪纸、民族音乐、围棋，甚至麻将等推荐到全世界的老年大学，促进全球老年教育常规课程内容的横向扩容与深度整合，汇聚成民心相通的牢固基础。

第三是在成果展示、活动组织等方面进行人员扩围、地域扩大、话语交融与方式的改进。伴随着交通越来越便利，人们的迁徙、移民行为越来越多；伴随着信息沟通的顺畅，人类不同文明间的交往越来越多，交流的领域从政治、经济到文学、艺术、体育等，活动越来越丰富多彩。但老年教育作

为朝阳事业，不少国家尚未办起来，全球交流发展尚处在起步阶段。老年教育平台在组织上应进一步整合，广泛传播老年教育思想和理论，组织好全球或区域国家的联合成果展演等活动，吸引不同国度更多的人参与，树立不同国家的老年榜样，积极促进民心融通。

三、与时俱进推进老年教育技术革新与智能化

2008年，美国国际商业机器公司(IBM)提出了“智慧地球”这一概念。为了在未来的发展中占据优势地位，许多国家颁布了相关的国家教育政策，开始发展“智慧教育”。这里的“智慧”按我国的语义学理解应该为“智能”，各国的研究大部分是针对智能学习环境、智能教学系统、智能教室、智能教育应用等展开的。

生活环境越是智能化，老年人往往越是难以跟上生活变化的节奏。信息技术的飞速发展让老年教育也卷入这股浪潮之中，网络逐渐进入老年人的生活，而老年人对信息技术并不排斥，如新西兰、瑞典、美国等国家65岁以上的老年人上网率达到了近40%。老年人渴望紧跟时代步伐，因此，拥抱信息技术、推进老年教育技术革新，是老年大学教育永葆生机和活力的一条必经之路。

老年教育应该根据老年人的智力特点，创新知识、技能传播方式，更新传播内容，推进老年教育的国际交流和扩围。越多的老年人受益，民心融通的效果就越好。

第一，要加强应用型新技术及工具的教学内容整合与教材编制，帮助老年人适应新技术环境。在老年教育领域，电脑课(包括各种软件运用)、智能手机运用课等颇受欢迎，但受经济条件限制，不少国家包括发达国家不可能专门为老年人设置这种教学课程，更不要说适应老年人特点用极慢的教学节奏、极细的教学环节、可反复播放的方式编制教材了。为适应视听力弱的老年人，应用技术教学教材与教学视频课程是全球老年教育需要研发的重点内

容。未来要加强课程研发，结合各国文化特色，为老年人提供更多合适、有趣的课程活动，让他们自觉加入学习行列。

第二，要推进服务于全球的老年教育的开放数据库与网络架构建设，尽快推出老年教育研究的学术交流主干网站、出版物平台。老年教育分为静态课程和动态课程，动态课程学员区域展示、随机展示机会多，而静态课程教学成果需要沉淀遴选，高质量作品数量少但能引领人类走向精神生活的高地，而今全球性、区域性的广域展示渠道缺乏，高水平的教学成果和学术研究成果湮灭于庞杂的资讯之中，没有起到应有的作用。

除了在以上两个层面着力外，技术手段实际运用也要探索建立区域示范点和布设推进新技术运用的分布式站点，培训一定规模的技术运用骨干。进入信息化社会以后，尽管信息和技术的传播面扩大了，但知识、技能越来越专业化，越来越精深，隔行如隔山，仅仅凭虚拟手段学习一些知识和技能是难以奏效的，现实层面的当面交流、手把手操作仍有必要，老年教育中的各种技能手段应用教育尤其需要技术运用骨干的培养和小范围的相互学习与交流。我国改革开放的试点成功一个，推广一个的"摸着石头过河"的思想运用到国内老年教育也是有效的，实践成功了进而推广到全球老年教育，将造福世界上大量的老年人。

老年大学致力于新技术和智能模式的教学、推广运用，不是拉开各国老年人的距离，而是让他们可能远在天边却能天天"见面"侃侃而谈，更能心心相印。这正是"一带一路"互联互通的目标之一。

第四章　政策沟通与老年教育

第一节　政策沟通概述

一、政策沟通的提出

2013年9月7日，中国国家主席习近平在访问哈萨克斯坦期间，发表了题为《弘扬人民友谊　共创美好未来》的重要演讲，首次提出了共同建设“丝绸之路经济带”的倡议，并将该倡议的重点确定为“五通”，即政策沟通、道路联通、贸易畅通、货币流通、民心相通。在谈及“丝绸之路经济带”的政策沟通时，习主席提出，“丝绸之路经济带”的建设要以点带面，加强政策沟通。“各国可以就经济发展战略和对策进行充分交流，本着求同存异原则，协商制定推进区域合作的规划和措施，在政策和法律上为区域经济融合‘开绿灯’。”演讲中，习主席把政策沟通放在首位，并强调政策和法律都要围绕区域经济合作开展。由此可见，在“一带一路”的建设上，政策沟通是首要保障，只有做好政策沟通，才能实现沿线国家之间的顺利合作，并促进区域间合作的不断深化。

2015年3月，国家发展改革委、外交部、商务部联合发布了《推动共建丝绸之路经济带和21世纪海上丝绸之路的愿景与行动》(本章以下简称《愿景与行动》)，对框架思路、合作重点、合作机制、中国各地方开放态势等方面予以明确说明。《愿景与行动》是“一带一路”的顶层规划设计，也是首份顶层规划设计，其中对“五通”的具体内容进行了微调，明确改为“政策沟通、设施联通、贸易畅通、资金融通、民心相通”五个方面。该文件再次将政策沟通放在首位，并对政策沟通做了进一步的阐释：“加强政策沟通是‘一带一路’建设的重要保障。加强政府间合作，积极构建多层次政府间宏观政策沟通交流机制，深化利益融合，促进政治互信，达成合作新共识。沿线各国可以就经济发展战略和对策进行充分交流对接，共同制定推进区域合作的规划和措施，协商解决合作中的问题，共同为务实合作及大型项目实施提供政策支持。”从这一具体表述中可见，国家之间政策沟通的重要性已毋庸置疑。政策沟通是全力推进“一带一路”建设、开展区域间深度合作的重要保障。在世界老年教育方面，政策沟通的重要性同样十分明显。比如，2018年在西班牙巴塞罗那会议上，AIUTA国际会议的主题是“老年大学的教育标准”，会议强调研究各国提出的老年大学教育标准，这种政策沟通对促进各国老年大学内涵式发展有重要意义，能够使彼此迅速在标准基点上达成共识。

二、政策沟通的内涵

从2013年“丝绸之路经济带”倡议的提出，到2015年《愿景与行动》的发布，再就目前“一带一路”倡议落实的具体情况来看，政策沟通始终是“五通”中的关键环节。因此，我们有必要对政策沟通的内涵进行全面、深入的研究和剖析。

(一)对“政策”的理解

对政策的概念界定研究较早也较多，政策具有很强的政治理论含义，多集中于国内的政治领域，如有学者提出：“政策是国家权威机构或社会政治集团在特定的时期为解决某项社会问题，按照某种预定的战略或策略所采取的一系列政治行为，其中包括制定行为规范、直接的行动和表示某种态度。”也有学者认为：“政策是政党或政府的一种有目的的政治活动，它是通过对有关问题及相关事物制定一系列的策略、方针、计划、方案、准则等并推动其实施来实现的。”这些关于政策的论述，尽管存在一定的差异，但从中可以总结出政策的一些侧重点，如权威性、阶段性、选择性和普遍性等。政策自身所具有的这些特性，使政策完全不同于其他的政治形式，因而在政策沟通的过程中，人们应充分认识这些特性，确保在深刻理解政策的基础上，实现政策沟通。

显然，现代国家的政策具有双重含义，既有纵向的对内政策，也有横向的对外政策。“一带一路”建设中的政策，不仅包括国家层面的政策，也涉及国家的对外政策。以老年大学的发展为例，一所老年大学要走出去，离不开国内的政策支持，同样也需要与其他国家进行老年教育方面的政策沟通，以确保其提升国际化发展水平。

(二)对“沟通”的理解

关于“沟通”，古汉语中多指相通、联通；现代汉语中则更多地反映在精神及思想层面，是心理学和社会学中的一个概念，如人际沟通。显然，当今的沟通更多是指人与人之间、人与群体之间思想与感情的传递和反馈的途径。沟通离不开信息、反馈和通道，这三者缺一不可。

(三)政策沟通的内涵

通过以上对政策的分析和对普遍意义上的“沟通”的归纳，我们可引申出政策沟通的内涵。具体而言，政策沟通是指不同的国家政府之间，或者政府内部层级之间，就某些目标模式进行协调、磋商，最终达成某种共识，并推动落实。其主要途径是目标协调，主要特征是不刻意追求一致性，可高度灵活，富有弹性，是多元开放的合作进程。在政策层面上，沟通可以最大限度地化解不同国家政府间或政府内部层级间的矛盾，最终实现双方步调一致。可以说，有效的政策沟通是成功执行政策的关键。例如，2017 年 12 月在哥伦比亚举办的 AIUTA 国际会议，其主题是"机构在老年大学发展中的作用"，强调交流和研究各国不同的办学机制政策，促进了各国老年大学之间的深层理解。

"一带一路"倡议实施中的政策沟通，有着内涵深刻和外延广阔的特点，主要涉及国家之间政治互信的大幅提升和合作意愿的有效达成，以及战略决策及发展规划的迅速对接，使"一带一路"新型合作理念能够深入沿线各国。当前，中国所倡导的"靠近但不融合，协作但不结盟"的新型合作关系，逐步得到沿线大多数国家的认可与支持，并且一些国家还迸发出了积极参与的热情。对于这一重大进展，政策沟通发挥了至关重要的作用。

三、政策沟通的作用

"一带一路"倡议作为一项宏伟的系统工程，是为了适应当前世界形势、顺应时代变革的要求而做出的重要战略选择。正如习近平主席在第一届"一带一路"国际合作高峰论坛开幕式上的讲话强调的："人类社会正处在一个大发展、大变革、大调整时代。"在这样一个多样化的世界里，要推进沿线国家发展战略的对接，政策沟通就显得意义重大。而把政策沟通界定为"一带一路"建设的重要保障，并且置于"五通"的首要位置，也说明了政府主导的现实意义。

从目前情况来看，"一带一路"沿线国家的多样化特征十分突出：发展程度迥异、文化差异显著、政治体制不同、民族复杂多样。老年教育的发展也面临着同样的困惑，因而只有通过政策沟通，增强国家之间的政治互信，才能让沿线国家对“一带一路”倡议的原则、内容、路径等重大问题达成共识，进而构建国家之间的多层次的合作机制，形成基本趋于一致的战略与决策，推动区域合作的发展，构建起牢固的利益共同体、命运共同体与责任共同体。

同时，只有通过政策沟通，宣传和解释本国的国家意图，才能促进政策的科学化，提高政策的及时性与有效性，与伙伴达成合作新共识，协商解决好合作过程中出现的一系列新问题，共同提供政策支持。而且，进行政策沟通，还能推进“一带一路”其他方面的互联互通，即政策沟通好，加之努力推进，设施的联通、贸易的畅通、资金的融通、民心的相通也就有望水到渠成。

四、政策沟通的内容

政策沟通的内容包括国内与国际沟通两大方面，国内方面要确保不同层级之间的良好沟通，国家之间要寻找到彼此利益的最大公约数。为实现这些目标，政策沟通应侧重于发展战略、规则制定、政治互信、合作模式及平台诸方面的内容，并且共同遵守和平共处五项原则。

(一)发展战略方面的政策沟通

发展战略是国家对未来发展的重大抉择与顶层设计，具有全局性、长远性与引导性的特点。因此，实现国家发展战略的有效对接，需要国与国之间的最高层进行政策协调，即就战略对接的内容、方向等进行沟通，并且这种沟通要建立在政治互信与合作共识的基础上，确保发展战略对接双方均实现利益最大化。但是，战略对接势必涉及利益让渡，因此，要大力倡导“正确的义利观”，这样战略对接才会取得更加顺利的进展。目前，“一带一路”建设中进展顺利的重大项目，都有国家战略对接的基础，老年教育方面亦然。

(二)规则方面的政策沟通

规则是发展战略的具体化，是各国基于本国的发展状况制定的，具有操作性强的特点，并且都具有中短期的导向性作用。“一带一路”倡导的是自愿原则，通过双边或多边合作而建立结构松散、包容性很强、彼此结伴但不结盟的共生体系。换个角度而言，如果没有规则，再好的倡议，再先进的模式，也很难实施。因此，这就需要沿线国家就涉及合作的法律法规和政策进行有效的沟通，为其他的“四通”提供保障。如果沿线各国在制定规则时都能考虑其他合作对象，或者在其他国家已有的规则下主动去对接并制定相应的规则，那么沿线各国自然就会有更多合作共识，在具体项目上也就会有更多的交集，“一带一路”的合作前景就会更广阔。AIUTA 制定的《老年大学宪章》其实就是世界老年教育的通用规则。《老年大学宪章》明确指出，老年大学就是“世界各地老年人学术科学合作的有利交流平台”，制定平台规则就是为了便于规则实行，而实行首先需要进行政策沟通。

(三)合作模式及平台方面的政策沟通

为适应当前国际新环境与新秩序的共同需求，一些新的合作理论，如结伴不结盟、互利双赢等出现。显然，在这种全新理念的推动下，继续依靠传统合作模式是行不通的。只有努力进行政策沟通，创造出更具包容性的模式来，才能获得更多沿线国家的支持。而合作平台是实现合作的重要载体，更是实现发展战略、规则对接的有效方式。例如，2016 年 10 月，AIUTA 与老年大学亚太联盟联合在日本大阪以“老年大学连接世界——积极健康老龄化与代际合作”为主题举办国际研讨会，交流沟通各国的积极老龄化政策在老年教育上的运用。借助 AIUTA 这一平台，此次国际研讨会取得了一定成果。因此，进行有效的政策沟通，能使各国有关执行机构衔接起来，及时解决政策实施过程中面临的问题和困难。

五、政策沟通的障碍

“一带一路”倡议所提倡的政策沟通已取得了令世人瞩目的成就。自2013年9月至今，习近平主席、李克强总理等国家领导人多次出访，与沿线国家的领导人达成广泛共识，推进了一大批项目的顺利合作；同时，举办了一系列以“一带一路”为主题的论坛、研讨会等，这对增强彼此理解、凝心聚力起到了重要作用。然而，就目前而言，中国与沿线一些国家的政策沟通还需要更深入，加强政策沟通必须拓展政策沟通的领域，既要涉及一个国家的外交策略，又要顾及国内的方针、政策，还要兼顾短期的政令以及长期的政策、法规等，所以彼此的沟通本身很难一蹴而就。例如，世界各国的老年教育都有自己的办学模式，各种办学模式实质上是各国老年教育政策的产物。各种不同办学模式的出现和运行，是各国按照本国教育思潮兴办老年教育采用不同政策的结果。就老年教育政策而言，各国的相互了解还远远不够，因此，各国之间进行老年教育的相关政策的沟通还任重道远。

从理论上来看，目前政策沟通的障碍主要来自四个方面。第一，政策沟通主体。政策沟通是通过具体的人来完成的，政策沟通的有效性必然受制于是否被真实准确地传达。第二，政策沟通客体。政策沟通的客体不能准确无误地理解对方的实际意图，是政策沟通的另一个障碍。有时即便理解了意图，但因为涉及国家利益，也可能不愿意去主动进行政策沟通。第三，国家间缺乏信任，造成政策沟通的真实性尚待验证，特别是政治多元、多种文化交融等问题，都给政策沟通带来一定的障碍。近年来，中国老年大学在东亚地区进行的国际交流活动最为频繁，约占总数的50%，一个重要原因是东亚范围内的国家和地区在历史、风俗、语言等方面与我国有着很多相近或相通之处，彼此信任度高。第四，如果渠道选择不当，也会带来一定的障碍，尤其是沟通环节冗余，中间环节过多，极有可能造成沟通的失真。因而，政策沟通时刻面临着诸多障碍。

第二节　老年教育在政策沟通中的地位和作用

一、发展老年教育是政策沟通的重要渠道

如何化解世界对中国“一带一路”倡议的误解、帮助中国政府向合作伙伴展示一个全面而真实的中国、提升沿线国家对中国提供的这一全球公共产品的认同感、促进区域合作的有效性呢？这就需要相关国家在“一带一路”倡议的实施过程中拓宽政策沟通的渠道。国内的民意往往是一个国家对外政策的基础和反映，在这方面，老年人有政治、经验、威望三大优势，完全可以起到影响甚至引领民意的作用。所以，大力发展老年教育，发挥老年人自身的优势，使老年教育等基础性工作成为政策沟通的重要渠道，可助力民心相通。在“一带一路”倡议背景下，这也是中国公共外交的重要组成部分，与“一带一路”的理念相一致。所以，沿线相关国家需要加强政策沟通，在促进老年人自身发展的同时，使老年教育服务于国家的政策，使老年教育成为民间交流的突破口，成为与沿线国家进行政策相通与文化相融的助推器。

(一)从老年教育的社会功能来看老年教育与政策沟通

自1973年世界上第一所老年大学创办以来，从悄然兴起到快速发展，如今老年大学已具有划时代意义。虽然老龄化有时会被人们认为是一种威胁，但我们更倾向于这是人类社会发展最伟大的成就之一。随着“一带一路”倡议的进一步落实，沿线国家的经济将得到蓬勃发展，人均寿命将不断延长，老龄化的问题也将更加严重。与此同时，对老年教育的研究也将持续进行。老年教育的对象，虽然是已经退休了的老年人，但是不可以将老年教育

与从前的养老直接关联起来，它有更丰富的内涵急需我们去认识，有更重要的价值急需我们去发掘。因此，把握老年教育与社会发展之间的联系，探索老年教育所承载的社会功能，将有助于发展老年教育，进而为政策沟通奠定民心相通的基础条件。

老年教育对增强社会凝聚力的作用不可低估。第一，老年教育可以促进社会稳定。社会稳定是形成社会凝聚力的重要条件，老年教育可促进老年人与家庭成员之间以及和家庭以外的社会成员之间和谐相处，形成安定团结的社会环境。第二，老年教育是社会文化传承的重要载体。对民族优秀传统文化的认同感，是构成社会凝聚力的重要基础之一。老年教育让已退休的老年人能够学习本国的优秀传统文化，在家庭及周边的人群中传播这些文化精髓，从而提升社会凝聚力。第三，老年教育能充分发展老年人的个性，促进老年人终身全面发展，而个性充分发展的社会是有很强凝聚力的。第四，老年教育为老年人回馈社会提供了一个卓越的平台，让老年人在接受教育后逐步发挥潜能，实现人生价值，进而增强社会凝聚力。挖掘老年教育在增强社会凝聚力方面的作用，首先需要政策支撑，而支撑老年教育的各项政策又需要沟通。

(二)从老年教育的育人功能来看老年教育与政策沟通

老年教育为老年人提供求知乐园及精神家园，使受教育者学习并掌握新的知识和技能，激发老年人重新融入社会、服务社会的热情，为建设和谐社会和推进政策沟通作出积极贡献。

1. 老年教育能帮助老年人再次融入社会

老年人退出职场、离开熟悉的工作环境之后，势必会造成活动范围的变小、社会支点的弱化，以及工作上建立起来的人际关系的淡化与割裂，这是人在社会属性方面发生的较明显变化。对于大多数老年人而言，生理上逐渐老去并非是最难接受的，退休之后人际关系的变化才是最难以面对的。因此，不少老年人离开工作场所后，都会或多或少地出现失落感，严重的还会造成一定的心理障碍。从这个角度来看，办好老年教育，为已退休的老年人提供一个新的参与社会活动的平台，让老年人增长新知识、发展新能力、重建人际关系、重新回归和服务主流社会，获得精神归属，最终成为幸福的现代老年人，并积极参与到"一带一路"建设之中，其意义无疑是非凡的。

2. 老年教育能帮助老年人实现"再社会化"

现代幸福老人的标志是健康、快乐、德高、有为。老年教育可以促进老年人实现"再社会化"，是老年人再次融入现代社会的得力助手。时至今日，社会发展走上了快车道，科学技术日新月异，从工作岗位上退休的老年人，若只是凭借固有的经验，没有不断更新自己的知识和技能，那就很容易被社会淘汰。面对当今信息技术的高度发达，老年人原本的优势就成了劣势。这就要求老年人要继续加强学习，跟上时代的节奏，努力学习现代社会需要的技术和文化知识，进行"再社会化"。基于此，大量的老年大学才应运而生顺势而行。老年教育作为继续教育的重要内容，能够助推老年人接触新知识、新技能，使他们顺利融入现代社会，实现自我价值。老年教育这一人生教育的"最后一程"，不仅仅是缘于兴趣的学习，也是老年人"再社会化"的坦途，更是老年人过好现代生活、加入"一带一路"倡议的必修课。

老年教育既然具有使老年人重新社会化的功能，支撑的政策就应该向这一角度倾斜。

二、老年教育在国际化过程中也需要政策沟通

(一)政策沟通给老年教育带来契机

随着各种传播媒介、交流渠道的有效拓宽与丰富，老年教育的国际化得到更深层次的发展，对国家与地区之间的知识传播、资源优化等起到了很大的促进作用，使来自不同地域的老年大学的同仁能够开展教学交流，资源共享、共谋发展，更有利于不同国家的参与者增进了解、互信与尊重。在老年

教育国际化的道路上，我们越来越清晰地认识到，不主动走出去就会被时代抛弃。有学者甚至提出：近代的西方教育之所以能后来居上，原因之一就在于其教育文化在对外开放的历史进程中非常积极主动。但是，各国在老年教育理念的定位、教育内容的确定、教育方法的采用等方面主要是立足于本国的国情的，目的在于满足本土文化的要求，这使得在国际化进程中，多元异质老年教育文化出现了相互碰撞的现象，抵牾也就在所难免。因此，我们必须呼唤制定基于跨国合作层面的研究和活动规划，确保各类合作顺利进行。同时，外交渠道的不足也限制了老年教育国际化的纵深发展，因为打开渠道多依赖所在地政府的外事部门进行牵线搭桥，像中国的景德镇老年大学、长春老年大学、西安老年大学等，这些学校都是由政府及外交部门组织，才得以开展相关的国际交流与参观活动的。

“一带一路”构想是区域合作共求发展的伟大倡议，是中国提供的一个全球公共产品。在此之前，中国的对外开放多以经贸为主，其他领域则较少深度涉及。而“一带一路”不仅是一条经济合作之路，更是文化交流与民心相通之路，它超越经济利益的互利共赢，打破了过去对外开放中以发展经济为主的战略，从人文领域抓起，重视民间交往与舆论宣传等人文交流的先导作用，更加注重与其他国家实现多领域的合作，使沿线各国面临着全方位开放的机遇，为文化、教育、旅游、卫生等诸多领域的对外开放带来了契机。第三年龄教育、老年人教育培训等领域在国际层面的交流合作日益频繁。而“一带一路”中的政策沟通，更是有助于老年教育突破发展瓶颈，因为通过对接与交流，合作双方可以互相借鉴办学宗旨、办学形式、课程设置和现代化管理手段等，并朝着制度化和机制化的方向发展；同时，也能够实现全方位的共赢，使跨国互信合作项目平台设计得既生动又活泼。而 AIUTA 多年来召开国际会议所提出来的各项国际会议主题，虽然是侧重于教育学、社会学、心理学的角度来研究的，但很多都聚焦于各国的老年教育政策，从而也促进了国际老年教育的蓬勃发展。

(二)政策沟通能促进老年教育事业的发展

1. 政策沟通能加快老年教育发展的速度

在全球老龄化的背景下，“一带一路”沿线的不少国家的老年教育也从开创起步阶段迈向探索发展阶段，并且纷纷取得了不小的成就。但是，受各自具体环境、条件的限制，有的国家老年教育还是一片空白，还有很多国家的老年教育发展遭遇了瓶颈，难以实现更大的突破。比如中国的老年教育，虽然发展势头很足，但从整体上来看，教育的学术层次较低，且理论研究的系统性尚缺。因此，很多国家正在期盼与世界上老年教育的先行者开展交流合作，加深对彼此的了解和发掘对方的优秀特质，汲取其精华，以期促进本国老年教育的开放发展。“一带一路”倡议正是为顺应全球发展趋势而搭建的平台，这也是一次深度拓展式的政策开放。通过政策沟通，国家间了解彼此的优劣所在，这对加强国际合作、制定正确的策略是相当有益的。

2. 政策沟通能增加老年教育的深度

近年来，老年教育的国际化交流日益频繁，但以深度方面视之，绝大多数对外的交流活动还停留在初步接触阶段。参观互访成了老年大学国际交流的主要形式，多表现在对办学的场地设施、课堂的教学活动等方面的互访考察，形式较为单一，且多数还处于“带着玩”的娱乐层次，较少有学术层面上的深度交流以及具体项目上的深度合作，所以彼此合作还有进一步深化的空间。通过政策沟通，老年大学可以在办学模式、办学理念、教学方法、课程设置等一系列更深层次的课题上进行交流研讨、合作。比如，可通过政策沟通，选取一个合适的主题，展示有文化底蕴与学术内涵且使参与双方都倍感兴趣的项目，以此提高双方的参与感及互动程度，增强开放的深层次性，提高交流活动的文化含金量和学术含金量，促进老年教育的深层次革新。这方面也有成功的范例，广东省的康怡老人大学就先后数次接待了来自瓦努阿图共和国、印度共和国和刚果共和国的政府部门、社会团体及涉老机构的访问团，双方就妇女权益、老年教育、老年文化等方面的政策和问题进行了深入研讨。整个活动内容丰富，产生了良好的影响。

3. 政策沟通能提升老年教育的广度

科学技术的发展，把整个世界联结成为一个整体。但是，就目前来看，老年大学之间的交流广度还远远不足。以中国为例，目前中国虽拥有6万多所老年大学，但参与国际会议交流的老年大学还只占相当小的比例。在当前国际环境下，老年教育的发展必须大力进行改革创新，全面推进政策沟通，这样才能全面构建教育有序开放的大格局，共襄盛举，以适应时代发展的需要。在“一带一路”背景下，跨地区、跨国合作办学的方式将形成多层次、多样化、广覆盖的老年教育发展格局，实现全面性开放，构建共同发展繁荣的老年教育命运共同体。

第三节　老年大学在政策沟通中的原则和方式

一、老年大学在政策沟通中的原则

“一带一路”沿线国家在经济发展水平、制度体制、政策法规、文化认同等方面，存在较大差异。政策是推动老年教育国际合作的重要条件和资源，开展政策研究无疑是促进政策沟通的前提和基础。在“一带一路”背景下，中国同沿线国家先后签署了不同层次的合作条约、关系协定、联合声明，这些具有法律效力的文件为开展国家、地区间的老年教育交流与合作提供了法制保障。以老年大学协会或各老年大学为平台，着力开展沿线国家老年教育政策研究，增进对“一带一路”沿线国家老年教育政策及其发展基础的了解和认识，可以促进中国同沿线国家和地区在老年教育方面互相了解、互相信任、达成协议、开展合作。

老年大学在政策沟通中应遵循以下六个原则：时效原则、真实原则、平等原则、互尊原则、包容原则、借鉴原则。

(一)时效原则

时效性是指从信息源发送信息后经过接收、加工、传递、利用的时间间隔及其效率。时间间隔越短，使用信息越及时，使用程度越高，时效性越强。时效原则重点体现在及时、适时地了解信息，并在第一时间进行有效的传递，以便更加有针对性、实效性地进行沟通上。老年大学在政策沟通中，要特别讲求政策的时效性，我们在与沿线国家交流或研究各国各地老年教育政策时，了解和搜集到的政策、制度应尽可能是现阶段正在实施的，而不是失效的、过期的；同时，我们可以通过中国老年大学协会国际联络部等平台第一时间了解到世界老年教育政策制定的新动态，并及时跟踪和研究分析老年大学国际化进程中出现的新问题、新特点、新趋势，研究分析并解决未来合作中存在的困难和问题。中国老年教育机构要及时与沿线国家、地区开展"一带一路"老年教育法律、政策协同研究，构建沿线各国老年教育政策信息交流通报机制，为沿线各国推进老年教育政策互通提供决策建议。研究是交流的基础，及时开展沿线国家教育政策的研究，不仅有助于了解和认识这些国家的教育发展，而且能够为开展国家间的老年教育交流奠定基础。

(二)真实原则

真实原则包含两方面内容：一是了解到的老年教育政策是否真实可靠；二是老年教育政策是否被真实准确地传达与理解。政策沟通是"一带一路"倡议的重要保障，也是我国与沿线各国实现互利共赢的根本前提。因此，在进行政策沟通时，我们一定要行走起来，通过搭乘高等教育或国际研讨会等各种平台的快车，到"一带一路"沿线国家去，到相关国家的老年教育合作项目中去实地考察和调研，而不是在书房里"炮制"。要实现较为理想的传播效果，特别是在微传播时代，我们也要以轻快的方式进行沟通，并持之以恒，久久为功。真实原则体现在所了解的政策、制度能真实有效地反映相关国家老年教育状况上。与此同时，我们也有必要把中国老年教育的政策制度有效真实地与沿线国家进行沟通，如《老年教育发展规划(2016—2020年)》等，以期待更科学深入的融合，为未来发展及合作奠定基础。

确保中外老年教育政策沟通的真实性，还离不开沟通的语言工具，准确翻译非常重要，翻译失准会产生重大歧义，甚至让彼此产生误会隔阂，因此要造就高水平的翻译人才，以适应“一带一路”框架下的老年教育政策沟通。

(三)平等原则

“一带一路”倡议是一项系统工程，要坚持共商、共建、共享原则，体现平等。要发挥老年大学在政策沟通中的作用，要平等对待沿线的每一个国家和地区。在整个“一带一路”框架下及老年教育国际化发展过程中，中国老年大学要充分尊重沿线国家和地区的发言权，沿线国家和地区无论大小、强弱、贫富，都是“一带一路”框架下老年教育国际化建设的平等参与者，其老年教育的政策都应该得到尊重和平等对待，同时，它们也都可以为老年教育交流和合作积极建言献策。“一带一路”不是中国老年大学一家的“独奏曲”，而是各国老年大学共同参与的“交响乐”。中国的老年大学要主动作为，通过“走出去”和“引进来”，为各方实质性参与老年教育国际化发展提供政策研究的基础，并在多边沟通、磋商中来寻求各自优势的互补和发展战略的对接，确保“一带一路”框架下国际老年大学的发展是共同决策、共同行动的成果。

(四)互尊原则

互相尊重、互相信任，是政策沟通的前提和基础。老年大学不分大小，都是国际老年大学家庭的一员。在举办论坛、对外交流、联合办学、具体项目等对接工作中，各个国家应当学会相互尊重。尊重彼此的发展道路和社会制度，尊重彼此的核心利益和重大关切，尊重彼此的自尊心。在这个前提下，老年大学之间才能就教育政策进行深入充分的沟通。“大鹏之动，非一羽之轻；骐骥之速，非一足之力。”在政策沟通中，各国之间要学会尊重、学会分享、学会沟通、学会合作，各施所长、各尽所能，把各方优势和潜力充分发挥出来。“一带一路”不限于古代丝绸之路的范围，其他国家、地区、组织均可参与。让发展成果惠及更广泛的区域，应推进各国老年教育发展规划相互衔接，实现各国老年教育融通发展、互通发展。各个国家和地区应定期交流老年教育及经济社会发展信息，分享老年教育战略规划、政策制定、制度建设等方面的经验，寻找共同点和恰当的突破口，创新合作模式，以期取得最佳合作效果。

(五)包容原则

沿线国家和地区的地理位置、历史传统、宗教信仰、政治体制、经济发展水平、意识形态等差异较大，但也存在共性。历史上，中国文明通过陆上丝绸之路远播西方，西方的近现代文明则借海上丝绸之路进入中国。中国同沿线国家在器物层面的互流互通、人员之间的互来互往和文化教育层面的互学互鉴，使得风格各异的文明相互促进、和谐共存。有了这些基础和共性，我们可以通过各种方式，促进各个国家和地区老年大学的相互理解、相互信任、相互融合。同时，我们也要客观认识各个国家和地区的不同情况，在互谅互让中凝聚共识，这是合作不可或缺的胸怀，也是共赢需要具备的智慧。这也要求我们在与“一带一路”沿线国家进行政策沟通时，要坚持包容原则，和谐共处、互知互信、求同存异、兼容并蓄，加强不同文明之间的对话，不要对别人的政策品头论足、说三道四，要善于寻求老年教育发展政策最佳契合点和教育合作利益的最大公约数，促进沿线各国在老年教育领域共存共赢。

(六)借鉴原则

丝绸之路不仅是贸易之路，更是文明对话之途。“一带一路”沿线国家老年教育发展水平差异较大，老年教育政策、制度也迥然不同。政策沟通是一个促进制度包容的过程，即通过沟通，求同存异，在尊重各国老年教育政策和模式选择的基础上，相互借鉴。我们可以通过深入研究、分析各国各地老年教育的政策、制度，梳理和总结各国老年教育的优势取其精华，在办学目标、学校管理、课程设置、学科建设、游学等方面吸纳更多经验，更好地推动我国老年教育的国际化发展。借鉴原则要注重整合和分析的科学性，要认清政策和制度的差异性，要结合我国老年教育发展状况的实际，增强文化自信、制度自信，研究出适应我国老年教育发展的行之有效的借鉴和启示。

二、老年大学在政策沟通中的方式

世界已经成为你中有我、我中有你的地球村，各国的经济社会发展日益相互联系、相互影响，推进互联互通、加快融合发展成为促进共同繁荣发展的必然选择。老年教育的国际化发展必定是多种模式有机融合在一起的。《老年大学宪章》指出，“老年大学是世界各地老年人学术科学合作的有利交流平台”。中国开展与“一带一路”沿线国家和地区老年大学之间的合作，政策必须先行，只有了解了彼此的老年教育政策，才有可能进行深度合作。老年大学是我国与“一带一路”沿线国家老年教育政策沟通的最佳平台。借助这个平台，双方在政策沟通时可以通过多样的形式达到沟通的目的。推动老年教育国际化发展、开展国际交流合作，是全球老龄化背景下文化相融、政策沟通的重要渠道。

(一)充分利用互联网沟通

互联网是我们与“一带一路”沿线国家、地区进行老年教育政策沟通的重要渠道和工具。互联网拉近了世界的距离，方便了人们的生活。互联网发展至今，已经不能单纯地被界定为一种平台或者行业，应该说，互联网是一种社会，一种生活方式。互联网提供了人们获取和交互信息的综合支撑平台，便利了学习交流和思想交锋。今天，我们可以通过电子邮件、社交软件和网络办公平台与国内外老年教育工作者进行远程交流，办公方便、快捷、有效。互联网也为老年教育政策沟通提供了办学目标、办学理念、校园文化碰撞和融通的大平台。"一带一路"发端于辉煌的中华文明，兴起于互联互通的网络时代。为此，我们应着眼实现中国老年大学国际化的大战略格局，在国家顶层规划指导下，正确认识互联网在中国与沿线国家老年教育政策沟通中的重要地位，让"互联互通、网络先行"成为政策沟通的核心理念之一，进而提升沟通的内涵和质量。我们要积极利用网络平台和新媒体工具，加强老年教育的国际交流合作，营造良好的交流合作氛围。《愿景与行动》明确："共同推进跨境光缆等通信干线网络建设，提高国际通信互联互通水平，畅通信息丝绸之路。加快推进双边跨境光缆等建设，规划建设洲际海底光缆项目，完善空中(卫星)信息通道，扩大信息交流与合作"。国家大力推进"一带一路"互联网建设，将为老年大学进行政策沟通提供强有力的技术支撑，我们应该抓住这个良好契机，借助互联网这个大平台，有目的、有计划、有效地进行政策对接。"互联网+"概念应该在老年教育政策沟通中得到充分利用，我们可以通过门户网站，建设数字化学习平台，开发基于移动客户端的 APP 应用，运营微博"老年大学"、微信公众号"老年大学"等，整合我国老年教育各地政策及办学理念、名校展示、优质课程学习资源，突破时空限制，全部向"一带一路"沿线国家和地区的老年大学开放。综上，通过互联网这个平台进行老年教育政策沟通，有三个优点：即时、高效、快捷。这也是我们在进行老年教育研究时最直接的沟通方式。

(二)在宣传老年教育政策、理念、成果中沟通

加大对"一带一路"沿线国家、地区宣传我国老年教育政策、理念、办学成果，既是推动我国老年大学工作创新发展的客观需要，也是促进推动老年教育国际化的必然趋势。要利用现代科技手段，通过网站建设和出版刊物等向国外宣传中国特色老年教育。一是大力宣传我国老年教育政策法规。宣传

老年教育政策时要有选择性，既要有宏观的，也要有微观的，既要有国家层面的，也要有地方的，如《国家中长期教育改革和发展规划纲要(2010—2020年)》《中国老龄事业发展“十二五”规划》《中华人民共和国老年人权益保障法》《老年教育发展规划(2016—2020年)》《中国教育现代化2035》等政策文件中与老年教育相关的内容，以及各省市区关于老年教育政策文件等。二是要尽量把中国老年大学的办学成果展示给国际社会，将我们的理论成果和经验通过AIUTA网站、AIUTA刊物Newsletter向世界发布。三是组织中国老年大学协会代表团参加AIUTA每年两次的理事会和国际研讨会，感受高层次学术氛围，实现高层次学术对话。四是中国老年大学协会各会员学校可以积极主动地开展国际互访和交流合作。我们可以与办学地的外事部门建立联系，把老年大学作为对外交往的窗口单位。现在，我国很多老年大学都有出版或摄制周年纪念册、光碟等，也有的老年大学通过校本课题研究，出版了教育教学专著，全面反映学校的办学理念、办学经验及成绩，这些都可以作为宣传的媒介，向国外老年大学传播中国老年大学的“好声音”“好图像”。我们也应该拓宽宣传渠道，拓展交流平台。AIUTA是一个有效的平台，是国际老年教育思潮兴起的主要传播者和研究者，是世界各地老年大学沟通信息的良好平台。我们可以选择一些办得较为成功或较有代表性的老年大学，精心制作能够反映我国老年教育的简读本，在AIUTA这一平台上与其他国家共享。宣传老年教育的教育理念、成果，其实也是老年大学进行政策沟通的一种好方式。先进的办学理念、成果是老年教育政策的具体细化，也是它在实践中的具体体现。沿线国家了解我国老年大学的教学理念、课程设置、管理思路等，其实也是在了解我国老年教育的政策。通过了解政策，双方可进一步融合，为老年大学之间的国际化合作奠定良好基础，从而提高中国老年教育的国际认可度。

(三)通过老年大学互访交流、游学活动沟通

参观互访是近年来中国老年大学国际交流的主要形式。其多表现在友好

访问，考察办学场地、设施、课堂情况等。这是由于中国老年大学开展对外交流活动的时间普遍不长，与国外学校和团体的接触仍处在初步尝试阶段，这种方式无疑有利于快速加深彼此的了解和发掘彼此的优秀特色。中国老年大学国际交流活动中“来”与“往”的比例不平衡。据不完全统计，近年来在中国老年大学的对外交流活动中，属于“走出去”的不足20%，而属于对方主动联系或“请进来”的则超过80%。着力构建中国老年大学与“一带一路”沿线国家的交流与合作，可以促进学校管理层、教师、科研人员的往来，拓展和深化人文交流，共建“一带一路”老年教育共同体。老年大学互访交流，是政策沟通中较为有效的一种便捷方式。双方在参观互访中，就对方老年大学的办学模式、办学理念、教学方法、课程设置等进行深入的交流，特别是亲身考察感受对方的老年教育，可以“耳传面授”，现场释疑、现场“破冰”，可以更为直接地了解对方的老年教育相关政策以及办学特色等，其效果比单纯靠著作、刊物好得多。交流探讨的过程，不仅是政策沟通的过程，也是政策对接的过程。

组织老年学员游学活动也是政策沟通的形式之一。游学不仅是游览观光，而且注重旅游与学习的融合，是课堂教学的进一步延伸，特别是老年文化和传统文化的互动与交流。一是通过游学，把我国老年教育政策“传”出去，不管是在文化交流、文艺演出，还是在旅游的过程中，都能把老年教育政策通过具体可感的形式传播出去。二是把国外老年教育的政策“学”进来。目前，中国已有老年大学走在前边，他们与一些国家签署了游学协议，通过这样一个游学项目平台，把国内的老年人输送到国外去，把国外的老年人吸引到中国来，在游学的过程中，形成一种循序不断的政策、文化交流。

(四)在老年大学联合办学中沟通

我国要与沿线国家和地区共同推进老年教育合作办学。中外老年教育的合作办学，既是借鉴与学习发达国家的先进经验，又是世界了解中国、认识中国的窗口。要优先鼓励国内知名老年大学与沿线国家合作办学，“走出去”，创新合作形式，在条件成熟的沿线国家尝试建立海外老年大学。今天，我国老年教育事业已迈上新台阶，已成为与法国模式、英国模式并列的老年教育办学模式；同时，中国很多老年大学已具备一定的规模，在办学和教学上都有自己的特色，在办学模式、办学理念、教学方法、课程设置等一系列深层次课题上具备与国外学校(团体)交流研讨、合作的可能，具备“走出去”的良好基础。我们要在“一带一路”沿线国家建立境外老年大学和教育基地，因为通过建立海外老年大学，可以广泛宣传中国老年教育的政策、方针，同时，也能充分了解国外老年教育的现状、政策，从而促进双方深度合作。也可以搭乘已经“走出去”的高校的“快车”或借助孔子学院，与沿线国家、地区尝试联合办学，或举办短期培训班，在不断地磨合和政策沟通中，实现共赢。还可以鼓励有合作基础的老年大学缔结姊妹关系，逐步深化拓展教育政策沟通。在“一带一路”倡议的引导下，统筹规划我国老年大学与国外知名老年大学的合作，在特色学科上做文章，培养一批知华、亲华、友华的老年学员，使这些学员通过课程的学习深入了解和喜欢中国文化，理解中国老年教育政策，从而争取有利的国际舆论环境，扩大国际影响。合作办学的过程，既是我们对合作方的办学理念、教学资源乃至教育体制不断深入了解的过程，也是不同教育政策交流和融合的过程，合作办学对推动中国老年大年尽早“走出去”有着不可低估的作用。

(五)通过开展远程老年教育沟通

开展老年远程教育是就近、就地、就便满足老年人个性化学习需求的重要途径；是实现教育公正、公平的有效举措；是将现代化教育资源更多惠及广大老年人的时代要求；是实现“人人皆学、时时能学、处处可学”目标的重要标志。我国远程老年教育正处于黄金发展时期，“随手翻”微教材、“微语”短信平台、“微课堂”公众平台等学习模式正在兴起。利用现代化技术，通过远程老年教育课程与国外老年大学进行合作交流，可促进老年教育政策沟通、信息互通。例如，中国北京东方妇女老年大学远程教育中心“幸福养老大课堂”开发了 9 大系列 3000 多课时的课件，由许多全国知名专家、学者主讲，内容丰富，系统性强。这是一个强大的资料库，也是一个科学有效的与国外老年大学交流的大平台。我们可以通过建立和完善老年教育网络学习平台，采取线上线下相结合的方式开展老年教育，扩大老年教育受众面；开发适合老年人远程学习的数字化资源，推动信息技术融入老年教育教学全过程，为全世界老年人提供导学、助学等远程学习服务，从而实现政策沟通、共同发展的目的。通过远程教育课程进行政策沟通的方式，一是缩短了时空距离，简便快捷；二是选择性强，内容全面，有利于更好地了解对方。

(六)通过举办老年教育理论研讨会沟通

积极参与老年教育理论研究的国际交流活动，既是老年教育自身发展的需要，更与我们国家“一带一路”框架下政策沟通的目标相一致。理论交流是合作的基础，只有深入开展老年教育的理论交流和互动，才可能真正促进相关国家老年大学的政策对接和国际合作。因此，通过举办老年教育论坛、专题研讨会、项目合作等方式途径，有效推进这些国家间的老年教育交流互动，对于推动国家间的政策沟通具有建设性意义。我们可以通过举行区域性的老年教育论坛，如中国—俄罗斯、中国—西亚、中国—东欧等双边或多边老年教育论坛，深度开展老年教育政策沟通，寻求老年大学之间合作的可能性。同时，在论坛或研讨会的过程中，双方可以促进对彼此老年教育政策的了解，增进友谊和信任。近年来，中国老年大学协会国际联络部为推进我国老年教育理论研究与国际对接，由副会长林元和提出了实施国际议题＋国内研究的“1＋1”研讨模式，为我国老年教育理论研究与国际对接找到了突破口，也为彼此之间的政策沟通架起了桥梁。国际联络部应为更多的国内外的老年大学架桥铺路，搭建更多的平台，给予国内外老年大学多种方式使其在政策沟通上取得共识，还要为促进国内外老年大学更大的合作空间提供有利条件和机会。

第五章 “一带一路”框架下的老年教育教学

19 世纪末至 20 世纪初，发达国家出现了老年教育的雏形；20 世纪 70 年代至今，老年教育进入飞跃期。

一些国家的老年教育已发展相对成熟，如法国、英国、中国、美国、日本等。在这些国家，老年教育经过一段时间的发展，形成了自己的做法与经验。从老年教育教学的角度，分析各国老年教育的情况，对人们了解各国老年教育的发展有实践意义。

中国老年教育教学完成了从自发式发展到逐步规范化的过程。美国老年教育教学满足各类不同的学习需求，要求老年教育教学机构多样化，且彼此互补。法国老年大学一般设在高校校园内，教学设施与高校共享，高校为老年大学提供师资和专家。英国老年教育强调自主、自助，民间力量是老年教育教学的重要支撑，第三年龄信托基金慈善机构为全英数百所第三年龄大学提供多维支持服务；参与老年教育教学的成员，既是老师，又是学员。日本很早就重视老年教育，由年长者担任教师，也强调学习者间的互动，教学活动授课地点较为灵活，会根据学习内容安排不同的学习地点，以提高老年人的参与度。

教学是老年教育的中心。各国迥异的国情，造就了彰显各自个性的老年教育教学，各国老年教育也在教学中体现出自身独特的优势，形成了当今世界老年教育的格局。

第一节 "一带一路"描绘老年教育教学的美丽愿景

"一带一路"是促进全球化发展的共商、共建、共享的倡议。"一带一路"致力于在经济、教育等多方面开展更大范围、更高水平、更深层次的合作。这关乎老年人的晚年幸福，更关乎老年教育。老年教育在"一带一路"框架下显示出四大变化。

一是视野全球化，即"一带一路"框架下的老年教育要求跨越国别或地域的限制，既体现一国老年教育发展的格局，又具国际水平。视野全球化有着丰富内涵，要求站在全球的高度，看待老年教育的过去、现在与未来，并以此指引具体工作。

二是文化多元化，老年教育应是多元文化的有机融合。正如中国著名社会学家费孝通所说，各国文化的关系就是"各美其美，美人之美，美美与共，天下大同"，意思是要弘扬自己优美的文化传统，同时也要尊重其他文化，承认世界文化的多样性，这样各种优秀文化互相包容、互相学习，才能展现多元的文化，发展成互相融合的多彩世界。

三是发展现代化，老年教育是以老年人为中心的高度发达的现代化老年教育。老年教育发展现代化应与全球教育发展现代化同频共振。老年教育发展现代化的内容体现在与老年教育相关的各个领域，既包括宏观层面的教育理念、教育思想的现代化，也包括微观层面的教学内容、组织形式、教学管理等的现代化。

四是教育平等化，即“一带一路”框架下的老年教育对参与对象的外在条件不作限定，不分种族、民族、性别、职业、社会地位、财产状况、宗教信仰等，维护老年人没有特权也不受歧视的平等享有接受老年教育的权利。同时，将老年人自由和谐地发展视作教育的目的，尊重每一位老年人的基本人权与自由的发展，为老年人提供因材施教的老年教育。

老年教育上述四大变化通过教学得以体现。通过教学，老年教育不再是看不见摸不着的理念，而是深入老年人真实生活的具体活动。衡量老年教育适当或成功与否，要以老年人对教学的主观体验为准。在“一带一路”框架下，老年教育教学的课程设置、组织形式、主体与管理等方方面面都将有新的发展，形成新的景象。

“一带一路”框架下的老年教育教学要求丰富课程设置。在教学中，要以健康状况、兴趣取向、业余爱好等多维立体的老年人个体特征为自变量，创新开发个性化的老年生涯发展规划课程，为老年人设计科学的发展规划，开发国际化、现代化及共通特性的课程，形成知识与娱乐结合、传统与现代结合、国内与国外结合、长短学制相结合的课程体系，量体裁衣地为老年人提供人文、艺术、语言、保健、信息科技等内容的职业发展类课程、普及类课程和康复类课程。

“一带一路”框架下的老年教育要求创新教学组织形式。要以增强老年人学习兴趣和动力，便于老年人理解学习内容为目标，倡导灵活应用让老年人喜闻乐见的班级授课、小组教学、课外活动等方式，充分利用现有老年教育资源普及老年教育；同时，灵活利用现代技术，融入新的教学理念，吸取如慕课(Massive Open Online Course，MOOC)等形式中的有益元素完善老年教育教学的组织形式，为老年教育教学组织形式的现代化发展注入新的活力。

“一带一路”框架下的老年教育要求强化教学主体的作用。对老年教育师资来说，科学系统化的培训是教学质量的一项重要保障。对老年学员来说，以多年生活习得的经验为基础的晶体智力，还在不断地发展，这使得老年人仍具有不可小觑的创造潜力。在教学中适当引入如翻转课堂等教育新模式，能调动老年人的学习积极性，为其发挥创造力提供空间。并且，开展并实施国际交换教育，让不同国家的老年教育教学主体间互换教与学，将增进民间交流沟通。

“一带一路”框架下的老年教育要求教学管理层次化发展。老年教育教学管理是以老年人为本，辅助老年人学习的。在“一带一路”框架下，我们提倡将学员自主性作为教学管理的基石，通过运用新技术改进校园文化建设，营造民主、平等、尊重、信任、理解的良好环境。同时，对有再就业愿望的老年人来说，对他们的学习进行适当的控制与引导，设置适当的考评机制等进行教学管理，是保障学有成效的必不可少的手段，是对他们自主学习方式的积极补充。在管理中，创造机会，为老年人提供展示自我能力奉献社会的平台，引导老年人发挥力所能及的作用，开发老年人力资源，成为教学管理功能的延伸。

可以说，“一带一路”倡议既描绘了全球致力于构建人类命运共同体的美好愿景，又勾画出老年教育教学将带来的全球老年人的积极老龄化愿景。

第二节　“一带一路”框架下老年教育教学的课程设置

老年教育课程设置是老年教育教学活动的重要准备，是老年教育教学内容的载体，决定了老年教育学习范畴的深度与广度，对实现教育目的起着关键的作用。课程设置包含在老年教育教学中，包括如何设置课程的具体内容及学习时间，如何处理不同课程间的关系等内容。

一、各国老年教育课程设置概览

(一)中国老年教育课程设置

中国老年教育机构数量众多。各校按以老年人为本，与地方经济发展、生活水平、文化特色等相结合的原则进行课程设置，并不断加强现代信息技术和生命教育等方面的课程开发，展现了老年教育课程设置与时俱进的生命力，逐步形成了六大基本类型：文化知识、书画摄影、文艺活动、体育活动、医学保健和家政技艺。中国老年大学协会开展了建立老年教育课程体系的研究，最终将课程归为社会科学类、书法类、美术类、声乐类、器乐类、信息技术类、医学类、健身类、文学类、历史地理类、农学类、舞蹈类、戏剧类、生活艺术类、语言类15个学科，并按学习内容的难易分为基础、提高、进修和研修等多个阶段，形成了目前老年教育的课程体系。

以上海老年大学为例，该校开设课程具体如表一。

表一　上海老年大学课程一览

系别	课程名称
书画系	书法、山水画、花鸟画、水彩画、素描、工笔画、人物画、油画、水粉画、油画棒色粉画、篆刻、钢笔速写、风景写生
外语系	新时代教程、SBS、新概念英语、出国常用短句、口语ABC、走遍美国、欢乐美语、英语300句、大学英语精读、英语怀旧金曲、日语基础、100日语话题、老年出国英语会话、英汉理解与表达、随堂口语、Let's Talk、英文报刊阅读与欣赏、剑桥英语、出国探亲、日常会话
计算机系	计算机初级、计算机综合应用、影视制作、数码摄影及图像处理、图像处理、摄像、摄影、实用工具软件、会声会影X9、影视制作AE、iPad、系统安装及维护、图像处理实务、图像处理创作、文稿处理、手机摄影、影视制作Edius
钢琴系	钢琴拜厄、钢琴599、钢琴849、钢琴名曲、钢琴名曲提高、钢琴伴奏、钢琴299、钢琴演奏

续表

系别	课程名称
家政系	编织工艺、钩针、艺术插花、家庭养花、特色点心、烹饪、家庭套菜、冷盆、蔬菜、手机与家电
保健系	太极拳、太极剑、健身操、形体舞、练功十八法、快乐瑜伽操辅导员、健身排舞、运动舞蹈、中医基础、中医内科学、经络养生保健、中医理论与临床、观手知健康、经络与病症调理、专家名医讲堂、老年心理与生理保健、病毒与疾病、细菌与疾病、黄帝内经、时令家常食养、疾病通论、老年健康与康复、营养与膳食、营养与疾病、养生中药活用、循经刮痧疗法等
文艺系	舞厅舞、国标舞、拉丁舞、民族舞、外国民族舞、时装表演、声乐、独唱、女声小组唱、音乐欣赏、中外艺术歌曲、中外歌剧演唱、女声歌唱、声乐演唱、民族声乐
文史系	古诗词、中国古典文学赏析、史记、文学写作、经典影片赏析、经典影视赏析、周易讲读、朗诵与经典赏析、茶艺文化、回忆录写作、格律诗词赏析与创作、珠宝鉴赏、古文观止、古代艺术品鉴赏、陶瓷收藏与鉴赏、桥牌、农历与民俗文化、上下五千年、新概念哲学、国学名著鉴赏、周易与养生、朗诵与表演、京剧唱腔赏析与演练、中国古代文化史
器乐系	单簧管、古筝、琵琶、二胡、电子琴、葫芦丝、长笛、竹笛、民乐演奏、音乐基础及欣赏、萨克斯等
游学系	中国旅游文化、中外名镇、国际游学、国际旅游文化、旅游景观、东北亚游学等
学历班	音乐基础、拳操、摄影基础、摄影创作、人物摄影、影视制作、钢琴、声乐、歌曲伴奏、经典音乐、形体训练、图像处理、中国传统文化、西医保健、计算机基础/网络、毕业作品

(二)美国老年教育课程设置

在美国，各类老年教育机构为老年人提供的课程侧重点各不相同。

在高等院校开展的老年课程包括除在实验室上课以外的大部分课程，如艺术、哲学、瑜伽、科学、健康与疾病等老年人感兴趣和需要的课程。加利福尼亚州立大学还专门设置了计算机教室，教授老年人绘图软件、计算机操作系统等课程。

老年中心常常组织老年人学习，提供丰富多彩的教学活动。例如，美国爱荷华市约翰逊县老年活动中心开办了应用艺术、表演艺术、艺术欣赏、手工艺、计算机应用、医疗保健等课程或讲座，并组织老年人旅游、参观和参加各种体育活动。

老人寄宿所也是美国开展老年教育教学的主要场所。老人寄宿所是美国最大的教育与旅游组织，吸纳了本国及全球各国或地区加入该组织。老人寄宿所在全球各地每年开展课程超过 8000 门，主要包括探索课程、户外活动课程、服务学习课程、海上探险课程、个人技能课程、旅游学习课程等。

总体来说，美国老年教育的课程内容多样，如表二所示。

表二　美国老年教育主要课程

类别	主要课程
哲学类	修养与思考、柏拉图哲学、当代伦理、趣味数学、生命教育
文学类	文学、短篇小说欣赏、莎士比亚戏剧
历史类	历史、美国西部史、考古学
语言类	中文(粤语)、法语、德语、意大利语、西班牙语、日语
艺术类	合唱团、摄影、水彩画、油画、艺术史、微雕艺术、美国音乐剧欣赏、爵士乐欣赏
保健类	营养与保健、太极拳、室内保龄球、观鸟活动、丛林散步
生活类	家庭生活、手工创作、窗帘制作、家谱制作、网络新闻
科技类	计算机

此外，美国的老年教育还为退休前的老年人开设了一些针对性课程。这些课程常常采用研讨的方式，讨论社会保障、保险、生活习惯、兴趣及将来的计划等。

(三)法国老年教育课程设置

在法国，第三年龄大学和第三年龄俱乐部是老年教育教学的重要载体。第三年龄大学的教学内容涉及艺术、文学、科学、人文、医学、卫生、政治、环境等不同领域，并开设音乐文化、艺术史、音乐史、植物学、地理学等课程。第三年龄俱乐部的特色在于举办丰富多彩的活动作为老年教育的教学内容。其中，功能性活动包括瑜伽、舞蹈、园艺、登山、一日游等；文化休闲类活动包括文学赏析、语言学习、问题讨论、音乐欣赏、博物馆参观、文化古迹参观、艺术展览参观等。

法国老年教育教学擅长紧扣社会热点，相关社会热点就是课程的内容。如巴黎自由时间大学曾与巴斯德研究所合作，研究探讨公共卫生、如何预防接种、动物传染病、昆虫传染病、天气的变化、微生物等。课程内容丰富，紧跟社会生活，又在社会生活的基础上有所提高，充满了灵活性，与按知识类别划分课程的标准不同，法国老年教育按照综合性、涉及各类知识的问题来划分课程。

法国老年教育主要课程如表三所示。

表三　法国老年教育主要课程

类别	课程内容
文化课程	文学、科学、法律、经济、音乐、外语、计算机科学、工业设计等
各类活动	功能性活动：瑜伽、舞蹈、园艺、登山、一日游等
	文化休闲类活动：文学赏析、语言学习、问题讨论、音乐欣赏、博物馆参观、文化古迹参观、艺术展览参观等
社会热点研讨	公共卫生、气候变化等

(四)英国老年教育课程设置

在英国，老年教育机构教授丰富多彩的课程，主要包括三类，见表四。

表四　英国老年教育主要课程

类别	主要课程
健身课程	国内外教育性的旅行、瑜伽、太极拳、游泳、桥牌等
技能课程	绘画、音乐欣赏、针线手艺、婴幼儿护理、电脑、外语等
理论课程	文学、哲学及其他社会科学和自然科学课程

1991年成立的哈罗第三年龄大学(Harrow U3A)是一家注册的慈善机构。该校课程内容丰富，覆盖面很广，包括美术、工艺、事实、历史、语言、文学、生活经验、音乐、科学、数学、计算机、旅行以及一些特殊的兴趣和再创造的课程。每一类课程下还有分类，如美术课程下有美术鉴赏、美术史、北欧美术、艺术和工艺、刺绣、肖像画、素描、水彩画等科目。

东阿伦第三年龄大学通过学习小组展开丰富的老年教育教学活动，包括艺术、拉丁舞、鸟类欣赏、桥牌、音乐操、合唱、气功、园艺、针线等内容。同时，该校学习小组的教育教学活动还关注如维护海洋生态平衡等公益，关注宣传如气功、麻将等外来之物。

此外，第三年龄大学还开设了独具特色的老年大学体验课程项目——暑期学校，每年夏季由城市大学承办，时长为二至六周。

(五)日本老年教育课程设置

日本老年教育课程内容几经演变，从侧重生活、文化、园艺和陶艺学科，到地域、健康、美术学科，再到环境、国际学科等。

1969年成立的印南野学园将课程分为一般通识、专门学科和休闲三大类，见表五。

表五　印南野学园主要课程

学科	主要课程
一般通识	教养讲座
专门学科	园艺学科、生活技能学科、福利学科、社会文史学科、陶艺学科
休闲类	歌谣吟唱、短歌吟诗、手工艺、花道、茶道、书道、西洋美术、水墨画、舞蹈、文化遗址探访等

开办于2002年的丰田市老年大学将课程划分出了必修的一般通识类课程和其他课程，其中，其他课程又划分为四大学科，见表六。

表六　丰田市老年大学主要课程

学科	主要课程
朝气蓬勃的生活学科	日常健康知识、撰写自传、谈饮食生活、成人旅游学习、居家环境与日常生活、老人护理与居家照料等
代代相传的文化工艺学科	陶艺、版画、水彩画、歌剧欣赏、西洋音乐
生生不息的环境农艺学科	有机土壤与肥料制作管理、园艺的基础、庭院树木的形塑、认识山野草等
龙腾虎跃的交流学科	建立良好人际关系、培养想象力、隔代交流、说说青春时代的回忆等

二、各国老年教育课程设置的共性分析

影响老年教育教学的理论是多元的，包括需要层次理论、健康老龄化理论、积极老龄化理论、联合国“独立、参与、尊严、照料和自我实现”原则、终身教育理论、自我完善理论、康复医学理论、代际合作理论，等等。

各国老年教育课程设置体现了这些理论的内涵，具有以下共性。

一是课程设置人性化。老年教育兴起的根本动力就是老年人对知识的渴求。从满足老年人兴趣爱好出发，到呵护老年人健康的各类课程均在设置之列，如养生保健类课程满足了需求层次理论中第一、第二层次的需求，是对身体健康和安全的需求；语言类课程满足了需求层次理论中第三层次的需求，为老年人社交需求奠定基础；丰富的课程为老年人满足需求层次理论中第四甚至第五层次的需求，即尊重和自我实现的需求做了准备，等等。可见，老年教育课程设置均体现了老年教育是为老年人量身定制的教育。

二是课程内容多元化。从与家庭生活息息相关的烹饪、烘焙、插花、编织等课程，到现代生活中离不开的金融、理财、摄影、电脑等课程；再到探索类的考古研究、天体研究、气象研究等课程都涵盖在老年教育教学的范围之内。

三是课程划分科学化。在老年教育教学中，常见的是按学科进行课程的划分，即按照知识的逻辑体系，将相对独立的知识归类在某一分科课程中。也有打破了学科界限，对课程进行改进和扩展，以解决实际问题的逻辑顺序为主线来组织教学内容的综合课程。

四是课程注重现代化。现代社会科学技术日新月异。然而，不少老年人没有学习和使用现代技术的习惯。老年人不及时学习或更新自身技能，就会与社会现实生活脱节。无论是发达国家还是发展中国家都存在这种现象，因此，各国老年教育教学中普遍开设计算机等现代技术课程。

五是课程体现国际化。各类外语和国外艺术在老年教育教学中占据一定位置，如美国老年教育中的语言课程多达六门，包括中文(粤语)、法语、德语、意大利语、西班牙语、日语，而中国老年教育课程设置向来注重中国文化与国际文化的融合，如文艺系安排声乐、中外民族民间舞等课程，器乐系安排电子琴、古筝、二胡、琵琶、萨克斯等课程。

三、“一带一路”对老年教育课程设置的启示

“一带一路”期盼所有人能共享全球经济发展的盛果，而老年教育天然具有公益的属性。因此，以普及老年教育为发展趋势，让老年教育惠及更多的老年人，是老年教育在“一带一路”框架下的必然发展趋势。

(一)量体裁衣，探索老年生涯发展规划

老年教育是全体老年人的教育，是老年人，不论民族、性别、身份、躯体状况、心理状况、收入水平等，皆应享有的权利。但从现实来看，在读的老年人并没有覆盖所有人群，多为文化程度相对较高、经济状况相对较好、身体条件相对较好的老年人参与学习。

究其原因，与老年教育教学和老年人群需求脱节有关。老年教育教学应主动与老年人的需求相匹配。老年人个体差异万千，不应机械或简单化的以

年龄作为参考标准，而应根据老年人不同的个体特征，制订个性化的老年生涯发展规划。

老年生涯发展规划旨在用科学的方法，在对老年人的个体状况进行科学测评的基础上，协助老年人自主对自身老年生涯进行持续、系统、可调整的计划与安排。

通过了解老年人的需要，借助老年生涯发展规划，在尊重老年人意愿的前提下，推荐适合老年人学习的内容，老年教育教学才能更贴合老年人。

(二)传承文明，开发国际化的多样性课程

从各国老年教育课程设置可以看出，外语和艺术课程在各国老年教育教学中均占据了一定位置。如在中国老年教育教学中，学习或介绍外来文化的课程包括水彩画、油画、桥牌、萨克斯、国际游学等；在美国老年教育教学中，外语课程包括中文(粤语)、法语、德语、意大利语、西班牙语、日语。这都是老年教育国际化的表现。只是，这些课程的设置是零散和自发的，并没有广泛环顾全球视野，因此，为了促进全球各国的理解，各国老年教育教学应设置系统化的国际化内涵课程。

“一带一路”为不同文化之间的交流和交融提供了新的历史机遇，是加快文化交融的强大动力。老年教育教学开设有助于培养人们全球化思想的课程，能加强老年人的国际化意识，促进各国文化之间的相互交流与融合。全球化的多样性课程能使各民族在继承、发扬自己优秀文化传统的同时，以更广阔的胸怀和更开放的心态汲取和传承全球的优秀文化成果。

(三)融会贯通，完善老年教育课程体系

“一带一路”框架下的老年教育，要求教学要满足老年人个性化需求，开设国际化、多样化和共性化的课程，以达到搭建各国文化、民心相通的桥梁的目的。因此，老年教育课程内容广泛，包罗万象，亟待形成体系，以便将课程内容有机融入老年教育的教学活动中。

体系，泛指一定范围内或同类的事物按照一定的秩序和内部联系组合而成的整体，是不同系统组成的一个整体。老年教育课程体系是将各类具有一定关联的课程归类形成专业或类别，同时各专业或类别穿插结合形成的体系。老年教育课程体系与老年人的生涯发展规划相结合，使得老年教育教学活动成为理性的差异化教学，从而贴近老年人的需要，符合老年人的个性要求。各国老年教育课程内容不尽相同，但建立老年教育课程体系的顶层设计原则却异曲同工。

在中国，目前已逐步形成了老年教育课程设置的四大维度。

一是注重知识性课程与娱乐性课程并重。知识性课程包括文学、历史、哲学、地理、医学、语言、信息、财政经济等课程；娱乐性课程包括声乐、舞蹈、戏曲、艺术、器乐、棋牌、体育保健、书法、绘画等课程。二者的有机结合既凸显了老年教育教学中的教育属性，也保留了一般老年群体喜闻乐见的教学活泼性，满足并引导了老年人的精神文化生活需求。

二是注重传统课程和现代课程并重。传统课程包括历史类课程，如上下五千年、史记、资治通鉴；国学类课程，如四书、五经、六易、老子、孔子、庄子、孟子、墨子；经典课程，如唐诗宋词、四大名著等。现代课程包括信息技术、生活艺术、生命教育等。二者的有机结合加深了老年教育教学的文化根基，也顺应了时代发展，使老年人更新观念，跟上时代潮流，适应现代社会，享受生活。

三是注重国内课程与国外课程并重。国内外课程的并重代表的是中国文化与外来文化的融合，如医学课程中，既学中医也学西医；语言课程中，既学习汉语也学外语；音乐课程中，既学民族音乐也学西洋乐；历史课程中，既学习本国历史也学世界史；游学课程中，既学国内名山大川也学国外风景名胜等。二者的有机结合增加了课程体系的包容度，尽可能吸收人类文明的成果，拓展了老年教育传承世界文明的途径。

四是注重课程的长学制和短学制并重。长短学制的结合使得老年大学的课程长短错落，是一个有机整体。老年大学的课程根据教学内容的难易和教学的成熟程度设计了多个学习阶段，这不仅让老年学员能按己所需，选择适合自己的层次开始学习；让教师没有学员水平参差不齐的顾虑，进行统一施教；而且让老年大学的教育实现了部分课程专业化，使得老年教育向着科学化、规范化的独立学科迈进，深化了老年教育教学的适用度。

在课程设置的过程中，充分考虑这四大维度，有利于建成内容广博、脉络清晰、有层次的老年教育课程体系。正如一位老年学员所述：“不管老年朋友以前从事什么行业什么职业，都可以在老年大学里找到自己所喜欢的课程。”

四、适应“一带一路”创新老年教育课程

(一)以老年人个体特征为基石，创设老年生涯发展规划课程

老年人的个体特征包括老年人的健康状况、兴趣取向、业余爱好等。联合国世界卫生组织曾对健康下了定义：健康不仅是没有疾病，而且是身体上、心理上和社会上的完好状态。

早在1969年，美国就制定了能科学测定老年人躯体健康状况的日常生活能力量表(Activity of Daily Life，ADL)，其测评的内容包括躯体生活自理量表(上厕所、进食、穿衣、梳洗、行走和洗澡，共6项)和工具性日常生活能力量表(打电话、购物、备餐、做家务、洗衣、使用交通工具、服药和自理经济，共8项)。此外，Barthel指数评定量表等也在老年人独立生活活动能力的评价方面有一定权威性。在心理学界，专业测定老年人心理健康状况的量表也很多，如纽芬兰纪念大学幸福度量表(MUNSH)、UCLA孤独感量表、焦虑自评量表(SAS)、老年抑郁量表(GDS)、蒙特利尔认知评估量表(MoCA)、社会支持评定量表(SSRS)、功能活动调查表(FAQ)等。各种量表能让老年人科学地了解自身的健康状况。

在认识老年人健康状况的基础上，老年大学应先向老年人宣传和讲授老

年教育的性质、目的，以及老年教育教学的课程设置、教学过程等，让老年人能对老年教育、老年教育教学产生整体的认知，再让老年人结合自己的兴趣取向与爱好选择合适的课程学习。这整个过程，就是老年生涯发展规划的过程。同时，老年生涯发展规划应是开放式的、动态的，不是某一个时间点的工作，而是贯穿老年人整个学习过程的长期工作，具有可调整性。

(二)以老年人健康状况为自变量，细分三类课程为因变量

不同健康状况的老年人适合的课程不相同。

对于健康状况良好的老年人，老年大学可鼓励或引导其进一步发挥自己的能力，参加如职业发展类的略有挑战的课程。据报道，德国 65～69 岁老年人的就业率达 14%，而韩国和日本 65～69 岁老年人的就业率高达 41%，可见老年人再就业在国外非常普遍。在身体条件允许的情况下，老年人通过老年教育课程的学习，掌握再就业或创业的技能，适当干一些力所能及的工作，不仅可以增加收入，还可以老有所乐、老有所为，体现老年人的价值。

对于健康状况尚可的老年人，老年大学则应为他们开设丰富多彩的普及类课程，满足或引导他们的需要，维持或进一步改善他们的健康状况，延长他们的寿命，提高他们的生活质量。

对于健康状况不够好的老年人，老年大学应建议其扬长避短或选择能改善其健康状况的康复类课程进行学习，如手工串珠 DIY 课程。串珠可以改善老年人动作能力、手眼协调能力、认知能力等，具有延缓退化、增进代际交流的作用。

老年人健康状况等信息不仅对老年人了解自身有帮助，借助现代技术进行系统的记录，形成大数据，并进行分析，将更有利于人们把握老年人的需求动向，对及时开发和完善老年教育教学也起到重要作用。比如，对有轻度认知障碍、自我意识尚清晰的老年学习者，开发有趣的分析、判断、推理、计算训练课程；对缺乏社会支持系统、感到孤独的老年学习者，应关注他们对社交的需求，并按照他们的需求，提供更多教学过程活泼的课程等。这将

使他们缓解不适，提升自信，从而达到提高其生命生活质量的目的。当然，对于如认知障碍程度较重或社会适应明显不良的老年人，应建议其寻求专业的医学帮助，待症状缓解后，再来学习。

(三)以老年人学习需求为导向，整合包含各国文化资源的课程

老年教育教学活动影响老年人，而借助老年人的生活圈，老年教育的影响力可以以点带面地辐射全球。“一带一路”的大环境，要求在老年教育教学中应加大国际化视野课程的比重，开设容易产生共鸣或增进各国人民相互了解的课程，整合包含各国文化资源的课程，如开设介绍“一带一路”理念的课程，系统介绍全球化的背景、意义及其对国家、对社会、对个人的影响等，这都将促进老年教育的发展和各国文化的融合，甚至推动全球经济的发展。

在现代生活中，人们普遍关注身体健康的状况。每个国家由于人们的生活习惯不同，形成了各自保健的方法。从各国开设的课程我们可以发现，养生课程是人们普遍感兴趣的。中国的传统医学有十二经络等理论，也有拔罐、推拿、针灸、刮痧、食疗等意在调理体质的方法。西医则是建立在解剖学的基础上的，通过西药(通常用合成的方法制成或从天然产物中提制而成)治疗疾病，重在对症状的把握。中国的太极拳、太极剑、广场舞等都是适宜老年人的运动项目。这些带有某个国家或民族特色的项目应走向世界，为人类所共享。

在科技高度发达的今天，社交已经不受地域的限制。网络是社交的重要方式。谁不懂网络，就只能生活在自己的小生活圈内。因此，要将学习现代化技术，如电脑技术、网络技术和智能手机等作为老年教育教学的必修课。同时，要鼓励老年人学习多种语言。

语言是沟通的桥梁，在某种程度上，是一种艺术。如汉语是象形文字，属于表意文字。英语是表音文字，简单方便易传播。英语作为一种国际通用语的地位已经被广泛认同。据统计，全球讲英语的人口达 17 亿，互联网上 80%以上的网页使用英文。而世界上使用汉语的人数至少有 15 亿，超过世

界总人口的 20%。当然，在不同的语境里，相同的语言可能有截然不同的含义。因此，学习语言时，要学习语境，学习语言习惯，了解各国风土人情。

历史是现代人生活的根基，人们总能在现代看到历史的影子。学习历史，有助于了解彼此国家的发展过程。

艺术是生活的升华。艺术中凝结着人们对生活的捕捉与挖掘、感受与分析。学习艺术也是人类相互了解的重要途径。

具备条件的学校，可用游学的形式开展老年教育教学，或在教学中引入虚拟现实技术(Virtual Reality，VR)，让老年学员足不出户但“走”遍世界。

综上，“一带一路”需要老年教育有国际化的视野。老年教育教学要主动完善自身课程的设置，更好地满足多样化的老年人群，为增进各国间的了解而努力。

第三节 “一带一路”框架下老年教育教学的组织形式

一、各国老年教育教学的组织形式

教学组织形式是指为了完成特定的教学任务，教师和学生按一定的要求组合起来进行活动的形式。教学组织形式并非固定不变的。教学史上先后出现的影响较大的教学组织形式有个别教学制、班级授课制、分组教学制等。老年教育的教学组织形式在此基础上发展形成有自身特色的组织形式。

中国的老年教育教学运用了多种教学组织形式，如目前已经得到广泛认同的“三个课堂”的组织形式。“三个课堂”不限于有形的教学空间，而是泛指学习者生活与学习的场所，包含教室、开展社团或课外活动以及社会活动的空间。具体来说，三个课堂分别是：第一课堂——课堂教学活动，常常混合了班级授课、个别教学和观摩教学课的组织形式，如书法、绘画、外语等课程的教学常常采用此形式；第二课堂——社团活动与课外活动，以小组教学和课外活动的教学组织形式为主，是第一课堂的延伸与补充，如各类讲座、小组学习、参观考察、成果展览、文体活动等；第三课堂——按照教学目标，由学校或学员自己组织的，将所学服务于社会，取得良好社会效应的老年教育教学的形式，是老年教育教学的升华。

此外，人们物质生活水平的提高及网络技术的革新促成了远程老年教育教学组织形式的发展。以上海为例，为了进一步普及老年教育和为老年人提供便捷的学习途径，上海建设了“上海老年人学习网”，居委会、村委会通过设立的“学习收视点”，集中本区域老年人一起学习。

在美国，提供老年教育的机构是多元化的，其老年教育教学的组织形式也很多样。美国很多的大学以及社区学院提供老年教育课程。老年人可进修、旁听大学课程，也可参加暑期老年进修班或专门设立的短期课程，以班级授课制为主。老年中心、老年游学营和两代教育工程也组织老年人学习，往往以应用艺术、表演艺术、艺术欣赏、手工艺、计算机应用、医疗保健等课程或讲座，以及旅游、参观和各种体育活动等为老年教育教学的组织形式。同时，美国的老年人网络，专供50岁以上人群通过信息技术获得教育和学习资料，并有组织地在网上参与小组讨论等。

在法国，老年大学的目标是让老年人增长知识并得到学术培训，使老年人从工作状态平稳过渡到退休状态。法国老年教育教学一直努力为老年人提供与高校教授、青年学生进行交流的机会，将老年大学的活动融入高校，开展跨学科研究，引入例行讲座、周期性讲座、深度指导课、研讨会，通过工作室、读书会、半天至一周的游学等方式进行教学，是老年大学与高等教育融合的典型。在法国自由时间大学，教学通常采用如开放式演讲、对话、辩论，建立学习团体、工作坊等形式，进行诸如旅游、实地参观、巡回学习及实践训练等老年教育教学。在第三年龄俱乐部，老年教育教学的活动形式更为丰富，借助游戏、音乐会、影片欣赏、扑克牌等开展寓教于乐的教学。

英国老年教育教学比较灵活，是非正式的学习。老年大学就是老年人聚在一起学习与分享各种知识。兴趣小组是英国老年教育教学的生命力所在。小组提倡“自助式”学习，先阅读进行自学，再通过讨论、辩论或开讲座等形式完成学习内容。另外，英国开放大学不设任何门槛和资格限制，凡年满18周岁的成年人，都是开放大学的教育对象，这使得大量老年人参与开放大学的学习。在开放大学，老年学员可以自由参加面授辅导课和辅修课，但更主要的是通过远程的形式开展教学，这是对其他教学组织形式的重要补充。

日本老年教育教学组织形式主要有三种：教养讲座、专业讲座；学生会、俱乐部和班级等自主活动；学习成果等与参与社会的行动结合起来，旨在解决社会难题，创造商业价值等的活动。例如，在日本明石市立老龄大学的三年学习中，前两年主要学习知识和技能，以及与同学建立良好伙伴关系；第三年，则运用学到的知识，自选课题组成课题组，在社区开展实践，如景观园林专业学员在社区、学校等地制作花坛，举办“大自然观赏会”，音乐专业学员到幼儿园和小学举办或协办演出活动等。

二、各国老年教育教学组织形式的共性分析

老年教育作为新兴教育类型，其教学组织形式不免受本国其他教育类型的影响，并借鉴其他教育类型的组织形式，结合老年教育的特点，形成本国老年教育教学组织形式。然而，老年教育教学本身共通的规律决定了各国老年教育教学组织形式具有一定的共性。

一是班级授课制是老年教育教学的基本组织形式。班级授课制出现在16世纪的欧洲，具有较强的组织性和计划性，在系统而有重点地传授课程知识方面具有比其他形式效率更高的优点，故而许多国家的老年教育教学都离不开这种形式。

二是小组教学是老年教育教学的重要组织形式。和班级授课制相比，这

种组织形式较为灵活，富有个性，层次较高，对参与学习的老年人有一定的要求，可以增强小组内的合作学习、互相激励的能力，具有因材施教的优点，是激发老年人学习主动性，使老年人焕发活力的教学组织形式，适用于提高或维持老年人的自我效能感，为老年人展示学习成果或为社会做贡献等奠定了基础。

三是重视发展有社会影响的老年教育教学组织形式。老年教育在满足老年人精神文化需求的同时，也鼓励老年人能学有所成并影响社会。和人们过去的印象不同，老年人不再被动地等待老去，而是通过老年教育绽放出人生新的光彩。如在老年大学第三课堂中，学校积极组织、引导学员社团和一些学有所成、学有所长的老年学员，在社区老年教学点担任老师、辅导员，到敬老院进行慰问演出等。这让老年学员在服务社会的过程中也得到了提升和完善。

四是科学技术的发展推动老年教育教学组织形式的革新。现今社会，网络高度发达，人们开始习惯网络给生活带来的便利，在各个方面都离不开网络。网络成为生活的得力助手。美国知名市场研究机构 eMarketer 称 2018 年互联网在世界范围的普及率达到 51%。当下互联网已经成为人们生活的必需品。在此背景下，远程老年教育得到了长足的发展。远程老年教育是利用已经普及的电脑和网络等硬件环境，依托网络教学平台，实现异地、异时学习的教学组织形式，为老年人学习带来了极大的灵活性，且不受学习人数、学习时间和地点的限制。世界各国都越发重视远程老年教育这一新兴的老年教育教学组织形式。

三、“一带一路”对老年教育教学组织形式的启示

“一带一路”为全球经济和社会发展注入了新的活力。老年教育教学也要改革完善原有方式方法，采用灵活多样的组织形式与教学方法，形成教学组织形式创新。

(一)灵活应用各种组织形式，提高对现有资源的利用

“一带一路”框架下的老年教育教学组织形式应有利于提高老年教育资源的利用效率。“一带一路”不断引导开发人类新的资源增长点，同时也含有合理利用分配现有资源之意。同样的课程内容，采用不同的教学组织形式，将直接影响老年人对课程内容的理解，影响老年教育的成效。如摄影课程的教学，如果不借助小组教学、个别辅导和各种形式的课外教育活动而仅仅通过班级授课制的形式教学，会只停留在理论层面，造成与实践脱节的情况发生，且不利于激发老年人的学习积极性；书画、艺术类教学，如果没有教学展示形式，则教学毫无生机，效果倍减；经络、中医、养生类教学，如果没有实操环节，则学员学不到真知，等等。

(二)采用易于接受的方式，加快老年教育的普及

“一带一路”框架下的老年教育教学组织形式应有利于老年教育的普及。老年教育是每个老年人的教育，不仅要让每个老年人找到适合自己的课程进行学习，还要采用易于老年人接受的教学组织形式。这样的老年教育才能让老年人“乐学、好学、善学”。如在小组教学中开展研讨会形式的学习，就要求小组成员对研讨内容都有一定认识，且水平不悬殊，否则，组员很难产生共鸣。讨论变成“一言堂”，不仅影响教学目的的实现，也影响组员参与学习的积极性。

(三)融入现代理念，提升老年教育的鲜活度

“一带一路”框架下的老年教育教学组织形式应跟上世界发展的步伐。远程老年教育已经在各国老年教育领域得到了一定的普及，但远程老年教育中所使用的技术的更新迭代速度缓慢，与其他教育类型相比还有一定的差距。近年来，上海的远程老年教育一直在发展和完善中，其授课形式已经从原来一节课 50 分钟调整为两段 25 分钟的课，将原来只有老师一人自始至终的讲

授改成了由主持人向专家进行访谈的形式，并配上图画、实景、字幕、音乐、提问、小结、内容贴士等，通过增加教与学的互动来活跃气氛。这样的远程老年教育需要具备网络通信的基础设施，要有一定的计算机操作技术和网络操作技术，是最基本的远程教育。如果采用更灵活的现代新技术，融入新理念，那远程老年教育将发展得更为现代化。目前在其他教育类型中广为流传的慕课等新型在线教育模式，就有值得远程老年教育借鉴之处。

慕课的英文名称是 Massive Open Online Course，直译为大规模开放在线课程。课程的范围不仅覆盖了科技学科，如数学、统计、计算机科学、自然科学和工程学，也包括社会学科和人文学科。目前，中国的慕课数量已达5000门，学习人数突破7000万人次，慕课总量、参与开课学校数量、学习人数均处于世界领先地位，中国已成为世界慕课大国。这类新型在线教育模式，为那些有高度学习自主性的人提供了前所未有的机会和帮助。参与老年教育是老年人的自主选择，这种老年人具备慕课学习者的重要特征——自主学习。与传统远程教育相比，慕课除了视频外，还有两个必要的基本元素：练习、论坛讨论。其先进之处在于会以每周一次的讲授、研讨话题以及阅读建议等提高网络学习的活跃性。同时学习者还可自主参与或成立网上学习小组，或跟附近的同学组成面对面的学习小组，弥补网络学习缺乏沟通的不足。这既发挥了学习者的主动性，也提高了学习的成效。因此，远程老年教育可以吸收、借鉴新型在线教育模式的有益元素以完善自身的教学形式，发展更适合老年人的远程教育。

目前，还有一些地方采用了在线学习与传统的实体学校学习相结合的“混合式学习”模式。这种混合式学习将实体学校的优点与在线学习的优点集于一身，越来越受到关注和欢迎，也为老年教育教学提供了一种新形式，有的老年大学称之为“体验课程”模式。

第四节 "一带一路"框架下老年教育教学的主体

一、各国老年教育教学的主体

老年教育教学的主体泛指直接参与老年教育教学活动的人，包括教育者与受教育者。

在中国，享受老年教育需达到一定的年龄标准。中国法定退休年龄标准为男性60周岁，女性55周岁。老年教育机构一般以此为标准，或在此基础上适当放宽入学最低年龄要求。此外，对性别、民族、国籍、职业背景、学历背景、经济状况和健康状况等都没有要求，是全纳的老年教育。中国老年大学多数没有专职从事老年教育教学的老师，一般由大专院校、普通中等职业学校或专业文化团体中的老师兼职担任，或经考核从能工巧匠中聘请，其中，不仅仅有老年人，也有年轻人。哈尔滨老年人大学是中国为数不多的拥有专职教师的老年大学之一，2017年6月，其专职教师有20人，兼职教师有170人。

中国古代教育家孔子认为教师应该重视自身的学习修养，掌握广博的知识，具有高尚的道德品质，应公正客观地对待学生，并尊重与爱护学生。他还认为教学过程不是单方面的知识传授，而是教学相长的过程。这样的师生观仍影响着如今的师生关系。同时，也常常出现老年学员学有所成，转变为老师的情况。天津市老年人大学积极推行"章鱼式发展"模式，鼓励学有所成的学员，到社区建立校外教学实践基地，组织和辅导社区的中老年人开展学习、健身、娱乐活动，把在学校学到的知识、技能，通过社会课堂得以实践和传播，成为那里的老师。

在美国，老年人只要年满 55 岁，身心健康，没有特别的资格要求就能参与老年教育。老师则需要有一定的知识储备，能帮助学员做学习计划，并指导他们的学习。美国老年教育教学与其社会文化背景密不可分，与其他教育类型存在共通的地方。在美国，老师不是权威者、指导者而是助手、促进者，只作为班级普通的一员参加老年学员的活动，与老年学员平等相处，相互交流思想、感情，营造积极、接纳、无威胁的学习环境，促使老年学员成为真正自我实现的人。在美国老年教育教学中，老年学员是积极主动的一方，老师特别注重师生间的互动，鼓励老年学员发表自己的看法，使老年教育成为师生双方共同学习交流、共同合作的过程。在美国，师生在学业上是指导与被指导的关系，而在社会生活中往往是朋友。

在法国，老年教育机构的招生对象发生过改变。20 世纪七八十年代，老年教育学员年龄在 55 岁到 90 岁之间，平均为 65 岁，主要是退休在家的老年人。到了 20 世纪 90 年代，为了增加老年学员和社会其他人群的接触，老年教育对更广泛的社会公众开放，扩宽了学员类型，将提前退休者、家庭主妇、失业者以及一些残障人士也纳入其中。法国老年教育师资大多是高校的老师。法国老年教育参照高等教育开展，其师生关系也与高等教育的类似。在法国，师生关系很平等，老师为学生服务的观念非常强。法国学生很尊重老师。老师常常与学生进行平等的探讨，鼓励学生与更多的人分享自己的想法。

英国的老年教育分为退休前老年教育和退休后老年教育，因此，临近退休的老年人即可参加老年教育。2011 年，英国教育技能部门对第三年龄大学的学员情况开展一项调查，结果显示学员的平均年龄为 70.6 岁，绝大多数学员处于 60 岁到 80 岁之间，且 74%的学员为女性学员。学员主要来自受教育水平较好的中产阶级，退休前大多有一定的职业，有职业或私人退休金，仅 5%左右的人偶尔工作或没有职业。英国第三年龄大学的教学一般由学员们义务担任，他们无须在某个领域具有很高的学术权威，只要有一定专长就可任教。因此，英国的老年教育是“非正规”的老年教育。大部分情况是由学员本身发展课程及从事教学，“同学教导同学”是其重要特点，一般采用轮流执教、自助学习的模式。第三年龄大学没有老师或者教学者，而称之为课程领导人或课程促进者。上课方式生动活泼，其教学过程主要在于获得学习的乐趣、分享知识等。上课地点一般在教堂，甚至在某位学员的家里。

日本参加老年教育的为60岁以上、身体健康、有学习意愿并愿意日后参与社区活动的人群。日本的老年教育教学，提倡学生多提问并通过合作找到解决问题的途径。日本老年教育一般公开招募师资，由具备专门知识、技术和经验的人担任教师。教师与学生常常互换角色。教师教学形式多样化，教育管理具有自治性，这既能培养老年人多方面的兴趣和才能，也激发了他们参与自身教育的热情，有助于提高他们的自主性与成就感。

二、各国老年教育教学主体的共性分析

每种教育类型的教学主体都有其特点。老年学员和老年教育师资一起，作为老年教育教学主体，也有着诸多共性。

一是老年学员背景多样。就读老年大学一般只有年龄下限的要求。不同学历、不同行业、不同工作、不同语言、不同文化传统、不同人生感悟，甚至不同宗教信仰的老年人都无差别的可以参加老年教育，这使得老年教育机构成为社会的缩影，将天南海北的老年人汇聚在了一起。全世界老年大学的学生还有一个共同的现象，就是女性远远多于男性，一般女性占比均为70%以上。

二是对老年教育教学要求高。老年人对老年教育的期望多元，以非功利性为主，常常是为了满足兴趣爱好、强身健体、学习新知识、广交朋友、享受集体生活、为社会继续贡献等需求，层次丰富的需求，对老年教育教学提出了很高的要求，对教师的要求也很高。

三是重在发挥老年学员的自主性。老年人参加老年教育都是自由意志选

择的结果，是老年人有学习欲望的主动表达，因此，在老年教育教学中，老年人的学习自主性很高。

四是老年教育师资多为兼职教师。各国老年教育机构都有相应的聘用制度或办法，确保进行老年教育教学的教师有一定的教学能力，且具备本课程的专业知识，但是这些教师未经针对性的训练，对老年人的学习特点、需求、目标等了解得不够充分。因此，教师应具备较好的反思能力和较长的岗位适应期。

五是重视引导老年学员对社会的影响力，倡导奉献精神。从各国实践来看，老年教育的初衷是为了满足老年人的精神文化需求，丰富老年人的生活，但老年教育不是“独乐乐”的教育，老年教育也为社会贡献自己的力量，达到与社会其他群体“众乐乐”的境界。正如老年学员们所传诵的：“人生因学习而精彩，世界因奉献而美丽。”

三、“一带一路”对老年教育教学主体的启示

(一)注重师资力量培训，提升老年教育质量

好的师资能提升教育质量，有利于达到教育目的。老年学员社会阅历和课程设置的多样性都要求老年教育师资具备较高的文化水平和教学技能。虽然英国老年教育以“同学教导同学”为特点，较具随意性，但英国老年大学也非常强调教育质量。更多国家的老年教育被定位为有目的、有组织、有计划，且科学化的、全面系统的训练和培养活动，具有统一性、连续性、标准化和制度化的特点，利于有效、有序地开发老年学员的潜力，因此，老年教育需要制度化的师资力量。

老年教育师资的选拔已基本形成一定的标准。一般常常由有其他教育经验的教师授课。培训可以帮助这些教师将原有教学领域的教学经验与老年教育领域更快更好地结合起来，缩短新聘教师的适应期，提升已长期执教教师

的教学水平和能力。老年人的整体状况是发展着的，老年教育教学也应同步发展，对师资进行系统化的培训可以促使老年教育与老年人整体状况更好地契合。同时，老年教育课程越来越丰富且专业，对师资的能力要求也越来越高，因此，开展科学的系统化的师资培训，势在必行。

(二)参考翻转课堂等新模式，激发主体学习新活力

老年人随着年龄的增长，身体机能不免弱化，但思维能力并不必然衰退。人的晶体智力是在知识的学习和技能的掌握中发展起来的智力，到了老年期，它也仍可在相当长时间里保持较高水平甚至继续提高。老年是人生的又一个具有创造潜力的年龄阶段。老年人的潜力可以通过老年教育挖掘和发挥出来。

翻转课堂译自“Flipped Classroom”或“Inverted Classroom”，也可译为“颠倒课堂”，是指重新调整课堂内外的时间，将学习的决定权从教师转移给学生。在这种教学模式下，教师不占用课堂的时间来讲授信息，而更多的是答疑解惑，进行辅导。这要求课前学生能通过自主看视频讲座、查阅资料等方式对所学内容进行预习；课间，学生能够通过提问等方式获得教师的讲解，得到更深层次的理解；课后，学生能够自主规划学习内容、学习节奏、风格和呈现知识的方式，教师则协助学生进行个性化学习，其目标能够让学生通过主动的学习获得更多的学习成果，激发学生的创造力。该模式能够让学习更加灵活、主动，让学生更多地参与教学。翻转课堂在基础教育、高等教育等教育领域得到了人们的普遍关注。

在老年教育教学中引入翻转课堂，虽对老年人的学习提高了要求，但也扩展了老年人发挥创造力的空间，能更好地激发老年人的潜力。可以在具备基础信息技能的老年人群班级中试行，丰富老年教育教学模式，为老年教育教学注入新的活力。

(三)开展国际化交流，试点师生国际交换

“一带一路”对老年教育的重要影响在于促进老年教育的国际化。老年教

育的国际化体现在老年教育教学中，一方面与课程设置分不开，另一方面与教学主体紧密相连。纵观其他教育类型的国际化交流，交换教育是重要的方式之一。

交换教育发端于12世纪初，当时欧洲的国家为促进国与国之间的文化交流，互派学生到对方国家进行学习。随着时代的发展，国际交换生计划逐渐发展成为学生开阔视野、国家间交流文化的方式之一。

老年教育教学领域有开展交换教育的优势。老年人有丰富的生活经验，熟悉本国的风土人情和传统文化，是本国的“活名片”。因此，在老年教育中，开展并实施交换教育，让不同国家的老年教育教学主体间互换学习，可以增进民间交流沟通，利于人们了解彼此国家间的异同，利于世界的和平与稳定。

此外，除了老年学员的交换，还可交换各国老年教育师资，让教本国特色课程的教师跨出国门，成为其他国家老年教育的外教，使其他国家的老年学员有机会领略原汁原味的地道课程，这也是老年教育国际化的途径。

老年教育的交换教育可以借助已有的国际交流网络。例如，截至2019年6月，中国已在155个国家和地区建立539所孔子学院和1129个中小学孔子课堂，形成了较为成熟的向世界各地传播中国文化的平台。与孔子学院、孔子课堂合作，引入老年教育教学，将有力而迅速地建立起老年教育领域的国际交流网络。

第五节 “一带一路”框架下老年教育教学的管理

老年教育课程设置是老年教育教学的内涵的载体；教学组织形式是老年教育教学的实现过程；教学主体是老年教育教学的中心；教学管理则是实现

老年教育教学目的的重要辅助。

一、各国老年教育教学的管理

教学管理是为保证培养规格，促使教学效果达到课程计划、教学大纲和教科书所规定的要求，对教学过程和效果进行指导、控制的活动。各国老年教育教学管理方法不同，但都是为了助力本国老年教育的健康发展。

在中国，单独设置的老年大学是老年教育的重要形式。老年大学普遍重视教学管理，将教学管理视为老年教育教学质量和成效的重要保证。老年大学对教学的管理，建立在师生相互尊重的基础上，主张多方位的民主监督与管理。对教师，通过教学管理人员巡回听课、教师互相听课、办学人员听课等制度及定时召开教师代表、学员代表座谈会，聘请专家组成课程教学质量评估小组等方式对教学各阶段的进展情况进行检查，检查教师是否按照教学大纲上课，学员对教师的授课是否满意等，从而来保证教学质量。对学员，通过出勤率、课堂笔记、作业、学习小结、感想汇报交流、学习成果展示(演)及社会实践等方式来进行教学的考核检查。

目前，中国各地老年大学将老年学员的学习情况换算成一定的学分，存入“学分银行”，作为其参加终身学习的成绩记录。学员达到一定分数，学校为其颁发学习证书或进行其他形式的奖励。学分银行逐渐成为教学管理的主要方式。

美国老年教育质量管理集中体现在对课程的学分制管理上，包括大学院校为老年人提供的学位课程、免学费课程、证书课程、继续教育学分、普通教育证书等的课程等。其他的教学活动，如图书网络、人文兴趣活动、读书会、志愿组织、社区剧场、音乐合唱团体等以教师主导，由教授或专家授课，不留家庭作业，也不对老年学员的学习情况进行评分，没有任何评价制度。学员可根据自己的需要，决定是否学习以及学习多久。

法国自图卢兹老年大学成立之日起，就未对老年学员提出资格或考试方面的要求，也不授予老年学员文凭。随着老年教育机构招生范围不限于老年人，以及政府投入经费的紧缩，老年教育机构通过设置学分课程，鼓励老年学员购买学分课程以增加教学经费的方式进行教学管理。法国老年教育教学管理也倡导奉献精神。如斯特拉斯堡第三年龄大学，鼓励老年学习者除了学习有关课程内容外，还通过积极参与高校医学实验等方式，协助进行老龄化等问题的各类研究。

英国老年教育教学主要依靠民间力量、基金会管理，往往通过成立学习团体、读书会或研究社群进行。课程由团体领导人及学员一起完成，管理层由老年学员投票选出，其教学过程主要在于学习乐趣的获得、知识的分享。学习团体往往对学习参与者有一定的要求，如威尔斯第三年龄大学要求学员自身在教学与活动中充分运用已有的经验、经历、兴趣、爱好，积极投入学习活动中，彼此相互学习；要求参加每月报告会的学员与会期间关闭手机，保证学习的纪律与秩序。学校不做任何类似正规大学的评价——没有考试制度、不授予学位、不颁发文凭或成绩认定书。

日本老年人有机会进行有系统的、较高水平的学习。旨在培训社区活动领导者的长寿学园采用了学分认证制度。学园依据课程学习目的的不同，采取不同的学分制度，同时承认老年学员在其他老年大学及学习机构中修得的学分，对修满一定学分的学员颁发毕业证书，认定其具有地区终身学习指导者的资格，录入当地人力银行。日本鯱城学园有关于升级和毕业的相关认定，即学员出勤率必须达到各个学年应出席天数的三分之二以上，教养讲座和专业讲座的出勤率必须达到三分之二以上，同时学员参与俱乐部活动的具体情况也是影响评价的因素。可见，在日本，评价老年学员的学习情况既要参考老年学员的在校学习情况，也要参考老年学员参与社会活动的情况。

二、各国老年教育教学管理的共性分析

与老年教育教学课程设置、教学组织形式等相比，各国老年教育教学管

理呈现出更大的差异性。如在中国，达到一定的标准能授予老年大学荣誉毕业证书，甚至有学历教育；而英国、法国等，不对老年教育教学进行评价，更不会颁发任何证书。然而，这些差异的存在不影响各国老年教育教学管理有着共通的指导思想。

一是老年教育教学管理重过程轻结果。从各国老年教育教学管理的介绍可以看出，和其他教育类型相比，老年教育教学管理显得较为宽松——没有强制的考试制度，对学习成果的要求不明显，但对学习过程中的纪律或出勤率方面都有一定的要求，这显示出了老年教育重视教学的过程管理大于结果管理的特征。

二是老年教育教学管理重视学习自主性。老年教育与其他教育类型的最大不同在于老年人自愿参与老年教育。自主选择意味着老年人学习有更高的内在驱动力，能自觉积极地参与学习，完成学习任务。老年教育教学管理尊重了老年学员的自主权，没有相关强制制度，从而给予老年人充分的空间进行自我管理。

三是老年教育教学管理是一种服务。在老年教育教学主体高度自主化的前提下，老年教育教学管理的含义已悄然发生变化。教学管理不是简单的登记注册、发放教材、通知到校、安排课时、组织辅导和考试等事务，而更多的是研究老年人的需要，建立完善的支持服务系统，搞好教学环境、提供学习资源、因材施教、指导合作学习。教学管理是因势利导、辅助激励老年人学习的方式。

四是老年教育教学管理凸显老年教育的定位。老年教育没有追求升学率和就业率的负担，是为了满足求知欲的教育。反观其他受到升学压力等影响的教育类型，容易变为应试教育。应试教育以考试为准则，容易扭曲教育的本质属性和基本特征，背离了教育教学的基本规律。老年教育教学过程体现的是教育回归自身、重新定位、寻求自身本质属性和基本特征的过程。

三、“一带一路”对老年教育教学管理的启示

“一带一路”是全球发展的新生动力，在老年教育领域，要求深化各国老年教育间的交流，使本国的优秀管理经验“走出去”，将他国可借鉴的教学管理经验“请进来”，不断更新和完善老年教育教学管理理念，以适应老龄化社会发展的需要。

(一)发挥学员自主能力，是教学管理之基石

老年教育教学管理是为实现老年教育目的而服务的。老年教育教学管理应在研究老年教育教学主体的心理和行为规律的基础上，尊重教学主体的人格独立与个人尊严，增强教学主体对老年教育的归属感，提高老年人的生命和生活质量。教学管理中蕴含着调动老年教育教学主体积极性，发挥老年学员自我管理的管理思想和方法，同时也改变了其他教育类型教学管理依靠刚性执行繁杂规范的方式。

以人为本的教学管理理念的关键在于相信老年教育教学主体的能动性，通过民主管理，激发主体自身的潜力。这种教学管理理念是对传统的教学管理模式的超越。从各国老年教育实践来看，该理念是行之有效的。如老年学员通过民主选举成立“学员委员会”的方式，在实现老年学员自我教育、自我管理、自我服务，体现老年学员自主性的同时，完成教学管理工作。

(二)加强校园文化建设，是教学管理之内涵

在以人为本的教学管理理念的引领下，老年教育运用隐性的管理策略，如在校园文化方面用柔性化的方式进行教学管理。

校园文化是指学校内部经长期发展积淀而形成的集体意识，包括价值观念、办学思想、内化的行为准则等，是学校精神与氛围的集中体现。校园文化的核心内容是群体主导价值观，它集中体现在学校的校风学风中。宽松、

自由、和谐的校园文化氛围，可以使教学主体形成积极向上的人生态度和生活体验，能充分调动教学主体的创造活力。不断沉淀、积累、提炼、完善校园文化，让校园形成民主、平等、尊重、信任、理解的良好环境，利于教学主体发挥潜能，达到教学管理目的。

(三)引导人力资源开发，是教学管理之延伸

老年人在过去的工作、生活中积累的知识、技能、经验，使得老年群体蕴藏着巨大的潜能。老年人通过参与老年教育教学，与社会群体再度紧密联结。进入老年大学，老年人不断增长和更新知识，期待并有能力继续开展一系列的社会活动。

从实践上看，参加老年教育的老年人常常从身边小事做起。这些事情的形式多样，如在校内建立志愿者队伍参与学校各项服务活动，检查食堂环境卫生和食品卫生，组织消防、应急自救知识培训，举行健康知识、医疗咨询的活动；在校外，热心服务社会，在社区老年学校进行各类辅导工作，到图书馆和医院为民服务，等等。这意味着在老年教育教学管理过程中，创造机会，给老年人提供展示自我、奉献社会的平台，引导老年人发挥力所能及的作用，是教学管理功能的延伸。

四、适应“一带一路”，创新老年教育教学管理

(一)及时提升教学管理技术水平，深化校园文化建设

“一带一路”营造着全球合作的氛围，代表着世界各国人民的心愿，有着丰富的内涵，涵盖了社会生活的方方面面。校园文化，是老年教育机构的软实力，是老年教育机构的一张无形“名片”，是老年教育机构的灵魂。可以认为，“一带一路”作为事物发展的宏观理念，影响着校园文化。校园文化具有与“一带一路”一脉相承的特点与目标——符合时代发展潮流，谋求人类命运

的共同发展以及共建美好世界。

形式多样、健康向上、格调高雅的校园文化利于增强老年教育机构的时代感和吸引力。特别是现代化技术与社会生活的广泛融合，促使校园文化在建设中也重视现代技术的运用，盘活校园文化。例如，微信等即时通信工具的出现，开创了新的话语体系，其独有的特点已经深刻地改变了人们的生活。

掌握这些现代技术的老年群体也越来越庞大，老年教育机构的校园文化运行机制也正孕育着根本性的改变，因此，及时、主动地将现代技术融入老年教育的教学管理，与时俱进地改进老年大学校园文化的建设方法，利用即时性传播和生成校园文化的关系网络节点，形成强大的校园文化氛围，将达到传统方法无可比拟的效果。具体可以通过组建微信学习群、经营相关公众号等方式开展教学管理工作。

(二)发展教学管理辅助学习功能，增加老年人力资源

在老年教育教学管理过程中，老年教育机构应协助老年人从社会发展受益者的角色转变为参与社会发展的角色，通过与社区、志愿性团体和各种非营利组织合作，让老年人在退休之后，仍能发挥其潜能和自主性，体现其能力和价值，以提高老年人的自我效能感，使老年人成为现代社会新型人力资源的一部分。

老年教育机构要在尊重老年人意愿的前提下，促进老年人力资源的形成，激发教学管理方法的多样化发展，即要强化教学管理的辅助学习功能。老年教育的前提是老年人的自主性，然而，这并不意味着老年教育就是不分情况的完全放任的学习。特别是对有意向再就业的老年人来说，要避免老年人投入了时间和精力却学无所得，高耗低效的情况发生，就是要通过教学管理对老年学员的学习进行适当的控制与引导。即通过设置适当的考评机制等教学管理方法，来保障老年人学有成效。换言之，发展教学管理辅助学习的功能，对增加老年人力资源大有裨益，是响应“一带一路”号召，开发和增加

老年人力资源储备的应有之措。

把“一带一路”的精髓思想、价值观、精神取向引入老年教育领域，对老年大学教育内涵进行创新和丰富发展，最主要的体现亮点和突破口是在教学方面，因为教学永远是教育的核心。各国的老年教育教学显然是丰富多彩的，内容各异，教学方法各异，教学要求各异，师资各异，学员也各异。但是，各种不同的因素里面，也包含很多共性的东西。而我们就是要通过“一带一路”的视野和思维，通过研究找到这些共性的东西，进行理论升华和实践创新，实现老年教育与“一带一路”的完美对接。

第六章 “一带一路”框架下的老年游学

第一节 老年游学的兴起和意义

一、老年游学的兴起

(一)“游学”一词的源起

“游学”一词，古已有之，非舶来品。《史记·春申君列传》中曰：“游学博闻”，盖谓其因游学所以能博闻也；《北史·樊深传》中亦有“游学于汾晋间，习天文及算历之术”的记载；“读万卷书，行万里路”，更是中国传承至今、家喻户晓的古训。可见，在几千年的漫漫历史长河中，先辈们就已有了游学这项活动。

游学是最为传统的一种学习教育方式。在古代中国的春秋战国时期，孔子率领众弟子周游列国而治学，他让弟子们边走边学，边学边消化，边消化边实践，从而开阔视野，增进学识，培养他们的毅力、品性及世界观。在古代英国贵族男性的成年礼中，游学是很重要的一项活动。拥有着贵族血统的青年要接替父辈成为统治者，需要到各国去结交他们的统治阶级，也需要和各个阶层的人进行交流，增加见识。东西方文化在游学过程中交融汇合，推动了世界文明的发展，游学的脚步从未停歇过。

1.“游学”在古代的含义与作用

游学之于古人，虽意指“远游于异地，从师与求学”，但更多的具有了一种浓厚的政治色彩，而非通常意义上的大众游学旅行。古代学子在科举取士确立以后，大多是为了功名前程而离乡远行，拜访名师。游学一方面是他们通晓经术、拜访名师乃至学而优则仕的一种途径；另一方面也促进了文化的交流。

2.“游学”在现代的含义与现状

现代教育意义上的游学(Study Tour)，是随着20世纪世界和平发展浪潮和经济全球化进程而产生，并逐渐成熟与流行起来的一种国际性跨文化体验式教育模式。学生在游学期间来到国外，入住当地学校或寄宿家庭，学习语言课程，参观当地名校，游览著名景点，在体验多元文化所带来的新鲜感的同时，真正地实践了学和游的结合。正是这样一种生动有趣的学习与游览方式，吸引了越来越多的人加入游学的队伍当中。仅就中国而言，《2018中国国际游学行业发展报告》指出，2017年中国国际游学人数已达86万人次，市场规模达219亿元，并正以20%以上的速度增长。从当前的旅游发展的方向看，人们的旅游观念已慢慢改变，“观光游”的形式式微。人们会更加注重去体验目的地的文化与生活，而“游学”深深契合当今社会这一需求。这就是说，现代真正意义上的“游学”，是在游中学，在游中思，在游中悟；用双脚丈量历史，用双眼探寻文明，用双耳倾听故事，用心去感悟情怀，用大脑去思考差距，用经历和思考装满行囊。

2013 年 7 月，在广州召开的 AIUTA 第 92 届理事会上，弗朗索瓦·维拉斯主席率先提出“老年游学”倡议。“游学不仅要游，也要学。”弗朗索瓦·维拉斯指出：上海老年大学校长的演讲“读万卷书，行万里路”很有见解，正如中国的一句古话所说“活到老，学到老”，老年人在晚年生活中也应保持年轻的心态，不断去汲取知识和文化的营养。伴随着“老年游学”的提出，老年游学的风潮正在全球兴起。

(二)老年游学兴起的原因

对于老年游学的兴起，以下四方面因素起到了促进作用。

第一，人类文明发展与进步的趋势。伴随着人类文明的发展与进步，全球老年人口的数量不断增长，老年化的浪潮正悄悄地席卷世界各国。联合国人口署发布的 2017 年版《世界人口展望》报告显示，全球 60 岁及以上人口约 9.62 亿，且未来还有继续增加的趋势。中国是世界人口第一大国，也是人口老龄化日益严重的国家，截至 2017 年年底，中国 60 岁以上老年人口已达 2.41 亿，是世界上唯一一个老年人口超过两亿的国家。老年人越多，参与游学的人口基数越大。

第二，老年人自身条件的改变。社会经济的发展，使得老年人的可支配收入逐年提高、闲暇时间增多、身体健康状况改善，而这些因素刺激了越来越多的老年人希望走出去看看，老年人对旅游的需求不断增长。中国已进入大众化旅游时代，以赴澳洲旅游为例，2017 年已达 143 万人次，而其中有很大部分是老年人。老年人群体已不满足于饱览祖国的大好河山，走出国门，走近国际化游学进程，参与国际化活动，体验异国他乡的风土人情，越来越得到他们的青睐。

第三，终身学习、“老有所为”思想的影响。尽管大多数老年人不再涉及就业问题，但他们还是希望通过不断的学习充电，与社会发展保持同步，实现自身的价值。1973 年，皮埃尔·维勒斯教授在法国图卢兹大学创办了世界上第一所第三年龄大学(老年大学)，以此为始点，越来越多的老年大学在世界各处生根发芽，而参加老年大学的人数也在不断增长，据估计，全世界老年大学在校老年学生有2000多万。除了就读老年大学，还有更多的老年人为了提高晚年的生活质量和品位，通过各种非正规和非正式的学习方式，践行着终身学习的思想。参与老年教育的老年人最易萌发游学冲动和激情。

第四，传统养老模式与养老方式的拓展优化。老年游学提供的是一种新型的、切合市场需求的养老模式与养老体验。以往人们习惯于在家养老，每天闲暇时浇浇花、散散步，快到饭点做好饭等儿孙一起享用，其乐融融。但是，传统养老却逐渐难以满足人们对美好生活的需求。随着时代的发展，老年人也越来越爱“折腾”了，似乎并不“安分”于在家安度晚年，“旅游＋养老”亦渐渐兴起，成为一种新型养老方式，为老年人提供了一种高品质的休闲养老体验。老年游学更是将“旅游＋养老”进一步优化为“旅游＋养老＋学习”。这一养老模式不单是享受型的，更可提供一种感受、一种全新的人生体验。国内游学饱览祖国大美河山，感受各地风土人情；国外游学更能学习体验各式文化，拥抱国际化的大潮。

二、老年游学的形式与内容

老年游学在形式和内容上与年轻人游学有着不同之处。其形式多种多样，内容丰富多彩，主要表现在以下方面。

(一)语言学习之旅

学会一门或几门外语，是很多人美好的梦想。年轻时或因为工作繁忙，或因为其他原因留下的遗憾，退休之后终于有时间和精力进行弥补。因此，许多老年人参与游学的一大动机就是为了学习外语。

(二)自然景观之旅

国际游学最吸引老年人的其实是游览各国山川江海。老年人流连于自然美景中，在融入大自然的过程中强身健体，同时学到不少新的东西。

(三)人文博物之旅

对于更青睐于在游学过程中获得人文体验的老年人来说，欣赏各地有文化积淀的博物馆是很愉悦的。欧洲大陆上特点鲜明、收藏丰富的博物馆是非常适宜的去处。其中首推法国巴黎的卢浮宫和英国伦敦的大英博物馆。

(四)历史古迹之旅

要探寻一个国家的历史，多数人会想到从它的首都开始，从它的远古历史遗迹开始，老年人也不例外。参观历史古迹不亚于读一部百科全书。

三、老年游学兴起的意义

老年游学兴起具有以下方面的重要意义。

第一，老年游学的兴起是老年人对人生价值的又一次勇敢追求。在游学的过程中，老年人继续追逐年轻时未完成的梦想，充实自己的人生，为自身注入新的活力。游学的经历将为老年人的人生旅途增添一笔宝贵的无形财富。到外地亲身体验风土人情，接受不同地域文化氛围的熏陶，不仅可以增加阅历和见识，更可以体验到一种与日常生活完全不同的生活方式。对中老年群体来说游学同样是收获快乐获得“成长”的过程。游学走向远方，远方既是外面的世界，也是未来的世界，更是老年人心中的世界。

第二，老年游学的兴起有利于利用老年群体的宝贵“资源”。有人认为，人要是退休了，就没有用了，有的老人也“自暴自弃”。其实，这种想法早已不合时宜。老年游学不仅能够形成一种文化现象，为有才华、有技能的老年人搭建平台，使其知识、才华为社会所用，而且使得老年人自身具有成就感、获得感，从而使其幸福指数倍增；还有利于中国传统文化的传承。

第三，老年游学的兴起有利于提升老年群体的身心健康。老年人通过游学不仅能够领略异地的自然风光，体味风俗民情，唤起历史记忆，还能够开阔胸襟，陶冶性情，强身健体，增添对生活的情趣。越来越多的老年人在游历了祖国大好河山后，向往能够走出国门，体验感受异国风情，品尝外国美食。老年游学的出现，不仅能够为他们开启一种全新的生活方式和人生体验，而且还能够不断提高他们的生活质量，使他们祛病强身，延年益寿。

第四，老年游学的兴起有助于养老产业的发展与进步。老龄社会养老难题已经不仅是一个家庭的问题，而且是一个社会的问题，是各个国家都正在或即将面对的一大难题。老年群体对于高品质养老方式的需求越来越大，而现实却是老年服务还不能完全跟上：市场上不仅缺少规范务实的管理公司，缺乏专业细致的护理人员，而且缺少"旅游＋养老＋学习""三位一体"满足现代老年人精神文化需求的组织机构。老年游学的兴起，符合时代发展的潮流，将会吸引社会资本对养老市场及老年游学市场投入更多的关注。老年游学将作为未来养老模式的全新发展方向和优秀样本典范，促进整个养老产业的升级与发展。

第五，老年游学的兴起有助于"一带一路"建设的有效推进。文化融通是"一带一路"的灵魂，民心相通是"一带一路"的基础和前提，老年游学对这两方面有非常重要的作用。随着"一带一路"建设的不断推进，我国不仅与"一带一路"沿线国家友好往来增加，相互支持力度加大，而且公民的旅游规模也不断加大。据有关部门调查，目前旅游群体中所占比例最大的是中老年人。因为这一群体中多数不仅具有独立的经济能力，而且具有较为充足的时间，他们多出生于 20 世纪五六十年代，喜欢群体游。他们不仅是去海滨沙滩享受大自然，不仅是去购物，尽情享受人生的美好生活，不仅是追求旅游品质，展现自我才华，而且是到"一带一路"沿线各国进行思想文化交流、艺术交流、学术交流、成果合作。因此，老年游学的兴起有助于"一带一路"建设的文化融通和民心相通，客观上助力"一带一路"向纵深发展。

第六，老年游学的兴起有助于学习型社会的建立。随着人口老龄化的持续发展，老年人占比越来越大，老年人的学习状况不仅是自身修养的体现，同时也决定着学习型社会的建设。老年游学的兴起有助于老年人在体验、感悟中自觉提高自身的素质，这非常有助于建立学习型社会。

老年游学拓展了传统的养老方式，丰富了老年人的生活。老年游学的发展与普及，有助于促进和提升世界老年人口的生活品质与精神状态。相信从现在起到未来，老年游学这项活动无论在形式内容的多样性上还是在文化内涵的深刻性上，都会得到进一步发展。老年游学将成为越来越受广大老年朋友欢迎的一种健康、积极、更有意义的养老方式。

第二节　老年游学与老年大学

一、老年游学与老年大学的关系

老年游学作为一种全新的养老模式，恰到好处地把“学”与“游”结合到了一起，为人们的老年生活带来不一样的新的幸福体验。

狭义的游学指的是学员去外地学校一边学习课程，一边游览风景名胜，主要依托于当地学校来展开活动。同样，对于老年游学而言，其活动展开依赖于当地的老年大学及相关老年教育机构。从某种角度来看，老年游学是伴随老年大学的发展而衍生出来的一种新颖的教学方式，二者是相互促进的。老年人选择老年大学的一大初衷，是想利用这一平台学习一些新的知识或者一门技艺，但伴随着老年人口的增多，老年大学的办学规模越来越大，不同老年人的自身需求也越来越多样化，仅仅在校园里学习已经很难满足老年人的学习需求。因此，各地老年大学都希望将老年游学这个活动，打造为老年人学习交友的一个全新的平台。老年学员可以通过游览祖国的大好河山、世界各地的绚烂风景来愉悦身心；可以通过学习新的知识、新的技能来开阔眼界，并利用所学所得服务社会，提高社会参与感。游学是一种非常好的教学形式。

老年游学由来已久，但逐渐形成一种世界现象，则是近年的事。现在世界各国老年大学都把游学列为教育新模式。游学不仅是一种个人享受，而且是一种人生的体验。到各地去亲身体验、接受不同地域文化氛围的熏陶，可为老年人的人生旅途增添一种精神享受，可以增加老年人的阅历和见识，丰富老年人的内心世界。

可见，老年游学作为一种全新的教学方式，为老年大学的发展注入了新的活力；同时，老年大学的实践与探索，有助于规范和普及老年游学，为老年游学产业以后的发展奠定基础。二者共同发展，相得益彰。

二、老年大学组织游学状况及优势

(一)老年大学组织游学状况

在老年游学繁荣发展的过程中，老年大学正逐渐成为老年游学的主要载体。据不完全统计，依托于老年大学的游学与对外交流访问活动，呈逐年递增趋势，以国内老年大学为例，2013—2017 年，互联网上可查阅的有组织的活动次数分别为 9 次、12 次、14 次、17 次、23 次，涉及的国家和地区有澳大利亚、美国、新加坡和中国台湾等。

老年大学作为一个平台，既鼓励学员走出去，去别的国家、地区参观学习，也特别希望将世界各国的老年朋友请进来，欢迎他们前来中国进行游学交流。

2017 年，广州老年大学组织了由 27 位学员组成的游学团，赴西班牙赫里卡老年大学进行了为期 10 天的游学交流活动，与赫里卡老年大学师生进行了文化、艺术等多方面的交流。游学团中的瑜伽队受邀在赫里卡市政厅演出艺术瑜伽舞蹈《梁祝》。游学团中的摄影班学员，拍下了面朝美洲大陆方向的哥伦布雕像。塞万提斯，这位西班牙文学殿堂里的世界级人物的影响力无处不在，游学团的文学爱好者寻找了堂吉诃德的"风车村"。"文化体验"使游学团真切地感受到：纸上得来终觉浅，切身感受获真知。

总之，游学并不是简单的旅游，而是将学习和旅游结合了起来。正如中国老年大学协会国际联络部主任王友农在国际老年大学协会第101届理事会上明确的那样：目前世界各地老年大学的游学活动发展成效很好，已逐渐成为第二、第三课堂之外的第四课堂。

AIUTA非常注重老年游学。2013年5月，在广州召开的AIUTA国际研讨会上，维拉斯主席提出要将老年游学作为发展老年教育的一个重要方面。AIUTA在葡萄牙亚速尔群岛建立了一个老年游学的世界观测平台，由桑托斯教授主办。多年来AIUTA也发表过不少关于老年游学的研究成果，特别是最近AIUTA提出来，要侧重于研究老年游学的原始动机，即老年人游学的深层原因。另外，AIUTA提出要侧重于研究将新技术与老年游学结合起来的问题。因为现在老年人生活在一个信息化的世界、高技术的世界，所以他们在游学中不是简单地观看一下，拍几张照片，而是要将新技术的一些手法、手段应用于游学过程，提高游学的文化层次。AIUTA现在在西班牙和突尼斯也分别建有世界老年游学的基地，AIUTA也非常关注中国老年大学的游学，希望能跟中国老年大学协会合作，开展国际的游学活动。事实上我们现在已经在这方面做出了成就。比如说山东老年大学、广州老年大学、长春老年大学、景德镇老年大学、上海老年大学都分别开展了迈出国门与他国老年大学一起合作的游学活动。

(二)老年大学成为老年游学主要载体的优势

老年大学成为老年游学的主要载体有以下优势。

第一，老年大学具备组织老年游学的基础条件。老年大学在世界范围内有着广泛的分布和庞大的学员数量，这为老年大学成为老年游学的主要载体提供了人员与硬件基础。在国际上，全球有170多个国家和地区设有老年大学，尤其是在较早步入老龄化社会的发达国家，如法国、瑞典、美国等，老年大学的数量和参与人数比例都十分可观。在中国，老年大学的办学规模为世界之最。截至2019年1月，我国共有6.2万所老年大学，其中万人以上规模的老年大学有40多所；总计在校学员数为1300万人(含远程教育学员)。老年大学在中国已逐渐形成了一个基本覆盖各省、市、地区，全方位、多层次、多学科、多功能和开放式的网络体系，其社会影响力不断提升。

第二，老年大学具备组织老年游学的外在条件。各国政府、社会各界对老年教育和老年大学的大力支持，为老年大学成为老年游学的主要载体提供了物质保障与政策指引。在国际上，老年大学得到了教育机构、社会福利机构、慈善团体及个人的大力支持；在中国，政府将老年大学教育定位为一项民生工程，是政府为人民提供的一项基本公共服务。因而中国政府对老年大学的支持力度和资源投入是世界最大的，老年大学的办学条件总体上也优于世界水平。2016年10月国务院办公厅印发的《老年教育发展规划(2016—2020年)》，是我国历史上第一个专门为老年教育制定并颁布的国家专项规划，正体现出了国家对老年大学和老年教育的政策支持。

第三，老年大学积累了组织老年游学的经验。老年大学在老年游学方面的宝贵经验和不断探索，以及在课程设置与活动安排上的专业性和规范性，为老年大学成为老年游学的主要载体提供了权威性和科学性保障。从1973年世界上第一所老年大学创办至今，老年大学已走过四十余载时光，其在不断实践和探索的过程中沉淀了对于老年教育的丰富经验和宝贵成果。在国际上，各国老年大学都开设了种类丰富的课程，语言、绘画、摄影、手工制作、音乐欣赏等课程在世界各地的老年大学里广泛存在。在活动组织安排方面，老年大学同样经验丰富。中国老年大学有着数量庞大和内涵丰富的课程，各种专业近400门，涵盖人文、历史、哲学、科学、艺术等多个领域，其中哈尔滨老年人大学(168门)、上海老年大学(150门)开设的课程最多。

特别是书画类、养生保健类、文艺表演类课程，深受中国老年人的欢迎，在国内开展得尤为蓬勃并在世界范围内具有较高水平。另外，诸如太极、中医、京剧等富有中国文化特色的课程，以及计算机操作、图像编辑、摄影摄像等实用性课程，同样体现出了老年大学在课程设置和活动安排上的专业性和前瞻性。老年大学课程量大、内涵丰富，为开展老年游学提供了最好的精神食粮。

第四，各国各地老年大学游学早已起步。目前，国际老年大学协会已在130多个国家和地区拥有会员学校，各个学校相互之间的国际交流与访问在游学模式下日益频繁，如2013年澳大利亚布里斯班老年大学学员参加了由中国南京金陵老年大学举办的“中华文化班”，同年新加坡快乐学堂学员来到太原市老年大学进行交流考察。同时，跨区域合作也越来越得到加强和深化，如山东烟台天马维拉斯老年大学已与包括法国图卢兹老年大学、澳大利亚图文巴老年大学、意大利里雅斯特老年大学等在内的16个国家的老年大学达成了游学合作协议。此外，国际老年大学协会每年举行两次理事会审议协会当前的相关事宜及未来的工作计划，同时针对特定主题举行国际研讨会，每次理事会及国际研讨会的举办，都会吸引各国老年大学代表和专家学者出席，无疑为各国老年大学的交流研讨和游学提供了一个便捷的平台。在国内，老年大学一直在努力推动跨地区校际的异地游学合作，目标是老年学员可以选择到各地老年大学，去体验当地的风土人情，学习当地最有特色的文化和课程，如天马维拉斯老年大学已与淄博、济宁、威海等六地的老年大学达成了游学合作协议。

三、老年大学的未来展望

游学为老年群体提供了学习知识的平台和探索世界的途径，能够满足他们更高层次的学习需求和精神需求。中国老年大学十分重视发展老年游学这一新颖的教学手段。中国老年大学协会于2018年5月成立了游学部，其对游学的重视程度可见一斑。在探索和发展老年游学活动上，老年大学一直以来精耕细作、与时俱进。凭借着庞大的办学规模、政策的大力支持、课程设置和活动安排的科学性与专业性，以及各校之间良好的交流与合作，老年大学在老年游学发展的道路上始终走在前列。我们有理由相信，在未来，老年大学依然会扮演该领域领头羊和风向标的角色。

老年大学，只是老年朋友游学世界的一个起点或驿站，我们更愿意看到的是，有更多的老年人从这里出发，在追寻和实现人生价值的旅程中，收获更多的快乐，度过一个充满活力且色彩缤纷的晚年。

第三节　老年游学融入"一带一路"大局

"一带一路"与老年游学可以说都是新理念、新趋势。"一带一路"实施范围涵盖大半个世界，关乎世界前途，老年游学则是世界老年人生活的一种新模式。在全球老龄化背景下，蓬勃兴起的老年游学必将融入"一带一路"伟大格局。

一、老年游学融入"一带一路"的可行性

老年游学被纳入老年教育，并迅速成为老年教育的一种新形式。老年游学之所以能融入"一带一路"大局，是因为老年游学具有融入"一带一路"大局的可行性。

第一，"一带一路"倡议中包括老年游学的内容。如前所述，老年游学是指老年学员主要依托于当地学校去外地或国外一边学习课程，一边游览风景名胜。即老年游学是学习与旅游兼而有之。在"一带一路"框架下，老年游学是一种极具发展潜力的产业和事业，重视并办好"一带一路"框架下的老年游

学，既可以不断满足老年人对美好生活的需要，又可以有力促进各国人民的人文交流与文明互鉴，同时促进沿线地区的旅游等第三产业的发展，让各国人民相逢相知，互信互敬，共享和谐，安宁生活。上述这些内容恰恰是中国政府为推进实施"一带一路"重大倡议制定并发布的《推动共建丝绸之路经济带和21世纪海上丝绸之路的愿景与行动》(本章以下简称《愿景与行动》)中的主要内容。《愿景与行动》明确规定："民心相通是'一带一路'建设的社会根基。传承和弘扬丝绸之路友好合作精神，广泛开展文化交流、学术往来、人才交流合作、媒体合作、青年和妇女交往、志愿者服务等，为深化双多边合作奠定坚实的民意基础。"也就是说，老年游学热潮与"一带一路"所倡导的理念息息相通，并可以为"一带一路"建设增添美丽风景。"一带一路"倡导民心相通、文化相融。而游学刚好是实现这两通的一种新方法。老年人相互游学，可以促进文化习俗相融，促进相互了解增进互重，同时也可以促进两个国家或者两个地区老年人的民心相通、情感相融。在老年大学组织的游学实例中，大家虽然很多是首次见面，但是都感觉到大家仿佛都是亲人，世界就是一个大家庭。可见，游学已经展示出它在沟通民心、相融文化方面的巨大潜力。虽然"一带一路"主要侧重于经贸方面，但是在老龄化的背景下，老年教育特别是游学这种模式，可以充分体现"一带一路"里面的"五通"，并为其提供一些有利元素。因此从"一带一路"的战略高度来看，开展老年游学不是一种简单消费，而是老年教育发挥其社会功能的一个方面。同时，老年游学是游中学，也就是说带有"旅游"的性质，而加强旅游合作，扩大旅游规模，互办旅游推广周宣传月等活动，联合打造具有丝绸之路特色的国际精品旅游线路和旅游产品，正是《愿景与行动》的内容。

第二，"一带一路"的实施为老年游学奠定了基础。随着"一带一路"建设的不断推进，我国不仅与"一带一路"沿线国家建立了友好往来、相互支持的关系，共同构建人类命运共同体，而且还给予沿线一些国家更多的人力、物力、财力支持，特别是我国在"一带一路"沿线国家帮助兴建水电、道路、桥梁、港口等基础设施，为当地社会发展打下基础，也为交通条件的改善奠定基础，相应地也为老年游学提供了便利。如由中国援建的一座连接马尔代夫的马累岛和机场岛之间的跨海大桥——中马友谊大桥于2018年8月30日开通，这座友谊大桥的建成极大地促进了当地旅游业及老年游学的发展。

二、老年游学融入"一带一路"的路径选择

其实，老年游学融入"一带一路"的路径就是《愿景与行动》与老年游学相关内容结合的具体化，主要有以下方面。

(一)促进投资和消费

"一带一路"的互联互通项目将推动沿线各国发展战略的对接，既能促进投资，也能促进消费。老年游学跟投资取向关联不大，但跟消费刺激和消费额提高有很大关系。大量的老年游学活动给"一带一路"沿线国家带来大量商机和发展动力，这是不可忽视的。

(二)加强人文交流与文明互鉴

"一带一路"框架下的老年游学，无论是"学"还是"游"都是交流的方式。如新加坡快乐学堂游学团一行73人曾到西安老年大学进行学习交流。活动为期4天，西安老年大学安排了西安历史文化、秧歌、鄠邑区农民画和保健按摩等课程的教学以及书法、国画、钢琴、电子琴、葫芦丝、单簧管、乐理、声乐、舞蹈、时装模特表演、太极拳11门课程的学习体验和互动。游学团的学员们被中国文化艺术的魅力深深吸引。另外，中国老年游学团到国外，也是对国外文明的鉴赏。如在新加坡、德国等国家，中国老年游学团就看不到开车闯红灯或汽车不让行人的现象。这让每位身临其境的人很容易感受到那就是一种文明，值得我们借鉴学习。而当在新加坡的商场、饮食服务业看到一些已经年过花甲的老人仍在工作，而且还不是个例时，很多中国老

年学员都很有感触。事实说明：老年游学可以使参与者感悟很深，各国的文明可以由此得到相互借鉴。

(三)加大老年学术往来的力度

现代老人与以往不同的是知识、文化水平已经显著提高。近年来，随着我国老年教育的蓬勃发展和办学水平的提高，老年游学已经注入了很重的学术交流因素。在“一带一路”框架下，老年游学的社会功能重在促进文化融通，学术交流必然蕴含其中。目前“一带一路”框架下老年游学的学术交流活动举办的还不多，层次不高，亟须进一步加大分量和提升水平。

(四)搭建全方位国际老年游学平台

老年游学具有“旅游”的性质。2018 年 5 月首届世界老年旅游大会在中国烟台召开，世界老年旅游游学联合会成立。目前，老年游学要融入“一带一路”大局离不开相应的机构设置和人员配备，否则就是空谈。现在，各老年大学机构设置中缺少旅游方面的硬件设施及人员配备，而各旅游公司现有的旅游产品又不一定适合老年人，而且更为重要的是缺少文化内涵和学习因素。因此，使老年大学打造为老年游学的家园是最佳选择。为适应“一带一路”建设的需要，使老年游学融入“一带一路”大局，当前应进行资源整合，尽快使老年大学具备和优化承担老年游学活动的条件。如增设老年旅游研究网络平台，设立老年大学及旅游从业人员教育中心和老年旅游学习研究中心、国际老年旅游观测站、老年文化艺术国际推广中心、老年健康中心、老年饮食研究中心、国际市场部、国际老年会议及展览中心等分支机构，真正搭建起一个全方位、多功能的国际老年旅游、游学交流、展示、合作的平台。

第四节 “一带一路”框架下老年游学的现状和对策

一、“一带一路”框架下老年游学的现状和问题

自古以来，受“含饴弄孙”乐享天伦观念的影响，中国的老年人很少走出家门去旅游，更不会去“游学”。近些年，越来越多的老年人不再安于“含饴弄孙”之乐，转而追求“游山玩水”之趣。尤其是随着老年人口的增加，老年游学队伍在不断壮大。

“一带一路”框架下的老年游学是已经开发的老年教育新形式，尤其是近年来我国老年大学与其他国家进行的国际交流活动，为“一带一路”框架下的老年游学的开展奠定了基础。然而，“一带一路”框架下的老年游学受主客观条件的限制，还有以下问题要解决。

(一)老年游学教育资源供给不足

中国老年教育现已成为世界上规模最大的第三年龄教育。然而即便如此，面对总数已超 2 亿的老年人，各地老年大学“一座难求”的现象至今没有解决。我国开办老年游学教育的老年大学还相对较少，教育覆盖面较低。老年游学是老年大学、老年教育形式的创新，老年教育的供给不足，导致老年游学动力不足、资源欠缺、发展受阻。

(二)地域上偏重于东南亚、东亚地区

“一带一路”沿线有 60 多个国家和地区，但近年来我国开展老年游学活

动却集中在东亚和东南亚地区。据统计，约占总数50%的老年游学交流活动是在东南亚区域内开展的。这一方面是由于地理位置相近，出行便利、费用相对较低等；另一方面，东南亚范围内的国家和地区在历史、风俗、人文、语言等方面有着很多相近或相通之处，这为地区内的老年大学开展交流合作活动提供了便利。如新加坡快乐学堂等多所老年学校经常与中国各地的老年大学进行交流合作活动，并进行互访。在东亚地区，韩国、日本的老年学校与中国老年大学的交流也非常频密。近年来，像韩国龙仁老人大学、日本大阪府高龄者大学等老年学校也与中国各地的老年大学进行过交流合作活动。由此可见，近年来老年游学活动的开展从地域方面看并不普遍，针对欧洲、非洲的老年游学开展得很少，即便是亚洲的国家有的也几乎没有交流。据调查，相当一部分受到高等教育的老年人都有去欧洲游学的想法。有些老人为达到此目的，早已跟旅游团去欧洲进行旅游。老年游学在地域方面还有局限性。

(三)老年游学对"学"的定位尚不清晰

"游学"主要是指离开自己熟悉的环境，到另一个全新的环境里进行学习和游玩，既不是单纯地旅游，也不是简单地学，而是在学习之中潜移默化地体验人生，在体验当中学习。也就是说，"游"和"学"相互依存，紧密结合才是有效的、有益的。目前，各地老年大学组织的老年游学，往往注重"游"，而忽略了准确定位"学"的内涵。

(四)老年游学形式过于单一

近年来我国开展的老年游学活动形式单一，往往侧重于参观互访和文艺表演。参观互访是近年来中国老年大学游学活动的主要形式之一。其多表现在友好访问，考察办学场地、设施、课堂情况等活动。当然，这与中国老年大学开展对外交流活动的时间不长，与国外学校和团体的接触仍处在尝试阶段有直接关系，这种方式有利于快速加深彼此的了解和发掘彼此的优秀特色，但难以达到老年游学的最终目的，难以满足老年群体的精神需求。此外，文艺演出是中国老年大学在老年游学中经常采用的形式。这固然因为文艺表演具有较强的娱乐性和亲和性，有利于活跃气氛和增进友谊，同时也是因为歌舞器乐等表演性项目在中国老年大学课程中占较大比例。很多老年大学不仅将其作为打开局面的重点课程，也将其作为对外交流的保留节目和重点内容。然而参观互访、唱歌跳舞已经远远满足不了21世纪老年人的精神文化需求，这一群体中有相当一部分人喜欢美食、喜欢养生，还有相当一部分人喜欢育儿教育，甚至喜欢历史、古迹、文学、哲理等。如果我们在老年游学时增加与上述内容相关的学习交流形式，那么老年游学活动会更受到老年人的喜爱。

(五)老年游学“走出去”与“请进来”的比例不均衡

老年游学交流活动明显存在着“来”与“往”的比例不均衡问题。据有关部门统计，近年来在中国老年大学的对外交流活动中，属于“走出去”的不足20%，而属于对方主动联系或“请进来”的则超过80%。中国老年大学的这一数据足以反映出老年游学的状况。导致这种局面的原因有多种。第一，从起步时间看，国外老年游学起步时间早于我国。第二，国外子女成年后其父母在经济上一般不再进行帮助，老人也都早早开始安排自己的生活，有充足的时间和较强的经济实力。第三，语言方面障碍相对较小。英语是世界上使用最广泛的语言，即使到了我国，一些来自英语国家的老年人与我们在生活方面进行交流困难也不大。第四，出访渠道不同。国外老年游学以学校或以某一项主题进行交流或在某一方面开展合作的居多，因此，“来”的比较容易，而国内老年大学在游学办理过程中都是经过学校所在地政府及其外事部门的牵线组织的，如长春老年大学、西安老年大学的国际交流活动就是如此。这是造成老年游学“来”与“往”比例不均衡的一个重要原因。

二、“一带一路”框架下老年游学的对策建议

现代老年游学的兴起是人口老龄化带来的，涉及老年教育与旅游两大领域。而“一带一路”框架下老年游学又与一般老年游学有所不同。针对目前“一带一路”框架下老年游学的不足之处，老年大学亟须采取行之有效的措施，以利于“一带一路”框架下老年游学活动的开展，达到“游”“学”“养”相结合的目的，进一步促进老年教育事业及旅游产业的发展。

(一)挖掘老年游学的教育资源

由于人口老龄化趋势加重，以老年旅游、休闲及健康产业为代表的老年产业势必获得巨大的发展契机，老年人也应被给予更多的人文关怀。各级政府及社会各界应进一步提高对“一带一路”框架下老年游学问题的关注和支持程度，这不仅是推进“一带一路”建设的需要，建设学习型社会的需要，也是构建人类命运共同体的需要。目前，针对老年游学教育资源供给不足的问题，应该发动社会各界，提供各种资源，尤其是具备条件的机构，应将现有的资源向此方面进行倾斜。据《法制晚报》报道，北京老年大学将覆盖16区的职业院校，增加养老服务专业。如前所述，目前各地老年大学是承办老年游学的主要机构，如果各职业院校增加养老服务专业，那有条件的职业院校开展老年游学相关方面的教育也具有可行性。这样一方面能减少老年大学不足的困难；另一方面也能为职业院校学生提供更多的实践机会，目的是更好地满足老年人的需要，把老年游学问题解决好。

(二)拓展“一带一路”老年游学区域

21世纪海上丝绸之路串起连通东盟、南亚、西亚、北非、欧洲等各大经济板块的市场链，发展面向南海、太平洋和印度洋的战略合作经济带。相应的，老年游学应从游学活动最为频繁的东亚和东南亚地区向更多国家和地区

拓展。而且原有东亚和东南亚的一些没有老年人游学涉足的地区也可以考虑。如老挝"金三角"就是一个有待开发的老年游学之地，2010 年经老挝政府批准已正式成立老挝"金三角经济特区"。"金三角经济特区"巨大的发展潜力已被其他国家所重视，我国社会各界也先后组织一些学者前去考察。另外，非洲各国也是"一带一路"关联国家，目前在仅有的 20 多次有记录的老年游学活动中，去非洲进行老年游学是空白。2018 年 9 月，中非合作论坛北京峰会开幕式在人民大会堂举行。中国国家主席习近平宣布，中国愿以打造新时代更加紧密的中非命运共同体为指引，推进中非"十大合作计划"，重点实施"八大行动"，中国决定设立中国非洲研究院，支持非洲国家加入丝绸之路国际剧院、博物馆、艺术节等联盟，打造中非媒体合作网络，继续推动中非互设文化中心，支持非洲符合条件的教育机构申办孔子学院，支持更多非洲国家成为中国公民组团出境旅游目的地。老年游学与实施上述人文交流行动密切相关。以支持非洲国家加入丝绸之路艺术节为例，我们完全可以组织我国的老年艺术团与非洲国家老年艺术团进行交流学习。

(三)丰富老年游学"学"的内涵

老年游学的"学"与一般中小学生的"学"不同。确切地说，老年游学的"学"是创造性地学，或者说是使用，而不是被动地接受。既然"读书是学习，使用也是学习，而且是更重要的学习"；那么，我们就发挥老年人的优势，从"使用"方面着手，深入研究"使用"的方法。其实，多数老年人都有一定的特长，有的还身怀绝技。如果我们在老年游学活动中，为有一定特长的老人提供表演机会，不仅会使老人产生一种成就感和自豪感，而且也会使游学收到意想不到的效果。学习和展示融合了，内容丰富了，其"学"的层次相对就提高了。还有，多设计安排一些讨论、商榷式的学习也很重要，这可以大大激发游学者"学"的兴趣和热情。

(四)加强老年游学服务机构和人才队伍建设

参加老年游学活动，追求游学的养老生活方式是老年人的权利。老年游学的组织、运作，需要有能够胜任相应工作的人员提供专业服务。特别是“一带一路”启动以来，老年游学成为热潮，更是需要社会提供老年游学的公共产品，这种产品需要人才支撑。但从目前看，整个老龄事业和产业人才队伍建设远远不能满足现实生活的需要，老年大学工作者队伍建设尚存不少问题，基于老年大学的游学管理队伍建设更是滞后。因此，应加强人才队伍建设规划和投入，加强队伍培训，加强人员调整充实，以便为老年教育和依托其中的老年游学发展提供强有力的人才保障。

(五)营造老年游学的良好氛围

随着“一带一路”建设的推进，我国与“一带一路”沿线国家基本上都建立了友好往来关系。中国公民出国的限制越来越少，“走出去”的障碍基本消除，而经济水平的大幅提升又支撑了中国人出国行动，老年游学大量涌现的社会条件基本具备。社会舆论、大多数家庭对老年游学持正面评价。但是，仍有一些问题需要通过环境、氛围的营造来解决。一是在老年游学问题上顾忌太多怕担责任的言行。对此我们要树立勇于担当的责任心，把全心全意为人民服务的宗旨贯彻到老年游学工作中。二是怕出事，有无过即可的思想。对此我们要依靠法律和社会道德提供游学相关优质服务，厘清游学活动各方的法律责任，做好各项安全防范措施。三是正面宣传有待改善。对此我们的新闻媒介不应乐于纠结老年游学的个别不文明现象，而要客观报道老年游学丰富多彩的过程和良好的效果。四是要提升老年游学的现代信息技术应用。对此老年大学有责任进行相关研究，并改善游学前期的相关教学。

第七章 “一带一路”框架下老年教育的理论研究

“一带一路”倡议架起了世界经济、政治、文化交流的桥梁。“一带一路”所提出的诸多理念和举措，为我国老年教育理论研究指明了方向，给出了具体方略。老年教育理论研究同样应以共商、共建、共享为原则。“丝绸之路”精神，即和平合作、开放包容、互学互鉴、互利共赢精神，与老年教育理论研究的对外开放与合作所秉持的精神高度契合。我们可借助既有的、行之有效的合作平台，采取全方位对接的方式，把相融、相通的理念贯穿在中外老年教育理论研究之中，形成主题相通、目的相同、目标一致而观点多元、方法各异的平等、包容、互惠、活跃的老年教育理论研究的开放与合作态势，实现全面对接，最终实现构建国际老年教育共同体的战略目标。

第一节 中国老年教育理论研究借助的国际平台

“一带一路”不是一个实体和机制，而主要是一种理念和倡议，对我国老年教育发展大有启迪，为我国开启了一个对外开放的窗口，打开了一片新天地。我们坚信，中国的老年教育以"一带一路"倡议为契机，秉持和平合作、开放包容、互学互鉴、互利共赢的"丝绸之路"精神，本着立足中国、面向未来、朝向世界的姿态，一定能开创对外开放新格局，实现与世界各国一起构建老年教育共同体的战略目标。

"一带一路"倡议是全方位对外开放的，强调借助既有的、行之有效的合作平台，采取全方位对接的方式，开展务实合作。它给21世纪的国际合作带来新的理念。受这一理念的启示，中国老年教育的对外开放，亦应借助既有的、行之有效的合作平台，开展老年教育理论研究的全面合作与对接。

一、老年教育理论研究的国际平台

目前，世界上已经有一些与老年教育有着较为密切关联的国际组织、国际平台，它们同中国老年教育及其组织开展了行之有效的合作。

(一)联合国教科文组织

1. 联合国教科文组织简介

联合国教科文组织是联合国教育、科学及文化组织的简称。它的英文为United Nations Educational, Scientific and Cultural Organization，缩写为UNESCO。它于1946年11月4日正式成立，是联合国下属的专门机构之一。

1945年11月1日至16日，在伦敦举行了旨在成立一个教育及文化组织的联合国会议，约40个国家的代表出席了这次会议。会议决定成立一个以建立和平文化为宗旨的组织，这个新的组织应建立"人类智力上和道义上的团结"，37个国家签署了《组织法》，联合国教育、科学及文化组织从此诞生。总部设在法国巴黎。其宗旨是促进教育、科学及文化方面的国际合作。

联合国教科文组织是各国政府间讨论关于教育、科学和文化问题的国际组织，其主要机构有大会、执行局和秘书处。大会为该组织最高权力机构，每两年开会一次，决定该组织的政策、计划和预算。联合国教科文组织设置了五大职能：①前瞻性研究：明天的世界需要什么样的教育、科学、文化和传播；②知识的发展、传播与交流：主要依靠研究、培训和教学；③制定准则：起草和通过国际文件和法律建议；④知识和技术：以“技术合作”的形式提供给成员制定发展政策和发展计划；⑤专门化信息的交流。

1972 年 10 月，中国恢复在该组织的活动，首次出席大会即当选为执行局委员，此后中国一直连任这一职务。

2. 中国联合国教科文组织全国委员会

1979 年 2 月，中国正式成立联合国教科文组织全国委员会，由教育部、国家科学技术委员会、文化部、中国科学院、中国社会科学院、外交部、财政部以及其他一些教育、科学、文化等有关单位组成。其主要任务是为我国政府、有关部门和出席联合国教科文组织大会的代表团提供有关联合国教科文组织的情况和咨询，负责协调我国有关部门涉及联合国教科文组织的工作；负责与该组织秘书处及其成员全国委员会的联络工作，主要为教育领域的活动，亦包括科学、文化等方面的活动；就中国参与教科文组织的活动和开展合作等各项事宜进行对外联络。

3. 中国老年教育与联合国教科文组织

1989 年 11 月 25 日，联合国教科文组织在中国武汉举办了有关老年教育的国际会议。这是有史以来第一次在我国举行的关于老年教育的国际会议。这次会议名为“老年教育国际研究会”(又名“在青年人和成年人教育中运用老年人经验与能力的专家咨询会议”)。这次会议一致通过并发表了《武汉宣言》。宣言称：“老年人是知识、技能、经验和智慧的宝库，各国政府组织和非政府组织充分认识这一点并作出承诺，社区生活将因老年人的参与而丰富起来，社会的发展、文化和普及识字都将因此而受益”。这一宣言作为联合国的文件发给其所有的一百多个成员，反映了各国老年教育工作者的共同心声。

2007年9月，长春老年大学被长春市联合国教科文组织协会批准为长春市联合国教科文组织协会长春老年教育中心。

2017年3月21日，第12届联合国教科文组织生命伦理教育推进世界大会在塞浦路斯利马索尔隆重开幕，联合国教科文组织生命伦理教育推进理事会主席阿芒·卡米和部分国家大使，世界医学大会主席，塞浦路斯医学会主席，塞浦路斯利马索尔市市长等和来自五大洲152个国家成员单位负责人、专家学者出席了会议。会上，阿芒·卡米主席宣布了"联合国教科文组织生命伦理(中国)教育培训基地"落户成都，并为基地颁发了证书。基地在四川成都鹤鸣山规划了20余平方千米的项目，将其中的荒山、河滩规划建设为以老年人的疗养、养生、养老为主，兼具生命健康全程的伦理教育培训基地，开展老年人的学习、教育和培训活动。

(二)国际老年大学协会

1. 国际老年大学协会简介

国际老年大学协会是目前世界上老年教育领域成立最早、会员最多、规模最大的国际民间社团组织。1975年，世界上第一批第三年龄大学代表及相似的老年教育团体代表，在法国图卢兹举行了首届第三年龄大学国际会议。这次会议全体代表一致同意成立国际老年大学协会，通过了法国人起草的协会章程草案，选举了法国图卢兹第三年龄大学创始人之一皮埃尔·维拉斯教授为第一届协会主席。担任国际老年大学协会主席的除皮埃尔·维拉斯教授以外，还曾有比利时的塞基·马扬斯教授、加拿大的罗格·柏尼尔教授、法国的雷尼·佛伦茨教授、法国的路易士·包乔斯教授等。现任主席为法国图卢兹第一大学教授、博士生导师弗朗索瓦·维拉斯。他是世界著名的旅游经济学者，经常参与联合国教科文组织的气候、旅游、老龄问题等会议。协会理事会现有27人，构成多为教授和学者。协会执行委员会由主席、两位副主席、秘书长、副秘书长和财务主管6人组成。

国际老年大学协会总部设在法国具有800多年历史的名校——图卢兹大

学。国际老年大学协会是世界各国老年大学、老年教育机构范围内最具影响力和最有权威性的国际民间社团组织，目前已有130多个团体会员及个人会员。

国际老年大学协会成立不久，联合国教科文组织、世界卫生组织、国际劳工组织等联合国附属机构及欧洲议会都先后承认它是一个非政府的国际组织，并给予了一定的支持。现在，国际老年大学协会与世界经济合作与发展组织、联合国教科文组织、世界卫生组织、世界银行等国际组织建立了良好的合作关系，理事会指定专人负责与上述机构联络。国际老年大学协会还与世界许多国家的政府有协作关系。

2. 中国老年大学协会与国际老年大学协会

在中国，"第三年龄大学"习惯称"老年大学"，因此，"国际第三年龄大学协会"习惯上翻译为"国际老年大学协会"。

中国老年大学协会成立于1988年12月，是组织全国各地老年大学(含地方老年大学协会和老年学校)开展协作与交流的全国性非营利社会组织，联系着全国7万多所老年大学和老年学校，800多万在校学员，以及参加远程教育的数百万学员。

(1)中国老年大学协会加入国际老年大学协会

中国老年大学协会于1989年开始派代表参加国际老年大学协会的活动，参加了国际老年大学协会第14届以后的各界年会。中国老年大学协会1994年提起申请加入国际老年大学协会，经全国老龄委申报，民政部、外交部、财政部会签批准，国际老年大学协会审查通过，中国老年大学协会加入了国际老年大学协会，成为国际老年大学协会最大的团体会员。加入时双方达成共识：中国老年大学协会是中国所有老年大学的唯一代表。

2004年中国上海承办了国际老年大学协会第21届年会。前任中国老年大学协会会长张文范曾担任国际老年大学协会副主席。2013年5月，国际老年大学协会第92届理事会广州会议选举中国老年大学协会常务副会长袁新立为第一副主席，同年9月在瑞典乌普萨拉第93届理事会上增选中国老年大学协会副会长林元和为理事。2017年5月，国际老年大学协会第100届理事会在斯洛伐克的布拉迪斯拉发召开，在这次会议上袁新立因任期届满，由副会长林元和接替当选为国际老年大学协会第一副主席。

(2)中国老年大学协会国际联络部移设广州

2013年5月广州承办了国际老年大学协会第92届理事会和国际学术研讨会，开创了我国老年教育对外交流的新局面。2013年11月，中国老年大学协会四届三次常务理事会天津会议决定将国际联络部移设广州，聘任广州市老年干部大学副校长王友农教授为主任，办事机构设在广州市老年干部大学。新国际联络部的成立，开启了中国老年大学协会与国际老年大学协会深度合作的新模式和新局面。国际联络部代表中国老年大学协会统筹安排、组织中国各地老年大学参与国际老年大学协会的国际研讨会及其他活动，为此与国际老年大学协会建立了顺畅的联系渠道。国际联络部致力于借鉴国外老年教育的先进理念和经验，促进中国老年教育理论研究与国际对接，宣传推广中国发展老年教育的经验与成果，扩大中国老年教育的国际影响力等。经过几年的努力，国际联络部的工作取得了很大的成效。对此，国际老年大学协会主席维拉斯教授给予了高度评价。他于2015年给中国老年大学协会的信中指出："从国际合作角度上讲，国际老年大学协会同中国老年大学协会之间的合作可以成为促进全世界老年大学发展的合作典范。"

(三)其他国际老年教育组织

中国老年大学协会自1988年12月成立之日起，便开创了与国际老年教育团体和一些国家老年教育团体及国外老年教育工作者的友好交往。除联合国教科文组织和国际老年大学协会以外，还有一些国际组织与中国老年大学协会、地方老年大学等老年教育机构有过密切的交往与理论研究的交流活动。然而，现在重新搜索，这些组织都已经在国际视野中消失了。但是这些组织在世界老年教育兴起的初级阶段，在老年教育理论研究方面，曾经做过一些有益的尝试，为后来的研究奠定了基础。

1. 第三年龄学习国际研究(TALIS)

它由国际老年大学协会创始人之一、曾担任过国际老年大学协会秘书长的法国人简·科斯特教授于1990年创建并在法国政府注册，与国际老年大学协会成为国际老年教育界的一对姊妹花。武汉老年大学是我国最先与TALIS取得联系的老年大学，并应邀参加了1991年TALIS举办的第一次研讨会和其后的多次研讨会。1995年9月，中国老年大学协会与TALIS联合在北京举行了TALIS的第四次国际研讨会。参加会议的有法国、澳大利亚、瑞士、挪威、意大利、加拿大、德国、日本等国家的代表。2002年，武汉老年大学承办了TALIS的第十三次研讨会。这次研讨会是TALIS的一次空前的盛会。

2. 国际老龄研究院

国际老龄研究院(International Institution of Ageing)是联合国与马耳他政府联合在马耳他成立的一个国际组织。它主要收集、反映和研究发展中国家的老龄问题，其中包括研究发展中国家的老年教育问题，定期为发展中国家老龄工作者举办培训班，出版发行以反映发展中国家的老龄问题为主要内容的季刊《勇敢者》(Bold)，在国际上产生较大的影响。

我国武汉老年大学于1992年应邀成为该组织的网络成员，校长杜子才还参加了由联合国人口基金会与国际老龄研究院于1995年10月在马耳他举办的"发展中国家面临老龄化挑战"的专家会议，在会上作了《中国的老龄化及其对策》的发言。

3. 老年学国际协会

老年学国际协会(International Association of Gerontology)包括总部及其分支亚洲、大洋洲地区老年学协会。这个国际性的学术机构所研究的问题涵盖老年生物医学、老年心理学、老年教育学。1998年，武汉老年大学校长杜子才参加了在墨西哥举行的老年学国际协会大会，并在会上介绍了中国老年教育的发展情况。

二、"一带一路"框架下国际老年大学协会重要平台的独特作用

目前国际老年大学协会已经成为一个大型的老年教育国际组织和学术团体，并且是一个生命力十分旺盛的国际组织。它是国际老年教育思潮兴起的主要传播者和研究者，是世界各地老年大学沟通信息、交流经验、开展合作、协作科学研究的良好平台，是推动全球老年大学共同发展的工作网络。"一带一路"框架下，国际老年大学协会正是中国老年教育及其理论研究所要借助的"既有的、行之有效的"国际平台，起着非同寻常的作用。

(一)频繁的研讨会机制与广泛的会员规模使 AIUTA 成为老年教育理论研究绝佳的国际平台

AIUTA 通过每年两次的主题明确的国际研讨会，组织会员共同探讨世界各地老年大学的办学规律和经验，教学内容和特点，参与和服务社会的方法与能力。AIUTA 还进行有关老年人问题的研究，向世界各国政府及有关组织提供有关老龄化问题的研究成果及服务社会的方案，推动世界各地老年教育的发展和积极老龄化进程。如此频繁的国际研讨会和如此丰富的讨论内容，以及对话式的平等交流方式，为中国老年大学和老年教育理论工作者提供了异乎寻常的广阔平台。借助这一平台，中国的老年教育工作者得以迅速打开眼界，有机会学习国际上老年教育专家教授的国际视野和思维方法，吸收他们的理论成果，进一步提升中国老年教育理论研究的水平，少走弯路，并汲取养分快速成长。AIUTA 已成为中国老年教育与国际交流对话的重要平台。

AIUTA 目前除了组织理论研讨会外，还组织会员考察、参观，与世界各国会员以多种方式频繁交往，商讨区域合作大计。它使世界各国老年教育机构之间建立联系，交流经验，加强友好合作，已成为连接亚非拉美洲各国

会员之间的桥梁和纽带。中国老年大学的办学成果和经验、理论成果和理念，通过国际研讨会、AIUTA 网站、AIUTA 刊物等平台渠道得以展示给国际社会。这个平台把中国老年教育的故事讲给世界，同时促进中国各地老年大学与世界各地老年大学之间的友好交往。

(二)AIUTA 的目标和宪章精髓与中国老年教育在"一带一路"框架下的发展远景高度契合

1. 目标

《国际老年大学协会章程》提出的目标为："联合全球的老年大学和相关组织，包括任何目标一致但头衔不同的组织，在全球各大学的支持下，建立终身教育的国际体系，并发展老年教育的相关研究。促进老年人之间的知识交流，从而促进社会的整体进步。"目标中包含很有建设性的构想，即"建立终身教育的国际体系"。这一明确而长远的目标，体现了 AIUTA 的精神和价值追求，体现了 AIUTA 的科学学术层次，也体现了 AIUTA 的工作思路。"建立终身教育的国际体系"，这一主张涵盖了世界老年教育的构想和实践发展的许多问题，凸显了老年大学国际合作的重大意义，表现出现代化老年大学发展面向世界的开放取向，也体现了世界老年大学对自身发展的认知水平。在建立"终身教育的国际体系"的目标引导下，欧洲各国老年大学已经开展了各种国际合作项目，如老年大学的理论研究跨国合作、体育教学合作、银发旅游合作、网络平台合作等。

以"一带一路"倡议为契机，中国老年教育秉持和平合作、开放包容、互学互鉴、互利共赢的"丝绸之路"精神，努力开创老年教育对外开放的新格局，最终实现与世界各国一起构建老年教育共同体的目标。AIUTA 的目标、宗旨和任务符合中国老年教育面向世界、与国际对接的目标及要求，AIUTA 构想的"建立终身教育的国际体系"，与中国的构建老年教育共同体的目标是高度契合的，这为共同开创老年教育的美好明天奠定了坚实的基础。

2. 宪章

2013 年 5 月，AIUTA 在广州第 92 届理事会上通过了《老年大学宪章》，这是一个纲领性文件。

关于《老年大学宪章》，王友农曾有过一篇专论《论〈老年大学宪章〉》，全面论述了该宪章的国际意义、表达的人本理念、体现的公平原则和闪耀的文化精神。该文同时指出：“《老年大学宪章》文句精练，却是包括中国老年教育在内的全世界第三年龄大学 40 年丰富实践经验的结晶，是全世界老年大学规范化和现代化的办学启示，是各国老年大学在国际老年大学协会这个平台上交流协作的成果，是用世界眼光审视老年大学教育，抽象其共性规律而产生的共同理念的一次飞跃，《老年大学宪章》的原则精神，将指导各国老年大学进一步提升办学水平，满足老年人日益增长的学习需求，让老年教育成为社会进步的重要标志。”“各国各地老年大学都应打开大门面向世界，为来自世界各地的老年人提供文化合作、交流平台，为各民族文化和谐相融做出贡献。《老年大学宪章》关于国际化的阐述，赋予了老年大学文化崇高精神和社会责任，创出了老年大学文化的高境界，为我们中国老年大学文化建设提供了一份导向性的宝贵精神食粮。”

在全球老龄化背景下，世界各地老年人的友好交往、文化交流日益广泛和深入。《老年大学宪章》呼吁老年大学应成为老年人来往交流合作的平台，而 AIUTA 应作为世界各地老年大学文化交流、学术合作的大平台，在这个大平台上世界各地老年大学应遵循《老年大学宪章》所传递的“平等、尊重、公平、以人为本、文化传播和创新”精神和原则。《老年大学宪章》的这些精髓和核心与“一带一路”的“相互尊重、平等相待、兼容并蓄、交流互鉴、合作共赢、共同发展”的理念高度契合。因此，中国老年教育本着立足中国、面向未来、朝向世界的姿态，在 AIUTA 这一国际平台上，与世界各国老年大学一起，共同走上互利、共赢、创新、和平的发展道路。

第二节　中国老年教育理论研究与 AIUTA 的国际对接

在 2018 年 5 月 14 日举行的“一带一路”国际合作高峰论坛开幕式上，中国国家主席习近平发表主旨演讲时强调，“一带一路”建设不是另起炉灶、推倒重来，而是实现战略对接、优势互补。习近平列举了一些国家的政策、规划、战略。比如，俄罗斯提出的欧亚经济联盟、东盟提出的互联互通总体规划、哈萨克斯坦提出的“光明之路”、越南提出的“两廊一圈”、沙特提出的“2030 愿景”等战略。《建设中蒙俄经济走廊规划纲要》也开始启动实施。除亚欧国家外，非洲、拉美和加勒比地区的一些国家也积极响应，同“一带一路”各方对接。例如，在 2018 中非合作论坛北京峰会上，非洲的《2063 年议程》与“一带一路”倡议对接，助力中非共同实现自己的梦想；在“一带一路”国际合作高峰论坛上，相关各方还探讨了对接埃及苏伊士运河走廊经济带，开创连接亚欧非的新思路。“一带一路”倡议是一个宽广的舞台，还吸引联合国、世界银行和国际货币基金组织三大国际组织的战略对接协作。这三个世界上非常重要的多边机构，正在“一带一路”的舞台上发挥着独特的作用，与包括中国在内的相关各方进行紧密的战略协作对接。截至 2019 年 4 月 18 日，中国已经与 126 个国家和 29 个国际组织签署了 174 份共建“一带一路”合作文件。一系列部门间的合作协议覆盖“五通”各领域。“一带一路”还对接和融入了经济走廊理论、经济带理论、21 世纪的国际合作理论等创新经济发展理论、区域合作理论、全球化理论等。

“一带一路”对接、优势互补的倡议和创新思路，启发中国老年教育理论研究要以全方位对外开放的姿态，与国际对接。

一、AIUTA 的主要议题及中国与之对接的议题

(一)AIUTA 历届会议主要议题

国际老年大学协会成立 40 多年来，为老年教育理论研究搭建了重要的国际交流平台。AIUTA 几乎每年都召开国际学术研讨会，近年来则增加至每年召开两次国际研讨会。而研讨会的主题非常有创意，极具世界眼光。中国老年大学协会国际联络部收集了历届 AIUTA 会议的议题加以汇总，历届议题汇总可见林元和、王友农主编的《中国老年教育理论研究与国际对接(2013—2016)》。

纵观 40 多年来 AIUTA 提出的国际议题，我们可以看到，AIUTA 始终关注老年人和老年大学两个主体，研究老年人或第三年龄的教育、学习(包括平等学习机会等)、文化、健康、旅游、服务社会(包括志愿服务、老年人力资源等)等；研究老年大学的社会角色、开放交流、历史渊源、创新发展等；研究老年大学连接世界与代际合作、积极老龄化等的关系。仅就 2013—2017 年 AIUTA 的国际研讨会的十大议题分析，以上两方面的关注尤为清晰：以老年人为主体，研究老年旅游、社会融合、公民权利、平等机会、新一代学生、老年人发展等；以老年大学为主体，研究国际与代际合作、历史与创新发展，及其与积极老龄化和社会凝聚力等的关系。由此可见，其研究的领域十分广阔，涉及老年人和老年大学发展的许多方面；提出的主题非常深刻，涉及文化、教育和社会深层的问题。这些主题和观点，对中国老年教育理论研究来说，是十分有益的借鉴。

(二)中国老年教育研究与 AIUTA 主动对接的议题

从 2013 年 5 月 AIUTA 广州会议开启我国老年大学国际交流新格局开始，中国老年大学协会国际联络部引领国内老年教育研究人员运用"1+1"研

讨模式，使中国老年教育理论研究与 AIUTA 提出的国际会议议题进行主动对接，至今已经进行了大约 10 次的对接活动，这对开阔中国老年教育者的视野，拓宽中国老年教育的文化、社会、教育、健康、旅游等研究领域，起到了有益的引领作用。

中国老年教育研究与 AIUTA 研究议题主动对接以来，国际联络部对中外研究者对主题的理解、视角、关注点、研究深度等进行了比较研究。选择以下两个会议主题为例。

1. 2013 年广州会议，主题：老年大学创新发展，融入社会和银发旅游

主题的世界意义：银发旅游越来越成为老年人生活的重要部分，它与老年教育的关系也越来越密切。此次广州国际研讨会如此鲜明地重点研究老年大学与银发旅游在教学和科研方面的融合，为全球发展老年教育打开了一个新思路，开拓了一片新天地。随后在 2015 年，AIUTA 教育与科学委员会在葡萄牙建立了老年旅游世界观测平台。

主题的中国意义：中国旅游市场前景广阔，中国有悠久的历史和独特的风土人情，必然会受到世界各国老年朋友的喜欢。中国老年人对旅游的兴趣和愿望越来越强烈，老年大学与银发旅游的结合可以促进中国老年教育的内涵式发展。因此，研究银发旅游国际议题将开阔文明的思维和视野。

从会议发言和提交的文章来看，中外学者聚焦在三个问题上阐述个人观点：一是老年大学如何创新发展，二是老年人如何融入社会，三是老年旅游的各种项目计划等。

2. 2017 年 5 月斯洛伐克布拉迪斯拉发会议，主题：老年人平等学习的机会

主题的世界意义：这次会议是国际老年大学协会第 100 届理事会和国际研讨会，在斯洛伐克布拉迪斯拉发夸美纽斯大学召开。对全世界的老年大学来说，“平等学习的机会”应该包括三个方面：一是入学平等没门槛；二是入学以后同学身份平等；三是在学习中师生是平等的，在国外叫民主办学。主题的意义在于再一次宣告全世界老年大学的基本宗旨和办学方针，就是老年教育必须面对所有的老年人。实践意义在于指导办学，指导老年教育的发展方向，老年教育应该面向社会，给全社会提供公共服务。

主题的中国意义：在中国研究这个问题，对我们进一步实现老年大学教育全面转型有重大指导意义和理论意义，将影响中国老年大学教育的发展和走向，特别是中国颁布了老年教育发展规划，其中反复强调的贯穿始终的红线就是要实现老年教育公平，这与国际上的观点和趋势是紧密联系的。中国老年教育总体是体现公平，但尚存少量不正常现象，而目前正在好转。其实在中国老龄工作中，最能显现公平与否的就是老年教育，老年教育是养老公平的突破口。

在“平等学习的机会”这一主题下，国际老年大学协会主席维拉斯教授表示：“促进老年人享有平等的学习机会是国际老年大学协会的一项主要工作。”“在教育领域，平等的学习机会意味着所有老年人都能入读具有优良学术声誉的第三年龄大学，以低廉的学费享用课室、工作坊、教学设施和其他材料。”“让所有老年人享有平等的学习机会，这将是一项伟大的成就，也是我们的目标。”保加利亚发言者谈到了“应对年龄歧视老年大学可以做什么”的问题，从另一个角度谈到了平等和公平的问题。中国学者从“老年人如何获得平等学习机会”和“让每一个老年人享有平等受教育的权利”两方面，做了比较深入的探讨和详细的阐述。

总之，通过国际老年大学协会，中国老年教育理论研究者经过与各国老年大学管理者以及学者的交往、接触，了解了他们不一样的思路和宽广的关注范围，同时，在国际老年大学协会的引导下，中国老年教育的理论成果和实践经验，得以从不同的侧面和角度介绍和展示给国际老年教育领域，进而形成了相互学习、相互借鉴的良好氛围。

二、中国老年教育理论研究与国际老年大学协会的对接行动

(一)广州承办 2013 国际老年大学协会国际会议

2013 年 5 月 17 日至 18 日，国际老年大学协会第 92 届理事会及国际研讨会在广州白云国际会议中心举行。全体会议代表及列席代表约 250 人出席了国际研讨会。会议活动丰富，精彩纷呈。与第 92 届国际老年大学协会理事会同时段进行的，有主题为"老年大学创新发展，融入社会和银发旅游"的国际研讨会，以及"教学(科学)推广建议会""老年大学学员才艺现场交流""老年才艺作品展示"和"老年旅游产品推介"等活动。会议期间还举行了以"享受学习，快乐人生"为主题的"广州地区老年大学文艺演出"活动。这次会议开启了中国老年教育界与国际老年大学协会友好合作、广泛联系、深入交流、全面对接的崭新局面。

(二)"1＋1"研讨模式的创新实践

国际老年大学协会理事会每年举行两次，并同时举行主题明确的国际研讨会。中国老年大学协会国际联络部积极争取在每次国际研讨会上至少有一位中方代表发言，同时组织国内各地老年大学校长及专家、学者参加每年两次的研讨会。为此，中国老年大学协会副会长林元和在 2014 年首次提出了"1＋1"研讨会模式，即围绕国际老年大学协会每次召开国际会议的主题，在国内提前组织一次相应的小型理论研讨会，邀请国内老年教育及其他社会科学领域的专家、学者参与研讨，用集体智慧形成中国学者的观点，为参加国际老年大学协会国际会议的协会代表团准备理论思路和演讲素材。经中国老年大学协会同意实施该模式，2015 年 3 月，在广东省潮州市召开的中国老年

大学协会"国际议题'老年大学，公民和社会凝聚力'专题研讨会"上，"1＋1"模式首次尝试，获得与会者的一致赞同。主办方还将把每次会上用于交流和研讨的论文和发言稿汇编成册，作为行业内学术研究的长期性、系统性的参考资料。

"1＋1"模式实践获得较大成功。自此"1＋1"研讨模式一直沿用下来，在国内和国际上都取得了良好的效果，成为中国老年教育理论研究与国际对接的最具实质性、最具操作性的行动，对推动"对接"起到了重要作用。

(三)上海举办2018老年教育国际学术交流活动，成立中国国际老年教育研究中心

2018年4月，上海举办了老年教育国际学术交流活动。本次国际学术交流活动的主题为"参与 实现 共享：从老年大学到老年学习者"。中国教育部、中国老年大学协会、上海市教委、国际老年大学协会、上海老年大学、上海老年教育协会等的相关负责人，以及全国各省市老年教育机构的代表、学者近两百人出席学术交流活动。国际老年大学协会主席弗朗索瓦·维拉斯等来自法国、英国、葡萄牙、意大利、美国等国的十余位老年教育专家应邀出席。

设立中国老年大学协会国际老年教育研究中心，是本次学术交流活动期间的一个亮点。经中国老年大学协会第四届七次常务理事会研究决定，国际研究中心落址上海老年大学。这为中国老年教育研究开展国际交流，增添了一个重要的平台。中国老年大学协会张晓林会长代表新成立的国际老年教育研究中心，聘请国际老年大学协会主席、法国图卢兹第三年龄大学校长弗朗索瓦·维拉斯为高级顾问；聘请国际老年大学协会秘书长、英国第三年龄基金会干事玛利亚·切斯特女士，国际老年大学协会科学委员会主任兼司库、法国兰斯第三年龄大学校长帕特热克·德默伊先生，国际老年大学协会副秘书长、葡萄牙亚速尔群岛老年大学校长卡洛斯·桑托斯先生和国际老年大学协会教育委员会主任、意大利费拉拉大学老年大学校长礼佛·泽尔比尼先生

4 人为客座研究员。

此次交流活动，为进一步提升我国老年教育理论研究与国际对接合作水平开启了新窗口。

(四)烟台举办 2018 首届世界老年旅游大会，发起成立世界老年游学联合会或游学联盟

2018 年 5 月，首届世界老年旅游大会以“发展老年旅游 共创美好未来”为主题，在山东烟台举办国际老年旅游研讨会。此次会议内容丰富，除举办老年旅游国际研讨会外，还有国际美食美酒图书颁奖典礼、中国老年大学协会学术委员会“五个十工程”结题会、国际老年大学艺术展暨山东省老年大学发展成果展，以及山东省老年游学产品踩线等多项活动。来自澳大利亚、比利时、巴西、保加利亚、中国、哥伦比亚、捷克、吉布提、法国、希腊、印度、意大利、柬埔寨、黎巴嫩、马来西亚、毛里求斯、尼日利亚、葡萄牙、罗马尼亚、俄罗斯、塞内加尔、斯洛伐克、西班牙、突尼斯、乌克兰、阿拉伯联合酋长国和英国等共有 76 个国家的中外老年大学及旅游渠道商近 800 名嘉宾参加会议及相关活动。

会议期间，与会各方达成多项共识，大会发起成立世界老年游学联合会或游学联盟，为世界老年旅游大会和组织老年大学旅游活动的永久性组织；规划筹建烟台国际老年游学基地，印发《世界老年旅游大会国际老年游学需求及游学目的地汇编》，发布《烟台宣言》。大会在有效应对人口老龄化趋势，提升老年人口生活品质，打造老年旅游国际品牌，推动入境旅游发展，扩大中国在国际上的知名度、美誉度和影响力等方面起到了积极作用。烟台会议为我国老年教育理论研究与国际对接搭建了又一个平台。

第三节　中国老年教育与国际老年教育理论研究的交互影响

中国国家主席习近平在中国国际友好大会暨中国人民对外友好协会成立60周年纪念活动上曾指出“文明因交流而多彩，文明因互鉴而丰富”。实践证明，中国老年教育三十多年的发展历史，也正是我们与国际上老年教育的理论和思潮相互借鉴的过程。只有面向世界，与国际对接，中国老年教育才能多彩丰富，才能更好更健康地发展，才能获得提升办学水平的机遇和外助动力。

一、国际相关理论对中国老年教育的深刻影响

中国老年教育的诞生晚于国际老年教育整十年，在老年教育的理论研究方面国际上也早于中国至少二十年。在整个中国老年教育的发展过程中，起到重要作用、常被提及、经常运用的理论，多是外来理论。比如，终身教育、学习化社会、需求层次、全纳教育、自我完善、社会参与、积极老龄化等。中国老年教育的理论研究始终在不断地学习、吸收、借鉴这些外来理论，并从中获取养分。

（一）对中国老年教育事业发展影响较大的国际理论

1. 终身教育理论——生存和发展的奠基性理论

“终身教育”的概念是1965年联合国教科文组织成人教育局局长保罗·朗格朗在一次关于成人教育的国际会议期间正式提出的。1972年，联合国教科文组织发布报告《学会生存——教育世界的今天和明天》，建议把终身教育

作为各国今后制定教育政策的主导思想，这是第一份提出终身教育理念的国际机构的文件。之后，终身教育的概念也在不断发展。国际 21 世纪教育委员会在其向联合国教科文组织提交的《教育——财富蕴藏其中》的报告中，对终身教育这个概念的内涵作了进一步的揭示。在联合国教科文组织及其他有关国际机构的大力提倡、推广和普及下，终身教育已经作为一个极其重要的教育概念在全世界广泛传播。20 世纪 70 年代末，终身教育理念传入我国。

终身教育强调教育不只限于某个年龄阶段，而是贯穿于人的一生。这是老年教育得以生存的思想基础。终身教育主张教育向社会全体成员开放，体现教育机会均等。这个特性使老年人受教育的权利得到了全社会的认可和尊重。终身教育强调教育既包括在学校、家庭、社区等不同场所进行的教育，也包括以正规、非正规和非正式等不同形式进行的教育。这使得老年教育可以发展诸如学校、社区、网络等多种教育形式。终身教育强调个体发展的多样性和差异性，认为应最大限度地发挥学习者自身的主动性和创造性。这一特性决定了老年教育要满足老年人的个性化需求，并发挥老年人所具有的独特的主动性和创造性。这体现了老年教育区别于其他教育的鲜明特色。

终身教育理论是中国老年教育生存和发展的奠基理论，其影响比其他理论大。

2. 学习化社会——奠定应有地位的依据性理论

"学习化社会"理念是美国芝加哥大学学者罗伯特·赫钦斯于 1968 年在《学习型社会》一书中首先提出的。1972 年 5 月，联合国教科文组织国际教育发展委员会发表了一篇著名的报告——《学会生存——教育世界的今天和明天》，该报告把学习与生存直接联系在一起，并把终身教育、终身学习、学习化社会这三个概念联系起来。这篇报告进一步指出：学习化社会将实现教育和社会的一体化，将被看成未来的教育模式和社会形态，并得到广泛的认同。学习化社会的理论在 20 世纪八九十年代又有所发展，并逐渐成熟。在中国，2002 年党的十六大报告在阐述全面建设小康社会的宏伟目标时，明确提出要"形成全民学习、终身学习的学习型社会"，以促进人的全面发展。自此，我国掀起建设学习型社会的热潮。

构建学习型社会就必须建立起促进全民终身学习的终身教育体系。没有老年教育的合理位置，就不可能形成完善的终身教育体系；没有老年教育为老年人提供教育的条件，就不可能建立起全民学习、终身学习的学习型社会。因此，老年教育在我国大教育中获得应有的位置，形成与其他教育形态并列的地位和广泛的影响力，强有力的理论依据之一就是学习化社会理论。自此，老年教育便逐步从教育领域的边缘地带迈向教育领域的大舞台。

3. 积极老龄化——提升到国家战略层面的根据性理论

"积极老龄化"概念是由世界卫生组织在20世纪90年代后期提出的。2002年4月，联合国在西班牙马德里召开第二次世界老龄大会。大会通过的《政治宣言》和《老龄问题国际行动计划》对"积极老龄化"概念的形成、理论基础以及积极老龄化政策进行了更为详尽的论述。"积极老龄化"是指老年人要积极面对老年生活，不仅保持身心健康，而且作为家庭和社会的重要资源，要融入社会，参与社会发展。"积极老龄化"指出提高老年人健康预期寿命和生活质量，需要健康、保障、参与三个支柱达到最优结合状态。会议结束后，当年参会的学者即将"积极老龄化"的概念带回国内并广泛传播。自"积极老龄化政策框架"引入中国后，中国就把老年教育作为落实"积极老龄化"国际战略的重要平台，将发展老年教育上升到国家战略层面加以高度重视。"积极老龄化政策框架"深刻渗透于中国老年教育的思想理论与实践之中。中国的"积极老年教育观"就汲取了"积极老龄化"的精髓，在引领中国老年教育持续、健康发展方面，发挥着不可忽视的重要作用。

(二)对中国老年人学习影响较大的国际理论

1. 需求层次理论——奠定了学习的心理基础

美国著名社会心理学家亚伯拉罕·马斯洛在1954年发表了他的《动机与人格》，提出了作为其整个人本主义心理学核心的需求层次理论。需求层次理论认为，人类的需求像阶梯一样从低到高按层次分为五种，分别是生理需求、安全需求、社交需求、尊重需求和自我实现需求。

马斯洛的需求层次理论对于老年教育的定位与发展有着非常关键的作用。老年人的学习需求因自身生活情况的不同而不同。对于老年人这一群体而言，生理的需求、安全的需求、归属的需求、自尊的需求和自我实现的需求都是存在的。而且对于老年人个体而言，有时一个个体有几种不同的需求。比如，随着衰老的渐近，老年人有保持身心健康的生理的需求，就会产生学习需求和动机。老年人在离开工作岗位后，会产生一系列新的补偿性心理需求，如需要社交活动，需要满足自我的安全感、归属感等。老年人的这些心理需求都能够在老年大学获得补偿。并且当满足了老年人的生理需求、安全需求、归属需求后，老年教育自觉引导、帮助老年人实现自我价值，发挥自身作用，也就是满足他们的自我实现的需求。

2. 自我完善理论——确立了追求的价值目标

自我完善理论是法国著名启蒙思想家、哲学家、教育家、文学家卢梭在他的《论人类不平等的起源》中提出的一个重要概念。自我完善理论认为，人要自我完善，首先需要认识“自我”。自我包括生理自我、心理自我和社会自我。生理自我属于个体物理层面的自我，它是个体对自己的身体状况、生理状态的体验和认识；心理自我属于个体精神层面的自我，它是个体对自己的心理活动、心理品质等的认识、体验和感受，包括对自己的智力、性格、气质、爱好、情绪以及人生观、价值观等方面的认识和体验。社会自我则属个体与社会的关系层面，它是个体对自身与外界客观事物关系的认识、体验和愿望，包括个人对自己在客观环境及各种社会关系中的角色、地位、权利、义务、责任、力量等的意识。既然自我包括上述三个层面，那么人的自我完善也包括生理、心理和社会三个方面。个体在认识自我，悦纳自我的基础上，规划自我完善的目标，主动调节自身行为，积极改善改造自己的生理、心理和社会状况，使自我得以全面发展。

老年教育的主要目的之一是帮助老年人进行自我完善。因为教育能使老年人了解自身的健康状况，提高自我保健的能力，保持健康乐观的心理状态，加强对社会的了解，提高对社会的适应能力；能帮助实现健康老龄化所确立的延长老年人生理年龄、心理年龄和社会年龄的发展目标。

3. 社会参与理论——提出了与社会共同发展的途径

社会参与理论是以社会交换理论、角色理论等社会学理论为基础形成的一种理论。20世纪60年代兴起在美国，继而在全球范围内广泛传播。社会参与理论认为，参与社会活动是人类社会生活的重要组成部分，可以帮助人们获得正面的自我形象，体现良好的社会价值。老年人在退休后，空闲时间大大增加，往往会产生孤独感和社会孤立感。如何鼓励并支持老年人参与到社区管理、志愿服务、带薪或无偿的工作等活动中，使老年人摆脱负面情绪，更好地融入社会成为众多学者研究的热点。在社会参与理论的影响下，中国老年教育的课程体系包含老年人参与社会的活动，有利于老年人发挥余热、发挥所长为社会服务，从而使他们老有所学，老有所为。随着《老年教育发展规划(2016—2020年)》在老年大学的贯彻执行，有关人力资源开发和参与社会经济活动与社会志愿服务等方面的学习内容，也成为老年大学课程创新的方向，这对于增强老年人参与社会的能力有实质性的帮助。目前，社会参与理论已成为西方发达国家老年教育实践最重要的指导理论。这反映出老年教育由注重老年人的个体发展到注重老年人与社会共同发展的演变过程。联合国提出要开发多元化的老年教育方案，提供多样化的教育学习机会，让老年人可以持续参与政治、经济、文化、社会生活和终身学习，这也将是中国老年教育未来的发展方向。

以上三种外来理论从个体层面上、从不同角度诠释了老年教育的价值定位：需求层次理论强调老年人学习的心理基础和强烈动机；自我完善理论从老年人的学习目的层面上强调学习的价值；社会参与理论则从人与社会共同发展的层面上强调社会参与是实现老年人自身发展的根本途径。

二、中国老年教育理论研究及创新成果陆续传播世界

"一带一路"揭示了当今世界的全球化趋势。通过现代信息技术和各种平

台，世界老年大学的国际交流已经常态化了。各国老年教育理论探索的动态、成果，都很快传播到世界各地，中国老年教育理论研究创新的成果，大部分也都很快让世界知道了。

(一)中国老年教育的理论研究及其成果

1. 中国老年大学协会及各下属机构开展的课题研究及其成果

中国老年大学协会设有专门的理论研究机构——学术委员会。此外，还设有教学委员会、远程教育委员会、国际联络部等若干机构，这些机构都围绕着各自工作范畴，开展了不同类型和内容的课题研究工作。各个机构在全国范围内，组织有研究能力的老年大学，建立老年教育理论研究基地，采取分组合作研究方式，集合全国有一定老年教育实践经验的教授、学者，集中中国老年教育界的集体智慧，分两条主线——应用实践与基础理论研究交替进行。坚持把解决老年教育发展中的重大实践问题的研究放在首位，同时注重进行老年教育基础理论的学术研究。

(1)中国老年大学协会学术委员会先后开展了多项基于实践的应用性研究

①“中国特色老年大学的系列研究”——规范化研究、现代化研究、“开门办学”研究。出版 3 本著作。

②“中国老年教育的管理学范畴研究”——中国老年教育宏观管理研究、老年大学制度建设研究。出版 2 本著作。

③“中国老年教育基层实践研究”——中国农村和中国城市社区老年教育发展研究。出版 2 本著作。

④实施“五个十”工程。即物色省、地、县、区、城乡社区五个层级各十所有特色或有代表性的老年大学和老年教育机构，以图文并茂的纪实形式，全方位地向社会呈现中国老年教育各层级、各层面丰富多彩的画面，揭示中国老年教育办学的成功密码。出版 5 本(套)著作。

⑤老年教育学基础理论研究。在宽广领域、众多角度、扎实实践研究的

基础上，学术委员会分三个阶段开展了课题研究，即聚焦创建“老年教育学”的基础理论研究——中国老年教育学学科建构的可行性研究、中国老年教育学若干问题的研究和中国老年教育 34 年实践经验的学术升华研究，出版了《老年教育学》专著。这是一本具有独特的理论贡献和无可替代的奠基价值的专著，是众多亲历老年教育实践的学者、教授集体智慧的结晶。

(2)国际联络部开展了具有时代价值和深远意义的课题研究

例如，“中国特色老年大学教育现代化研究”“‘一带一路’与老年教育”以及中国老年教育国际开发的“中国老年教育理论研究与国际对接(2013—2016)、(2017 年)”等一系列重要研究。并出版与上述课题同名著作 4 本。

(3)教学委员会开展了以教学为中心的课题研究

教学委员会于 2012 年 12 月成立之初就确定了为期五年的课题研究任务，立项了七个课题，分别是：“老年大学课程体系及配套建设的研究”“老年大学教师队伍管理的若干问题研究”“老年大学学员的情况调查及发展趋势研究”“老年大学教师和教务人员培训体系研究”“老年大学特色办学和规范管理关系研究”“老年大学教育资源构成和利用的调查研究”“中国老年教育《课程建设要略》编写研究”。这些课题均为应用研究，围绕教学这一中心工作，以教学的主体——学员和教师为研究对象，以教学的核心——课程和教学管理为研究重点，以教学的环境——办学和资源为研究关注点，为老年大学教学质量的提高寻找突破口，体现了研究成果为实践服务的应用价值。教学委员会根据课题研究成果出版了《老年大学教育资源共享与开发利用研究》等至少 3 本著作。

(4)远程教育工作委员会开展了关于老年教育的远程教育课题研究

远程教育工作委员会自成立以来，制定了“三个一”计划，即建设一批全国老年远程教育实验、示范区，评审一批远程教育的优秀、特色教育资源，评审一批远程教育课题成果及论文。围绕老年教育的远程教育问题，远程教育委员会开展多项利用现代远程教育满足老年人学习需求的理论与实践课题研究，取得了一些令人关注的研究成果，提交了多项研究报告，出版了《老年远程教育导读》等著作。

2. 中国成人教育协会立项的"十一五"课题研究

2007年4月，北京东方妇女老年大学申请主持研究，中国成人教育协会批准立项并定为"十一五"重点课题的"老龄社会与老年教育研究"，邀请国家老龄委、全国妇联妇女研究所、中华女子学院、中国人民大学、天津师范大学等单位的一批专家、学者，成立了5个子课题组，围绕老龄化与老年教育问题，进行了广泛深入的调查研究，出版完成了4本著作《老龄社会与老年教育导论》《中国老年教育的国际背景研究》《多元化的中国老年教育》《中国老年大学现状与发展趋势研究》。

3. 上海市终身教育研究会开展的研究

上海市终身教育研究会于2014年5月推出了一套"老年教育理论丛书"，由成人教育专家叶忠海任总主编。整套丛书从教育学、经济学、管理学、心理学等多学科视角聚焦老年教育研究，为老年教育的学科理论体系建构作出了贡献。丛书策划有《老年教育学通论》《老年教育心理学》《老年教育管理学》《老年教育经济学》《老年教育社会学》《远程老年教育》《中国新时期老年教育发展史》《海外老年教育》共8本著作。

2019年4月又推出新作《中国当代老年教育发展研究》。该书系"当代老年教育发展研究"课题的研究成果，对中国当代整体性老年教育发展历程做了系统而全面的梳理，研究了老年教育发展指数，提炼出了老年教育发展的规律。

4. 上海老年教育理论研究中心开展的研究

上海老年教育理论研究中心自2012年在上海老年大学成立以来，开展了一系列老年教育的研究工作，出版过《老年大学课程要略》《上海老年教育绿皮书》《中国老年教育绿皮书》等一系列研究成果。

5. 全国各地部分学者的研究成果

除以上有组织的课题研究和成果出版外，全国各地尚有一些学者陆续出版了个人研究成果。其中有代表性的著作有：王荣刚等《老年心理与教育》

(1994)，刘书鹤等《老年教育学》(1994)，中国老年大学协会教研组《老年学校教育学》(1998)，高序堂等《老年大学发展研究》(2002)，陈福星等《老年教育概论》(2004)，郑令德、高志敏等《和谐社会与老年教育》(2007)，董之鹰《老年教育学》(2009)，施祖美等《老年教育策论》(2011)，孙建国等《中国老年教育探索与实践》(2011)，岳瑛《教育学视域下的老年教育》(2012)、《老年大学教育心理》(2013)，叶瑞祥等《新编老年学习学》(2014)，陆剑杰《从老年教育的实践探索到学科建构》(2016)，陈勇《中国老年大学发展研究》(2016)，叶瑞祥等《老年大学教学论》(2016)，王清爽、邢文海《中国老年教育学》(2018)，张智敏、方祥华《老年教育多向度视域研究》(2019)。

全国各地一些老年大学资深管理者还出版了个人文集，其中有代表性的作者有：杜子才、沈诒、游德馨、张文范、高峰、杨启村、阎春林等。

此外，中国老年大学协会学术委员会每两年召开一次老年教育理论研讨会，并出版获奖论文集，至今已出版13集。全国各省市老年大学协会分会也形成每两年召开一次理论研讨会并出版论文集的制度，已经出版的论文集不计其数。另外，中国老年大学协会拥有一本公开出版的杂志《老年教育》。协会的学术委员会所在地，江苏省南京市金陵老年大学也拥有一本公开出版的杂志《金陵老年大学学报》。学术委员会在全国11所老年大学建立了11个理论研究基地，其中已有10所拥有内部出版的杂志或刊物。

(二)中国老年教育理论研究致力于老年教育学学科体系建设

中国的老年教育事业开创至今已经30多年了，老年教育学学科体系正在建设中。

1. 学科体系建构的内在、外在建制

在中国，学科体系的建构有两方面的标准：一为内在建制的标准；二为外在建制的标准。所谓内在建制的建设，就是对于对象事物在内涵方面进行深入的研究、探讨，确立学科的概念范畴、原理和理论体系，建立学科群，使学科理论达到相对完整和成熟的程度。所谓外在建制的建设，则是研究主体方面的实体性建设，包括象征研究队伍组合的专门的学会，承担学科研究任务的研究院所，高等院校中开设的学科课程，代表学科学术水准的学术刊物，相应的出版社，在图书馆中专设的图书等。这些是学科建构的外在标志，也是学科发展的基本条件。学科体系内在建制、外在建制两项建设是交互作用、相应提高的。内在建制方面取得了一定的成就，外在建制方面也会有相应的发展。

一般而言，一门新科学的形成和一个新学科的建构，都要有一个从经验到理论，从多元见解到一元共识，从知性的学理积累到学说的系统建立，从经验语言到学术语言的相当长的转化过程。学科的概念范畴原理，理论体系的形成和发展，研究队伍、研究机构、学术刊物、学术声誉、社会服务的建设等，不可能一蹴而就，需要经过长期积累，才能达到从经验到理论，从学理积累到完整学说的系统建构。

2. 老年教育学学科体系建构的可行性

(1)中国老年教育的独特经验，为老年教育学学科的建构奠定了雄厚的实践基础

中国老年教育从无到有，从小到大，在探索中发展，在发展中创新，在创新中不断进步。30 多年来的办学实践，使中国老年教育积累了大量宝贵的经验，如始终坚持正确的指导思想，坚持“以人为本”，坚持理论先导；重视自身建设，重视舆论宣传，重视调动社会各界兴办老年教育的积极性；形成党政主导，全社会参与的发展格局。这些基本经验的概括、提炼、总结，凝结着中国老年大学教育事业发展的集体智慧，融汇着中国老年大学教育事业发展的实践力量。此外，要不断探索老年教育规律，不断从老年教育自身建设发展的“方向”“宗旨”“目标”“精神”“作风”“品格”上总结经验，这些与以往的成功经验一脉相通、相延为续，既有继承，也有新的概括。中国老年教育的这些独特经验，为老年教育学学科建构打下了雄厚的实践基础。

(2)建构老年教育学学科体系的必要条件和充分条件逐步具备

中国老年大学协会成立已有 30 多年，已有 30 多个老年教育专业研究机

构分散全国各地，已出版许多老年教育专业刊物、教材和通俗读物等；很多老年大学设立了图书资料中心。建构老年教育学学科体系的“内在建制”和“外在建制”都取得了重大进展，而对于老年教育学来说，重要的是要进行实践探索和对实践经验的理论总结。综上所述，中国的老年教育理论工作者在这方面已经作出了刻苦努力，涌现出许多可贵的成果，出版了大量的专业著作，建构老年教育学学科体系的必要条件和充分条件逐步具备。

3.“一带一路”与老年教育的研究对老年教育学学科体系建构的促进作用

(1)丰富内在建制

通过“一带一路”与老年教育的研究，中国老年教育工作者可以开阔视野，放开襟怀，拓展思路。他们冲破老年教育课题研究的思维局限，在教育、学习、文化、健康、旅游、代际合作、服务社会、志愿服务、老年人力资源开放等方面，开展广泛的研究；向研究老年大学的社会角色、开放交流、历史渊源、创新发展、连接世界，以及老年大学与积极老龄化的关系等方面，进一步拓宽老年教育研究领域，同时，进行更加深入的理论探索。这必将促使老年教育理论工作者作出更多的课题研究，出版更多、水平更高的学术著作，丰富老年教育的学科群，进而丰富老年教育的内在建制。

(2)促进外在建制建设

进行“一带一路”与老年教育的研究，可以促进中国老年教育与世界各国老年教育的交流互动，形成互学互鉴的氛围。借鉴法国、英国、美国、日本等发达国家经验，促使政府教育行政部门在高等院校中开设老年教育相关专业或相关课程，令学术界特别是教育界充分认识老年教育学的重要作用，逐步承认老年教育学的学术地位，是老年教育学学科构建的外在建制的重要内容。如此，才能让老年教育独树一帜，成为中国教育不可或缺的组成部分，为其全面融入中国教育的根本大业奠定坚实的基石。

中国老年教育学学科构建的进展，在世界范围内也是独一无二的，我们期待这方面的工作对全球老年教育作出较大贡献。

三、当前中国老年教育理论研究有世界意义的贡献

世界的发展离不开交流和共享，“一带一路”的核心原则是“共商、共建、共享”。国际交流合作是老年教育发展中至关重要的一环。中国老年教育的理论研究无论是课题研究还是创新成果，都达到了一定的深度和广度。这些研究及其成果不仅属于中国也属于世界；不仅深刻影响着中国老年教育的发展，也对世界老年教育产生了影响。在“一带一路”理念的倡导下，中国老年教育的理论与实践也将不断为世界作出贡献。

1. 老年教育的中国模式被世界接受

当前中国老年教育理论对国际的贡献之一，是让世界接受了老年教育的第三种模式，即老年教育的中国模式。中国模式的形成具有深厚丰富的实践依据，首次出现在国际视野是在2018年4月上海国际老年教育交流活动中。当时，中国的林元和先生在大会上进行演讲，主题是“老年教育的中国模式”，而与此同时，法国的维拉斯教授和英国的玛利亚教授演讲的主题则分别是法国模式和英国模式。

国际老年大学界一直推崇的两种模式，一是老年教育法国模式，即以高校办学，凸显老年大学的高等教育特性而影响世界；二是老年教育英国模式，即以独立自主，依托社区，灵活自助，凸显老年教育自由独特活力而被世界认可。近年来，中国老年大学协会积极参与老年教育国际交流，大力宣传中国老年教育的优势特色，讲好中国故事，绽放中国风采，使国际老年大学协会框架内的老年大学接受了世界老年教育的第三种模式，即国家政府职能部门直接办学的老年教育中国模式。这是中国老年教育理论研究对世界的贡献之一，这一贡献确立了中国老年大学的国际地位，提升了中国老年教育的国际影响力。

中国老年大学事业取得了重大成就，受到全世界的赞誉。AIUTA主席维拉斯教授在多种国际场合的讲话和他的许多论文中，都宣传赞扬老年教育

的中国模式。中国模式正越来越大地影响着世界。目前，老年大学在全世界迅速发展，许多国家新办老年大学，开始效仿中国模式，采用政府各种涉老部门直接办学的中国做法。近年来，塞内加尔、保加利亚、乌克兰、蒙古、立陶宛、尼日利亚、卡塔尔等国家也纷纷由政府部门直接办起老年大学。这些国家原来也有各类零零星星的号称老年大学的文化、教育机构在活动，但规模很小，时办时停。中国老年大学的成就传播后，这些国家的教育部门以国际广泛传播的终身教育思想为指导，调动、启用各种教育资源，举办国家直管的老年大学，任用的管理者均为原高等院校的知名教授学者、校长或教育部门官员。AIUTA认为，各国政府开始重视老年大学，直接建校办学已成为全球一股浪潮。

2.“‘一带一路’与老年教育”研究影响世界

2018年4月8日，国际老年大学协会考察团在杭州考察时，维拉斯主席作了学术报告《世界老年大学的现状和未来》，向中国老年大学协会建议，针对“一带一路”与世界老年教育发展的关系展开专题研究。4月10日，在上海老年大学召开的AIUTA教育与科学执委会会议，决定委托中国老年大学协会拟定一个“‘一带一路’与老年教育”国际研讨方案，提交11月在毛里求斯路易港召开的AIUTA第103届理事会讨论。6月28日，在西班牙巴塞罗那举行的国际老年大学协会第102届理事会上，维拉斯主席再次明确把“‘一带一路’与老年教育”确立为2019年老年教育国际议题，并建议于2019年上半年在中国举行此专题国际学术研讨会。

“‘一带一路’与老年教育研究”是一次在全球化视野下对老年教育的教育功能和社会功能的全新审视，更是一次对老年大学办学内涵和外延的升华与创新。开展这个课题的研究有着深厚的理论意义和国际意义，将为老年教育形成一种新的战略思维，并为老年教育的发展、创新注入崭新动力。我们研究这个问题，整个过程本身也是学习、探索的过程，是对国际视野的研究和探索。我们可以通过对“一带一路”与老年教育的研究，在文化相融、民心相通、政策沟通的视野下重新审视、确立老年教育的社会功能和定位；从人口老龄化的发展和需求角度，延伸和丰富老年教育的涉及面和发展模式，为拓展和丰富“一带一路”的内涵提供实践论证案例，进一步提升中国老年大学工作的广度和深度。主动融入“一带一路”建设框架，汲取其丰富内涵的养分，必将对老年大学的教学理念、课程设计、校园文化、理论研究、教材采编等各项工作产生新的强力的启示，也必将进一步推动诸如老年游学、银发旅游、国际教育资源共建共享等老年教育新兴领域的研究和发展，进而全面提升我国老年大学的国际化发展水平。

“‘一带一路’与老年教育”议题提出后，中国老年大学协会国际联络部确定了三项任务：第一，在2018年11月毛里求斯会议上要提出“‘一带一路’与老年教育”议题的研讨方案和公告(已完成)。目前这个问题不是中国独家在研究，而是在国际老年大学协会范围内许多国家共同研究，我国仅仅是参与研究的一个国家而已。第二，AIUTA第104届理事会暨国际学术研讨会确定2019年上半年在中国举办。各国对这个问题的研究将在研讨会上做学术讨论。第三，要出一本书，即《“一带一路”与老年教育研究》，把中国的观点放到国际平台上交流。广州市社科联批准该项目为“十三五”重大委托课题予以资助。课题研究阶段成果已发布全球AIUTA成员老年大学。

“一带一路”框架下的老年教育承载了新的历史使命和社会责任，产生了新的时代内涵，形成许多可探索的理论问题，有待我们进行国际化的广泛而深刻的研究，并不断将中国老年教育的理论与实践贡献给世界，为解决老年教育的国际问题贡献中国智慧和中国方案。

第八章 “一带一路”框架下老年工作者教育队伍国际化素质的提高

人才是实现民族振兴、赢得国际竞争主动的战略资源。“一带一路”建设对人才提出了新要求。老年教育工作者国际化是“一带一路”背景下的政策使然，也是老年教育健康可持续发展的必然趋势。在“一带一路”背景下，老年教育工作者亟待解决和思考的问题是：老年教育工作者国际化人才除了具备所有人才应具备的专业知识、能力外，还应具备哪些特别的素质和能力？应采取哪些举措？我们应基于“一带一路”倡议的实施目的梳理老年教育工作者国际化的内涵界定，通过老年教育工作者队伍的构成现状，分析老年教育工作者国际化程度不足的原因，提出国际化培养模式改革的实施举措。

第一节 提高老年教育工作者队伍国际化素养的必要性

一、“一带一路”沿线国家人口老龄化的推动

老年教育的产生、发展与人的终生发展的需求之间是内在要求和内源性动力的关系。由于老龄化速度超前，所以发展老年教育势在必行。目前，人口老龄化问题日趋严峻，已经成为世界范围内包括“一带一路”沿线各国政府面临的共同难题。面对人口老龄化带来的社会压力，老年教育成为一项重要举措。这种“按照老年人和社会发展的需要，有目的、有组织地为老年人提供的非传统的、具有老年特色的终身教育活动”，具有完善老年人的自由、自主、自我的终生发展的属性。而老年教育质量保障的落脚点在老年教育工作者队伍的建设上，老年教育工作者队伍建设是推动老年教育整体实力的有力抓手。

面对迅速的老龄化趋势，中国的老年教育积极响应“一带一路”，开展新型多边合作，这必然要求人才发展国际化。人才发展国际化包括人才构成国际化、人才素质国际化、人才流动国际化、人才开发国际化、人才环境国际化、人才效益达到国际化水准。但随着国际交流的增加，国际化人才短缺等问题也逐渐显露出来。在“一带一路”沿线国家人口老龄化迅猛发展的背景下，要推进“一带一路”建设，就必须加快培养符合老年教育发展需要和服务国家战略需求的国际化人才。

二、“一带一路”倡议的动力注入

“一带一路”建设对于老年教育而言既是机遇又是挑战，一方面为老年教育走向国际舞台创造了莫大的发展契机，勾画出了我国老年教育发展的新蓝图；另一方面更加强调老年教育工作者的国际化能力。推进老年教育工作者队伍国际化发展是一项复杂的社会系统工程，如何培养符合老年教育发展需要、服务国家战略需求、满足国际化要求的专业性人才，是老年教育工作者队伍建设迫在眉睫的新课题。在“一带一路”倡议背景下，沿线各国合作共赢、共同发展的社会经济活动和文化教育活动，会越来越具备跨国、跨民族、跨地域特性。这就要求老年教育工作者相应地要具备国际化素养。

教育国际化和人才国际化已成为时代潮流，“一带一路”的政策文件和一些法律法规条文为老年教育工作者国际化转向注入了动力，提供了保障。2015 年 3 月 28 日，国务院授权国家发展改革委、外交部、商务部联合发布的《推动共建丝绸之路经济带和 21 世纪海上丝绸之路的愿景与行动》(本章以下简称《愿景与行动》)中明确提出了五项主要内容，将政策沟通、设施联通、贸易畅通、资金融通、民心相通深度融入“一带一路”沿线的经济体系中。其中，经济的互通互动和文化的交流沟通是“一带一路”倡议的两个核心内容。2015 年 12 月修订的《中华人民共和国教育法》明确规定，国家鼓励学校和其他教育机构大力开展教育对外交流与合作，大力发展国际教育服务，致力于培养国际化人才。2016 年 7 月中国教育部发布的《推进共建“一带一路”教育行动》中，明确指出为共建“一带一路”提供人才支撑的重要途径。党的十九大报告提出“推动形成全面开放新格局”，并深刻指出“要以‘一带一路’建设为重点，坚持引进来和走出去并重，遵循共商共建共享原则，加强创新能力开放合作，形成陆海内外联动、东西双向互济的开放格局”。

第二节 "一带一路"框架下老年教育国际化人才的内涵界定

一、国际化人才的界定

通俗来讲，具有国际化素质的人才就是国际化人才。什么是国际化人才？这不仅是一个学术理论问题，也是一个具有重大战略意义的现实问题。

2010年7月发布的《国家中长期人才发展规划纲要(2010—2020年)》指出"适应国家经济社会对外开放的要求，培养大批具有国际视野、通晓国际规则、能够参与国际事务和国际竞争的国际化人才"，这对国际化人才需具备的基本要素进行了清晰界定，国际化人才是指具有国际化视野、掌握跨文化沟通技能以及拥有国际化知识储备的专业人才。

叶忠海教授给出了更为具体的定义："所谓国际化人才，也称国际通用型人才。是指具有一定的国际化素质，能够在国际某领域发挥积极作用，作出某种贡献的人才。在我国，国际化人才通常是指常驻我国的外籍人才和国际化的本土人才。具体来说，包括外国专家、港澳台人才等，出国留学回国人才(含加入外籍留学人员)，本土国际化人才等。"也有学者指出，所谓国际化人才，是指具有全球视野和多元文化沟通交流能力、具有国际知识背景和专业交流能力、具有参与国际事务和世界市场竞争能力的各种人才。也有学者认为国际化人才定义应包括三个基本点：人才的素质应达到国际通行的标准，具有国际同行公认的创造性成果；人才的贡献与价值不仅能在本国实现，放在其他国家也一样能称之为"人才"；人才本身有应对全球化挑战的能力。基于以往的研究和人才本身所具有的知识属性、社会属性、创造属性、价值属性和流动属性，我们可以看出在新型国际化人才属性中，除了技能性、专业性、研究性外，跨文化的理解能力、国际活动组织能力与沟通能力尤为重要。

二、"一带一路"框架下老年教育工作者国际素养的内涵

(一)国际素养的内涵

对于"国际素养"，人们还没有一个明确的界定，在英文中对应的概念有Global competence，intercultural competence，cross-cultural competence等，中文概念相应的有国际能力、全球胜任力、国际素养等。

OECD将国际素养(Global competence)定义为"从多个角度批判地分析全球和跨文化议题的能力；理解差异是如何影响观念、判断，以及对自我和他人的认知的能力；在尊重人类尊严的基础上，与不同背景的人进行开放、适宜、有效的互动的能力"。这个定义并没有从规范性、描述性和操作性上给予国际素养一个明确的界定，但强调了国际理解力、技能和态度之间的联系。在我国，叶忠海教授就国际化素养，早在20世纪90年代初就有论述。后来，叶教授结合21世纪初全球化趋势，对人才素质国际化内涵作了进一步充实和完善。表述如下：第一，具有宽广的全球视野和思维方法；第二，熟悉、掌握本专业的先进国际化知识和技能；第三，熟悉、掌握并能运用本行业的国际惯例；第四，具有独立的国际活动能力和较强的国际活动竞争力；第五，具有较强的信息选择接受和加工处理能力；第六，具有广博的文化素养，特别是对与业务活动或有关的国家和地区的政治、历史、文化知识有较多的了解。

(二)老年教育工作者国际素养的主要体现

老年教育工作者队伍国际素养的界定和实施，必须建立在系统的人才国

际化战略的科学内涵的基础上。布迪厄(P. Bourdieu)的社会资本理论、阿玛蒂亚·森(A. Sen)的能力建设理论、迈克尔·波兰尼(Michael Polanyi)的隐形知识理论都从不同程度上阐释了人才观的基本要义，为人才国际化战略的科学内涵奠定了必要的理论基础。基于人才观的基本要义，参照叶忠海教授关于国际素养的表述，结合老年教育的特殊性，我们将老年教育工作者的国际素养表述为：具有宽广的老年教育的视野和思维方法；熟悉和掌握老年教育专业的国际前沿知识和技能；熟悉、掌握并能运用教育服务行业的国际惯例；具有独立的老年教育国际活动能力和较强的老年教育国际活动竞争力，具有老年教育领域较强的信息选择接受和加工处理能力；具有广博的文化素养和以非母语为基础的跨文化沟通能力；具有临危不惧、荣辱不惊的心理素质。

(三)“一带一路”框架下老年教育工作者的国际素养

“一带一路”体现了和平、交流、理解、包容、合作与共赢的精神，也带动了我国与世界政治、经济、文化交流合作的快速发展。在新的历史背景下培养什么样的国际化人才能满足时代的要求呢？2015年召开的“一带一路”人才战略论坛提出，高层次复合型人才的匮乏成为“一带一路”倡议实施的最大瓶颈。在“一带一路”背景下，老年大学和老年学校需要什么样的国际化人才？培养具备哪些素质的人才？

本研究运用德尔菲法(Delphi Method，专家调查法)，通过反馈匿名函询的方式调研了老年教育研究者、上海市市级老年大学、高校附属老年大学和区级老年学校的校长、专职工作者、兼职工作者，共计8人次。对老年教育研究者和实践者的意见进行整理、归纳，结果表明新形势下老年教育对工作者的新要求包括以下几个方面：具备国际视野和全球思维，具备良好的国际交流能力，具有共享资源、处理信息和临时应变能力，熟悉国际规则、具有组织国际活动的能力，具备国际化的专业知识和广博的知识面，具有较高的政治思想觉悟。

结合调研的结果、先行研究中对国际化人才的界定以及老年教育的定位，本着"一带一路"倡议"共商、共建、共享"的基本原则，本研究认为"一带一路"框架下老年教育工作者国际化素养的内涵包括：①具有坚定的国家意识和勇气，有报效祖国的社会责任感和对老年教育的职业责任感；②具有广阔的国际视野，了解当今时代问题、世界发展历史与趋势；③具有扎实的老年教育职业素养和国际老年教育活动所必需的技能和专业知识；④具有高强的创新能力、学习能力和解决问题的能力；⑤具有独立的国际沟通协调能力和较强的国际活动组织能力；⑥具有较深厚的人文素养、科学素养和信息素养。

具体而言，使命感和责任感，主要是指能自觉意识到是为了国家利益，不是为了一部分人的利益；有为老年教育服务的自豪感和自觉性；能提高行政工作效率。勇气是指为了老年人全体的利益，有勇气提出专业性的、有责任感的主张和建议。广阔的国际视野，是指能理解多样的价值观，具有敏锐的洞察力和分析世界动向的能力。基本技能和专业能力，是指具有老年教育专业知识和技能，具有组织和管理老年教育相关业务的能力。解决问题的能力，指的是面对错综复杂的问题时，有决断力，能分析状况迅速给出具体解决方案。

第三节　老年教育工作者队伍的现状

随着老年教育规模的不断扩大，中国参与老年教育的人数不断增多。《老年教育发展规划(2016—2020 年)》提出的五个保障措施中有"加强队伍建设"，"鼓励普通高校、职业院校相关专业毕业生及相关行业优秀人才到老年教育机构工作"，"加快培养一支结构合理、数量充足、素质优良，以专职人员为骨干、与兼职人员和志愿者相结合的教学和管理队伍"。但从现状看，我国老年大学教师总体数量明显不足，且来源渠道缺乏，与规划中的这个要求还存在较大距离。

一、工作者队伍的结构

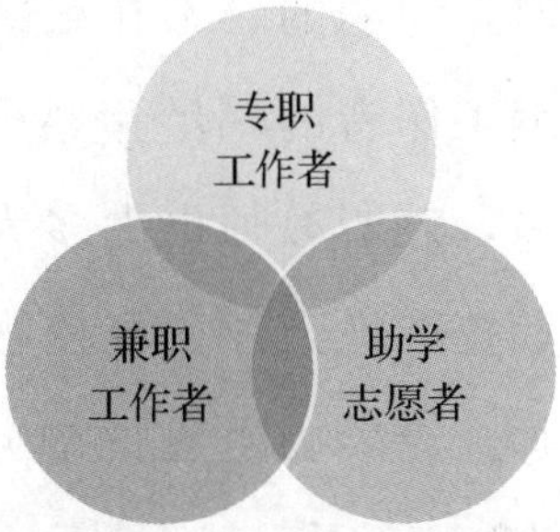

我国老年教育的实施平台和老年教育工作者主要集中在老年大学和老年学校。目前，我国老年大学(学校)形成了由省(区)、地(市)、区(县)、乡(镇、街道)、村(社区)五级老年教育(大学、学校)组成的教育体系。老年大学逐渐形成了三种典型的模式：政府投资型模式、自治自主型模式与社区型模式。有些地方的老年教育已经先后形成了三大老年教育序列：市区老干部局主管的老年大学，老龄委主管的老年大学，教育局主管的老年大学及老年教育中心。

通过各项政策的支持，老年大学中形成了一支专职管理者和兼职教师相结合的工作者队伍，他们在老年教育推进中发挥了骨干作用。老年大学工作者队伍的基本构成为：专职工作者、兼职工作者和助学志愿者。即老年教育工作者由三支队伍构成：一是，以热心老年教育的教育家和有经验的校长、管理者为核心，以专职教师为骨干的专职管理者和教师队伍；二是，以各个领域的专家和能工巧匠组成、适应老年人学习需求的老年教育兼职教师队伍；三是，帮助老年人学习的志愿者队伍。专职工作者分为两类，一部分是在编人员，相当大一部分是公务员，另一部分是不在编人员，是聘用的。专职且“不在编”的老年教育工作者中大多数为退休的干部和管理者。兼职人员和志愿者一般由社区内的有知识的人、专家以及各行各业的工作人员、在校大中专学生来补充和充实。兼职队伍是老年教育工作者队伍的重要组成部分，从上海的案例可以看出，兼职教师的数量是专职教师的几倍，是老年大学发展的有力支撑。

不同类型的老年大学，其管理、师资队伍结构也呈现出各自的特点。其中，省、市、区老干部局主管的老年大学工作者队伍中，专职人员大多为公务员、事业单位在职干部和一部分退休返聘人员(中小学、大学的校长，政府机关部门的干部等)，兼职教师为该地的教师和能工巧匠。教育部门主管的老年大学中，市级层面的老年大学承担着重要的辐射作用，其实力最为雄厚，专职的、不在编的工作者大多为退休的中层以上的领导干部，专职的在编工作者的年龄呈现年轻化趋势，硕士以上高学历工作者的比例在逐渐增多，兼职教师也大多为中小学、大学的名师和地区内较有声望的有知识的人和技能性人才。高校附属老年大学的管理者(专职、不在编)多为大学退休教师。老龄委主管的老年大学，是三大老年教育序列中的生力军之一，分为市—区—街道—居委会四个层级的老年大学。目前各地电大参与老年教育大致有两种方式：一是与当地的社区学院联姻，通过社区学院参与老年教育；二是与当地老龄委合作建立老年开放大学或电大直属班。

老年大学行政管理人员负责工作者队伍的统筹安排等。从工作内容现状来看，专职工作者角色多元，他们承担教学、项目开发、宣传倡导、组织管理、指导促进以及科研等工作。

从各类老年大学工作人员结构分析，这支队伍的工作热情、工作态度无可挑剔，但从事教育管理的能力有限，国际素养水平不高，他们亟须提升把老年教育与“一带一路”对接的能力。

二、工作者队伍的建设

(一)选聘途径

一般老年大学选聘教师的标准是，热爱老年教育工作，身心健康；师德高尚，责任心强；能胜任教学工作，有一定教学经验；有奉献精神，对老年人有耐心并愿意为老年人服务等。因为老年大学的教师多为兼职，所以这类教师一般采取“一学期一聘”的方式，报酬由老年大学预算经费支出。

如上所述，老年教育的专职教师的最大来源之一就是退休教师。这批老师教学经验丰富，为高水平的教学质量提供了可靠保证。但是，老年教育总体师资力量紧缺，师资库中教师较少，缺乏可靠且质量高的师资来源。而且，在老年教育工作者中，具备高级以上职称的人员相对而言数量偏少，大多是初、中级职称。另外，缺乏明确的标准，导致进入老年大学的教师素质参差不齐。老年大学在引进优秀师资的过程中存在人事制度等方面的障碍。

(二)培训方式和内容

老年教育工作者队伍的培训，是提高老年教育工作者服务能力、加强内涵建设的重要举措。在中央的号召下，各地纷纷出台老年教育师资队伍建设计划，也在进行实践摸索和尝试。例如，中国老年大学协会老年教育学术委员会至今举办了5届老年大学校长培训班，并举办老年教育国际论坛，注重与国际老年教育组织AIUTA的合作交流。一些地方在尝试对教师、班主任及教务等进行分层培训，也有一些地方已基本形成了市—区县—街镇老年教育师资队伍三级分层培训体系。即由市老年教育师资培训中心牵头、其他中心配合，开展市级培训；以区县社区学院(老年大学)为主，实施区本师资培训；由街镇老年学校组织校本师资培训。这些师资培训提升了管理人员的办学能力和专兼职师资队伍的教学水平，并帮助他们拓宽了视野，提升了素养。然而，大多数地方仍然没有开展老年教育师资培训计划，还未形成老年教育培训体系，有的地方甚至基本处于空白阶段。因此，可以说大多数老年教育教师都没有接受过正规、系统的老年教育培训。现在具体由哪个单位，通过哪种渠道，采用何种方式对从事老年教育的教师进行系统的职前、职后培训，特别是以提高国际化素养为目的的培训还在进一步的探索中。

第四节　老年教育工作者队伍国际化发展不充分的原因分析

我国在“国际人才社会保障”等指数上还很落后，其中领先全国其他省(市)的上海，从国际比较看，仅位列全球46个大城市竞争力的第37位，得分刚过及格线。依此可推测，我国老年教育工作者队伍的国际化素养还远远不够。基于国际化人才的内涵和我国老年教育工作者队伍的发展现状，我们可以分析我国老年教育工作者国际化素养不足的原因。

一、老年教育工作者队伍结构窄化和人员整体不足的掣肘

在“一带一路”框架下，我国老年教育工作者队伍结构面临多方面的挑战，如能级结构的挑战、专业结构的挑战等。就老年教育工作者的类别结构而言，教学、管理类人才较多，研发类人才较少；实践类人才较多，理论类人才较少；传统类人才较多，国际类人才较少。有研究认为老年教育工作者队伍存在专职少、层次低、培训少、认知低的特点。调研发现，老年大学师资队伍呈现出多元化、年长化的特点，其专职人员大多为退休的国家党政干部和现职公务员，这些人员对老年教育充满热情，也有丰富的管理经验，但在相关的教育理念和教育理论基础方面还有不足，专业化和国际化程度低成为老年大学师资队伍发展的主要瓶颈。在“一带一路”框架下，我们需要调整老年教育工作者队伍的类别结构，加大研发类、理论类、国际类工作者的比例。

我国老年教育工作者从人数上而言，整体处于不足状态，且存在地区结

构上的差异。总的来说，东部和中西部地区队伍差异明显。西部地区更需要大力提升队伍建设和队伍的整体素质，更需要实现老年教育工作者素质的战略性转变，更需要国际化人才。

二、老年教育工作者国际化发展需求度高和认知度低的矛盾

老年大学教师目前的状态为：自身的其他事务工作繁忙，较少有时间和精力接受培训；缺乏专业的交流和指导，对专业性的认识不足；国际化经验不足、相关能力有待提高等。“一带一路”建设对老年教育工作者的专业化和国际化也有着迫切的要求，亟须以专业标准为门槛，规范国际化素质，来确保老年教育服务的品质。

另外，老年大学工作者虽然非常希望得到培训进修机会、学校支持和经费支持，期待专业化发展获得保障，但对“一带一路”倡议和国际化素养的提高认识还不足。一些老年大学的管理层和教师中出现“没能力论”和“无关论”。他们认为国际化发展与老年大学的现状还有很大的差距，老年大学还没有能力进行国际化建设；也有人觉得没有必要进行国际化素养的培训，认为“一带一路”是国家经济战略，与老年大学的发展无关。另外，现有的研究多数集中于工作者职业化专业化发展研究、教师的聘任和管理、队伍建设的构想等。与老年教育工作者队伍相关的研究，鲜有提及国际化不足的问题。即在理论研究上，国际化素质培养还未得到高度重视。加上老年教育工作者队伍成员素质参差不一，组织分散，因此他们专业提升不易。很多一线的老年教育工作者对什么是国际化人才，国际化人才需要具备哪些素质等，在认识层面上还处于发展的低阶段。总体上来说，相对于老年教育工作者队伍的其他问题，国际化问题还未被提到讨论日程上来，研究者们和实践者们对老年教育工作者国际化的认知尚有很大提升空间。

三、国际化专业能力有限和国际化培训内容缺乏的困境

“一带一路”建设寻求与沿线的60多个国家和地区的深度合作，地方文化、社会及经济的差异，要求跨国工作者必须具备高超的国际专业能力和交流沟通能力。而我国老年教育发展水平不一，一些地区的老年大学开办至今，由于时间较长，设施陈旧，硬件设备不齐全，活动经费不足以至于无法开展更多的活动。也有一些老年大学认识到老年教育工作者国际化能力的重要性，但因为资金投入不足，师资力量薄弱，工作者平均年龄偏大，尚未具备相应的专业技能和国际化能力。

目前，老年教育机构开始着手并不断摸索老年教育工作者国际化培训和国际交流的展开方式，但总体来看，培训的内容和形式都存在很多问题。老年大学工作者培训分为职前培训和职后培训。职前培训主要有两个方面的问题：一是培训目标不到位，国际化、专业性整合不够；二是培训课程欠合理，课程内容、课程结构、课程教学有待改革。培训的内容主要集中在教师职业道德、老年教育理论、普通教育教学理论等方面，鲜有老年教育工作者国际化素养的培训。职后培训的问题主要是缺乏规范、长期性的培训规划，缺乏国际化相关培训内容，特别是对兼职教师和志愿者的国际化培训亟待发展。

整体而言，我国老年教育工作者队伍国际化意识及参与程度还比较薄弱，这与国际化发展目标定位不明晰，国际化人才培养质量保障体系不完善，培训内容国际化成分不多，国际化人才培养的观念滞后，部分政策和管理措施尚未形成合力等直接相关。

第五节 老年教育工作者队伍国际化发展的举措

“一带一路”倡议不仅是一个经济命题，也是一个文化交融的命题。《愿景与行动》中提出了“人文交流更加广泛深入，不同文明互鉴共荣，各国人民相知相交、和平友好”的设想。培养能够进行跨文化理解与沟通的新型国际化人才，在老年教育领域极为重要。这需要因地制宜，推动老年教育和互联网、大数据、人工智能深度融合，促进老年教育工作者构成的国际化、素质的国际化、流动的国际化、开发的国际化、环境的国际化，从而积极促进“一带一路”国际合作，推动构建人类命运共同体。老年教育工作者国际化素养的培养和提升是一个系统工程，涉及众多领域和层面，需在人才规划基础上，思考新时代人才发展趋势，研定人才发展战略取向和宏观的提升举措。

一、树立国际化的培养理念，完善政府顶层设计

近年来，虽然老年大学对国际化人才的重视程度不断提升，但我们在调研过程中发现老年教育工作者国际化的开放程度还远远不能适应社会发展的需求，老年教育的各级领导干部对国际通行规则和专业知识了解也不多。为此，需要树立培养和提升老年教育工作者国际化的理念，抓住“一带一路”倡议形成的新国际合作战略机遇，以国际化促进老年教育工作者培养水平的提高和培养质量的提升，在大力培养为我国老年教育发展服务的高素质人才的同时，把国际化层面的能力提高作为老年教育工作者培养的重要因素。

具体而言，树立国际化的培养理念，拓宽老年教育的国际视野，要将国际化办学理念融入老年大学(学校)的建设规划中，明确国际化目标定位，编

订明确的制度；建构自下而上的领导体系，指导老年教育工作者队伍国际化建设工作；明确价值取向，建立相关的激励机制，调动工作者参与国际化工作的积极性。要通过树立国际化的培养理念，落实“一带一路”建设背景下老年教育工作者国际化的具体思路，完善老年教育相关国际化的顶层设计。

二、构建兼容并包的人才环境，打通国际化发展路径

我国老年教育工作者的国际化人才成长环境建设滞后，高层次人才向老年教育聚集的空间较小。培养老年教育国际化人才，要推进人才环境国际化，着力构建国际人才高地，实施“引进来”和“走出去”的战略，尝试建立国内外相关机构联合培养的新模式。从国际化老年教育工作者培养来看，政府、企业、老年大学、教育机构在广泛开展对外交流合作的过程中要形成良性互动，需要通过兼容并包、多元化的政策实施和培养方式的改革，一方面“引进来”，引进国际人才来讲学和交流；另一方面“走出去”，拓宽本土人才的国际视野。

具体而言，为了建设能够参与国际交流的老年教育工作者队伍，通过开展国际、国内的学术合作，以及各种国际学术研究项目，使老年教育工作者努力“走出去”；为了形成一批国际性的学术合作成果，辐射和带动老年教育工作者环境国际化，需要多渠道多形式发展国际合作办学，提升办学模式的国际合作度，建立和完善国内培养与国外交流的衔接式办学体制，提倡多形式合作办学，加大体制改革的力度，加强学术文化频繁交流，加大国际学术活动的参与度。此外，还要建立定性定量相结合的教学质量评价体系等应对管理策略，不断提高教师队伍建设水平，设定专业能力水平认定标准，促进专业发展的内容与形式多元发展，建立国际化实践成果淬炼推广机制，打通国际化发展路径。

三、拓展多元的培训外向度，加大国际市场渗透力

应该不断形成与“一带一路”倡议相匹配的教育文化交流的新思维和新方式，在培训方案中设置能充分体现国际化人才培养目标的关键性课程内容，大力增加体现“一带一路”沿线国家概况的内容，有意识地引导和鼓励老年教育工作者开阔国际视野，提高对文化差异的敏锐性、认同度。为了更好地奠定国际化人才培养的思想基础，中国老年教育需以“一带一路”倡议为契机，加速老年教育工作者培养的融合度，加大国际学术活动的参与度，拓展多元的培训外向度。

具体而言，我们可以在调查国外老年教育培训需求的基础上，选择比较有优势的老年教育服务，采用多种渠道和多种方法，以教育培训成品质量高、服务优来获得购买服务者的满意，来巩固和拓展老年教育服务市场。针对老年教育工作者培训，学校可以采用在职海外培训、聘请外教和外国专家到校工作等方式来提升工作者队伍建设的国际化水平。其途径和方法可以有：加强与企业、高校的合作，特别是积极寻求与外派企业合作的机会；通过联合办学、项目合作、聘用兼职、研讨交流等多种形式，积极引进与我国老年教育资源之间优势互补的优质国际教育资源，为我国培养国际化老年教育工作者服务。

四、建构引领性的基础体系，铺设国际合作平台

当今世界，经济全球化加速发展，催生着人才发展国际化。推进老年教育工作者国际化进程是我国老年教育“强起来”的基础性工程。在互联网的迅速发展之下，老年教育信息沟通和交流越来越密切。从物质载体角度看，我国与国际对接渠道主要有：第一，参与 AIUTA 组织的各项活动并发挥作用，这是我国老年教育对外交流的主要渠道，也是中国老年大学协会国际联

络部的主要工作；第二，中国国际教育年会(CACIE)框架下的国际老年教育论坛，这也是一个实现老年教育可持续发展路径的重要对外交流窗口；第三，全国各级各类老年大学的国际交流活动，这类活动主要是来访参观、短期合作办班，目前以东亚和东南亚国家为主。

目前实施的人才国际化战略是对传统的延续，在新时代的背景下还存在一定的制度限制。老年教育工作者队伍建设，第一，需要制定具有引领性、科学性和可操作性的相关政策。第二，在此基础上，结合自身实际构建一套科学合理的国际化人才培养体系。制定培养目标和战略所需人才的核心要素可以合理调整与补充现有人才培养模式。另外，还要整合资源，凝聚高水平师资，精心设计培养方案，建设国际化培养项目，优化学习体验，推动中外老年教育工作者共同参与、交流融合。在加快国际化的同时，我们也需要关注民族性，兼具民族文化色彩。第一，需要关注培养老年教育师资队伍有坚定的政治立场、熟悉党和国家的方针政策、深谙国情文化，同时也要注重培养其世界性眼光和历史性眼光，使其担当起构建人类命运共同体的老年教育时代重任。第二，培养其具备国际视野、跨文化沟通能力和国际化运作能力，使其熟练掌握外语，熟悉国际规则，具有扎实的区域国别知识。

五、形成弹性的培育机制，促使国际教育资源再生

破除束缚老年教育工作者国际化发展的思想观念和体制机制障碍，解放和增强工作者活力，需要形成具有国际竞争力的人才制度优势。增强人才活力意在增强老年教育工作者的主体性、能动性和创造性，重在优化老年教育工作者的培育体制机制。要切实把邓小平同志关于教育要“三个面向”的战略思想真正落到实处，以“教育要面向现代化，面向世界，面向未来”为指导思想，统领老年教育工作者培训开发的改革创新。

老年教育工作者的国际化，需要更好地形成弹性化的、分层的培育机制。具体来说：一是，要严格老年教育教师的“准入”制度，逐步实施“持证

上岗制度”，建立和完善老年教育专业职务系列。例如，开放高级社会工作师资格认证考试；建立各类社工的专业职务系列；建立以岗位职责要求为基础，以品德、能力和业绩为导向的人才考评机制等，积极推行老年教育工作者的职业生涯管理，促进社区工作人才的专业化和国际化发展。二是，坚持国际经验与本土现状优化组合，根据老年教育师资结构建立分层的国际化培训机制，健全国际化的老年教育工作者访学和游学机制。老年教育工作者专职队伍中有相当大一部分为退休和现职党政干部和公务员，但也正在呈现年轻化和高学历化的发展趋势，所以需要分层对其进行不同内容和方式的培训，以提升其教育理论水平，培养其国际化素质。此外，国际化人才只有在不断的国际流动中，才能逐步实现量和质的结构整合与优化。当前，交流和参与是实现老年教育工作者国际化的重要手段之一。

六、打造实践学习空间，培养自我导向型国际化人才

成人教育理论家诺尔斯认为在自我导向学习过程中，学习者的自主性得到充分体现。在成人教育中，自我导向学习是经常获得认可的一种学习框架。自我导向学习是一种没有他人帮助的学习方式，由个体自己评价自己的学习需要，形成自己的学习目标，寻求学习的人力和物质资源，选择适当的学习策略，评鉴学习的结果。可见，采用这种学习方式的学习者自己确立学习目标、制订学习计划、选择学习方法等，整个学习过程是主观的、能动的自我学习过程，但它并不意味着孤立地学习。在学习型社会中，最佳的学习方式就是“人人、时时、处处”都能学，我们要着力为老年教育工作者的自我导向学习打造空间。

要在老年教育国际合作和研讨的过程中，在参与国际活动的实践中，培育老年教育工作者国际化素养，主要包括参与国际研讨会、交流合作国际化的项目等。鼓励老年大学工作者积极参与世界范围内的国际会议，从而促生老年教育工作者的国际化理念，提高其国际交流能力和科研能力。通过国际

会议或论坛，老年教育工作者可以了解国际上的最新动态。具体做法：加深自身与沿线各国在老年教育理念上的互学；加强与沿线各国老年教育教师和管理者之间的交流访问；帮助教师寻求更多的国际对话平台，使他们能够有机会不断更新自己的教育理念，树立国际化的老年教育观。

总之，这是一个基于理念、环境、外向度、体系、机制和个人"六位一体"的提升老年教育工作者国际化素养的新路径。这一路径以培养老年教育工作者国际化人才为目标，以重视老年教育工作者国际化发展为理念，以因地制宜构建良好的培育环境为基础，以加大培训改革的外向度为动力，以制定相应的体系和措施为保障，以形成相得益彰的机制为支撑，以打造良好的自我学习空间为催化。老年教育工作者国际化路径的实施需要相关部门统筹协调，才能顺利推进。六个要素既相对独立，又有内在的本质联系，它们一起构成了一个比较完整的老年教育工作者队伍建设系统。"一带一路"倡议的颁布与实施成为我国老年教育国际化发展的催化剂，贯穿于老年教育的国际合作之中。老年教育工作者国际化是"一带一路"背景下人才培养的必然诉求，也是老年教育发展的动力之一。

第九章 “一带一路”框架下的老年教育国际合作

“一带一路”倡议的核心内涵是互联互通，本质是国际合作。相应地，在“一带一路”框架下，老年教育国际化发展的主旋律可以界定为国际合作。

第一节 老年教育国际教学合作

国际上对老年教育教学的研究，均立足于老年人的生理、心理与社会的特点与需求。我们既要整合国际元素，又要创建自身特色。[①] 加强国际老年教育、特别是“一带一路”沿线各国老年教育教学，可以从师资、课程、教材、学员、教学活动、教研等方面，开展重点合作，对接沿线各国意愿，互鉴先进教育经验，共享优质教育资源，全面推动各国老年教育提速发展。

---

① 钱源伟：《老年教育教学论》，22页，北京，人民教育出版社，2016。

一、师资合作

师资队伍建设是教育发展的核心问题。师资的质量直接关系着教育教学的质量。一支好的师资队伍是提高教育质量、办好人民满意教育的关键。加强“一带一路”老年教育教学合作，必须建设一支素质高、业务精、结构合理、富有活力、适应学科发展、满足教学工作需要的师资队伍。

(一)整合资源，建立系统专业的师资库

一是建立政治理论型师资库，二是建立特色文化型师资库，三是建立实用创新型师资库，为推动中华优秀传统文化的繁荣与发展，加强我国与“一带一路”沿线国家和地区老年教育教学合作奠定良好的基础。

(二)建立机制，强化师资库的长效管理

一是建立长期培训机制。从老年教育事业发展的现实出发，设定主题，通过校内教学观摩课、公开课，校际教学交流活动等形式，有计划、有重点、分批次地组织开展教师培训班，交流教学心得，提高师资队伍的能力和水平。还可以举办教师优质课大赛，激发教师的教学活力与魅力。二是建立经费保障机制。采取多渠道筹措的办法，解决教师培训、外出交流学习等的经费问题，以保障教育培训活动顺利开展。三是建立师资评价机制。结合教育教学活动、学习培训、教学效果等情况，定期组织专家对师资情况进行评估考核。组织开展优秀教师评选活动与表彰活动，有效激发教师的工作积极性。

(三)互动互派，发挥师资库的带动作用

一是探索创建“一带一路”教学互动交流平台。可以建立信息化交流平台，也可通过召开教学研讨会的形式，加强“一带一路”沿线国家和地区老年

教育师资的交流学习，增进理解与互信，建立良好的互动交流渠道。二是建立教师互派机制。可以先选择条件较好、老年教育事业发展较快的国家，开展教师互派活动，试行交换一学期、一学年，总结互派经验，再逐步完善互派机制，逐步推广，形成长效机制。

二、课程合作

一是围绕“健康老龄化”开展课程合作。世界卫生组织提出了“健康老龄化”的概念，其目标是：不仅延长人类的日历年龄，而且改善人类的生理年龄、心理年龄和社会年龄，使老年人的健康寿命和独立生活寿命更长。老年教育可以延缓人的衰老，维护和促进老年人的身心健康，各国老年教育在这方面的实践具有很强的共性，合作空间广阔。“一带一路”沿线国家和地区要紧紧围绕这项目标任务，共同研究开发健康教育、生活指导教育、生命超越教育等方面的课程设置和教学，如老年教育需求、康复医学、老年人心理学、健康养生①，从心理和生理方面为退休后的老年人提供指导和帮助，使他们更好地应对生活变化，为他们提供个人生活、家庭生活和社会生活等方面的指导教育，提升他们的人际互动和获取社会资源的能力，协助他们认识更多的生活选择机会和可能，享受丰富多彩的晚年生活，也让他们思考和接受衰老、渐近死亡的事实。

二是围绕个性需求开展课程合作。老年人在兴趣爱好、退休前从事的工作类型、文化水平等方面千差万别，因此，老年教育课程要足够丰富，满足个性化需求。从老年教育发展过程看，摄影、器乐、绘画、书法、舞蹈、合唱、旅游、音乐等课程，不受地域、种族、性别的影响，受到老年人的普遍欢迎。因此，“一带一路”沿线国家和地区在进行老年教育课程合作时，要注重开发老年人普遍欢迎，又不受语言、文化等影响的课程，进行互动交流。

① 钱源伟：《老年教育教学论》，22页，北京，人民教育出版社，2016。

三、学员交流

信息网络技术的迅猛发展，直接推动着社会发展和人类进步，同时也在改变人们的学习、工作和生活方式。老年学员的学习兴趣与学习需求呈现出多样性、多元化的特征。很多人希望走出家门、国门，了解新鲜的事物，开阔视野，拓宽眼界，丰富人生阅历。这就为“一带一路”沿线国家和地区老年学员的学习交流提供了条件。老年教育机构要积极搭建平台，科学设计主题，通过游学、成果展示、文艺表演、项目竞赛等方式，支持老年学员走出国门进行交流。如泉州老年大学通过南音南戏等优秀传统文化，以曲会友，带动老年学员与日本、韩国、马来西亚、印度尼西亚、菲律宾、新加坡等40多个国家的社团进行交流。老年教育机构组织学员交流要注重组织学员培训，让学员提前了解有关国家的基本国情、环境、人文等知识，做好思想准备；还要做好咨询、服务、保障工作，密切关注学员的学习生活情况，让老年学员开开心心学习、平平安安回家。

四、教材互换交流

教材是与课程相对应的，是课程开展的载体。作为老年教育发展水平的重要标志之一，教材在课堂教学、校园文化建设、老年教育理论研究、校际交流等方面发挥着诸多作用。因此，在推动“一带一路”老年教育教学合作过程中，我们要把教材建设作为规范教学、提高质量、互利共赢的重要措施；要充分发挥中国老年大学协会教学工作委员会的作用，组建一支内外结合、名师领衔的教材工作小组，负责编写、翻译、开发老年教育教材，逐步形成老年教育教材体系，促进国际老年教育教材交流合作；要积极挖掘“一带一路”沿线国家和地区优秀学习资源，结合共同的发展和学习需求，加强教材开发合作；要借助互联网、广播、电视等现代化传播技术，创设“一带一路”

老年教育空中课堂或老年教育网站平台，开发符合不同国家、不同类型、不同层次、不同年龄的老年教育学习资源库，满足"一带一路"老年教育发展的需要。

五、教学方法互鉴

教学方法是教师和学生为了实现共同的教学目标，完成共同的教学任务，在教学过程中运用的方式与手段的总称。它包括教师的教法、学生的学法、教与学的方法。老年教学方法的选择与组合，应该根据老年人的学习心理、教学特点、功能实现、课程类型等进行。① 老年学员的学习兴趣，教师的教学效果、教学质量等问题不是单一的教学方式方法在短期内所能解决的，必须综合运用多种形式、多种手段来组织实施教学计划才能达到教学目的。就一门课程而言，教学方法也不是单一的，需要多种方法相结合。精神陶冶、生活情趣类课程，如茶艺、插花等，一般会以观摩、体验、实操、考察等方式教学；休闲欣赏类课程，如电影赏析、名著赏析等，一般会以观摩、参观、探索、讨论等方式教学。因此，在"一带一路"老年教育合作中，教学方法互学互鉴是十分必要的，有助于各个国家共同提升老年教学的质量和水平。在实践中，中外老年大学可以通过课堂现场观摩、评课、讨论、教师学员互换等方式进行。

第二节　老年教育国际科研合作

老年教育国际科研合作，就是各国老年教育群体之间为了达到共同目的，以科学研究项目为纽带，彼此互相配合的一种联合行动和方式，以此支

---

① 钱源伟：《老年教育教学论》，22 页，北京，人民教育出版社，2016。

持老年教育发展。

一、老年教育国际科研合作的意义

教育发展，科研先行。科研合作作为老年教育国际合作的一部分，在老年教育系统工程发展中具有基础性、先导性、全局性的地位，对老年教育国际化建设具有重要的指导意义。

(一)有利于老年教育战略研究

老年教育是我国教育的一部分。随着我国教育的发展，对外开放是它的必由之路。与国外科研合作是老年教育对外开放的重要内容。发展“一带一路”教育战略，需要推动老年教育对外科研合作。

一是科研合作有助于推动世界老年教育的整体发展。“一带一路”沿线多数国家经济水平较弱，需要我国发挥主动性，带动他们共同发展从中受益，我国老年教育也要发挥自己的优势，研究沿线国家老年教育现状，实现与我国老年教育对接，完成“一带一路”教育发展战略的拼图。

二是科研合作有助于求同存异。深入研究“一带一路”沿线国家和地区的老年教育发展现状，可以帮助我们清楚地认识我国与“一带一路”沿线国家和地区合作的必要性和可能性，破解合作中存在的障碍，填平合作中的鸿沟，为合作提供坚实的基础。

三是实施科研合作有助于研究在老年人层面上如何实现民心相通。老年人是知识和道德的高地，也是各国历史文化的建设者和示范者。研究他们的教育需求，有利于思想感情和文化交流，有利于打通宗教、语言、民族等方面的隔阂，为民心相通作出贡献。

(二)有利于推进我国老年教育的国际化进程

随着我国老年教育日趋成熟，老年教育的国际化步伐也在加快，建立老年教育科研国际合作机制，有助于加快我国老年教育的国际化进程。

一是以国际视野发展老年教育。我国老年教育国际化是新时代开放的需要。随着改革开放的深入，我国基础教育和高等教育越来越国际化，老年教育也必将全面实现国际化。实施科研合作，可以站在国际研究平台，总结其他国家老年教育发展的特点，辨识我国与国外老年教育的异同，取长补短，垫高我国老年教育发展的基石。

二是推进内涵式发展。我国老年教育经历 30 多年的发展，虽然扩容普及的数量型发展思路将继续延伸，但通过内部深化改革，激发内在活力，增强自身实力，走质量或内涵式发展也成为必然趋势。以国外已有的老年教育的经验和做法为研究课题，多角度地思考我国老年教育发展的路径，可以大大提速我国老年教育科学发展。

三是推进规范化特色化办学。我们要研究不同国家老年教育的教学制度、管理制度和文化制度等，改进我国老年教育规范化特色化的思路，改进我国老年教育办学方式方法，形成既有我国特色，又有国际规范的老年教育体系，实现与国际老年教育的融合，早日融入“一带一路”的教育合作格局。

(三)有利于提高老年教育学术水平

一是创新老年教育研究理念。闭门造车、自我封闭研究会限制研究思维，“走出去”能不断拓展研究思维的宽度、深度、广度，并提高效度，形成多元化的思考力和创造力。

二是创新教育研究体系。我国老年教育理论研究起步晚，系统性欠缺。通过科研合作，我们可以对国际老年教育的价值、各国老年教育政策、前沿理论等共同话题进行破解，并逐渐形成老年教育研究新体系。

三是创新人才培养模式。借助国际老年教育交流，我国的老年教育研究者可以与国际一流专家学者展开充分的科研合作，不断完善自己的专业知识，提高自己的思维层次，逐渐成为具有国际学术视野和专业水平的老年教育工作者。

二、老年教育科研合作的现状

目前，我国老年教育科研合作主要是依托国际老年大学协会展开的，虽然取得了一些成果，但也存在合作平台单一、合作形式简单、合作层次表面化、科研合作机制存在差异、合作不顺畅等问题。

(一)合作平台需要拓宽

国际老年大学协会是世界各国老年大学、老年教育机构工作范围内最具影响力和最有权威性的国际民间社团组织，是目前老年教育领域开展合作、协作科学研究的良好平台，是推动全球老年大学共同发展的工作网络。《国际老年大学协会章程》提出：“鼓励在全球范围内成立并发展第三年龄大学，在合作性项目、科研等基础上，根据地域、语言或其他标准，把相关利益群体聚集起来，从而建立组织性结构；通过这种方式，促进各第三年龄大学之间的联系和合作。”

2013 年 5 月，在国际老年大学协会第 92 届理事会上通过的《老年大学宪章》指出：“老年大学是世界各地老年人学术科学合作的有利交流平台。”“老年大学通过自主一体化发展，或与其他教学机构的合作来确保学术活动的地位。”老年大学作为推广老年教育的主渠道，也成为目前开展老年教育科研合作的主平台。老年大学有着长期从事老年教育的经验积累，有稳定的专业师资队伍，掌握着老年教育发展的动向，这些都为科研合作提供了必要的基础。科研合作应该拓展思维，形成官办机构与民办机构多元化的合作平台，政府主导合作平台与民间自主合作平台互相倚靠，多样化推进。

(二)合作形式需要丰富

自 1994 年加入国际老年大学协会后，我国就参加国际老年大学协会一年两次的国际理论研讨会，这对我国影响极大。国际老年大学协会的国际视野是宽阔的，学术研究水平是较高的，与国际老年大学协会的理论研讨合作给我国老年教育发展提供了较好的借鉴。

但目前我国与其他国家老年教育的科研合作形式仅限于会议研讨和交流互访，这些合作方式虽然在一定程度上有助于多方的思想交流，但受众群体面小，研究成果影响力小，难以转化为实践成果，没有起到互动增效的作用。我国未来要加大与国际老年教育界特别是“一带一路”沿线国家和地区的科研深层次合作，从面上的对话转为实际的合作，丰富合作交流的形式，从“走马观花”转到驻足“赏花种花”。

(三)合作机制需要完善

我国老年教育科研与国外合作沟通语言有障碍且经验不足，所以在合作中要逐渐形成良好对话机制，保证对话的公平性和有效性。中国老年大学协会林元和副会长提出了实施国际议题—国内研究的“1＋1”研讨模式，创新了我国老年教育与国际交流方式，加快了我国老年教育与国外的交流，这为消除科研合作机制差异性，建立灵活、自由的合作机制，提供了新思路。这一模式目前仍需进一步完善，从实操中提高其学术水平和辐射影响力。

三、老年教育科研合作的主体定位

目前，作为实施老年教育国际科研合作的主体，老年大学不仅要进行科研合作，还要发挥自身组织协调功能，带动老年教育机构整体合作，并且推动科研成果的转换和传播，所以老年大学在科研合作中起着“三个平台”的作用。

(一)研究平台

坚持以我为主，推进科研合作。在国家战略的引导下，统筹规划“一带一路”沿线国家和地区以及五大洲老年大学来华交流的重点科研项目，集中优势资源，做强与“一带一路”倡议密切相关的老年教育科研项目；科研合作要结合我国老年教育发展现状，精选项目开展研究；坚持重点突破，选择性地开展科研合作。

(二)协调平台

老年大学作为科研合作的平台，其功能不是唯一的，它还要发挥领头羊的带动功能，推进老年教育整体跨越。我国的老年大学，尤其是省级城市老年大学在地域上都具有“桥头堡”的示范引领作用，是科研合作外通内联的主阵地，这些老年大学要主动把国际老年教育科研信息、动态、经验和做法及时传递到各个地、市、州、县和基层老年大学，做到信息共享、经验共用、理念共通，从而实现“一方交流，多方受益”。我国老年大学还要收集各地的办学经验，汇聚升华成理论，通过国际交流取长补短，完善自身理论体系。

老年大学要带动区域老年教育机构与国际老年教育各类机构的接轨，促进他们间的科研合作，形成扇形合作面，避免点对点合作的孤立性和低效益，促成合作的群羊效应、辐射效益和均衡发展；要使国际老年教育理论成果资源能够真正融入我国，为我国所有所用。

(三)应用平台

老年大学要主动实现老年教育科研成果的转化。科研成果只有转化为生产才具有生命力。对于世界老年大学的科研成果，老年大学必须以辩证眼光“拿来”，分析科研成果的地域性、文化性、先进性和实效性，取可用之处，剔除不适宜的元素，加以改造为我所用。

老年大学科研合作，是为了尽快推进老年教育发展，所以老年大学要坚持把科研成果转化到决策、课堂、管理和制度中，提高合作的效能。只有在实践中才能验证合作的价值，优化合作的思路、方式，实现合作的共赢。

四、老年教育科研合作的路径

老年教育科研合作路径选择要注意借助已有合作平台，发挥各方的主体力量，开辟多元化通路，吸纳多方参与，形成科研合作合力。

(一)依托国际协会，完善合作

依托国际老年大学协会实施科研合作，是目前比较成熟的合作渠道。国际老年大学协会框架下许多国家有与我国合作的想法，国际老年大学协会也希望中国参与课题的研究，为此我国要完善与国际老年大学协会的合作机制。

首先，规范与国际老年大学协会的合作，形成以点对面的合作机制，制定国际老年大学协会与我国老年教育科研合作的中长期战略发展规划，确保科研合作协定及年度执行计划的有效落实。其次，强化老年教育政策对话和信息互通。为避免科研合作过程中产生误会、掣肘和博弈，要加强组织间的联系，“跟踪和研究分析出现的新问题、新特点、新趋势，及时研究、分析、解决合作中存在的困难和问题，找到国家间的共同点和恰当的突破口，创新合作手段，降低合作的成本，取得更好的合作效果和可持续的合作模式”①。我国的老年大学要加强同各国老年大学在民族、宗教、文化传统与价值观方面的沟通交流，尤其要加强关于老年人政策和价值观的沟通，形成坚实的科研合作基础。最后，灵活实施，区别合作。应注重依循国情差异，区别化对待；鼓励有条件的老年大学先参与合作，形成特色化的合作模式，再带动条件差的老年大学共同发展。

① 郑刚：《上海合作组织框架内开展教育合作与交流的思考》，载《河北师范大学学报(教育科学版)》，2013(10)。

(二)借助已有平台，试行合作

老年教育是我国教育的组成部分，所以老年教育科研合作要随中国教育一同走出去，一同国际化。我们要借助中国教育已有的国际化平台，拓展老年教育，融入中国教育的整体合作机制；要以孔子学院及上海合作组织大学为重点的运作载体，搭建起老年教育合作的新平台。尤其是孔子学院，自2004年在韩国建立第一所后，到2019年6月全球共建立500多所孔子学院。其中“一带一路”沿线国家大多有孔子学院。我国老年大学要借助孔子学院，探讨与孔子学院的合作方式，开辟老年教育科研合作的海外市场。依托孔子学院实施科研合作，一方面孔子学院文化传播中含有孝道文化，这是老年大学文化传播的一部分，二者有共通之处，所以合作有基础；另一方面孔子学院在国外有一定的文化基础，已为当地人所接受，以此搭台更便于老年教育科研合作的海外拓展。

(三)调动民间资本，创新合作

跨国科研合作需要社会多元化主体的深度参与。作为“一带一路”建设的最主要参与者和受益者，相关社会主体应当积极为老年教育科研合作助力。在老年教育的国际科研合作中，可分国家、分地区制定科研合作政策，以此推动形成新的老年教育服务贸易。教育服务贸易既是“一带一路”国际贸易合作中“拓宽贸易领域、挖掘贸易新增长点”的必然要求，也是扩大老年教育影响力的必然选择。只有以平等、互惠的原则促进教育贸易的共同发展，以合作、投资等手段拓展老年教育研究的国际化生产与营销，才能实现国别间教育贸易的均衡发展，才能形成教育科研合作的良性循环。目前，“一带一路”沿线国家和地区的老年教育还处于起步阶段，具有较大的提升空间。我们应抢抓机遇，规划老年教育贸易合作的重点热点，培育一批具有国际竞争力的老年教育项目，建立老年教育科研合作的外向型机构，使其成为科研交流、分享智慧的互动平台和务实合作、创新发展的开放平台。

第三节　老年教育网络平台国际合作

习近平主席在第三届世界互联网大会发表的视频讲话中指出，互联网是我们这个时代最具发展活力的领域，互联网的快速发展给人类的生产生活带来了深刻变化，也给人类社会带来了一系列新机遇和新挑战。推进“一带一路”互联互通不仅包括陆路和海路，也包括网上丝绸之路。建设“一带一路”框架下老年教育网络文化交流平台，既符合国家“一带一路”倡议的发展要求，也能满足沿线国家老年教育合作与交流的迫切需求。

一、建设“一带一路”老年教育网络平台的意义

目前，中国老年教育国际合作与交流的方式仍停留于参观与互访等沟通上，且这种交流方式受限于政策机制、地缘空间、文化壁垒、语言障碍、交通不便等，沟通效果往往不是很理想。在此背景下，建设老年教育网络平台，既能提供一个展示各国老年教育发展成果的平台，更能统筹各种老年教育资源，搭建国际老年教育沟通交流的桥梁，让中国的优秀传统文化真正走进“一带一路”沿线国家人民的生活中，真正实现老年教育的沟通方式从“浅尝辄止”到“深层次交流”。

(一)破除地域障碍，实现老年教育沟通交流无国界

开展现代信息技术支撑的远程开放交流，能跨越时间和空间的障碍，为各国各地区信息沟通、教育合作、成果展示等提供便利，从而为中外老年教育合作与交流开启新的篇章。

(二)统筹教育资源，深化老年教育优质资源合作共享

以信息化手段展示和共享各国优质老年教育资源，分享各国老年教育发展经验与做法，可以缩小各国老年教育的水平差距，促进相互学习借鉴。

(三)搭建交流桥梁，构建老年教育教学成果展示平台

借助信息化手段把各国老年教育办学成果汇集于一个网络平台，不仅有助于展示世界老年教育的办学成果，更有利于在交流中博采众长，相互借鉴，共同提高，实现文明的快速传播、充分交融。

(四)传播优秀文化，提升中国老年教育的国际影响力

加快推进“一带一路”老年教育网络平台建设，一方面可以积极吸收全世界先进办学模式与方法为我所用，另一方面可以通过讲述好中国故事，传播好中国声音，促进中华文化走出去，将中华民族伟大复兴的“中国梦”同各国老年人渴望过上幸福晚年生活的愿望相对接，提升中国老年教育的国际影响力。

总之，把复杂问题简单化的最好办法就是利用先进科技手段，尤其是在互联网技术飞速发展的时代，互联网的影响力几乎无处不在，各国老年教育也毫不例外地被卷入信息化的浪潮中，每个老年教育机构都应积极应对，从速借助互联网技术进行教学革新。“一带一路”老年教育网络平台正是一种以互联网为交互平台，适合老年教育发展特点的合作交流形式，具有传统合作交流所没有的可及性和便捷性。在设想的这个平台上，我们可以查询每个国家或地区的老年大学(学校)的办学情况，可以收看“一带一路”沿线国家和地区优质课程的教学演示，可以观看“一带一路”沿线国家和地区的特色办学成果展示，可以在线开展校际合作与交流，等等。虽然，互联网技术还不能完全取代传统的合作交流形式，但是，它可以是重要的技术手段之一，可以帮助传统合作交流改革创新，焕发出新的活力。可以肯定，互联网技术将会成

为老年教育信息化合作交流的助推器。

二、“一带一路”老年教育网络平台合作与交流的现状

面对全球老龄化速度的加快，“一带一路”沿线国家正在寻求信息化科技手段，运用成本低、普及度高、覆盖面广的互联网技术为老年人提供更多终身学习的机会，使他们能主动融入社会的发展。目前，通过互联网大数据对比与分析，“一带一路”沿线国家老年教育信息化发展主要呈现出以下态势与特征。

（一）我国老年教育信息化发展不平衡，缺少统一规划，资源无法实现共享

一是对于信息技术在老年教育发展中的作用认识不足，很多省市还未将老年教育信息化纳入本地区的发展计划。老年教育信息化没有得到应有的重视和支持。二是老年人的信息技术水平不高，无法参与基于网络的老年教育。三是网络平台不适合老年人开展学习，缺乏具有创新性的教学方式和课程，且没有实现全国范围内的资源共享，各地封闭式发展，往往形成低水平重复。

（二）受限于经济发展等因素，沿线国家老年教育信息化建设发展水平参差不齐

基础教育信息化发展程度是衡量一个国家或地区教育现代化程度的重要指标。通过对“一带一路”沿线 20 多个国家和地区基础教育信息化发展四个方面的比较研究分析，沿线国家基础教育信息化存在着明显的国家间差异，基本上已经形成了基础教育信息化发展的三个集团。新加坡、中国香港地区和格鲁吉亚处于教育信息化发展比较好的第一集团，柬埔寨、菲律宾、缅甸、尼泊尔和斯里兰卡处于教育信息化发展比较薄弱的第三集团，其余国家

都处于第二集团，中国基本上处于第二集团的中等水平。在老年教育信息化发展较快的国家和地区，如新加坡和中国香港都专门为老年学习者建立了学习网站，根据老年学习者教育活动的开展情况和性质，建立适合老年教育开展的平台和数据库，提供教学与自学的平台。网络交流渠道畅通，让老年学习者能够有效分享、交换及创造老年教育之成果，并能实时获得老年教育的最新信息。

(三)部分发达国家正积极开展老年远程教育，其老年教育信息化发展程度较高

部分发达国家正积极开展基于网络的老年远程教育，推动老年教育的信息化发展。如英国与澳大利亚成立虚拟"第三年龄大学"，普遍开展远程教育，利用互联网等现代技术满足不同区域和不同文化层次老年人的学习需求。美国于 1986 年成立的银发网(Senior Net)成为美国具有代表性的社区学习中心和在线社区网络。[①] 通过参与虚拟社区学习，老年人的生活质量可能会提高，互联网为他们的个人发展和社交网络打开了新的视野。

(四)沿线国家高校间的教育信息化交流互动频繁，其成功经验值得老年教育学习借鉴

各国高校利用自身人才技术等资源的优势，通过建立远程学习平台等方式，不断加强国家高校间的合作与交流。例如，清华大学建设了全球首个中文版慕课平台——"学堂在线"，携手国际知名高校，聚力推动大学学习形态改革。上海外国语大学教育信息化国际比较研究中心重点跟踪研究世界各国尤其是发达国家教育信息化建设发展动态与战略部署，跟踪教育信息化发达国家的新机制、新技术与新趋势，为"一带一路"沿线国家和地区制定教育信息化战略提供决策参考。云南开放大学建立并依托孟加拉国开放大学学习中

① 顾凤佳:《国外老年教育信息化的发展及启示——基于澳大利亚、美国和英国的经验》，载《江苏开放大学学报》，2015(2)。

心、马尔代夫国立大学学习中心等开展课程学习与文化交流工作，基于平台开设线上自学汉语课，开设基于网络平台的“基础交际汉语”混合汉语课程，合作共建了基于网络的“对外汉语教学平台”，运用现代科技手段创设网络教学环境，全方位拓展对外汉语线上教学，为全球汉语学习者提供更便捷、更多元的学习选择。这些成功经验与做法值得老年教育机构学习和借鉴。

三、建设“一带一路”老年教育网络平台的困境

“一带一路”横跨欧洲和亚洲，涉及不同的国家、种族、宗教、文化和政体，加上日趋复杂的国际政治环境，“一带一路”框架下老年教育如何借助互联网平台焕发蓬勃发展的活力，互联网平台的建设又如何能满足“一带一路”老年教育这一国际“银发产业”的需求，都将是重要的挑战。

(一)“一带一路”沿线国家经济和教育发展不均衡，增大平台建设难度

经济发展的不均衡使得“一带一路”沿线国家投入老年教育信息化建设的经费十分有限，沿线国家老年教育信息化发展水平参差不齐，这无疑增加了老年教育网络平台建设的难度。

(二)“一带一路”沿线国家未建立统一信息交换体系，增大信息交换难度

随着“数字丝绸之路”的发展建设，大多国家信息化建设都有相应的国家政策、技术标准和监管机构，这为建立老年教育网络平台提供了基础条件。但是，由于没有建立统一的信息交换体系，数据交换缺乏统一规划和统一标准，异构的信息应用系统相互之间存在信息壁垒，不能进行有效的数据交换，这导致无法高效进行信息传输和数据共享。

(三)“一带一路”沿线国家语言众多且翻译难度巨大，增大沟通交流难度

语言是打开文明和文化的“钥匙”。“一带一路”沿线的60多个国家和地区使用的语言近2 500种，占人类语言总数的1/3以上。中国相关外语人才十分短缺，面对如此复杂多样的语言状况，想要在一个网络平台上实现沿线各国间的语言互通，其难度可见一斑。

(四)“一带一路”沿线国家普遍缺乏信息化专业人才，增大技术融合难度

老年教育网络平台的建设是一项系统的、复杂的工程，必须经过专业技术人员的研究制作才能投入实施，还需要专业人员的维护改进、资源更新。为此，需要一支懂得老年教育规律、熟悉老年教育业务的信息技术专业人才队伍，只有依靠他们，才能保证网络平台顺利运行。由于各国老年教育水平总体不高，普遍缺乏老年教育信息化专业人才，特别是懂老年教育、懂信息化技术、又熟悉沿线国家政治法律和风俗文化的复合型人才，“一带一路”老年教育网络平台建设将面临巨大人才匮乏问题。

四、建设“一带一路”老年教育信息化平台的建议

“一带一路”倡议如今已成为相当大范围内的国际共识，这为推进“一带一路”老年教育网络平台的建设夯实了民意基础。而各国老年教育的力量十分有限，单打独斗不是“一带一路”所要的，合作共赢才是“一带一路”的宗旨。

(一)发起建立老年教育网络联盟，构建“一带一路”框架下老年教育信息化共同体

有必要建立“一带一路”沿线国家老年教育信息化发展联盟。加入该联盟

的可以是有合作意向并愿意加盟的老年教育管理机构，它们以构建“一带一路”老年教育信息化共同体，推进沿线区域老年教育信息化开放发展为主题，搭建老年教育信息化教学资源共享交流合作平台，加强联盟学校间人员的交流与合作，联合开展教育科研，探索“互联网＋”环境下复合型老年教育人才的培养新机制。

(二)搭上“数字丝绸之路”的快车，推动“一带一路”沿线国家老年教育信息化基础设施建设

信息化基础建设是搭建“一带一路”老年教育网络平台的基础和前提条件。目前，我们可以利用国家发起建设“网上丝绸之路”倡议的发展机遇，积极争取国家政策支持。2018 年 9 月 18 日，首届数字经济暨数字丝绸之路国际会议在浙江杭州举行，国家发展改革委与国家开发银行签署了《全面支持数字经济发展开发性金融合作协议》，拟在未来 5 年内投入 1000 亿元，助力数字经济和数字丝绸之路建设。我们期待老年教育信息化可以融入和分享这一数字化过程。

(三)整合国内老年教育网络资源，夯实“一带一路”老年教育网络平台建设基础

我国老年教育网络资源的建设分散独立，大多省市的老年大学都建立自己的远程教育平台和信息网站，碍于专业、网络技术水平和使用对象的限制只能在小范围内实现资源共享，并且，不同软件公司开发的远程教育平台难以兼容，无法实现资源的互换和共享。分散独立的网络资源，给老年人的选择和利用带来了许多不便；缺乏统一管理造成资源混乱也成为有效整合国内老年教育网络资源的障碍和壁垒。只有将各地的老年教育优质网络资源汇集于一个平台，才能充分体现中国老年教育网络资源的全部价值。因此，打破校际的信息壁垒，加强系统间的资源共享，是构建一体化综合性、国际性老年教育网络平台的必要条件。

(四)借鉴高校成功的经验与做法，开辟“一带一路”老年教育合作交流的对外窗口

清华大学和云南开放大学建立的“一带一路”教育网络学习平台为我们提供了可以借鉴的成功的案例和做法。前者是利用自身知名度和号召力，汇集全球知名高校的力量和资源，一步到位地打造了一个基于全球高校合作交流的网络学习平台；后者则是通过自己“走出去”与一所所境外高校签订合作协议，并结合自身实际情况建立了远程教育学习中心。两种做法都可以在老年教育领域复制实验。

(五)依托高校优势学科资源，加强“一带一路”老年教育复合型人才培养

随着“一带一路”老年教育网络平台建设的启动，老年教育领域亟须懂外语、懂信息化技术、还熟悉各国政治法律及文化的国际人才。老年教育必须积极拥抱高校优势资源，开展人才定向培养；同时，必须有针对性地开展“一带一路”老年教育复合型人才培养。一是要重视“一带一路”跨文化的研究和人才培养；二是要重视“一带一路”的政治法律的研究和人才培养；三是要重视“一带一路”信息化基础设施建设方面的研究和人才培养。

建设“一带一路”老年教育网络平台是我国老年教育对外开放的重要组成部分，通过“一带一路”老年教育网络平台开展国际化合作与交流，促进中华优秀传统文化走出去，将中华民族伟大复兴的“中国梦”同周边各国老年人渴望过上幸福晚年生活的愿望相对接，提升中国老年教育的国际影响力。

第四节　国际合作体系建设

《国际老年大学协会章程》指出：“联合全球的老年大学和相关组织，包

括任何目标一致但头衔不同的组织，在全球各大学的支持下，建立终身教育的国际体系，并发展老年教育的相关研究，促进老年人之间的知识交流，从而促进社会的整体进步。”“一带一路”视野下老年教育国际合作体系以终身教育为目标，以提高国际合作有效性为任务，以交流沟通互信为原则，可与国际老年大学协会提出的老年教育国际体系融为一体。

一、国际合作体系建设的动因

(一)区域化教育的推动

随着经济全球化和老龄化的发展，老年教育也在五大洲迅速发展壮大。

截至2015年，“一带一路”沿线已有34个国家建成了老年大学，非洲的南非、刚果、几内亚、尼日利亚、毛里求斯等国家纷纷开始关注老年教育或建立老年大学，南美洲的巴西、智利等国家也加入了国际老年大学协会。老年教育区域化发展格局对“一带一路”沿线国家老年教育将产生“蝴蝶效应”，区域化老年教育发展模式具有示范效应，鼓励其他国家结合自身情况，克服经济水平不高、财政缩减等诸多挑战，寻求和建立自己的老年教育发展模式。

(二)老年教育自身利益的推动

老年教育是一个开放性教育，教育边界在不断地延伸，从地区、国内到国外。利用国际社会资源，共同发展老年教育是必然的选择。随着各国老龄化时代的到来，老年人的队伍在不断地壮大，国家资源有限，难以承担越来越多的老年教育成本，为此需推进老年教育的外向度发展，共同开发老年教育资源，实现资源共享。

从老年教育国际合作的现状而言，老年教育合作有三种形式，即互访、参观、交流的表面层次；展览、演出、才艺表演的展示层次；跨国合办课程、教学资源共享、学术理论研讨的深度合作层次。目前以互访、参观、交流的表层合作最多，其次是展览、演出、才艺表演的展示层次，而跨国合办课程、教学资源共享、学术理论研讨的深度合作还很少。这就需要在未来加大老年教育的内涵合作，满足老龄化社会的各种需求。

(三)信息技术的推动

全球的信息化发展为老年教育国际合作提供了可能，而且重构了老年教育生态系统。近年来，我国老年教育通过远程教育拉动了各地老年教育的均衡发展，在一定程度上解决了老年教育资源分布不均，受教育机会不均，师资力量不均等问题，基本形成了省级一盘棋合力发展老年教育的局面。

信息化是老年教育国际合作体系建立的技术保障，老年教育信息化合作将触发“一带一路”沿线国家对老年教育的思考和重视，使这些国家理解老龄化社会未来发展态势，提高其加入国际合作队伍的意愿。开展老年教育信息化国际合作，可缩短各国在老年教育的观念、教学管理、理论研究等方面的差距，实现老年教育特色化均衡化发展。

二、国际合作体系建设的障碍

(一)观念障碍

“一带一路”沿线还有许多国家没有老年教育，有的是因为还没有进入老龄化社会，有的则是在老年教育的观念上存在差异。比如埃及重视老年人问题但没有办老年大学。老年教育观念上的差异给国际合作带来较大的障碍，所以需要提高各国对老年教育的重视度和认可度。

国际合作的目的是经济互通、利益共享，老年教育的国际合作要摆脱经济利益至上，眼中只盯资源和市场的旧思维；要在议题合作上有共鸣，在追求经济共同利益上有向心力，做到与邻共享，互惠互让。

(二)环境障碍

这里的环境包括政策、文化和技术。政策障碍是影响国际合作的关键因素。老年教育国际合作涉及政治政策、教育政策、科技政策等诸多方面，各国政策差别较大，建立国际合作体系必须以尊重各国已有政策为前提。加强政策沟通对接，是双方合作对话的基础，也是展开长期合作的保证。文化障碍是影响国际合作的直接因素。沿线国家虽然有一定的历史渊源，但文化样式、生活习俗差异较大，这对建立国际合作体系有深层影响。技术障碍是影响国际合作的潜在因素。我国老年教育信息化发展在国内还没有实现互联互通，更遑论与其他国家的合作。沿线国家同样如此。

(三)机制障碍

沿线国家老年教育机构有四种类型，一是政府支持，在国民大学里办学；二是政府旅游部门和老龄部门规划办学；三是城市宗教和慈善机构办学；四是私人办学。总体来看，老年教育机构的属性分为公益性和营利性两种，属性的差异必然导致教育机制的不同。

教育机制的差异影响着国际合作体系建立的过程和方式。我国老年大学是由政府投资建设的，具有典型的公益性特点，这与一些国家老年大学侧重营利性的定位具有较大差别。新加坡认为跨境教育会给商场、饭店和服务市场等带来经济收益。教育机制“去差异化”对等交流是国际合作体系建立的一个基础。

三、国际合作体系架构

(一)组织支持体系

老年教育国际合作是双边或多边的交流，不是任何一方单边的教育输出或输入，所以组织支持体系是老年教育国际合作的基础。组织支持体系应该具有扁平化、专业化和柔性化的特点。组织支持体系的扁平化是指合作主体应尽可能面对面直接对口合作，做到内行管理内行。组织支持体系的专业化是指组织机构岗位专业化和部门专业化，实施专业化的设计和管理。组织支持体系的柔性化是指老年教育国际合作机构要注意设置的协调性，避免设置刚性行政机构，以互相尊重互相平等的原则进行合作。如设置教学委员会、科学技术委员会等便于合作交流。目前，国际老年大学协会虽是国际社团的非政府组织，但正是这样的体系。

(二)制度支持体系

老年教育国际合作制度支持体系包括宪章、章程等正式制度，习俗、社会标准等非正式制度，合作制度及日常行为规则等。制度是同全球或地区政治生态密切相关的事物。正式制度和非正式制度都是合作国的环境制度，是合作国必须遵循的制度框架，也是对合作者的规范和制约。合作制度是实施国际合作的具体规范，必须建立在多方共识基础上。日常行为规则是指老年教育国际合作日常工作运行的一套规范和行为规则，是对国际合作行为的定型、限制和塑造，是对制度的具体化和行为化。

(三)文化支持体系

老年教育国际合作文化支持体系主要包括文化理论研究服务体系、文化知识传授服务体系、文化传播服务体系、文化娱乐服务体系、文化传承服务体系等。文化支持体系的建设主要包括建设文化服务网络和文化服务工程。文化服务网络是借助各国已有的公共文化资源，形成资源的实体服务网络，实现公共文化资源从国内到国外的全覆盖。文化服务工程包括文化信息资源共享工程、综合文化服务站工程等，这些文化服务工程建设将把软性文化资源联系起来，形成文化资源在虚拟网络的共享。文化是各国历史发展的沉淀，各国因政治、经济、宗教、民族等不同而产生了不同的文化，所以文化支持体系必须尊重各国的法律政策，接受各国文化管理部门的监督，并在此基础上进行文化资源的共建共享。

(四)评估支持体系

老年教育国际合作的目的和宗旨是促进教育资源的流动，使合作各方能够互利共享资源，而合作效果是最重要的，所以要建立对合作质量的评估支持体系。评估支持体系包括跟踪体系和质量评估体系。跟踪体系是指对国际合作运行情况的检查和监督的规则。国际合作中涉及问题较多，需要对这些问题进行预测、判断和提出解决策略，跟踪体系可以对随时出现的新情况、新问题作出处理，保证合作的顺利进行。跟踪体系也是对国际合作进行监督的制度，监督合作的规范性、合法性，促进合作在设计的框架内运行。特别要站在"一带一路"的立场考虑老年教育国际合作的状况，以便及时调整合作方案和措施。

四、国际合作模式

(一)"直通车"模式

"直通车"模式就是沿线国家直接建立双边或多边的老年教育合作关系。双边合作模式体现的是沿线国家一对一的关系，多边合作模式体现的是参加同一国际组织或某个活动的多个国家之间的关系。"直通车"模式强调的是相关国家的直接交流，教育资源的输出与输入是相互的。

我国老年教育具有较强的本土化特色，是我国经历了30多年摸索的经验，与国际老年教育在办学模式、办学理念等方面相差较大，因此，在对外输出时一定要尊重对方的教育主权，考量自身的财力，量入为出，并注意保护自己的利益。另外，要树立国际化合作的信心。我国老年教育走出去就是为了学习其他国家老年教育的先进经验和做法，宣传推介中国模式下的优势特色，寻求老年教育资源的共建共享。所以无论合作方是否发展薄弱，我们都要客观对待国际合作，在不损害教育主权和利益的情况下建立互利共赢的新型合作模式。

(二)“搭便车”模式

“搭便车”模式就是借助沿线国家已有的合作体系，充分利用已有的合作渠道搭载老年教育，顺利建立老年教育国际合作体系，这样可以减少老年教育国际化的成本。

老年教育搭载的“便车”应包括政府部门、教育机构和民间机构三部分。随着“一带一路”的兴起，我国与沿线国家逐渐建立起许多合作机构。我国老年教育主管部门要充分利用这些已有机构，把老年教育功能融入其中。如中巴经济走廊、中国与东盟共同体、中非论坛等，这些合作体系都为老年教育的国际化提供了契机。

民间机构也可以作为推动老年教育国际化的力量。如利用国际旅游进行老年人游学活动，既提高了旅游文化质量也获得了经济收益；依托孔子学院开展老年教育，既降低了老年教育国际化的成本，也逐步推动老年教育国际化。

(三)“空中连线”模式

“空中连线”是指利用互联网进行沿线国家老年教育国际合作。目前各国老年大学的网站成为国际交流对接的主桥梁，沿线国家也要逐步建立自己的老年教育网络系统，共享学习成果。“空中连线”要实现“三通”，即宽带网络国际通、优质资源校际通、学习空间人际通。对已和我们建立互联网战略的国家，要在宽带网络的基础上进行老年教育网络试点连接，实施电子图书馆、电子书、校本资源和远程教育等资源的云上传，打通校际资源共享的壁垒。“学习空间人际通”重点在于实现教师、学员、管理者在社交空间的连接，支持在线学与教活动，借助学习空间推动老年大学慕课建设，实现所有课程上网学习。

2015年，AIUTA主席维拉斯教授给中国老年大学协会写信指出，“从国际合作角度上讲，国际老年大学协会同中国老年大学协会之间的合作可以成为促进全世界老年大学发展的合作典范”。以二者的合作为轴心，以老年教育机构为主体，抓住合作的契合点，不断拓展国际合作的纵横面，“一带一路”国际合作体系架构的建成指日可待。

第十章　构建人类命运共同体与老年教育

第一节　全球老龄化背景下的人类命运共同体

一、人类命运共同体概述

(一)人类命运共同体提出的背景与发展过程

1. 人类命运共同体提出的背景

人类命运共同体思想的提出有着深刻的时代背景。

从国际环境来看，人类命运共同体思想的提出，是在全球化进程进入一个新的历史时期后为解决人类社会面临的共同问题和矛盾而提出的中国解决方略。20世纪90年代初，形成了一个由美国主宰，包括俄罗斯、中国、法国等组成的一超多极世界。所有国家和地区相互依存的世界经济正在产生。随着经济全球化的深入发展和资本、技术、信息、人员的跨国流动，世界上不同国家、民族和地区处于一种相互依存的状态，人类社会是一个相互依存的共同体已经成为共识。同时，超越民族、国家范畴的影响全人类共同利益的问题也日益突出。为了解决人类面临的共同问题，包括联合国在内的世界性组织，还有许多国家和地区都提出了各自的方案，但最终的结果并不令人满意。

在关键时刻，中国提出了“中国方案”——构建人类命运共同体。这一思想着力于发展和完善全球化，推动全球化向着公正合理的方向发展。

从国内来看，中国正处于全面建成小康社会决胜阶段、中国特色社会主义进入新时代的关键时期。这一时期的总任务是“实现社会主义现代化和中华民族伟大复兴，在全面建成小康社会的基础上，分两步走，在本世纪中叶建成富强民主文明和谐美丽的社会主义现代化强国”；价值取向是坚持以人民为中心，维护社会公平正义，实现共享发展，促进社会和谐，推动命运共同体的形成。可见，提出构建人类命运共同体思想，为我国首先建好国家共同体提供了先声和具体内容。

2. 人类命运共同体思想的发展过程

人类命运共同体思想有一个逐步发展的过程。

2011 年 9 月，《中国的和平发展》白皮书首次提出了命运共同体的概念。

2012 年 11 月，党的十八大报告中首次提出了人类命运共同体的概念，指出“要倡导人类命运共同体意识，在追求本国利益时兼顾他国合理关切，在谋求本国发展中促进各国共同发展”。

2013 年 3 月，习近平在莫斯科国际关系学院发表演讲，第一次向世界传递了对命运共同体概念的理解：“这个世界，各国相互联系、相互依存的程度空前加深，人类生活在同一个地球村里，生活在历史和现实交汇的同一个时空里，越来越成为你中有我、我中有你的命运共同体。”

2015 年 9 月，习近平在纽约联合国总部出席第七十届联合国大会一般性辩论并发表重要讲话，从政治、发展、安全、文明和生态五个层面，阐述了人类命运共同体的思想内涵和政策方案，即建立平等相待、互商互谅的伙伴关系；营造公道正义、共建共享的安全格局；谋求开放创新、包容互惠的发展前景；促进和而不同、兼收并蓄的文明交流；构筑尊崇自然、绿色发展的生态体系。这是人类命运共同体思想成熟的标志。

2017年1月，习近平在联合国日内瓦总部发表演讲，强调构建人类命运共同体关键在行动。国际社会要坚持对话协商，建设一个持久和平的世界；坚持共建共享，建设一个普遍安全的世界；坚持合作共赢，建设一个共同繁荣的世界；坚持交流互鉴，建设一个开放包容的世界；坚持绿色低碳，建设一个清洁美丽的世界。

2017年10月，习近平在党的十九大报告中强调指出："构建人类命运共同体，建设持久和平、普遍安全、共同繁荣、开放包容、清洁美丽的世界。"

这一超越民族、国家和意识形态的思想，展现出中国共产党和中国政府建设美好世界、促进世界大同的向往、决心与担当。2017年10月，党的十九大正式将"推动构建人类命运共同体"写入《中国共产党章程》。2018年3月，第十三届全国人民代表大会第一次会议，又将"推动构建人类命运共同体"写入《中华人民共和国宪法》。这一思想也赢得了国际社会的广泛支持和赞同。2017年2月10日，联合国社会发展委员会第55届会议协商一致通过的"非洲发展新伙伴关系的社会层面"决议，首次写入了"构建人类命运共同体"理念。

(二)人类命运共同体的多重科学内涵

自从习近平主席多次在不同的场合阐释人类命运共同体理念之后，研究者对什么是人类命运共同体进行了多个角度的阐述，形成了丰富的认识。

1. 从人权的角度来看，人类命运共同体就是为全人类人权的全面充分实现而结合起来的各种组织

构建人类命运共同体，就是要把世界各国人民对美好生活的向往变成现实。美好生活包括美好的物质生活和精神生活。人类对美好生活的追求离不开物质和精神利益的逐步实现，而要实现人的各式各样的利益，就要保障人的各种权利，每个人的各种权利的总和就是人权。所以，人类的命运归根结底是一个人权问题。换言之，人对美好生活的追求就是对实现人权的追求。在人的命运和人权内在一致的基础上，人类的命运就是世界上每个人的人权得到全面而充分的实现；人类命运共同体就是为全人类人权的全面充分实现而结合起来的各种组织，包括国际、区域和国家三级组织，其基本原则是“宽容”和“共享”，而构建共同体的手段主要是法治。

2. 从治理的角度来看，人类命运共同体是一个互联互通的全球生活单元，是一种融社会治理、国家治理和全球治理于一体的治理之道

人类命运共同体在本质上是一个互联互通的全球生活单元，核心是在多样化的社会生活基础上逐渐形成人类命运休戚与共的身份认同。作为一种治理之道，构建人类命运共同体最核心的任务是发展和完善全球和地区的治理结构，打造一个由国家、跨国家、非国家等诸多行为体互动形成的治理体系。因此，人类命运共同体是国际社会、全球市场和全球公民社会互动的网络、资源、平台和机会空间的总和，它的基本逻辑是自治和治理，它是国家的权威原则、市场的效率原则和公民社会的公正原则互动的产物。

3. 从外交的角度来看，人类命运共同体思想是习近平外交思想的重要支柱之一

人类命运共同体是中国特色大国外交理论体系的重要组成部分，与构建以合作共赢为核心的新型国际关系一道构成习近平外交思想的两大支柱。其科学内涵包括五个方面：①政治上，相互尊重、平等相待；②经济上，合作共赢、共同发展；③文化上，兼容并蓄、交流互鉴；④安全上，实现共同、综合、合作、可持续的国际安全；⑤国际秩序上，构建公正和谐的国际新秩序。

4. 从伦理层面上来看，人类命运共同体本质上是一个伦理共同体，凸显着共生、共赢和共发展的伦理价值和伦理精神

有学者从伦理学的角度提出，命运共同体超越了一般意义上的共同体类型及其价值要求，同时又是诸共同体精神和特质的综合化集结和辩证统一，其伦理精义集中体现为利益共生、情感共鸣、价值共识、发展共赢与责任共担，构建起来的是一种将利己与利他、利国与利群有机结合起来的共生共赢共发展的伦理模式或类型。命运共同体的价值理念彰显着交互主体性和共生主义的伦理深蕴，有一种将功利与道义、目的与手段、内在与外在有机结合起来的伦理特质，凸显着同舟共济、同甘共苦、同心同德的伦理精神和价值意义。

5. 从价值论的角度来看，人类命运共同体思想是一种新的价值观

人类命运共同体理念提供了当今时代走出价值独断主义和价值相对主义"两极"困窘的中国方案。其价值内涵至少包括以下九个要点：①在价值取向上人类生存发展的至上性。②在价值主体上的多主体性。③在价值目标上的超越性。④在价值结构关系上的利益相关性。⑤在价值取向上的未来发展性。⑥在价值构建上的自觉自愿性。⑦在价值行为主体意识上的宽容性。⑧在价值主体行为文化上的交流互鉴性。⑨在人类共性问题治理上的相互协调性。

上述观点，从不同的角度诠释了人类命运共同体的内涵，为我们充分认识理解人类命运共同体提供了多维视角和多种立场。但是，无论有多少种见解，我们在理解人类命运共同体思想时，始终要把握住其最基本的内涵，这就是中国共产党自十八大以来就坚持的基本观点——在追求本国利益时兼顾他国合理关切，在谋求本国发展中促进各国共同发展。

(三)人类命运共同体的价值基础——人类共同价值

在人类命运共同体这一理念框架中，有一个十分重要的概念——人类共同体价值，这也是我们深刻理解和把握人类命运共同体思想的关键概念。

习近平主席在第七十届联合国大会一般性辩论的讲话中指出："和平、发展、公平、正义、民主、自由是全人类的共同价值。"这就是中国人民提出的人类共同价值的内容。这 12 字的人类共同价值内容，是中国共产党人和中国人民对世界文明发展的重要贡献，其中有深厚的中国优秀传统文化的“基因”，同时，又汲取了人类历史上其他优秀文化的合理内涵，借鉴了当今国际社会为了解决人类面临的共同问题而提出的先进理念和价值（如联合国组织提出的种种解决人类问题、发展人类文明的宣言、议程、策略、计划等）。

构建人类命运共同体，离不开人类共同价值。人类共同价值是人类命运共同体的基础。这主要表现在：第一，人类共同价值是人类命运共同体的“灵魂”和精神支柱；第二，人类共同价值是各个国家、民族、地区构建人类命运共同体的黏合剂；第三，人类共同价值是各个国家、民族、地区共同的价值评价标准和价值取舍模式，是各个国家、民族、地区作出价值选择、决策的思想依据。

人类共同价值作为全球人民共同的价值标准，对人类的交往行为提出了新的要求，如相互尊重、相互宽容、相互学习、相互理解、平等对话、真诚合作、和平发展等。这为今后一段时期世界老年教育的改革提供了新的机遇和挑战。

二、人类命运共同体与全球老龄化

从时间维度上看，人口老龄化是与经济全球化形影相随的。人口老龄化不仅是今天全人类面临的一个相对独立的问题，而且它还涉及整个人类社会的经济、政治、文化等方方面面。在经济领域，人口老龄化影响着经济增长、储蓄、消费与投资、劳动力市场、税收及代际的资源配置。在社会层面，人口老龄化影响着保健和医疗、家庭构成、生活安排、住房与人口流动等。在政治方面，人口老龄化会影响投票模式与代表性。今天，我们提出构建人类命运共同体思想，用以解决人类面临的共同问题，推进未来全球的发展，其中必然包含人口老龄化问题。同时，“积极老龄化”等解决人口老龄化问题的理念和行动策略，对于构建人类命运共同体，也具有积极的推动作用。

(一)人类命运共同体中的主体，必然包含老年人

人类命运共同体的主体，是所有主体中最高层次的主体形态——人类，即生活在地球上的所有人。

当前，在论述人类命运共同体问题时，研究者大多从国家、民族、地区的角度来讨论人类命运共同体的主体问题，指出人类命运共同体的主体从现实的角度来说，主要表现为不同的国家主体、民族主体和地区主体。实际上，我们也可以从人的不同年龄阶段的角度来认识人类命运共同体的主体。从这个角度来说，人类命运共同体的主体包括不同年龄阶段的人，人类命运共同体可以分为婴幼儿共同体、少年共同体、青年共同体、中年共同体、老年共同体，其中必然包括老年人，既包括每一个老年个体，也包括各种形态的老年群体(如老年工人共同体、老年农民共同体、老年知识分子共同体等)、各个地域的老年群体(如全球范围内的老年人共同体，各个国家、民族和地区的老年人共同体)。作为人类的一分子或一类群体，老年人也是人类命运共同体的主体。

同样，人类命运共同体思想中的"人类命运"，是包括老年人的命运在内的所有地球人的命运，其中有所有年龄阶段的人的共同命运，也有只属于老年人的命运。老年人的命运，是人类命运的必要组成部分。

(二)人类命运共同体的共同利益中，必然包含老年人的利益

人类命运共同体，首先是一种全球利益共同体，全球共同利益是它的首要诉求。人类共同利益，不是各个国家、民族和地区利益的机械叠加，而是超越了国家、民族和地区利益的整体存在，是人类共同福祉的价值诉求。

构建人类命运共同体，首先要增进人类共同的利益。但是，在现实条件下，人类共同利益，主要反映在各个国家、民族和地区的利益之中，也反映在不同国家、民族和地区的各个年龄阶段的主体的利益诉求之中。只有在这些利益充分体现的基础上，才有可能实现它们的最大公约数——人类共同利

益。现实意义上的各种利益当然也包含老年人的利益。在人类命运共同体中，每个老年人都应该享有自己应该享有的人类共同利益，同时也应该享有老年群体特有的利益。

增进人类共同利益，就要解决当下及未来人类发展中面临的问题，既有所有人都面临的共性问题，如环境污染、经济贫富分化等，也有老年共同体面临的特殊问题，如养老、医疗、居住、健康、教育、社会参与等。

(三)人类命运共同体的共同责任中，必然包含老年人的责任

人类命运共同体不但是利益共同体，而且是责任共同体，构建权责对等的责任共同体是构建人类命运共同体的内容之一。我们要坚持同舟共济、权责共担，携手应对气候变化、能源资源安全、网络安全、重大自然灾害等日益增多的全球性问题。

既然人类命运共同体的主体之一是老年人，那在构建人类命运共同体过程中，老年人也应该履行自己的责任和义务。这些责任和义务的履行，应该从老年人的实际情况出发，主要体现在以下两个方面。

第一，作为全球公民的一个群体，今天的老年人不仅应该具有本土公民意识，也应该有全球(或世界)公民意识。在这个全球治理时代，我们需要一个“全球社会契约论”。它需要回答的关键问题是：对那些不是我们同胞的人，我们对他们应负什么样的责任。这个问题很简单，然而却没有现成的答案。对这一问题要找到有意义的回应，需要我们不慌不忙地去开始想象，经过仔细的思考和衡量，问题的答案在于——全球公民。要构建人类命运共同体，这种全球公民意识是十分重要的。作为人类命运共同体中的一分子或一个亚共同体，老年人对自己的全球公民身份要有高度的认同，应该具备关注他人、遵守国际公共秩序和法律等的新的观念和意识。各个国家、民族和地区，还有国际组织也要着力培养老龄人口的全球公民身份认同意识，为发挥他们在构建人类命运共同体中的作用奠定重要的观念基础。

第二，在人口老龄化发展趋势下，各个国家、民族和地区，还有国际组

织要着力培养老龄人口参与社会共同生活的意识和能力，老年人也要从传统的边缘化状态转变为积极参与社会公共生活，进入社会公共生活中心的状态。在人们的传统观念中，一个人达到一定的年龄从工作岗位上退下来之后，就远离了社会公共生活，面临社会排斥问题。这使得老年人不得不失去自己应有的社会责任意识和社会公共生活参与意识，不得不放弃新的社会共同生活参与能力的养成。这与人类命运共同体思想是不相符的。所以在人口老龄化的社会背景下构建人类命运共同体，必须重视老龄人口的社会融合问题，树立积极老龄观，在制度安排上重视老龄人口在社会公共生活中的独特地位和作用，为他们积极有效地参与社会共同生活提供良好的条件。

第二节　人类命运共同体与“一带一路”

一、人类命运共同体与“一带一路”的内在关联

(一)人类命运共同体与“一带一路”在核心目标上的一致性

“一带一路”建设，是我国全方位对外开放和对外合作的顶层设计。“一带一路”建设的目标，就是包括欧亚大陆在内的世界各国共同打造一个“政治互信、经济融合、文化包容”的利益共同体、命运共同体和责任共同体。在“三同”重要目标中，人类命运共同体是核心，命运共同体决定利益共同体和责任共同体。可见，人类命运共同体就是“一带一路”建设的核心目标。

目标反映的是人类命运共同体和“一带一路”在本质上的一致性。习近平主席2017年1月18日在联合国日内瓦总部演讲时说：“构建人类命运共同体，实现共赢共享。”又说：“我提出‘一带一路’倡议，就是要实现共赢共享发展。”可见，构建人类命运共同体与“一带一路”的目标是完全一致的。如果

说构建人类命运共同体理念为解决人类问题贡献了中国智慧，那"一带一路"建设则是从实践角度为解决人类问题贡献了中国方案。

(二)人类命运共同体与"一带一路"在文化基础和价值取向上的一致性

人类命运共同体和"一带一路"的文化基础均植根于中国传统文化。中国自古崇尚开放包容、和而不同的文化传统。开放包容就是"海纳百川、兼收并蓄"，和而不同就是"求大同，存小异"。正是这种"开放包容，和而不同"的中国传统文化，使中国文明源远流长。"一带一路"作为人类命运共同体的实践路径，在其建设过程中一个重要功能就是要把"仁爱""世界大同""天下一家"等中国的价值思想向沿线国家乃至全世界传播，用自身的实践引领更多国家和人民践行这种理念，从而促进和达到全球和平。人类命运共同体思想中的价值观基础，也是"一带一路"的重要文化思想基础。

人类命运共同体和"一带一路"的价值取向在实质上是一致的。"人类命运共同体"理论是一种超越民族、国家和意识形态的"世界秩序观""全球价值论"，提倡和平、发展、合作、共赢的价值观。这种人类共同价值观强调以人类整体为中心，不以血缘和姻亲关系为中心，也不以地域和民族国家为中心，维护的是现存秩序里符合公理、宣扬正义的部分，主张以平等为基础、以开放为导向、以合作为途径、以共享为目标，在尊重、支持各国人民自主选择社会制度和发展道路的前提下，增强各国协调发展的自生推力和内生动力，实现全球包容、联动和可持续发展。从全球化的视角看，人类命运共同体就是搁置分歧，超越对立，寻求最大限度的共同利益，强调在差异化的各国之间寻求平等的共同价值。而"一带一路"秉承的丝路精神——和平合作、开放包容、互学互鉴、互利共赢，是人类命运共同体的共同价值观的具体体现，二者具有内在的一致性。

(三)人类命运共同体与"一带一路"在建设原则上的一致性

习近平主席认为，构建人类命运共同体总结起来是要做到五个坚持：一是坚持对话协商，二是坚持共建共享，三是坚持合作共赢，四是坚持交流互鉴，五是坚持绿色低碳。这五个坚持，也是“一带一路”实践应该坚持的基本原则。同时，“一带一路”建设遵循的“三共”基本原则——共商项目投资、共建基础设施、共享合作成果，也包含在构建人类命运共同体的“五个坚持”之中。

二、人类命运共同体与“一带一路”的主要差别

概括而言，人类命运共同体和“一带一路”的主要差别在于：人类命运共同体是面向世界各个国家和地区而提出的世界发展的新的宏观蓝图，而“一带一路”是构建人类命运共同体的局部实践。

具体来说，人类命运共同体和“一带一路”在时间、范畴、性质和内容上都存在一定的不同。

(一)人类命运共同体与“一带一路”在提出时间上不同

2011 年 9 月，“命运共同体”的概念被正式纳入《中国的和平发展》白皮书，党的十八大报告中明确提出了“人类命运共同体”的概念，后经历十九大和多次国际交流，成为解决人类命运前景的“中国方案”。提出“人类命运共同体”这一概念之后，中国共产党不断丰富人类命运共同体的内容，为世界治理体系提供了新思路、新办法，也为国家治理体系增添了新的内容。

“一带一路”是 2013 年习近平主席在出访中亚和东南亚国家时提出的重大倡议。它是人类命运共同体中国因素的重要组成部分，是对构建人类命运共同体作出的顶层设计之一。

“人类命运共同体”思想在先，“一带一路”倡议在后，二者提出的时间相差两年左右。

(二)人类命运共同体与“一带一路”在范畴上不同

“人类命运共同体”思想所指的对象是地球上的所有人，是全人类，所涉及

的主体活动范围包括整个地球上所有的国家、地区和民族，是一个包括整个地球村的所有村民、地球上所有的国家和国际、地区组织的大的独立概念。而“一带一路”的范畴主要指“丝绸之路经济带”和“21世纪海上丝绸之路”，所指的对象主要是“一带一路”区域内的人民。虽然“一带一路”不限于这些区域和人民，完全向区域内外所有国家开放，不搞封闭机制，不预设合作条件和门槛，不排斥和针对任何第三方，欢迎任何国家和国际、地区组织广泛参与，成为“一带一路”的支持者、建设者和受益者。但是二者在对象和范畴上还是有所不同的。前者的范围比后者的对象范畴和区域范畴大了很多。

(三)人类命运共同体与“一带一路”在性质上不同

性质的不同，是人类命运共同体和“一带一路”最大的不同。人类命运共同体是一个伟大而先进的理念，是一种需要人们不断加强理解而最终深入内心的理论或思想。而“一带一路”则是一种具体的倡议，而且是业已展开的实践活动。“一带一路”经过几年的发展，已经在各个方面取得了丰富的成果。如果说“一带一路”是人类命运共同体思想的一次重大实验，那么毫无疑问，这次实验是成功的。

(四)人类命运共同体与“一带一路”在内容上不同

人类命运共同体作为一个思想体系，其涵盖的范围广、内容全，包括政治、安全、经济、文化、生态等，每一维度提出的内容也是方向性的，概括性比较明显，如在政治上强调平等互信、在安全上强调共同安全、在经济上强调合作共赢、在文化上强调开放包容、在人与自然上强调绿色环保，等等。“一带一路”是特定历史发展阶段中国在欧亚非和南太平洋地区范围内打造利益共同体、命运共同体和责任共同体的伟大实践探索，是构建人类命运共同体的局部的伟大实验，其内容相对具体，而核心是经济建设，主要目的在于促进经济要素有序自由流动、资源高效配置和市场深度融合，推动开展更大范围、更高水平、更深层次的区域合作，共同打造开放、包容、均衡普惠的区域经济合作架构。

三、“一带一路”在人类命运共同体理论中的地位及其具体表现

(一)“一带一路”在人类命运共同体理论中的地位

概而言之，“一带一路”是实现人类命运共同体思想的实践途径或重要手段。“一带一路”建设既是局部共同体的共赢共享之路，也是构建人类命运共同体之路。

构建人类命运共同体是一项复杂的工程，需要先进行实验。而“一带一路”始终秉持着构建人类命运共同体的理念，和平合作、开放包容、互学互鉴、互利共赢。它从人类命运共同体思想中汲取出自身思想养分，并努力将之发展壮大。所以，“一带一路”就是构建人类命运共同体的重要实践平台，是构建人类命运共同体这一伟大命运工程的“实验田”。从这个意义上说，“一带一路”建设在构建人类命运共同体实践中具有先导地位、实验性质。

“一带一路”不仅仅是发展经济的新模式，不仅仅是包容发展之路、开放合作之路、互联互通之路，同样也是文化交流、文明互鉴之路，同时也是各个国家友好相处的和平友谊之路。这些方面说明，建设“一带一路”就是构建人类命运共同体的核心工程，在人类命运共同体理念的实现中占据着举足轻重的地位。

(二)“一带一路”在人类命运共同体理论中重要地位的主要体现

1.“一带一路”重要地位在经济建设方面的体现

今天，全球发展不平衡以及财富贫富差异显著的现实状况，要求我们一定要把发展作为全人类的重要任务之一。所以，人类命运共同体首先是一个经济利益共同体。“一带一路”建设首先是要把相关地区的国家、地区和民族

建设成为一个区域性的经济利益共同体，通过基础设施互联互通等民心工程来解决和欠发达国家大众生活息息相关的问题。比如，设施互联互通是“一带一路”建设的核心任务之一，也是最受沿线国家欢迎的建设内容。它将各个国家区域连接起来，便于实现政策沟通、设施联通、贸易畅通、资金融通、民心相通，实现全方位、立体化、网络化的大联通。

2.“一带一路”重要地位在政治建设方面的体现

人类面临的共同政治生存困境和要求和平的强烈愿望，是人类命运共同体思想的重要“催生剂”之一。“一带一路”倡导经济发展与和平安全并重，这两者相辅相成，经济发展为解决安全问题、巩固安全成果提供坚实基础。随着沿线各国经济的共同发展，本地区的人民生活将得到明显改善，这有利于增进各国的社会稳定，为地区和平创造条件。经济交往与合作所营造的互助氛围和命运共同体精神，将为解决政治安全领域的复杂矛盾奠定更好的互信基础，确立可持续的互利共赢模式，不断增进有关国家之间的友谊，促进政治合作意愿，共创有利于地区和平的环境。

3.“一带一路”重要地位在文化建设方面的体现

人类命运共同体思想强调世界不同文明之间的对话和交流，求同存异，共生共荣。“一带一路”坚持人类命运共同体思想中的这一重要文化建设原则，传承和弘扬了古丝绸之路“和平合作、开放包容、互学互鉴、互利共赢”的精神，倡导树立人类共同文化意识，以文明的相互学习和相互借鉴取代文明对抗、文明冲突，推动沿线国家开展形式多样、内涵丰富的文化交流合作。“一带一路”的文化融合建设，把世界的多样性和各国的差异性转化为促进各国共同发展的活力和动力，使文明之花成为增进人民友谊的桥梁、推动人类进步的纽带、维护世界和平的润滑剂。

第三节 老年教育服务和助力人类命运共同体的构建

21世纪，人类共同面临老龄化挑战，老年教育是人类面对挑战采取的共同应对措施。老年教育服务和助力人类命运共同体，是题中应有之义。

一、构建人类命运共同体需要老年教育

2018年4月，在上海召开的国际老年教育学术交流活动中，针对中国代表提出"一带一路与老年教育融合"的探讨，AIUTA主席弗朗索瓦·维拉斯说："老年人可以参与、分享一带一路的建设。"这个从外国老年教育资深专家角度给出的明确肯定，说明构建人类命运共同体、建设"一带一路"需要老年人、需要老年教育。

(一)老年教育在确立人类命运共同价值观中大有可为

习近平主席在第七十届联合国大会一般性辩论时指出："和平、发展、公平、正义、民主、自由，是全人类的共同价值，也是联合国的崇高目标。"人类共同价值是各个国家、各种文明协调相互关系的价值准绳，是人类命运共同体的灵魂和精神支柱，反映各个民族、国家、地区的基本立场、思想意识以及构建人类命运共同体的根本利益和需要，表达了全人类共同的信仰、信念、理想和追求。

1. 人类共同价值观与中国社会主义核心价值观具有统一性、同一性

综观中国社会主义核心价值观，"富强、民主、文明、和谐"是社会主义现代化国家的建设目标；"自由、平等、公正、法治"是对美好社会的生动表

述；“爱国、敬业、诚信、友善”是公民的基本道德规范。社会主义核心价值观的基本内容，无论是国家层面的价值目标、社会层面的价值取向，还是公民个人层面的价值准则，都与人类命运共同体的价值目标相一致。中华传统文化历来主张“己所不欲，勿施于人”。这一思想在18世纪末曾被写入法国的《人权宣言》。法国启蒙思想家伏尔泰认为它是“最纯粹的道德准则”，应该成为“所有人的座右铭”。在20世纪90年代中期的“世界伦理”运动中，“己所不欲，勿施于人”成为公认的世界伦理金律，被国际社会誉为处理国家之间关系的“黄金法则”，镌刻在联合国总部大楼大厅的墙上。和平、发展、公平、正义、民主五个价值深层理念，都可以追溯到中华传统优秀文化源头。

2. 中国老年教育负有培养和践行社会主义核心价值观的使命

老年教育在确立人类命运共同体价值观中大有可为，正是基于中华文明蕴含全人类的共同价值。实现人类命运共同体价值目标，需要从中华文明中挖掘有益资源。接受老年教育的千万中国老年人学习、践行中华传统优秀文化，正是在进行这项利在当代、功在千秋的伟大“挖掘”和传承工程。2013年中共中央颁发的《关于培育和践行社会主义核心价值观的意见》明确要求：要“增加国民教育中优秀传统文化课程内容，分阶段有序推进学校优秀传统文化教育”。老年教育作为国民教育的重要组成部分，对贯彻落实党和国家对学习、宣传、弘扬中华优秀文化、社会主义核心价值观的新要求理所当然负有使命。中国老年大学的立校理念，开设的文史哲、艺术、保健养生等人文课程以及校园文化建设，都以符合和有利于社会主义核心价值观的践行为前提。实践证明，中国老年教育不辱使命。

3. 中国老年教育对形成人类共同价值观起积极作用

培育和践行社会主义核心价值观，既要继承中国传统核心价值观的精髓，彰显中国特色、中国风格和中国气派，又要吸纳全人类共同的文明成果和人类共同价值，彰显人类意识、全球视野和整体精神，将个性与共性、特殊性与普遍性、民族性与世界性有机统一起来。中国老年教育在进行文史、艺术、健康养生等门类的课程教学时，突出社会主义核心价值观的内容导向，同时吸纳全世界的先进文化理念，将古今中外的思想精华熔于一炉，这对老年学员树立人类共同价值观起到了潜移默化的作用。将这些成功的做法经验、教学成果在AIUTA国际交流平台上展示，对形成人类共同价值观将起到很好的桥梁和纽带的作用。

据调查，北京、上海、重庆、南京、厦门、宁波、青岛、成都、贵阳、昆明、宜昌的12所区级老年大学广泛开展精神文明创建活动，深入推动以社会主义核心价值观为主线的精神文明建设，把加强校风、教风、学风和大学精神建设作为事关老年大学和老年大学价值取向与行为规范的一件大事来抓，采取广泛宣传发动，开展理想信念大讨论，进行民主评议，学习榜样的力量等办法，集思广益，将校园文化建设工作做得既生动活泼，又扎实有序，成效显著。全国其他省、市的老年大学也是通过使社会主义核心价值观进校园、进课堂、进头脑的途径，促进老年学员形成人类共同价值观的，收到了较好的效果。

(二)中国老年教育在实现“一带一路”奋斗目标中责无旁贷

中国国家主席习近平在中非合作论坛北京峰会的主旨讲话中表示，中国愿同国际合作伙伴共建“一带一路”，把“一带一路”建设成为和平之路、繁荣之路、开放之路、绿色之路、创新之路、文明之路。这是一个昭示全球的奋斗目标，是一个值得期待的愿景。

1. 中国老年群体渴望展现人生价值

“老骥伏枥，志在千里；烈士暮年，壮心不已。”中国老年群体渴望发挥潜能、回馈社会、展现人生价值，为国际经济、政治、文化建设以及和谐社会建设发挥作用；渴望组织提供平台，继续发挥余热。

随着世界科学技术的飞速发展，不少老年人对新生事物和现代科学技术兴趣浓厚，渴望接受新知识、新技术，跟上时代发展步伐。中国的老年大学教育帮助、引导老年人适应社会和退休生活。老年人在“老有所养、老有所乐”的大政、善政和尊老传统的关怀之下，怀着“老有所学、老有所为”的志趣进入老年大学，在获得新的知识技能，具备新型老人的资质，提升适应、服务社会能力的同时，也唤起有所作为的奉献精神，为中国特色社会主义新时代的“和平之路、繁荣之路、开放之路、绿色之路、创新之路、文明之路”尽绵薄之力，并在国际老年大学的交流平台上，展示老年人服务社会、再作奉献的风采。

2. 全球老年人普遍渴望融入社会

全球老年人普遍拒绝被“边缘化”。老年学员的学习不同于年轻学子。老年学员在教育过程中表现更为积极，希望表现自己，希望所学的知识不止有益于个人，而且有益于群体。老年教育为长者设计的活动计划，应令参与者不仅有融入社会、传授他们自己的经验的机会，还有将所学知识服务社会、服务家庭、服务朋友圈、服务俱乐部、服务退休伙伴，自我实现及参与社会活动的机会。

国际国内老年学习者的情况表明，在老龄化时代，帮助众多有志发挥余热的老年人实现自我价值，唯有老年教育可以担当此任。

(三)中国老年教育对“一带一路”“八大行动”的推动作用

中国国家主席习近平在中非合作论坛北京峰会的主旨讲话中强调，中非要携起手来，共同打造责任共担、合作共赢、幸福共享、文化共兴、安全共筑、和谐共生的中非命运共同体，实施好产业促进、设施联通、贸易便利、绿色发展、能力建设、健康卫生、人文交流、和平安全“八大行动”。

1. 中国老年人是一个宝贵的人力资源库

中国 60 岁以上老年人口总数达 2.41 亿，占全国总人口的 17.3%(2017 年年底统计)。目前，“全国有 6 万多所学校，在校学员有 700 多万人，再加上参与远程教育的学员，已经有 1000 多万了，蔚为大观。”[①]中国接受老年大学教育的人数占全球老年大学学员人数的一半，为世界之最！毛泽东曾言：“人是

① 林元和、王友农：《中国老年教育理论研究与国际对接(2017 年)》，170 页，广州，广东经济出版社，2019。

世间最可宝贵的。"在建设"一带一路"的"八大行动"中，60 岁以上中国老年人绝非无所作为的旁观者，我们不能将这个庞大的人群排除在人力资源之外。

2. 老年人服务社会有多种途径

比如，积极参加党和政府部门组织的下基层开展宣传教育、普法教育、体育比赛等志愿者服务活动；走上街头文明劝导、送文化进社区、为敬老院送温暖的回报社会公益活动；作优良传统报告、开座谈会等关心青少年成长活动；向灾区、为贫困家庭捐款的帮扶活动；将服务社会作为老年教育的重要延伸，把展示自己作为服务社会的共同心愿，在服务社会的同时践行社会主义核心价值观，实现自我价值。

老年人仍然是参与经济建设、推动社会进步的一支重要力量。现在，国际上一些国家延迟退休年龄，减轻养老金发放的压力，是一种表象，是一种权宜之计。从积极方面看，老年教育的一个重要目标是让老年人与时俱进，融入社会，在服务社会中体现自身的价值，归根结底是为了更好地发挥这部分人力资源的效能。这是各国重视和发展老年教育的深层原因之一。

二、老年教育服务于人类命运共同体

(一)从思想观念引领上服务

作为一个拥有五千年历史的文明古国和一个充满文化自信的 21 世纪大国，中国的文明传统、精神财富无比丰厚。学习、传承中华优秀传统文化，是引领"一带一路"人类命运共同体建设浩荡前行的思想保障。中国老年教育正是以此为担当，主动服务人类命运共同体的。

1. 以传承中华优秀传统文化为使命，不断提高人文课程的教学质量

中国老年大学教育的人文类课程占据半壁江山，就读人数也最多。自"一带一路"倡议提出以来，各老年大学十分重视在历史、古诗词、书法、绘画、摄影、歌舞、时装模特等课程中，突出有关"一带一路"和人类命运共同体构建的内容。上海老干部大学为了提高教学效果，成立课题组对老年大学人文类课程标准进行专题研究。针对人文类课程建设中存在的指导思想、引导理念比较模糊，学校管理、教学、服务队伍人数短缺，专业知识缺乏，课程开设随意等问题，强调按照科学性、先导性、高水平的要求，制定人文类课程标准，科学、合理地定位人文类课程教学；在满足老年学员对人文知识学习的同时，关注人文课程教育的深刻内涵，特别是中华优秀传统文化的人文思想精神和道德情操价值，以及社会主义核心价值观教育内容，积极引导提升老年人的人文素质，为"一带一路"人类命运共同体构建做奉献。这项研究主动联系"一带一路"的历史典故、生动事例、传奇人物进行宣讲，从哲学的高度阐释"和为贵""和实生物""和而不同"等主张国家、民族以及人与人之间和谐共处，不同文明和谐共存，人与自然和谐共生的中华传统文化精髓，对提高老年大学人文课程的教学质量具有很好的作用。

2. 对外充分展示中国老年大学教学成果

老年大学学员通过人文课程学习，学以致用，创作反映"一带一路"内容的诗词、歌舞、书法、绘画、摄影作品。老年学员在文艺舞台、课余生活中，展示具有浓郁"中国风""汉唐韵"的歌舞等文艺作品，播撒中华文明思想，吸引、鼓舞、感化国内外的观众，拉紧中国人民与世界各国人民的感情纽带，增添正能量，从而促进人类共同价值观的形成，使人类命运共同体的思想在全球深入人心，凝聚力量，使人们共同投入"一带一路"建设的"八大行动"。

(二)构建全球老年教育共同体

目前，构建全球老年教育共同体的序幕已经拉开，形势喜人。

1. 构建老年教育共同体是全球老年教育界的共同愿望

世界各国老年大学都曾在不同场合表示对老年教育国际合作的热烈真诚的期盼。2014 年 6 月，国际老年大学协会在法国图卢兹召开第 94 届理事会暨国际研讨会，以"老年大学与国际化"为主题，强调全球老年大学的国际化合作。

此后，许多国家的老年大学也纷纷表示要加强国际合作。西班牙的老年人大学项目自创办以来一直以国际化、协同发展和研究性、教育创新、自主学习为终身学习的特征，其国际合作已经成为特色。哥斯达黎加的梅布尔·格拉纳多斯教授认为：“老年人学习及培训项目的国际合作有利于行业同仁之间增进交流，互通资源，共同发展。”法国不仅创立了国际老年大学协会，拉开了世界老年大学运动的帷幕，还通过国际老年大学协会与世界各地的老年大学进行经验交流。印度的环球老年大学致力于促进世界各地老年人之间的相互了解与交流，所有活动均通过网络进行，免费服务。波兰的莫克托老年大学与乌克兰、白罗斯的老年大学合作开办老年大学分部，方便当地老年人与留居的波兰老年人交流沟通。斯洛伐克的老年教育参与欧洲终身学习格伦特维计划，“与国外志同道合的老年人交朋友”；还参加欧盟的伊拉斯谟计划，欧洲的多所老年大学与夸美纽斯老年大学建立了战略伙伴关系。新加坡的老年大学把旅游当成世界各地老年学生相互交流的良好平台。澳大利亚的老年大学表示“同国际老年大学协会加强合作，以期在国际舞台上获得更多的关注”。

2. 中国政府相关部门号召中国老年教育加强国际交流合作

2016年10月，《老年教育发展规划(2016—2020年)》，参照教育部《推进共建“一带一路”教育行动》，提出“加强国际交流合作。积极参与有关国际教育组织的活动，加强与国外老年教育机构的交流与合作，借鉴国外老年教育先进理念和做法，宣传推广我国发展老年教育的经验与成果，扩大我国老年教育的国际影响力。”

3. 全球老年教育共同体正在加快实践、推进

目前，依据已有的广泛共识和客观条件，全球老年教育共同体正在加快实践、推进。中国老年大学教育秉持“人类命运共同体”理念，充分认识到自己的历史使命——将老年教育作为国家富强、民族兴旺、人民幸福之本，在共建“一带一路”中发挥作用，推进沿线国家老年大学间的交流合作，开展沿线乃至全球各国老年大学之间的教师交流、校长互访、管理人员共同研修，组织老年学员短期“专题留学”“银发旅游”活动。只要不失时机，顺势而为，扎实有序开展工作，一个同呼吸共命运，从造福“一带一路”沿线国家老年人群出发、利及全球老年人的“老年教育”共同体，将作为多元文化包容、民心相通典范，展现在国际交流合作的平台上。

(三)加强与“一带一路”沿线国家和地区的交流合作

中国老年教育与“一带一路”沿线国家和地区的交流合作正在有序推进。

1. 为沿线各国“民心相通”架设桥梁

老年教育在发达国家和地区发展较早。中国老年教育的国际合作交流自然从向发达国家和地区学习开始。随着“一带一路”的实施，中国老年教育“面向世界”，在继续加强与发达国家和地区老年教育合作交流的同时，充分与“一带一路”沿线国家和地区的老年教育进行合作交流，为沿线各国民心相通架设桥梁。许多老年大学为了在民心相通中发挥作用，挖掘潜力增加有关“一带一路”的课程。一是开设“一带一路”思想教育课，帮助老年学员了解“一带一路”的由来、发展、现实意义，提高老年学员对“一带一路”的认识，使老年学员自觉做“一带一路”文化融合的践行者和推进者。二是在有关人文知识、艺术工艺课程中，联系、突出“一带一路”沿线国家和地区的内容，帮助老年学员了解这些国家和地区的历史、地理、政治、经济、宗教及民俗等方面的知识，使老年学员在学习中欣赏，在欣赏中接纳、包容，从而在老年人的国际交往中有效实现“民心相通”。

2. 开展对“一带一路”沿线国家和地区相关知识的学习研究

在老年教育课程中增设有关“一带一路”内容的课程，使老年学员对“一带一路”沿线国家和地区的历史、地理、政治、经济、宗教及民俗等方面要有足够的了解和掌握。教育的组织者和授课教员不可能“以其昏昏使人昭昭”。当务之急是要开展对“一带一路”沿线国家和地区的历史、地理、政治、经济、宗教及民俗等方面的研究，为老年大学教学的组织者和教员授课提供咨询服务，为促进老年学员的“民心相通”提供必不可少的知识储备和理论支撑。

三、中国老年教育在人类命运共同体中的使命担当

国际老年大学协会面对人类共同的老龄化危机与挑战，有共同的办学理念、奋斗目标、运作机制和服务对象——全球第三年龄受众，有共同遵循的纲领章程，有规范良好的全球交流互动平台；在人类命运共同体的构建中，是一个公约数最大的同心圆、子系统。在构建人类命运共同体的宏伟事业中，中国老年教育所负的使命担当，就是进一步加大与 AIUTA 的交流合作。

(一)大力推进中国老年教育国际化

1. 老年教育国际交流是重要的文化交流

中国老年教育自 20 世纪 80 年代初发轫以来，30 多年筚路蓝缕，取得了举世瞩目的成就。一个具有中国特色的老年教育体系引起了国际同行的关注。中国老年大学协会自加入 AIUTA 以来，大力推进中国老年教育国际化，产生了良好的影响。中国政府鼓励和支持中国老年大学开展国际化合作。2011 年，国务院印发的《中国老龄事业发展"十二五"规划》明确指出，要广泛开展双边、多边国际交流，增进相互了解，积极深化国际合作。中国老年教育应广泛开展国际交流，借鉴国外老年教育的先进理念和经验，加强与国外老年教育机构的交流与合作，促进我国老年教育与国际对接，扩大我国老年教育的国际影响力。积极争取联合国教科文组织、国际老年大学协会等国际教育组织的支持，搭建国际老年教育交流合作平台，推动我国老年教育的国际化发展。加强老年大学教育国际化合作，扩大老年大学教育开放是国家意志，是具有战略意义的大事。

2. 中国老年教育国际交流合作从"短板"到广受赞誉

在 30 多年发展过程中，国际交流合作曾经是中国老年教育的一块"短板"，中国老年大学协会对此高度重视，老年大学教育国际化发展问题被提

上了日程。2013 年 11 月，中国老年大学协会国际联络部在广州市老年干部大学设立后，加强与 AIUTA 的合作，借鉴国外老年大学的先进经验和科学理念，促进中国老年教育与国际对接，宣传推广中国老年教育的成果和经验，扩大了中国老年教育的国际影响。中国老年教育受到国际同行的好评。中国老年大学协会副会长、广州市老年干部大学林元和校长在上海举行的“国际议题：老年人平等的学习机会”专题研讨会上指出：“通过最近几次国际会议，我们的演讲在国际老年教育领域引起了很大的震动。对中国老年教育，国际上过去不了解，现在刮目相看，都对中国十分看好，这其实是国家制度好。”[①]AIUTA 主席维拉斯教授两次致信中国老年大学协会，盛赞“国际老年大学协会同中国老年大学协会之间的合作可以成为促进全世界老年大学发展的合作典范”。“国际老年大学协会对未来能同中国老年大学协会继续合作而感到十分高兴。”中国老年教育与国际对接的“短板”已经彻底改观。

3. 进一步扩大中国老年教育的“朋友圈”

进一步扩大中国老年教育的“朋友圈”，要从以下五个方面大力推进中国老年教育与国际对接，把中国老年大学的对外沟通联系扩大、延伸到世界上一切有老年教育的国家和地区。

第一，广开对接渠道。要改变对接渠道单一的状况，不能仅依赖政府和外事部门牵线搭桥；要变被动为主动，鼓励有条件的地方和单位主动“走出去”，与境外、国外老年大学、老年教育机构交流对接。提倡以民间方式开展与“一带一路”沿线国家、地区老年教育机构对接交流。

第二，活跃对接形式。除了继续保持与国外老年教育机构之间的参观互访和成果展示外，尝试新的交流对接形式：与国外老年大学合办短期课程班，内容相同的课程采用联合办班形式进行教学，促进不同文化的交流融合；开展校际的教学观摩活动，从不同的教与学方式方法中取长补短；就共同关心的问题交流切磋；从老年大学优秀教师中选派短期“访问学者”，到国外学习先进的老

① 林元和、王友农：《中国老年教育理论研究与国际对接(2017 年)》，107 页，广州，广东经济出版社，2019。

年大学教育理念、方法。要打破以往仅依赖有组织、成规模与国际对接的模式，提倡小范围灵活有效的交流对接。上海老年大学分校——上海“快乐家园”的专题、单项对接方式值得大力提倡。我们要通过多种小型、灵活的形式，把中国老年教育的国际对接搞得有声有色，富有成效。

第三，丰富对接内容。中国老年大学教育有内涵丰富的课程体系，涵盖人文学科、科学技术、医疗卫生等领域，细分为文史哲、歌舞乐器、诗书画影、养生保健等课程达350～400种之多。国外的课程也相当丰富，能交流对接的内容很多。我们可以取长补短。要从健身养生和传统文化内容的对接，拓展到科技、宗教、医疗等方面，使国内老年教育内容更加丰富多彩。

第四，激励对接主体。不要局限于省、市以上一级老年大学与国际对接，要重视发挥市区一级、社区(县以下)老年大学的对接功能。福建晋江老年大学、贵州绥阳老年大学风雅艺术团、安徽霍邱老年大学民族舞班、吉林延吉老年大学等基层老年大学与邻近国家、地区老年教育机构互动对接，灵活多样、生动活泼，值得发扬。①

第五，加大财政支持。对外文化交流需要经费支持。老年教育与国际对接，经费不可或缺。要多宣传，多做工作，做好预算，吁请政府部门每年从财政上拨款支持，倡导企业、民间团体有更多投入。

(二)加快发展中西部老年教育

1. 中国老年教育地域发展不平衡

加快发展中西部老年教育，既是凭借地缘优势更好发挥老年教育服务“一带一路”的要求，也是中国老年教育地域发展不平衡的要求。中国老年教育发展严重失衡，一是区域发展严重失衡，二是城乡发展严重失衡。据中国老年大学协会2015年统计，华东地区六省一市的老年学校占全国老年大学总数的62%，西南、华北、西北、中南、东北五个地区24个省、市的老年

① 中国老年大学协会老年教育学术委员会：《11所县老年大学的共同报告》，载《学术通讯》，2018(1)。

学校仅占全国老年学校总数的38%。全国乡镇、城市街道社区办老年学校54959所，其中华东六省一市为35181所，占全国社区老年学校总数的64%，其他省、市、自治区社区老年学校只占全国的36%。①

2. 中国西部地区的老年教育正在加快发展

落实《老年教育发展规划(2016—2020年)》，加快我国中、西、南、北区域，尤其是大力发展西部地区的老年教育刻不容缓。目前，西北地区相关部门正在抓紧落实老年教育工作。新疆维吾尔自治区老龄办对发展新疆老年教育采取了挖潜扩容增加招生规模、抓住弱项促进全面发展、为实现总目标(发展新疆老年教育)聚集正能量等措施，加快了新疆老年教育的发展。宁夏回族自治区为缓解银川地区老年人上老年大学"一座难求"的问题，投资两个亿、占地25亩的新校区被列入宁夏回族自治区成立60周年献礼工程，新校区竣工后将让更多老年人进入老年大学感受文化养老、精神养老带来的实惠。陕西、甘肃、青海及山西、四川等古丝绸之路沿线省份，也在学习推广华东地区发展老年教育的先进经验，推动促进本省老年教育发展。在此基础上，还要推动"丝绸之路"沿线各国老年大学校长交流互访、教师及管理人员的交流研修等，将中国打造成为深受沿线各国老年学习者欢迎的目的地国。

西北地区各省、自治区老年教育快速发展，西安、兰州、乌鲁木齐等城市老年大学校际交流活跃，各国老年学员互访频繁，外国老年留学生纷至沓来。每当春节来临，来华的国外老人都能感受到中华民族那种对阖家团圆、美好生活的珍重和热烈向往，尤其是中秋明月夜，"但愿人长久，千里共婵娟"的人文情怀，是人类命运共同体中"民心相通"的最好诠释。

(三)积极倡导老年人出境、出国游学

1. 出国游学已成国际潮流

国际上，游学正逐渐成为老年大学办学的一项重要内容，有58%的退休

① 唐启国:《从老年大学(学校)》发展情况看实现老年教育目标的难度及攻坚克难的对策，见《金陵老年大学学报文萃》，29页，南京，江苏科学技术出版社，2013。

后的法国人将旅游作为首选活动。2013 年 5 月 AIUTA 中国广州国际研讨会重点研究老年大学与银发旅游的融合，为全世界老年教育的发展创新打开了一个新的思路。2015 年，AIUTA 在葡萄牙建立了老年旅游世界观测平台。2017 年 4 月，AIUTA 在中国山东召开教育与科学执行委员会会议，与会人员围绕老年教育与老年旅游的融合发展议题展开了讨论。来自世界旅游组织的专家贝谢雷先生指出，在中国等新兴经济体国家，许多老年人拥有丰厚的储蓄、大量的自由时间，这就意味着银发旅游拥有巨大的潜在市场。老年人在这一领域大有作为。[①] 这一系列国际会议有一个非常明确的导向——AIUTA 顺应潮流倡导第三年龄段的人出境、出国游学。

目前，欧洲大多数老年大学都提供赴其他国家旅行的活动项目，有的还包含与其他老年大学的交流互动的内容。此举目的是“让老年学生积极参与旅行筹备、执行以及事后评估，以作为整个旅行的构成组分[②]”。夸美纽斯大学第三年龄大学许多教育内容是依托短途旅行学习实现的，歌剧史、美术史、拉丁和古罗马历史、考古学和建筑学等课程都包含国外短途旅行项目；而园艺、水疗、民族学和博物馆学等课程则涉及国内旅行。[③]

2. 中国老年人普遍具有出境、出国游的意愿

经过 40 年的改革开放，中国人民生活水平明显提高，生活方式、消费观念也在改变。21 世纪初，中国东南沿海地区退休的老年人出境、出国游就已经十分平常。为了引导、提升老年人的旅游品位、内涵，各老年大学普遍开设了旅游文化课，深受老年人欢迎，旅游文化资料读者众多。2006 年上海老年大学出版老年教育特色课程、老年大学系列教材之一《旅游文化赏析》，引导人们加深对人文景观的领会，提高旅游的品位，获得了广泛好评。山东

① 林元和、王友农：《中国老年教育理论研究与国际对接(2017 年)》，2 页，广州，广东经济出版社，2019。

② 林元和、王友农：《中国老年教育理论研究与国际对接(2017 年)》，60 页，广州，广东经济出版社，2019。

③ 林元和、王友农：《中国老年教育理论研究与国际对接(2017 年)》，151 页，广州，广东经济出版社，2019。

老年大学从2015年开始，已组织4批150余名学员的老年游学团赴日本、澳大利亚和新西兰游学交流。老年人游学，不仅是观光之旅，更是文化之旅、学习之旅、健康之旅。

3. 为中国老年人出境、出国游学创造条件

老年人出境、出国游，会遇到语言沟通、生活习俗、国情民风方面的障碍。中国老年大学协会国际联络部正在加大老年大学游学国际化工作的力度。上海作为一个深度老龄化的国际化大都市，率先为老年人出境、出国游解难。上海老年大学开设《实用英语》《现代国际交往礼仪》教学，帮助老年人解决出境、出国时语言沟通的困难。老年人在出国前对到访国家的风俗人情有基本了解，便于在游览中学到更多东西。这两门课程都受到了老年人的欢迎。

4. 实施组织老年人走出国门

在2017年9月衡阳国际议题研讨会上，中国老年大学协会张晓林会长指出："老年教育实际上是没有围墙的教育。各国都组织了大量的游学。""中国老年大学协会国际联络部也正在策划组织游学团赴西班牙赫里卡老年大学开展交流活动。"①中国老年教育要顺应老年人出国游学这一国际潮流，尝试以老年大学、老年教育机构的名义，倡导并实施组织有条件的老年人走出国门，让老年人行万里路，丰富自己，使老年人成为眼界开阔、心胸豁达、见多识广、具有新时代气质特征的新型老人。

从老年教育助力"一带一路"，助力人类命运共同体建设的宏观视野看，推进中国老年教育国际化进程，加快中西部老年教育建设，鼓励和力推老年游学，都是新形势下中国老年教育的使命担当。这是社会历史赋予中国老年教育的责任。

---

① 林元和、王友农：《中国老年教育理论研究与国际对接(2017年)》，171页，广州，广东经济出版社，2019。

第四节　构建人类命运共同体 开创与AIUTA合作新格局

中国老年教育服务和助力人类命运共同体构建，要借助“一带一路”建设的大好时机，在AIUTA这一合作平台上积极作为，努力开创合作的新格局。

一、老龄化——人类不可抗拒的共同命运

20世纪末，联合国在老龄化问题世界大会上提醒各会员“铭记着21世纪的社会老龄化是人类历史上前所未有的”。

(一)人口老龄化不期而至

人口老龄化是指总人口中因年轻人口数量减少、年长人口数量增加而导致的老年人口比例相应增长的动态。

目前，全球190多个国家和30多个地区中，约有60多个国家的老年人口达到或超过人口总数的10%，进入人口老龄化社会行列。发达国家的人口老龄化最猛烈。欧洲第二次世界大战后“婴儿潮”的一代人已经步入老年，“婴儿潮”成了“老年潮”；发展中国家的人口老龄化也日益加深。全球各国人口平均寿命逐步延长，人口老龄化是经济社会发展的必然结果。

(二)人口老龄化带来的挑战

人口老龄化喜忧参半。葡萄牙亚速尔大学教授特雷萨·曼得蕾丝指出：

“老龄化是一项成就，同时也是21世纪的重大挑战。”①言外之意：人口老龄化是一件喜忧参半的事情。人们可以把这一现象当作历史进步来庆祝，同时又要将其作为人类面临的挑战来应对。

20世纪80年代以来，联合国曾两次召开老龄化问题世界大会，先后通过了《老龄问题国际行动计划》《十一国际老人节》《联合国老年人原则》《1992至2001年解决人口老龄化问题全球目标》《世界老龄问题宣言》《1999国际老年人年》等一系列重要决议和文件，强调21世纪的社会老龄化在人类历史上前所未有，对任何社会都是一项重大的挑战，吁请各会员加强或设立老龄化问题国家级协调机构，“在国家、区域和地方各级制定综合战略时，把老龄问题纳入国家的发展计划中”“为老龄化社会的来临做好各项准备工作”，提出“建立不分年龄人人共享的社会”的口号，以期增强人们对人口老龄化问题和老年人问题的重视。

人口老龄化之所以成为人类面临的一种挑战，除了给人类社会经济发展带来劳动力锐减、人口红利归零转负的压力外，还因为老年人的需求层次提高，从而需要社会更多的关注和投入。马斯洛指出，人的需求分生理、安全、感情、尊重和自我实现5个层次。这5个需求层次以金字塔形排列。人到老年，后3个层次的需求仍然非常旺盛。老龄人口这3个层次需求的实现，既要求各国政府有更多的关注和投入，同时也要求老年人必须终身学习。老年教育由此成为人口老龄化的必然要求。

中国的人口老龄化与发达国家的人口老龄化有所不同：第一，人口老龄化提前达到高峰；第二，在社会经济不太发达状态下进入人口老龄化；第三，在未富先老的多重压力下渡过人口老龄化阶段。21世纪前半叶，中国在建立和完善社会主义市场经济体制过程中，解决老龄化问题相对于发达国家和人口少的国家更为艰巨。一方面老年人需要充实的物质生活，另一方面老年人还有很高的社会价值。中国许多老人年老志不衰，仍然在各个领域继续做贡献。老年人的知识、经验、威望、品德、能力等都是社会的宝贵财富。

① 林元和、王友农：《中国老年教育理论研究与国际对接(2013—2016)》，30页，广州，广东高等教育出版社，2018。

老年人的这些需求都对老龄工作产生深刻影响。提倡"老有所为"是中国特有的老龄工作方针之一，这是对老年人的充分重视和尊重。

(三)老龄化人口——事实上的全球人类命运共同体

人口老龄化消除了人类之间的差别。长期以来，人们以为人口老龄化是发达国家所特有的，其实这种情况自20世纪70年代以来已成为广泛的世界性问题。无论是发达国家还是发展中国家，人口老龄化都已成为不得不面对的客观事实。国家无论是富裕还是贫穷，无论是有色人种还是白色人种，都将陆续进入"老龄化"范围。人口老龄化使得人类之间的差别正在缩小并逐步消除。各国的距离日渐消失。老龄人口是事实上的全球人类命运共同体。

健康老龄化和积极老龄化是全人类共同的奋斗目标。健康老龄化是指个体的人进入老年期后在躯体、心理、智力、社会、经济五个方面的功能仍能保持良好状态。积极老龄化是对健康、参与和保障进行优化的过程，能在人们变老的过程中继续使生活质量有所提高。近年来，健康老龄化日益受到国际社会的关注。联合国将健康老龄化作为全球解决老龄问题的奋斗目标。一个国家或地区的老年人中有较大比例属于健康老龄化，老年人的作用能充分发挥，老龄化的负面影响得到制约或缓解，就是健康的、积极的成功老龄化。"衰老无疑会对每个人的生活产生重大影响，而这种影响是积极的还是消极的，一方面取决于国家的关注和措施，另一方面则取决于个体本身对衰老过程的影响方式。"积极老龄化使人们发挥其身体、社交和精神方面的潜力，并参与到社会中，同时在他们需要时为其提供充分的保护、保障和护理。① 实现健康老龄化需要社会各方协调一致的努力，也需要老年人积极参与。

满足老年人口的精神需求是全球的共同责任。就老年人而言，要实现健康老龄化，精神层面的诉求甚于物质层面的诉求。鉴于此，终身学习作为积极养老的一个关键因素，已成为必需品而非奢侈品。AIUTA主席弗朗索

① 林元和、王友农：《中国老年教育理论研究与国际对接(2017年)》，164～165页，广州，广东经济出版社，2019。

瓦·维拉斯指出："当务之急是寻找各种方法应对退休人口的大规模增加，并适应人类寿命延长这一事实，通过寻找解决方案，让各年龄段的老年人都能按照他们身体和精神的不同需求来继续学习。"①当今世界人类面临诸多共同问题：人口老龄化、气候变暖、资源枯竭、恐怖袭击、病毒变异，等等。在许多问题的处置、解决上，由于利益掣肘，往往容易出现双重甚至多重标准，唯有老龄化问题容易在战略目标、发展规划、行动步骤上达成一致，形成最大公约数。作为发展中国家的中国老年人目前面临的困扰主要已经不是物质生活上的赡养，而是精神需求的满足。中国许多城市的老年大学每年开学招生"一座难求"正是需求空前旺盛的体现。中国老年教育应该负起使命担当，加强与 AIUTA 的交流对接，积极互动，形成影响力，掌握话语权，为全球老年人谋福祉，使老年教育国际合作成为构建人类命运共同体的样板。

二、中国老年教育在构建人类命运共同体、建设"一带一路"大局下与 AIUTA 的交流互动

共建"一带一路"是中国参与全球合作、改善全球经济治理体系、促进全球共同发展繁荣、推动构建人类命运共同体的中国方案。中国老年教育作为新时期中国特色社会主义事业的重要组成部分，可以在构建人类命运共同体、建设"一带一路"的大局下，与 AIUTA 交流互动。

（一）构建人类命运共同体、建设"一带一路"对中国老年教育与 AIUTA合作平台交流互动的重要意义

1. 中国老年教育在构建人类命运共同体、建设"一带一路"过程中的重要使命

构建人类命运共同体思想的内涵极为丰富，涉及政治、经济、外交、文

① 林元和、王友农：《中国老年教育理论研究与国际对接（2013—2016）》，前言，广州，广东高等教育出版社，2018。

化、教育、卫生、医疗等人类生存发展的方方面面。中国国家主席习近平指出，要"建设持久和平、普遍安全、共同繁荣、开放包容、清洁美丽的世界"。中华民族历来崇尚"和为贵""和而不同""协和万邦"等理念。国际社会日益成为一个你中有我、我中有你的命运共同体。面对全球性问题各国需要彼此合作。老年教育同样是全球所有国家和地区面临的共同课题。无论是发达国家还是发展中国家，老年教育被提上日程只是迟早的问题。中国作为最大的发展中国家，在构建全球老年教育共同体中，应该发挥应有的重要作用。中国的老年教育自身有所作为，将占全球老龄人口总数25%的中国老年人口终身教育问题解决好，本身就是一大贡献；在此基础上，与AIUTA合作平台交流互动，为"一带一路"沿线国家、地区乃至全球老年教育提供先进理念、方法、经验，促进全球老年教育的深入发展。这就是"一带一路"建设赋予中国老年教育的重大使命。

2. 中国老年教育在构建人类命运共同体、建设"一带一路"过程中与AIUTA合作平台交流互动的方向和路径

中国老年大学协会自1994年加入AIUTA以来，积极与欧美以及亚洲老年教育发展较早的国家的老年教育机构交流、互动，但形式比较单一，广度、深度都欠缺。人类命运共同体的构建和"一带一路"的建设，为中国老年教育国际合作拓宽了领域，指明了具体方向和路径。中国老年教育除了继续保持与欧美等国家老年教育机构的沟通、联系外，还要大力拓展与"一带一路"沿线的中西亚、独联体、中东欧、中东等的国家和地区的对接联系，加强互访、交流，对全球老年教育发挥更大的推动作用。

3. 中国老年教育在构建人类命运共同体、建设"一带一路"过程中应拓展建立中国话语体系的新领域

构建人类命运共同体是中国在新时代提出来的新话语，具有很强的创新性，在国际社会引起了广泛共鸣。"构建人类命运共同体"被写入联合国决议，展现了新时代中国话语体系建设的初步成果。中国老年教育在AIUTA合作平台上，同样负有建立中国话语体系的使命。中国老年教育起步较晚，世界老年教育的话语权主要掌握在老年教育兴起较早的欧美国家，但经过30多年的发展，中国老年教育取得了举世瞩目的成就，得到了国际老年教育同行的认可和赞许。目前，中国老年教育在AIUTA合作平台上已经产生了积极的影响力，取得了一定的话语权，为中国话语体系建设作出了贡献，但还需继续通过有效的沟通互动，传播中国老年教育的理念深化、工作创新、成果展示、经验总结，使中国老年教育在全球的话语权更为有效，更具有影响力，也使中国话语权体系建设更为完善。

(二)中国老年教育在构建人类命运共同体、建设“一带一路”过程中的重要作用

1. 中国老年教育彰显中国文化自信

文化包容、民心相通是“一带一路”命运共同体行稳致远的基础。“一带一路”在推进创新、彰显中国制度自信的同时，实施文明互鉴，彰显中国文化自信。中国老年教育在“一带一路”的民心相通工程中具有明显优势，在践行文化自信、自强和自觉方面已经走在全国前列，是一支不可忽视的重要力量。

2. 中国老年教育推动文化包容

民心相通是“一带一路”的基础，文化相融、政策沟通是“一带一路”的客观要求。中国老年教育在“一带一路”推进过程中彰显中国文化自信的同时，促进文化包容、民心相通。中国老年教育与国际对接，借助AIUTA的合作平台，就老年教育进行参观互访、学术交流、理论研讨、政策沟通、经验推介等，深化老年教育人文合作，推动不同文明互鉴，建立相互欣赏、相互理解、相互尊重的人文交流格局，努力以文明交流超越文明隔阂、文明互鉴超越文明冲突、文明共存超越文明优越，把各国国情差异性和文明多样性转化成促进互补发展的源头活水，达到凝聚共识增进情感的目的。为构建人类命运共同体贡献中华文化思想，老年教育功不可没。

(三)中国老年教育助力中国梦对接世界梦

构建人类命运共同体，是21世纪中华民族的奋斗目标。中华民族伟大复兴的"中国梦"必须在国际大环境中才能真正实现。为实现这一宏伟奋斗目标，中国老年教育要从以下三个方面着力。

1. 夯实全球老年教育共同体的现实基础

构建人类命运共同体，认知先于行动。首先要求国际社会参与共建各方必须承认和平与发展是时代主题。这是构建人类命运共同体的前提和基础。构建老年教育共同体也是如此。老年教育是国际社会共识、利益共同点最多的领域，针对老年教育的许多国际共识已经形成，特别是通过各种途径、形式、方法开展终身教育以应对全球人口老龄化共同挑战为目的的国际共识已经形成。这是构建老年教育命运共同体最基本的价值观基础。中国老年教育要通过助力"一带一路"建设的成功实践，以及"一带一路"沿线国家的大力支持和参与，使构建老年教育命运共同体达成更多的共识，使老年教育命运共同体的思想基础更为牢固。

2. 消弭不同意识形态鸿沟

从"中国梦"到"世界梦"，要有通达的桥梁。在构建人类命运共同体过程中，不同意识形态之间的斗争具有长期性和复杂性。党的十九大报告指出："意识形态领域斗争依然复杂，国家安全面临新情况。"意识形态差异效应和人类共同价值效应将长期并存，既推动人类命运共同体的构建，又保持各国发展。全球老龄化背景下的老年教育国际合作交流是民心相通的重要途径，也是政策相通、文化相融的重要内容，是比通过政治、经济、外交途径沟通、斡旋更为便捷的消弭鸿沟的方式。

3. 提供老年教育的中国经验

科学认识社会发展规律和人类未来，及时提出中国解决方案，用中国独特的话语体系阐明人类命运的发展走向，是构建人类命运共同体的关键。在AIUTA合作平台展示中国老年教育的理念和经验，为世界提供范例，是构建老年教育共同体的基本路径。中国在这方面应当大有作为。

老年教育的交流是文化交流的重要内容。中国作为最大的发展中国家，未富先老，虽然老年教育起步较晚，但发展迅猛后来居上。政府主导、各方投入、全社会办学的模式，世界少有。中国老年大学的办学理念和运作模式有特色，对世界各国，尤其是“一带一路”沿线国家有借鉴作用。可以预见，随着老年教育共同体的壮大，中国老年教育的办学理念、运作模式和经验将得到认同和推广，中国老年教育在 AIUTA 合作平台上的国际影响力、感召力、塑造力将进一步提升。中国老年教育将为国际老年教育发展作出重大贡献。

三、开创中国老年教育与 AIUTA 合作新格局

环顾全球，迄今为止，没有一所老年大学、老年教育机构是在封闭状态下发展的。因此，AIUTA 非常自信地宣称：“老年大学在欧洲以至世界各地的兴起、蔓延和发展，也全是国际合作的成果。”AIUTA 本身也是全世界老年大学发展、走向国际化的必然产物。

(一)中国老年教育在 AIUTA 中从缺席到“有位”“有为”

中国作为世界上最大的发展中国家，进入老龄化社会稍晚，但老年教育发展很快。1983 年，山东创办了中国第一所老年大学；1988 年 12 月，中国老年大学协会成立；1994 年，中国老年大学协会加入国际老年大学协会，成为 AIUTA 的会员校。自 2013 年在瑞典乌普萨拉市召开的国际老年大学协会第 93 届专题研讨会，至 2018 年在毛里求斯路易港召开的第 103 届会议，共 11 次国际研讨会议，中国老年大学协会都组团参加，每次都有精彩演讲，每次中国的声音，中国的建议，中国的音像、著作展示，都震撼全场。

中国老年大学协会自参加 AIUTA 主办的学术研讨会以来，一直与国际老年教育保持密切联系。中国老年大学协会国际联络部积极发挥组织牵头作

用，与 AIUTA 保持随时畅通的信息交流渠道；及时翻译、介绍国际老年教育专家、学者的研究成果、论文资料；统筹安排、组织中国老年大学参加 AIUTA 研讨活动；将参加 AIUTA 的学术研讨会作为深化中国老年大学国际合作的重要措施，随时沟通国内外信息。2014 年，中国老年大学协会林元和副会长就开好国际研讨会提出了"1+1"模式，即对 AIUTA 每次召开的国际研讨会的主题进行先期研究，发挥集体智慧，形成中国学者的观点，再到国际研讨会上宣讲。这种模式取得了较好的效果，对推进中国老年教育理论研究与国际对接起到了积极作用。这个模式一直坚持下来。2014 年 6 月法国图卢兹会议关于"老年大学与国际合作"的主题，2014 年 11 月巴西伊瓜苏研讨会关于"老年大学与代际合作"的主题，2015 年西班牙阿利坎特研讨会关于"老年大学、公民和社会凝聚力"的主题，2015 年 9 月波兰卢布林研讨会关于"老年大学生——新一代学生"的主题，中国代表团都通过"1+1"模式，辨析主题的国际意义和对中国的意义，然后推选代表出席国际研讨会，报告中国的研究成果。

(二)中国老年大学协会与 AIUTA 积极互动，产生良好影响

老年教育在中国已经成为国家意志和国家制度。中国建立"党委领导、政府统筹，教育、组织、民政、文化、老龄部门密切配合，其他相关部门共同参与的老年教育管理体制"[《老年教育发展规划(2016—2020 年)》]。中国老年教育界通过共同努力成绩斐然，国际交流对接传播了中国的老年教育故事，世界了解了中国。AIUTA 主席维拉斯教授认为，AIUTA 与中国老年大学协会的国际合作，堪称全世界老年大学国际合作的典范。维拉斯教授还认为，现在中国已经成为世界上老年大学发展最好的国家之一。中国老年教育的许多方面处在世界领先的地位。中国老年教育在国际老年教育中得到认可和赞赏，已经具有一定的话语权和举足轻重的影响力。

(三)对中国老年教育与 AIUTA 合作新格局的展望

在全球老龄化背景下，中国老年大学教育国际化是"一带一路"和人类命

运共同体中民心相通的一部分，是政策相通、文化相融的内容。提升中国老年教育国际化水平，必须始终坚持“面向世界”，对外讲好中国老年教育的故事，向世界展示中国老年教育的现状和成果，以期在国际上获得更多的关注，扩大中国老年教育的影响力。同时，借 AIUTA 的风，引进和借鉴来自不同地区、国度老年教育的先进理念和经验，促进中国老年教育的发展。开创中国老年教育与 AIUTA 合作的新格局，需从以下三方面做好工作。

1. 实现两个精准对接

开创中国老年教育与 AIUTA 合作的新格局，需要做好两个方面的对接。一是做好与“一带一路”和人类命运共同体的对接，认清路径，明确任务，在大格局下行动，做好老年教育应该做的工作。老年教育要保持与“一带一路”建设同步，关注、参与“政策沟通”“民心相通”，在这两个合作重点上下功夫。二是加强与国际老年教育发展战略和规划的对接，提升对接层次，保持与 AIUTA 在发展规划、推进步骤上同步。要通过参观互访、共同研讨、校际联谊、主题互动等形式，在 AIUTA 平台上展示中国老年教育学习、传承中华传统优秀文化、推进“一带一路”人类命运共同体建设的成效，以中华文化的宇宙观、国际观、社会观，接纳、包容、欣赏国际上不同国家、民族的社会制度、宗教信仰、政策法规、发展道路和模式以及异域风情。老年教育还要通过国际交流，在政策相通、民心相通上发挥正能量作用。我们要通过这两个方面精准高效的对接，进一步提升中国老年教育的水平，促进全球老年教育共同发展。

2. 适应时代变革，实施全球“互联网+老年教育”计划

随着时代的变迁和高科技的发展，家庭电脑和网络越来越普及，网络已成为老年人学习和生活的好帮手。2018 年 4 月，在上海召开的 AIUTA 教育与科学委员会执委会议暨老年教育国际学术交流活动上，意大利的泽尔比尼教授围绕“科技在老年教育中的应用”做了主题演讲。他阐述了互联网、智能手机等新技术的应用给老年人的生活带来的巨大变化和冲击，提议由 AIUTA“建立一个联系所有老年人、所有老年大学的交流网络”，并指出“网络交流平台的建立需要多国老年大学参与……希望中国能够为我们提供足够的经验和建议，以便推广”。[①] AIUTA 第一副主席、广州市老年干部大学校长林元和也当即表示：“老年教育一定要实现网络教育和面对面教育两者结合。”会议结束时，维拉斯主席就泽尔比尼教授的建议宣布“要建立一个依托互联网的平台”。布局“互联网＋老年教育”计划刻不容缓。印度学者汤姆·霍洛威在《老年大学与时代变革》中说道：“环球老年大学（印度 WORLD U3A）致力于应对这样一个狂放奔腾的世界。我们的组织没有实体办公室，无会员体制，除秘书长、领导小组外不设其他委员会。我们的全部会议都在互联网召开。”印度依托网络的老年教育正在实施。[②] 中国的信息网络技术发展不亚于印度。随着老年人口文化素质的不断提高，上网逐渐成为中国老年人学习和生活不可或缺的重要手段。中国的老年教育应抓住大好时机，及早实施“互联网＋老年教育”计划，强化在线老年教育，使老年人（不只是教师和办学者以及管理人员）随时了解到全球老年教育的新信息，方便老年人在网站下载自己感兴趣的各种课程，在微信、QQ 群里讨论以及上网搜寻资料等，促进老年人之间的互相讨论、学习、交流，使老年人能取长补短，共同进步，并进一步增强中国老年人与世界各地老年人之间的理解、沟通与交流，让他们安享晚年。山东老年大学“远程教育网与老年教育网融合发展，打造面向社会的老年学习网站，并积极探索借助移动客户端、微信、微博等新媒体手段拓展老年学习途径”。山东老年大学将“互联网＋”理念融进教学管理，开发了自主知识产权的教学管理系统，在招生、学籍、教师的管理、课程设置和课程安排等方面实现数字化管理，提高了管理效率和科学化水平。山东老年大学把教学管理系统与老年大学网站结合，开展网上教学互动

① 中国老年大学协会国际联络部：《AIUTA 教育和科学委员会执委会议发言摘要》，载《广州老年教育研究》，2018(1)。

② 林元和、王友农：《中国老年教育理论研究与国际对接（2013—2016）》，111 页，广州，广东高等教育出版社，2018。

和成果展示，丰富了学习形式和教学内容，提高了学员学网、用网的积极性。①

3. 进一步发挥中国老年大学协会国际联络部的作用

实施老年教育是21世纪全球老龄化“共同体”的共同使命，需要各国老年教育工作者相向而行。中国是全球老年教育规模最大、受众最多的国家，也是国际老年教育协会寄予厚望的一方热土，在AIUTA合作平台上应该有更多作为。推进中国老年教育与国际老年教育全方位、多渠道、深层次的对接互动，开创与AIUTA合作新格局，需要有组织实施的机构，目前最好的机构就是中国老年大学协会国际联络部。中国老年大学协会国际联络部自成立以来做了许多卓有成效的工作，难能可贵。强调发挥好国际联络部的作用，是寄厚望于中国老年大学协会对这个机构给予更多的重视、支持和投入。第一，国际联络部应设专职人员，长期靠兼职人员以“志愿者”身份开展工作，精力分散，工作难免受影响。完全依赖兼职人员对老年教育事业的热爱、忠诚和奉献精神难以持久。第二，要有经费保障，编译论文、交流资料、出版专著，都需要经费支撑。

中国老年教育助力“一带一路”和人类命运共同体，人文交流是主要阵地。中国老年教育通过中国老年大学协会国际联络部充分发挥对外、对内的联络作用，与AIUTA的合作，将出现一个交流地域广阔、交流渠道畅通、交流主体多元、交流形式多样、交流内容丰富、交流成果共享的生动活泼新局面。

① 林元和、王友农：《中国老年教育理论研究与国际对接(2017年)》，35～37页，广州，广东经济出版社，2019。

后　记

本课题是由广州市社科联正式立项的2018年度广州市哲学社会科学发展“十三五”规划重大委托课题（课题编号：2018GZWTZD35）。

章节设计依据是：第一，从“一带一路”丰富内涵中导出重大理念、原则、措施、主张等因素，研究老年教育在相关问题上的影响、关联、互动等；第二，不局限于“一带一路”沿线国家；第三，不涉及经贸问题；第四，各章既独立立论，又有紧密联系，内容会有交叉，但强调阐述的侧重点不同。

课题的主办和支持单位是中国老年大学协会国际联络部、国际老年教育研究中心、老年教育学术委员会。依托单位是广州市老年干部大学和上海老年大学。参与课题研究的单位有：广州市老年干部大学、上海老年大学、昆明老年大学、成都锦江区老年大学、武汉老年大学、广东潮州老干部大学、哈尔滨老年人大学、天津市教研科学研究院、福建省老年大学、湖北省老年大学、上海老年教育研究院、广州大学等。

本课题组长为林元和，副组长为王友农、李宣海、熊仿杰；秘书长张俊香负责联络工作和行政事务；会务工作人员为孙运莉、肖治军等。

课题主框架设计为林元和、王友农。

课题统稿：王友农负责全书统稿。王卫东负责第一至四章一次统稿。

分工写作的情况如下：

导论：广州市老年干部大学王友农；

第一章：广州市老年干部大学梁烈；

第二章：昆明市老年大学董利华、冯丽俐；成都市锦江区老年大学张泽林、刘韬；

第三章：武汉老年大学郑焕清、彭克敏、陶崔未、白德高；

第四章：潮州市老干部大学陈先哲、林金炎、陈维坤；

第五章：上海老年大学李宣海、熊仿杰、徐隽、褚沁；

第六章：哈尔滨老年人大学张丽华、孙登成；

第七章：天津市教育科学研究院岳瑛；

第八章：华东师范大学马丽华；

第九章：福建老年大学施祖美、吴宝儿；湖北老年大学万年春、黄霞、雷军、邓来；

第十章：广州市老年干部大学兰承晖、王卫东。

本课题从立项、推进到结题，先后在广州、成都、上海、三明召开课题会议。中国老年大学协会张晓林会长参会致辞并参与课题讨论。上海老年教育研究院首席教授叶忠海，上海师范大学原校长杨德广教授，中国老年大学协会学术委员会张宝林教授、刘长生主任，中国教育科学研究院卢彩晨博士等参与课题讨论，提出许多有价值的意见。我们感谢一系列会议的承办单位广州市老年干部大学、四川老年大学、成都锦江区老年大学、上海老年大学、福建三明老年大学。

参与本书先期编辑工作的有：张俊香、孙运莉、桂熙昊、蒋梦莎、张宇、刘畅等。

参考文献

[1]习近平．习近平谈治国理政．北京：外文出版社，2014.

[2]习近平．习近平谈“一带一路”．北京：中央文献出版社，2018.

[3]陈福星，等．老年教育概论．济南：山东人民出版社，2004.

[4]陈勇．中国老年大学发展研究．南京：南京师范大学出版社，2016.

[5]陈先哲．老年教育的实践探索与理论创新．广州：广东教育出版社，2018.

[6]董之鹰．老年教育学．北京：中国社会出版社，2009.

[7]冯并．“一带一路”全球发展的中国逻辑．北京：中国民主法制出版社，2015.

[8]冯维江，徐秀军．一带一路：迈向治理现代化的大战略．北京：机械工业出版社，2016.

[9]冯友梅，吴蓓．老龄化与全球健康．北京：人民卫生出版社，2018.

[10]葛剑雄，等．改变世界经济地理的“一带一路”．上海：上海交通大学出版社，2015.

[11]顾秀莲．中国老年教育的国际背景研究．北京：中国妇女出版社，

2009.

[12]顾明远，鲍东明．推进共建“一带一路”教育专题研究．北京：教育科学出版社，2017.

[13]黄燕东．老年教育与老年福利．杭州：浙江工商大学出版社，2016.

[14]季羡林．中印文化交流史．北京：中国社会科学出版社，2008.

[15]李少军，等．国际体系——理论解释、经验事实与战略启示．北京：中国社会科学出版社，2012.

[16]李永全．“一带一路”建设发展报告(2018)．北京：社会科学文献出版社，2018.

[17]林元和，王友农．中国老年教育理论研究与国际对接(2013—2016)．广州：广东高等教育出版社，2018.

[18]林元和，王友农．中国老年教育理论研究与国际对接(2017年)．广州：广东经济出版社，2019.

[19]柳海民．教育学原理．北京：高等教育出版社，2011.

[20]刘卫东，田锦尘，欧晓理，等．“一带一路”战略研究．北京：商务印书馆，2017.

[21]陆剑杰，张丽华．中国教育战线的新军突起——10所省市(副省级城市)老年大学纪实．北京：团结出版社，2016.

[22]陆剑杰．老年教育学——中国老年教育34年实践经验的学术研究升华．南京：河海大学出版社，2018.

[23]陆兵．中亚——丝路明珠与合作热土．北京：中国发展出版社，2018.

[24]钱源伟．老年教育教学论．北京：人民教育出版社，2016.

[25]齐伟钧．海外老年教育．上海：同济大学出版社，2014.

[26]尚虎平．“一带一路”关键词．北京：北京大学出版社，2015.

[27]孙培青．中国教育史．上海：华东师范大学出版社，2009.

[28]王炳照．简明中国教育史．北京：北京师范大学出版社，2008.

[29]王义桅．“一带一路”机遇与挑战．北京：人民出版社，2015.

[30]王义桅．世界是通的：“一带一路”的逻辑．北京：商务印书馆，2016.

[31]王义桅．王义桅讲“一带一路”故事．北京：人民出版社，2018.

[32]吴坚．全球教育发展新趋势．北京：人民出版社，2014.

[33]吴冰冰，于运全．“一带一路”案例实践与风险防范(文化篇)．北京：海洋出版社，2017.

[34]熊仿杰．老年大学课程建设要略．上海：上海教育出版社，2017.

[35]杨德广．老年教育学．北京：人民教育出版社，2016.

[36]杨雪，米峰．世界人口老龄化读本．北京：学习出版社，2017.

[37]叶忠海．人才地理学概论．北京：高等教育出版社，2009.

[38]叶忠海．成人教育发展战略研究．上海：同济大学出版社，2011.

[39]叶忠海．老年教育学通论．上海：同济大学出版社，2014.

[40]叶瑞祥，卢璧锋．新编老年学习学．广州：花城出版社，2014.

[41]张斌贤．外国教育史．北京：教育科学出版社，2015.

[42]郑通涛，方环海，陈荣岚．“一带一路”视角下的教育发展研究．广州：世界图书出版广东有限公司，2018.

[43]庄俭．上海老年教育．上海：上海文化出版社，2017.

[44]国家信息中心“一带一路”大数据中心．“一带一路”大数据报告(2018)．北京：商务印书馆，2018.

[45]上海市老年教育师资培训中心，上海市老年教育理论研究中心．老年教育 ABC．上海：上海教育出版社，2013.

[46]上海老年大学课题组．老年教育领导管理方式研究．上海：华东师范大学出版社，2018.

[47]上海老年大学．学习者之歌．上海：上海教育出版社，2014.

[48]中国现代国际关系研究院．国际战略与安全形势评估(2017—

2018). 北京：时事出版社，2018.

[49]IBM 商业价值研究院．智慧地球．北京：东方出版社，2009.

[50]卡尔·马克思．资本论(第 1 卷). 郭大力，王亚南，译．北京：人民出版社，1975.

[51]塞缪尔·亨廷顿，彼得·伯杰．全球化的文化动力——当今世界的文化多样性．康敬贻，等，译．北京：新华出版社，2004.

[52]塞缪尔·亨廷顿．文明的冲突与世界秩序的重建．周琪，等，译．北京：新华出版社，2010.

[53]爱德华·霍尔．超越文化．何道宽，译．北京：北京大学出版社，2010.

[54]贾雷德·戴蒙德．枪炮、病菌与钢铁：人类社会的命运(修订版). 谢延光，译．上海：上海译文出版社，2016.

[55]泰德·菲什曼．当世界又老又穷：全球老龄化大冲击．黄煜文，译. 北京：生活·读书·新知三联书店，2018.

[56]彼得·弗兰科潘．丝绸之路：一部全新的世界史．邵旭东，等，译. 杭州：浙江大学出版社，2016.

[57]顾凤佳．国外老年教育信息化的发展及启示——基于澳大利亚、美国和英国的经验．江苏开放大学学报，2015(2).

[58]刘复兴．做好与“一带一路”战略相适应的教育政策规划研究．比较教育研究，2015(6).

[59]吴家萍．服务国家“一带一路”战略　促进教育国际交流与合作——基于云南开放大学境外学习中心建设思考．云南开放大学学报，2016(2).

[60]燕新．高等教育学学科评价标准研究．医学教育探索，2005(3).

[61]张红艳，赵国栋，张瑞．中国与“一带一路”沿线国家基础教育信息化发展的比较研究．中国电化教育，2017(12).

[62]郑刚．上海合作组织框架内开展教育合作与交流的思考．河北师范大学学报(教育科学版)，2013(10).

[63]郑刚，刘金生．“一带一路”战略中教育交流与合作的困境及对策．比较教育研究，2016(2).

[64]周谷平，阚阅．“一带一路”战略的人才支撑与教育路径．教育研究，2015(10).

[65]广州市老年干部大学管理办公室．广州老年教育研究，2017.

[66]广州市老年干部大学管理办公室．广州老年教育研究，2018.

[67]程远．老年教育译文集．武汉老年教育研究会，内部刊物．

[68]林元和．“一带一路与老年教育研究”开题报告．广州：广州市老年干部大学(广州老年大学)，2018.

[69]中国老年大学协会国际联络部．关于“一带一路与老年教育”研究的公告．毛里求斯路易港 AIUTA 第 103 届理事会．2018.

[70]岳瑛．老年教育发展趋势与老年大学发展任务摭谈．[2019-08-11]. http：//www. caua1988. com/ # /info/0/571.

[71]王友农．推进我国老年教育与国际对接．[2019-08-11]. http：//www. caua1988. com/ # /info/0/595.

[72]国务院办公厅．老年教育发展规划(2016—2020 年). [2019-08-11]. http：//www. gov. cn/zhengce/content/2016-10/19/content _ 5121344. htm.

[73]国家中长期教育改革和发展规划纲要工作小组办公室．国家中长期教育改革和发展规划纲要（2010—2020 年）．[2019-02-18]．http：//old. moe. gov. cn/publicfiles/business/htmlfiles/moe/info _ list/201407/xxgk _ 171904. html.

[74]中共中央办公厅，国务院办公厅．关于做好新时期教育对外开放工作的若干意见．[2019-02-18]．http：//www. gov. cn/xinwen/2016-04/29/content _ 5069311. htm.

图书在版编目(CIP)数据

“一带一路”与老年教育研究/林元和等主编．—北京：北京师范大学出版社，2020.5
（老年教育丛书）
ISBN 978-7-303-25696-9

Ⅰ．①一… Ⅱ．①林… Ⅲ．①老年教育—国际合作—研究 Ⅳ．①G777

中国版本图书馆 CIP 数据核字(2020)第 020169 号

营销中心电话 010-58802135 010-58802786
北师大出版社教师教育分社微信公众号 京师教师教育

出版发行：北京师范大学出版社 www.bnup.com
北京市西城区新街口外大街 12-3 号
邮政编码：100088
印　　刷：北京盛通印刷股份有限公司
经　　销：全国新华书店
开　　本：787 mm×1092 mm 1/16
印　　张：20
字　　数：300 千字
版　　次：2020 年 5 月第 1 版
印　　次：2020 年 5 月第 1 次印刷
定　　价：80.00 元

策划编辑：郭兴举 鲍红玉　　责任编辑：马力敏 李锋娟
美术编辑：李向昕　　装帧设计：李向昕
责任校对：康 悦　　责任印制：马 洁

超越门户

搜狐新媒体操作手册

主编 吴晨光

中国人民大学出版社
·北京·

序

陈彤

近三年来，中国传媒业可谓经历了前所未有之变局，任何一个传媒人都会有切肤之感。在这个转折点，新思路、新范式、新尝试格外重要。也正是此时，我看到了搜狐网执行总编辑吴晨光和他的团队编写的这本《超越门户》。

书中，我看到了很多关于移动互联的章节和操作手法，比如新闻客户端推送、H5页面制作、全媒体直播……在这个PC端影响力下降、人们对手机的依赖与日俱增的时代，这种探索的意义非同寻常，可以说是试图树立新媒体时代的行业标准。

我看到了几百个案例，大到薄熙来报道的幕后操作，小到“靐靐靐靐北靐靐靐方靐靐靐靐”这样创意标题的诞生记。很多案例都是血泪教训。在中国新闻界缺乏“判例法”教材的当下，这本书也会给学界以深刻影响。

我在这本书中看到了创新精神，特别是在新媒体产品的理解上。当下，总编辑、编辑们需要转变，需要学习，需要被称为一个合格的产品人。因为，曾经的内容生产如今看来只是非常初级的产品素材，有了好的内容仅仅是个开始，好的内容需要有好的交互、好的产品、好的运营。好的总编辑、好的编辑也应该是好的产品经理。

这本书也让我想起了我在新浪的日子，以及那本在业界流传的《新浪之道》。从门户网站诞生至今，17年过去，那段激情燃烧的岁月、那种执著的打拼、那种精心的总结，对于我来说，是一笔宝贵财富。很庆幸，当我们这群老编辑离开内容线以后，晨光和后辈们能接过这一棒。

我也希望，年轻人的探索不止于此。在信息源去中心化的今天，在社交平台的媒体能力空前显现的时代，还有相当多的问题摆在我们面前。

比如，当我们打开一些资讯类或者社交类APP，我们会发现好的内容不是没有，但充斥着各种东拼西凑、捕风捉影。有责任感的媒体人看到这些，会有什么感受呢？为什么生产的内容用户接受度不高？为什么会因为所谓的“高冷感”放弃一些用户感兴趣的话题？为什么有的从业者沉醉于自己的话语体验和养尊处优的工作方式，不肯更勤奋更琐碎地去把内容做得更全面更纵深，把服务做得更细致更贴心？

所以，这种探索和追求永无止境。未来的目标是，不断追求快速、全面、专业、深度，用合适的机制和形态去赢得用户的接受和喜爱，并建立起更健康、更合理、更稳健的商业模式。也正如书中所言，我们应该超越门户、超越时代。

（作者为资深网络媒体人，曾任新浪网总编辑，现为小米公司内容投资与运营副总裁）

目录

上编　搜狐新闻编辑规范

下编 未曾公开的新闻内幕

部分二维码 目录

（因手机适配问题，部分二维码内容可能出现错行等状况。——编者注）

上编

搜狐新闻编辑规范

引　子　激情燃烧的日记

文 | 吴晨光

1

那份厚厚的工作日记，静静躺在我电脑的某一个角落里。日记首页，是一个关于新闻标题的讨论——是“中国第一钻井平台在南海开钻”，还是“南海开钻中国第一钻井平台”？责任编辑选的是前者，而我认为是后者——当时，南海局势紧张，所以成为全球瞩目的焦点。做标题时，应该把最吸引人的东西放到最前面。

这篇日记写于2012年5月8日，我来搜狐工作的第5天。

从这一天到2013年10月末，除了周末之外，我每天一记，风雨无阻。5号字外加上千幅截屏图，以及它们所要表达的2 000多个案例，塞满了115页word文档。每个下午三点——搜狐新闻中心的例会上，我会结合这些案例并进行分析点评。

这份日记，最终成了《超越门户》的“基石”。

2

初到搜狐的日子里，我一直在思考一个问题：除了快速与海量之外，门户新闻是否还有其他标签？（当时，移动互联新闻刚刚起步不久，各大网站的主战场依然是PC门户）当然，我指的是优质的标签，标题党、无逻辑之类不在此列。另一个核心的问题是：为什么互联网新闻从业者只能做“搬砖工”，而不能成为建筑设计师？

2015，还看搜狐新闻

搜狐新闻
精品栏目简介

我向很多同学（搜狐内部互称“同学”）提出了这两个问题，他们的回答都是“习惯”。但创新应该是一个新闻人——无论是传统媒体人还是网络媒体人——最基本的素养。“需要改变它”，我想。另一个重要的背景是，我当时的主管领导——搜狐网前总编辑刘春是一位有着强烈栏目意识的新闻人，他在凤凰卫视创办的诸多栏目脍炙人口。而我在央视、《南方周末》、《中国新闻周刊》12 年的工作经历，也让我决定从最擅长的原创、策划抓起。

所以，在这本日记的诸多篇幅里，可以检索到如何做策划、如何做原创的讨论——按照“内容做减法、信息做增量”的原则，原有的十多个栏目被优化成《点击今日》、《数字之道》、《新闻当事人》等四五个。而《发现黑天鹅》——对于切入角度的把握，成为搜狐新闻策划、原创、评论最重要的原则。

那真是一段激情燃烧的岁月。每天上午十点，各部门的负责人都会带着自己的选题来开策划会。而在此前，大家都是私下里碰碰，形不成讨论的氛围。在原来的办公区域——搜狐网络大厦里，会议室并不像新办公楼那么充裕。订不到会议室，就在演播室甚至走廊里见缝插针。而每天下午开完值班例会之后，我会召集某一个小组开会，每周确定一个栏目的定位及核心竞争力。大量冷峻的文字背后，是无数思想的碰撞。

我就是在那时候养成了在“七天”酒店住宿的习惯，周一到周五。不是我想住，而是不想把时间也没有时间耗费在每天来往 3 个小时的道路上。每天下班，我会沿着尘土飞扬的双清路走到“七天”；每天清晨，我同样会沿着尘土飞扬的双清路走到办公室。从 2012 年春天走到 2013 年春天，单程 27 分钟，很多思考和总结也来自这条毕生难忘的马路。

3

我慢慢融入到互联网之中。越来越强烈的感觉是，混乱的逻辑、依靠“标题党”换眼球并非是网络的特质。互联网同样可以有逻辑、有思想、有价值观，高品质的新闻与高流量并不矛盾。但是除了优质策划和原创之外，我需要一场战争来进一步证明自己的理论。“美国总统在战时的权力是最大的”，搜狐网原总编辑刘春（我们习惯叫他春台）说，“但你需要把握好战机，并指挥好团队”。

2012年7月21日，北京一场暴雨，冲垮了人们对这个大都市的信任。搜狐新闻开始尝试使用“标签”来完成对要闻区的整合包装，包括先现场、后细节、后背景、后评论的排列逻辑，包括将我们自己的策划、原创、评论“勇敢”地插入要闻区——此前，虽然同属于搜狐，但策划和要闻区甚至达到了“老死不相往来”的地步。大专题的主题、提要、导航条、头图设计也被提到了前所未有的重视程度。

一系列优秀的标题也在当时诞生。“北京：人在‘游泳池’ 车陷‘积水潭’”，给了编辑们一个不错的示范。另外，在浩如烟海的信息里，我找到了一条“救灾狗”的报道。采访部的同仁很艰难地挖掘到了这条义犬，《房山金毛犬救援纪事：吃狗粮 干人事》的特稿被纳入“新闻当事人”栏目。

重灾之后，我也开始反思，正如这个城市反思它的排水系统。在搜狐这样一个已经非常“标准化”的媒体公司里，一方面是对日常工作细节的不断追求——这成为我们之后强调的“亮点”；另一方面就是对重要报道的追求——这就是我们强调的“重点”。如果说亮点是常规战争，重点更像一场核战争，它决定着一家媒体的终极影响力。

但当时搜狐新闻对于重大突发事件的总结，只有一页纸。我很奇怪，之前的十多年，我们都积累了什么。“正如同国家的应急制度一样，我们应该对重大突发新闻有个分类、分级的处理制度。”我在例会上说。

数十名执著而敬业的搜狐新闻人，开始全心投入到重大突发事件的调研和分级探索中。自然灾害、安全生产事故、食品安全问题、群体性事件最先被列入四个重点。2013年雾霾来袭，环境污染被列为第五个重点。自然灾害又被细分为地震、台风、洪水、海啸等。按照死亡人数、事发地点、波及范围等参数，每类突发事件又被分为特级、一级、二级、三级，每级有不同的操作模式。这后来被称为搜狐新闻的“大战手册”——此后的雾霾、马航MH370失踪，均按照这个规则进行了操作。若干个专业处理小组，也在搜狐新闻中心内部成立，我给他们的代号是“拥有狼群精神的小狐狸群”。

在自然界，狼群是最可怕的。它们狡诈、坚毅、分工明确、配合默契，能连续数百里追踪猎物，纵然是老虎和棕熊，看到它们也要退避三舍。我希望我的团队能够靠着这样

搜狐新闻突发事件处理流程

搜狐新闻的六脉神剑

的精神，在每一场围猎中战胜比自己强大很多的对手。（参见本书上编第十二章及下编第一章）

4

日记越写越厚，转眼到了2013年8月。一场审判被全球瞩目，原中共中央政治局委员薄熙来坐到了被告席上。在一年后周永康面临与薄同样的命运时，我开始反思：薄与周倒台，究竟哪一个价值更大？

从表面上看，周是政治局常委，而薄只是委员，当然是周更重要。但从更深层次考虑——薄的事发，被很多人认为是影响了某些中国未来政治的走向，而周在目前来看是涉及贪腐、雇凶杀人，并不能影响中国的走向。决定一则社会新闻的重要程度，首先看它影响人数的多少；决定一则财经新闻的重要程度，首先看它影响财富流动的多少；而决定一则时政新闻的重要程度，在于它在多大程度上影响了一个国家的走向。

作为一个在市场经济中崛起的互联网公司，搜狐有着非常明确的价值观——改革、市场、法治、竞争等。而薄熙来在重庆倡导的许多导向，在外界看来恰恰是要让中国回到计划经济乃至“文革”时代。所以，我们连发若干篇独家网论，比如《重庆模式：反对市场经济只能是死路一条》、《公审薄熙来点燃依法治国新希望》，来阐明搜狐新闻对待此事的态度。

缺乏价值观，是门户网站的又一个问题——正因为信息海量，所以我们的“态度”往往被淹没其中。但对于一个媒体而言，价值观是最重要的。如同一个人的灵魂，缺失之后便是行尸走肉。

报道公审薄熙来的那4天时间，正逢内容部全体管理层外出开会，留在公司的我临危受命，代替总编辑指挥了这场大战。我借此第一次认识到了双屏战略——PC端+移动端，第一次调配了视频资源。此前，我对互联网新闻的尝试也只限于图文。

我写了大约3 000字的业务笔记，总结薄案报道。里面提到了底线、提到了格局。让我没有想到的是，两个月之后，我开始站在更高格局上看待新闻，并面对自己即将跌宕起伏的人生。（参见本书下编第四章）

我一辈子也忘不了公审薄熙来那4天的场景。早班的同学来了，我在；中班的同学来了，我在；夜班的同学来了，我还在。薄的每一个动作、表情，他陈述的每一句话，都在我心中被无数次推演——背后的解读应该怎么做？与法治进程和中国方向的关系在哪里？

那一段，是我半生中最激情燃烧的岁月。陪伴我的，依然是“七天”酒店狭小的房间，但成就和快乐早已经驱散了孤独。

5

2013 年 10 月，那本 115 页的日记——也包括我平时数十万字的业务总结，终于集结成册，成为搜狐网历史上第一本采编规范。从新闻遴选到重大突发事件处理，共 12 章。大家戏称之为“蓝宝书”，因为封面被设计成深蓝色。我把其中的一本送给春台作为分别的礼物，此时的他已离开搜狐，他的职务由我接任。

日记从此变换了形式，诸如《2014 年年度规划》、《头尾战略》、《最终页的重要性》——更多是针对一些全新理念的理解、执行和阐释。因为改革开始了。

在搜狐历史上，这是一次非常关键的战略转型。它也是“媒体融合”的一次重要尝试——其实在 2014 年 8 月习近平提出这个概念时，搜狐新闻已经完成了实践。早在 3 年前，当我刚刚进入搜狐时，这个“中心厨房生产、不同餐厅分发”的模式，就已经被拥有多媒体平台的搜狐提出。只是我没想到，这最关键的一步，是由我来执行。

就我分管的新闻、财经、军事等领域而言，改革前是按照传播渠道划分部门，如有 PC 新闻中心，有移动媒体部。这就造成了一个问题：PC 端编辑生产的内容，只在 PC 上发布；而移动端生产的内容，只在移动端上发布。这样不仅导致了资源的浪费——比如移动端有自己的策划部门，PC 端也有；更重要的是，在重大新闻事件的判断乃至价值观上并不统一，甚至出现了在同一新闻事件上，一个端口支持 A 说法，而另一个端口支持 B 说法。

改革则是把这种以传播渠道划分部门的方式，变成以内容方向划分。以新闻方向为例，原 PC 新闻中心和原移动新闻中心合并为新的机构。这个机构下又分为新闻生产中心和新闻分发中心。作为“中央厨房”，新闻生产中心负责“做菜”，并把半成品输送至搜狐 PC 端首页、PC 新闻首页、PC 弹窗首页，以及手机搜狐网首页和新闻客户端首页——我们称之为“五大哨所”。五大哨所的编辑根据各自餐厅的特性，进行进一步加工，呈现在网友面前。

最终页、全媒体直播等新的表现手法也在这次改革中被一再强调。所以，新出版的2015版采编规范比2014版有了质的飞跃。还有一些过时的手法被淡化了，例如专题制作——二级页比一级页要减少80%的用户。在很多时候，做大专题费力不讨好。

最终确定的小册子约8万字，共14章，包括300多个案例。在付印之前，我把一些关于移动互联的章节进行了强化——其中包括新闻客户端编辑、最终页编辑、H5页面的制作等操作手段。门户已经渐渐衰落，移动互联代表着新闻的未来。

6

在我的日记里，有一封改革取得阶段性成果后写给大家的信，它成型于2014年9月1日——

……2014年3月22日——暮春的一个下午，在媒体大厦18层会议室，Charles（即搜狐公司董事局主席、CEO张朝阳博士——编者注）对搜狐新闻提出了新的方向和目标。半年过去，大厦前的树叶从青到绿；昨日的一场秋雨之后，已有点点泛黄。“夜阑卧听风吹雨，铁马冰河入梦来”，作为改革的先锋，我想每个人都应该有所收获——或是薪酬的提升、职务的进阶，或是格局与能力的长进，或是破茧成蝶后继续前行的力量和信心。

从公司层面而言，改革的最大收获在于减少冗员，更在于流程的理顺。29个月前我入职搜狐时，关于“中央厨房、多餐厅分发”的种子就已经在心中植入。而在Charles的战略部署下，我们终于完成了这个跨越——生产流程和分发流程的建立、“五大哨所”及“最终页”概念的实现，正如修好了一条通向未来的高速公路。

而在改革的第二季，核心问题是解决在高速路上跑什么车。再优质的渠道，如果缺少了优质内容，就会成为无本之木、无舵之船。作为“头”，搜狐新闻、搜狐财经、搜狐军事、搜狐文化，一定是传播优秀报道之所在，传递主流价值观之所在。

何为“主流”？如果把主流理解为“官方”则大错。从宏观而言，主流更是一个时代的方向——是改革开放，是市场经济，是法治社会。从微观而言，主流是选择什么样的新闻做报道，是选择哪个新闻点做纵深，不能王顾左右而言他。正是我们的一条条新闻、一组组报道，积水成渊、积土成山，搜狐新闻的独到气质便从中凸显。

曼德拉逝世时，如果放弃了一个伟人给世界带来的自由、平等、博爱，而把目光集中在他的花边新闻上，就是旁门左道；全民狂欢“打老虎”时，如果忽视了法治和程序正义，搞媒体鞭尸，亦不能苟同。当大佬们拿起冰桶往自己头上浇水时，我们更要保持清醒的头脑——我们不反对快乐公益，但无论是快乐还是痛苦，最终的目标是那些罕见病患者是否得到了救助，而非追逐明星湿了几次身。

搜狐新闻每天要发出大约2万条内容，我们的初选环节每天要选出1 000条稿子，精选200条，精编30条。正如Charles所说，这30条内容，应该是搜狐对世界的一种表达，甚至是一种表态。我希望各位在表达之时，能进行多维度思考——速度、角度、高度、深度，特别是态度与价值观，所谓“小编辑写事，大编辑写势”。

作为走在时代前沿的媒体人，我们总要给这个社会留下点东西，给互联网留下点东西，也给我们自己留下点东西。责任也好、使命也好，但更多是对得起自己，不负青春。我希望各位能把追求优质新闻作为一种习惯，把追求卓越作为一种人生态度。继续加油，在媒体蓝海中奋勇前行！

7

这封激情洋溢的信的背后，则是无数的艰辛、泪水和痛苦。改革之前的一个半月，我的父亲突发脑出血，昏迷5个月，最终在2014年6月30日辞世。作为家中的独子，医院、公司、家成了我每天的“三点一线”，而ICU病房巨大的花费成为一家人巨大的负担。

“中央厨房”说起来简单，但其实是对此前延续多年的生产模式的颠覆性变革。这不仅仅包括思维模式的改变，组织构架的变化，更延伸出诸多的人的利益冲撞。在我最艰难之时，我每天都在读孙皓晖先生所著的《大秦帝国》，于是更理解了商鞅的艰难：改革需要多少勇气，改革需要多少代价！

但在那段日子里，我从没失望过，也从未退缩。因为我根本没有退路。每个黄昏，我都会坐在办公室里，望着窗外的天渐渐变暗，静静思考。我习惯把一些关键词写到纸上，从中寻找它们之间的逻辑，并试图总结出“论”和“道”的东西。我逐渐让自己的思维回归本源——为什么要建立五大哨所？为什么要强调最终页？为什么要改革？

我突然仰天大笑——那一刻，我明白了一个道理：究竟什么为王？内容？渠道？产品？技术？都不是。它们充其量都是个“一”，而四个“一”加起来就是“王”字。而用户就是“王”上面的“点”——拥有用户，你就可以“主”宰天下。五大哨所也好、最终页也好、改革也好，终极目的是为了让更多用户认可搜狐新闻！

多年的“格物穷理”终于有所收获。这一刻，我从一个媒体人转变成一个互联网人。

我永远都不会忘记那个仰天大笑的场景，但在此之后，我再没有这样开心过。

在2014年10月举办的“第十四届中国互联网论坛”上，我做了题为《从“六脉神剑”到“五大哨所”》的主题发言，阐述了搜狐新闻的媒体融合变革，也谈到了“主”字的意义。如果把搜狐的PC端视为传统媒体，把移动端视为新媒体，“融合”就是如此。

12月初，我偶遇小米CEO雷军。“大家都说小米创造了一个互联网神话，5年内做到700亿人民币的销售额。”他说，“事实上，我们用的是传统企业的思维做事情。”

小米用同仁堂的思维做产品。“炮制虽繁必不敢省人工　品味虽贵必不敢减物力”。在这家百年老店的门口，悬挂着这样的对联。雷军说，在小米手机选择代工工厂时，绝不用深圳的那些山寨厂子。为了让类似富士康这样的工厂为小米干活儿，他几乎磨破了嘴皮子。

小米也用了海底捞的思维做服务——永远超出用户预期。雷军现场拿出一个手环展示，说这个可以待机60天。而在我们的概念中，一个手环的待机时间不过三五天。

“在任何时候，优质的产品和服务总会受到欢迎。”雷军解释，“无论是线上还是线下。”

“在任何时候，优质的报道总会受到欢迎。”我在随后的总监例会上分享了对雷军观点的思考，“无论是传统媒体还是新媒体。”

这让我对媒体融合的理解更精进一层。此前对报道精益求精的要求、对价值观的注入也找到了更多理论依据。互联网新闻必须从传统媒体那里学习报道最基本的规则——诸如一则1 500字的稿子需要有3个互不干预的信源相互印证，这样才能避免谣言滋生；而传统媒体需要学会使用互联网技术进行传播，这就如同新希望董事长刘永好谈“如何使用大数据养猪”一样。

8

我把这些想法，一字字敲入 PC，放进日记夹里。它记录着我的成长轨迹，并给另外那些渴望成长的人一些参考。但有很多东西，无法写入这本日记——我只能默默把它们刻在心里。

进入搜狐这 3 年，特别是出任总编辑这一年多，我经历了很多人一生都难以经历的事情。生离死别、功名利禄，就这样过去了。搜狐新闻不再是之前的搜狐新闻，而我也不再是原来的我，并且永远回不到当初。

在这个北风吹起的冬日，我拿起吉他，一边追忆往事，一边轻轻弹起那首宋冬野的《安河桥北》：

我知道 那些夏天
就像青春一样回不来
代替梦想的也只能是勉为其难
我知道 吹过的牛逼
也会随青春一笑了之
让我困在城市里
纪念你
……

（以上写于 2014 年 12 月 24 日，平安夜）

9

2015 年 1 月 5 日，《搜狐新闻采编规范（2015 版）》这本内部手册面世。它的开本和 iPadmini 相同，封面颜色是“土豪金”。这是我的主意：既然要做一本移动互联时代的编辑手册，那就从设计开始吧。

在编写这本册子时，我并没有想到，它能在业界引起如此之大的反响。我只是觉得：在搜狐工作了 3 年，应该给公司留下点什么。这也是对自己最好的交代。

非常感谢“曲解直言”微信公号和它的主人曲昌荣。一篇《商业网站的高薪是这样拼出来的！比肩〈新浪之道〉，〈搜狐新闻采编规范〉重新定义互联网新闻》的文章，很快在朋友圈内刷屏。随后，这本 263 页的小册子被疯狂地影印、复印。因为奇货可居，能拿到它，甚至成为一种可以炫耀的资本。

一位传播学者对此书的走红点评道：第一，大量丰富翔实的案例；第二，代表了移动互联最新的编辑手段；第三，写书人的精神——在这个喧嚣浮躁的时代，花 3 天写本书的人有，谁会花 3 年时间写本书？

“而且，一度野蛮生长的互联网新闻，太需要一个行业规范了。”他说。

作为本书的主编，我一直没有发声。这本书还有太多值得推敲之处。比如，有些章节过浅；再如，缺少能够表达价值观的内容；还有，如何能让案例更加生动些？

在鞭炮声已经响起的甲午岁末，我决定修订本书。非常庆幸我有记日记的好习惯，在那本厚厚的记录里，不仅仅有每天的工作笔记、有每周的工作周报，还翻到了若干篇关于重大新闻的专题性总结——比如中共十八大、2013 年全国“两会”、公审薄熙来、MH370 失联……我把这些总结进行了整理，配上当时制作的若干个 PR 动画片，作为本书的下编：未曾公开的新闻内幕。

下编除“引子”外，收录了 11 篇文章，共计 6 万多字。阅读这些文章，你可以清晰地感受到搜狐新闻是如何处理每一个重大报道的。包括我们的记者怎样飞到万里之外的南非，直播曼德拉葬礼；包括在一年时间内执著追寻 MH370 的下落；包括搜狐新闻的值班编辑如何在“五大哨所”上布局。这也是一个个用汗水和教训换来的细节，是新闻操作最好的指导；这更是一种理想和情怀，一生挥之不去。

对本书上编的十二章内容，我也进行了改写。特别是某些涉及移动互联的部分，以及重大突发新闻的处理，几乎是重新编辑的。我还请设计部在一些不容易读懂的地方绘制了插图，并用二维码的方式呈现了更多案例。感谢新媒体的表现手段，让一本纸质读物也可以立体起来。

2015 年 3 月 18 日，全部书稿完成。此刻，朋友圈里的“雾霾之争”刚刚散去，全国“两会”已经结束，而我们依然等待着 MH370 的归来。冷风中，迎春花已经开放。

当我打开电脑写下这些文字时，又看到了那本工作日记。3 年——1 095 天，转瞬即逝。还是那句话，我不是当时的我，搜狐新闻也不是当时的搜狐新闻，并永远回不到当初。唯一不变的，是继续燃烧的激情。

最后，感谢搜狐公司董事局主席、CEO 张朝阳先生，感谢搜狐公司前 COO、联席总裁王昕女士，感谢搜狐公司前副总裁、总编辑刘春先生，感谢你们的知遇之恩。我们会在实现媒体理想的大路上继续奋勇前行！

2015 年 3 月 24 日

第一章 遴选新闻的秘密

本章编辑｜吴晨光 徐一龙

主编的话

对于互联网编辑来说，选新闻和做标题是基本功，也是最重要的工作。故本书的第一章讲解如何选择新闻。如果新闻选不好，即使包装得天花乱坠，也是无本之木、无舵之船。

新闻遴选，指对选题的判断——哪条新闻 UV[①] 会高？哪条新闻评论会多？哪条新闻重？哪条新闻轻？

搜狐新闻对选题的判断，主要根据四方面：卖点、价值、信息增量、价值观。

一、卖点

卖点，指可读性。就是某一则新闻是否能吸引更多人阅读，是否能形成最广泛的传播。卖点由以下要素构成：

（一）时效性

即时播报是互联网新闻的最重要特征，搜狐新闻强调以“秒”来计量发稿速度。特别是在移动传播时代，速度更是新闻的生命。以新闻客户端（APP）

① UV（unique visitor），指访问某个站点或点击某条新闻的不同 IP 地址的人数，它可以用来衡量一条新闻的关注度。

使用的推送手法（Push）为例，重大新闻发生时，如果你能做到第一个推送内容，会得到大多数的用户点击。

狭义的时效性指“新闻发生的时间”距离“该新闻被报道的时间”的长短；从广义上说，是指新闻人是否最早获取线索，最早进行新闻价值的判断，以及最早介入采访。早一分钟做到这些，你获取的信息就越接近真实、越全面。

例1 2014年12月22日，因涉嫌严重违纪，时任全国政协副主席、中央统战部部长令计划被查。搜狐新闻客户端快讯推送商业门户网站第一。

为了“抢跑”，新闻客户端提前准备了3个版本的PUSH语：令计划涉嫌违纪被查；令计划涉嫌严重违纪被查；令计划涉嫌违法违纪被查。当新华社发布消息后，按照其口径发布了第二个版本。

（二）地近性

指新闻发生地点的知名度大小。同样的新闻，发生在不同的地方，传播效果会大相径庭。一般而言，首都的显著性＞省会＞地级市＞县城。但一些并不知名的地方，会因发生过重大事件变得备受关注——如汶川、瓮安、阜阳等。地点的显著性可用于新闻的包装，尤其是标题上。

例2 比较下面两则新闻：在天安门金水桥上，一个上访者自焚了；在山西兴县疙瘩坡村，一个上访者自焚了。很明显，前一条新闻的受关注程度要高于后一条。

（三）贴近性

包含两个维度：一是新闻事件是否影响到了我们的生活甚至生命；二是新闻当事人或重要新闻元素是否与我们紧密相关。

例3 雾霾，正是因为其严重影响生活而被强烈关注。

例4 马航MH370失联事件，为何在第一时间成为全中国媒体的头条？一个很重要的原因是飞机上有上百名中国人。

（四）矛盾与冲突

新闻中出现的矛盾越激烈，越吸引眼球。包括人与人的冲突（如凶杀），种族、民族之间的冲突（南非种族隔离政策），国家之间的冲突（战争）等。

也包括人与环境的冲突（破坏林地），环境与环境的冲突（沙漠侵蚀绿洲），以及不同观点、价值观之间的冲突（比如对市场规则的认知不同）等。

例5 发生在2014年3月的昆明火车站砍杀事件，是当年的重要新闻之一。其间包含双重冲突：一是暴徒与平民冲突；二是新疆恐怖主义分子与国家的冲突。

（五）人情味

指选题中有关情感的元素，能不能换来读者的眼泪。涉及老人、儿童及其他弱势群体的新闻受关注程度很高，这正是人情味的体现。

例6 2014年流行的“冰桶挑战”项目能够成功，有关冰桶挑战的新闻能够大热，是因为渐冻人的悲惨状态引发了社会的怜悯与同情。没有这个基本点，再新颖的方式都不可能获得成功的传播。

（六）名人效应

新闻涉及的人知名度越高，传播效果越好。

例7 普通人嫖娼被抓不是新闻，导演王全安、演员黄海波嫖娼被抓，则成为重大新闻。有时候，新闻对人不对事。

（七）神秘性

未知比已知更容易传播。选题中的科技含量或神秘效应，是一则新闻成功的重要元素。

例8 马航MH370失联事件，为什么如此引人关注？是因为这条新闻有太多未知的因素。它去哪了？坠落了，还是被劫持了？坠落为何无痕迹？劫持又是什么动机？为什么卫星看不到它？这到底是个阴谋还是一个简单无解的悲剧？

（八）趣味性

指有意思、好玩的东西。它符合“悦读”的特性，可以让读者轻松接收，并形成谈资，所以利于传播。

例9 2013年全国“两会”报道，搜狐新闻推出的动画片《3分钟，小狐狸教你看懂“两会”》，就是把一个严肃的政治话题变得轻松活泼，获得了大约

40万次点击。（参见本书下编第三章）

（九）性

食色性也，不多解释。但要严守新闻底线，切忌把此类新闻做成黄色新闻。所谓下三路的新闻应该向上三路做。

例10 搜狐图片关于“性治疗师”的原创图片专题集，赢得了流量和口碑的双丰收。成功的秘诀是，以严肃、严谨的制作态度完成这个关于性的选题。

（十）敏感词汇

一条新闻，尤其是新闻标题中涉及的“敏感词汇”越多，传播率越高。所谓敏感词汇就是能够激发受众情绪的词汇。

例11 “天安门”、“中南海”、“女大学生”等均为敏感词汇，但使用时要注意政治和道德底线。比较两种说法：领导人动态；中南海动态。很明显，后者更吸引眼球。

二、价值

新闻价值，指其重要性。比如对于一条财经新闻而言，其重要性体现在影响财富流动的多少。但一切新闻最终均为“人的新闻”，重要性体现在对人的影响上。

1. 影响了多少人。

一个两个，还是成百上千？

2. 影响了什么人。

影响7个普通人和影响中央政治局7个常委的新闻当然有差别，新闻的“功利”就体现于此。

3. 影响到什么程度。

比如一场疫情袭来，是只能让皮肤起个红点，还是能置人于死命？

三、信息增量

信息增量，指给读者提供“欲知、应知、未知”的新闻。换言之，是不重复其他媒体已经报道的东西，不说正确的废话。我们追求“黑天鹅”——当其他人都说天鹅是白色的时候，我们要善于发现黑天鹅；但切忌哗众取宠——当所有人都说煤球是黑色的时候，我们不能说煤球也有白的。

提供信息增量，主要体现在以下四个方面：

（一）速度

秉承“搜狐新闻先知道”的理念，以秒来计量发稿时间。在这个信息发达的时代——特别是在移动互联网的竞争中，独家报道非常难。但换一个角度想，如果能早发稿1秒钟，那么在这1秒钟内，你就是独家。

（二）角度

对同一事件的不同看法。所谓“新闻就是这么多，看看搜狐怎么说”。尤其是针对所有媒体都关注的新闻，选择什么样的角度介入，是能否独占鳌头的重要手段。切忌大而全，切忌“about”新闻，要求“小切口、大背景”，所选择的角度一定在意料之外、情理之中。

例12 周永康被调查后，一片喊打之声。搜狐《点击今日》另辟蹊径制作了专题，指明周永康身在高位时也曾有过推动禁止刑讯逼供等有价值的举措。不说周的坏事，而说周的“好”事，当然不是给周洗白，而是点出法治的重要性。

例13 金正日死后，几乎所有媒体集中于对金家三代和朝鲜政局的报道。但《博客天下》杂志刊发封面文章——《52小时秘不发丧，朝鲜如何瞒过全世界》，解构这个特殊时期朝鲜发生了什么。堪称不同角度报道的经典，并从侧面表达了这个国家的封闭。

（三）高度

能够把新闻事件上升到某一种现象，提炼概念，并分析规律、趋势。所谓“述—论—道”三个层次。

例14 2014年山西官场大动荡中，搜狐新闻将此事件定位于地方政府过度介入能源产业多年后，中央政府进行的整风和肃毒。将官场窝案引申到权力与市场的良性互动关系上，使得系列报道立意更高。

（四）深度

网络未必是传播深度报道的主要载体，但追求深度应该是新闻人的终极目标。深度报道不是说文章很长、字数很多，而是把报道的重点从“前 4 个 W”转移到“WHY”上。

例 15 参阅《中国青年报》前记者张建伟《深呼吸·下册》，其中有对深度报道的经典论述。

四、价值观（态度）

虽然很难用一句话描述价值观的真正含义，但它并非虚无缥缈的东西。它是态度，体现在新闻选择、顺序排列、标题制作、采访写作等诸多方面。尤其是时评，最能体现价值观——它其实是我们对世界、中国及各种事物的认知和判断。左与右、黑与白、开放与封闭、进步与倒退，一切都可以在价值观中体现。

搜狐新闻坚定不移地支持中国改革开放，为市场经济和自由竞争鼓与呼，反对“左”倾，但也要注意防止极右思潮。简而言之，我们秉承以下价值观：

拥护中国共产党的领导，拥护社会主义制度。

推进改革开放、市场经济及自由竞争，并以此作为报道“支点”。

推动政治上的清明与民主。

推进国家法治化，用报道诠释“依宪治国”、“依宪执政”。

推进社会的公平与正义，以及公民合法的自由表达。

第二章 只做好标题 不搞标题党

本章编辑 | 李 彬 陈 柱 杨章怀 吴晨光

主编的话

对于"速读"的互联网新闻而言，标题直接决定了阅读人数的多少。

题者，提纲挈领。我们可以找到做标题的100种方式，但核心只有一个：是否能把文章中最重要的意思表达出来。题不对文、华而不实都是做标题的大忌。

一、基本原则

1. 真实。

不靠"标题党"吸引读者，不断章取义。

2. 简洁。

能用一个字表达清楚，就不用两个字。

3. 精彩。

运用各种表现手法，将真正的新闻点提炼出来，让人过目不忘。

4. 独到。

避免网站间新闻标题的同质化（各门户之间抄袭标题是最常见的）。

二、搜狐新闻标题制作基本规范

（一）新闻性稿件的标题制作

1. 简洁。

删掉不必要的表述，特别是删掉重复的词、虚词，以及不重要的信息。

例1 公厕分级对上厕所有什么好处

改 公厕分级有什么好处

例2 意大利截获了200多万张假火车票 都是在中国印刷的

改 意大利截获200多万张假火车票 都在中国印制

例3 男子地摊淘4 000字日记 疑涉“保卫毛主席”

改 红色日记地摊现身 疑涉“保卫毛主席”(“男子”在这里不是重要的新闻点)

2. 标题应做成实题。

新闻点要尽量靠前。

例4 中国第一座深水钻井平台明日于南海开钻

改 南海明日开钻中国第一座深水钻井平台(中国南海争议颇多,为新闻点)

例5 湖南永州一载48学生大巴坠崖 伤亡尚不清楚

改 湖南永州大巴坠崖 48学生生死不明

例6 官方否认出台4万亿政策 明确两个不可能

改 中央:4万亿投资不可能 房地产松动不可能

例7 兰州出租车停运调查:份子钱越来越高 司机收入太少

改 兰州出租车停运调查:份子钱4 000元 收入不到2 000元

3. 应避免出现以下错漏。

(1) 表述不清。

例8 媒体称全国政协提案呼吁政府放松一线城市限购

改 全国政协提案:政府应放松一线城市限购

(2) 主语不明。

例9 工会主席杀死局长后跳楼 曾是飞行员

改 工会主席杀死局长后跳楼 疑犯曾是飞行员

(3) 只有名词或名词性词组做标题。

例10 一个高考学生的梦想

改 一个高考学生的梦想:不上北大死不休

(4) 缺少宾语。

例11 男子谎称校庆订购鲜花 骗走10万元

改 男子谎称校庆订购鲜花 骗走学生10万元

(5) 出现连续多个一段式标题（这样会让人产生阅读障碍）。

例 12

美称中国伪劣零件混入美军战机危及安全

媒体称最高法正在酝酿醉驾入刑司法解释

江苏盐城称 7 月底将兑付 1.1 亿铁路借款

河南项城公安局否认打断呕吐死嫌犯肋骨

例 13

人社部：适时建议弹性延迟领养老金年龄

环球时报：美国使馆应积极回应环保部呼吁

朱清时：中国大学 30 年未培养优秀人才

4. 客观表述。

不要出现带有强烈主观感情色彩的词语，如“竟、竟然、惊现、赤裸裸”等。

例 14　潘家园地摊惊现齐白石真迹

改　　齐白石真迹现潘家园地摊

5. 标题用词需保持客观。

避免使用“我国、我省、我党”等，可用“中国、中共”。

例 15　报告称我国收入差距绝对值仍增加

改　　报告称中国收入差距绝对值仍增加

6. 重大突发事件，要在最新消息前面加“快讯：”。

例 16　快讯：四川雅安发生地震 伤亡情况不明

7. 后续报道标题须交代背景。

可用“某某事件续”的样式。

例 17　郭美美事件续：红会今日决定是否重启调查

8. 标明消息来源。

对于某个人的观点应在标题中点明“专家称”等字样。对于不确实的或未经官方确认的消息，应在标题中点明“可能”、“据称”等字样，最好注明消息来源。

例 18　专家建议炸掉喜马拉雅山脉　改善西部环境

（二）评论性稿件的标题制作

评论文章标题前，一般应加“评论：”。若刊文媒体显要，在舆论中有特殊意义，或者欲表明文章权威、敏感或有争议性等，可以在标题前标注媒体名称。

需要注意，如果是某媒体的社论、社评（如《环球时报》社评、《南方周末》“方舟评论”等），作者是该媒体的编辑、记者或特约评论员，可将标题制作成《××媒体：××××》；如果是一般评论或者专栏文章，不得用这个格式的标题。

三、搜狐新闻精彩标题常用手法

1. 利用名人效应，使标题更有看点。

例 19 协和女医生：接诊多起吃烧烤引发鼠药中毒病例

改 急诊科女超人：接诊多起吃烧烤引发鼠药中毒病例

2. 善于利用地点的知名度做新闻。

例 20 秦皇岛部队医院发生命案 6 名护士被砍死

改 北戴河部队医院发生命案 6 名护士被砍死

分析 秦皇岛知名度不如北戴河，北戴河作为“夏都”，敏感程度更高。

3. “高大上”与“下三路”区别对待。

一些“高高在上”的时政类新闻，要做出民生感和贴近感；对一些“下三路”的新闻，要做高端而不是做细节。

例 21 北京不再认可“非京籍补缴社保可购房”

改 北漂：想在首都买房？先在京交齐 5 年社保

例 22 网友认为“以房养老”和传统观念不符

改 网友看“以房养老”：赤条条来 赤裸裸走

4. 更通俗、更口语化。

例 23 京沪 20 省份出台双节高速公路免费细则

改 20 多省份高速路双节免费细则：去机场 不花钱

5. 谐音。

例 24 中朝关系沉浮 50 年：伴金如伴虎（“金”与“君”）

例 25 吃葡萄不吐皮　德国 4－0 完胜葡萄牙

荷兰何拦！惊天逆转 5－1 血洗西班牙

例 26 “计划”有变　冬至吃不了饺子（令计划在甲午冬至当天被中纪委调查）

6. 引用。

例 27 北京“7·21”：人在“游泳池”车陷“积水潭”（引用地名，并对仗）

例 28 策划：特别的锦旗给特别的你（引用歌名）

例 29 樱色满园“武”不住 10 万游客赏花来（引用诗词，并谐音）

例 30 蓦然回首“周老虎”曾专程为薄背书（引用诗词，并对仗）
灯火阑珊 周家大宅敲门无人应

例 31 一休赢了 日本成“最聪明国家”（引用电影）

例 32 农夫和蛇 老伯扶起小伙反遭踹（引用典故）

例 33 武林外传 姚晨放话想狠踹两脚（引用电视剧）

例 34 乱世佳人 克总检察长：美貌能救国（引用电影）

7. 排比。

例 35 被改变的动车：速度慢了 票价低了 建设缓了

例 36 MH370 家属在美起诉 人均求偿数百万美元
一无所获：最强搜救日 6 国 12 架飞机出动仍无果
一线希望：法发现 122 个可疑物 系最可信线索
一家之言：马方称“驻京办”暂离系安全考虑

例 37 热热热 北京局部达 42℃以上
火火火 河北包揽高温 Top10
烤烤烤 云南 2 名男子中暑身亡

8. 成语。

例 38 灰之不去 未来 3 天京城被霾没
望尘莫及 多数口罩毫不设防

9. 以情动人。

例 39 暖春夜晚如此寒冷 丽都饭店成泪海（MH370）
天若有情亦悲泣 请为失联乘客祈祷
铁肩难担悲怆 央视记者蹲地痛哭

10. 讽刺反语。

例 40 捷报！沙尘抵京 雾霾下午将散

例 41 万庆良：早上头版头条 下午被查落马
官运亨通 44 岁即升为副部级

财运不济？自称工作20年没房

赛场威武　龙舟三连冠没人敢超

落马黯然　高官们的“最后一面”

11. 组合式标题。

例42　普京没拦住：乌克兰两州今公投　或建新俄罗斯

没拦住普京：总统率队参加索契冰球赛独进6球

例43　鹿死谁手：长颈鹿被蒙眼乘车　头撞高架桥

虎口夺食：原北京动物园副园长被诉敛财1 400万

例44　别人的单位：10辆豪车发员工做年终奖

别人的论文：女博士抄29年前国外专著

12. 鼓励在标题上的各种创新。

例45　霾霾霾北霾霾霾霾霾方霾霾霾（用文字的排序形象表达）

例46　油价又又又又下降

女生再再再再失联（2014年，油价第四次下调，同时第四位女生失联）

13. 特殊情况下的标题折行。

例47　薄熙来案今日在济南中院开庭　疑犯涉嫌贪污受贿滥用职权三宗罪

（薄熙来报道，一是非常重要，所以可以采用非常规手段。二是因为题材敏感，最多只能做三行字，故用折行手段比“大字带辅文”更为显著。）

四、“标题党”主要表现及改标题的禁忌

（一）“标题党”及其主要表现

标题党是指标题很吸引眼球，但点击进去发现内容与标题差别很大，是编辑刻意将极小一部分事实放大，甚至欺骗用户的行为。标题党与新闻真实性原则对立，是标题制作的禁忌。

标题党的表现：

1. 虚假夸大。

例 48 四川政坛“地震”：2013 年近万官员被查

内文并未明确表述“近万官员被查”，而是“四川全省纪检监察机关共立案 9 938 件”。首先，不一定是一案一官员，数量上或有出入；其次，纪检监察立案对象是党员或党组织，而官员一般指的是乡科级以上干部，所以近万官员被查，是夸大事实。

2. 以偏概全。

例 49 习近平：鼓励女兵上航母

在 3 000 字的原文中，军委主席谈及女兵的话只有这一句。有网友看完此文后反馈，找不到标题中表达的内容，纯属骗人。

3. 断章取义。

例 50 环球时报：要允许中国适度腐败　民众应理解

此文原标题为《反腐败是中国社会发展的攻坚战》。编辑仅从原文找出一句话，“中国显然处于腐败的高发期，彻底根治腐败的条件目前不具备”，“腐败在任何国家都无法‘根治’，关键要控制到民众允许的程度”。网络标题与原文差别太大，造成误解。最终导致某网站向原发媒体致歉。

4. 偷换概念。

例 51 北京卫戍区转入一级战备

原标题为《北京卫戍区某师演习　转入一级战备》。“北京卫戍区某师”和“北京卫戍区”虽然两字之差，但一个师和一个卫戍区启动一级战备却是天壤之别。前者可能是一次演习，而后者只有中央军委下令，才能执行。

同样，一些部门小官员的表态，也不能代表部门。一般情况下，一个机构的新闻发言人、正副主管才能代表该部门。

5. 模糊不清。

例 52 习近平半夜询问失联飞机（MH370）进展 李克强表态

这个标题给人的感觉是，习近平半夜问李克强马航 MH370 客机的情况。其实，这是习李二人针对马航事件做出的不同的反应。习近平问的是相关部门负责人；李克强在得知客机失联后，作出表态。如遇这种情况，两篇文章中间应该用分隔符隔开。

（二）改标题的禁忌

互联网编辑为了吸引流量，经常会更改文章原标题。这样做的好处是可以让页面更活泼，但在更改标题时需注意以下问题：

1. 涉及中央政治局常委（含前任常委）的报道，禁止改标题。

例 53 “集体总统制”远比“个人总统制”有优势

原题为《中国成功之道在哪里》，发自《环球时报》。编辑将文中的一段拎出来，并提出“集体总统制”的概念。因为中西方政体不同，“集体总统制”的提法触及了政治红线。

例 54 总理 11 大难题：民间期待反腐“立刻强”

原题为《李克强：改革无穷期》。不要拿中央领导人的名字做文字游戏。

例 55

×××偕×××访欧洲

神吐槽：2B 同事欢乐多

领导人的姓名，紧挨着的一条新闻说“2B”，很容易被一些恶搞者会意成谩骂、影射领导人。注意相邻新闻标题不要过度调侃，或者太血腥、暴力。

2. 涉及基本政治制度、国家主权、领土问题，民族宗教问题，禁止改标题。

例 56 美发表人权报告：中国人权状况极为糟糕

原题为《美国发表人权国别报告抹黑中国人权状况》。此标题犯了大忌：没有辨别地站在美国的角度说话，而非中国。

例 57 中共大会是中老年天下

原题为《美报称“年轻面孔令十八大会场活跃”》，原载《参考消息》。文章本身是赞扬中共官员年轻化，但编辑却将标题改为“中老年人天下”，曲解了原文意思，容易被读者误读。

3. 敏感人物如达赖等，禁止改标题，标题应客观表述。

4. 重要节日、重要会议（党代会、全国“两会”等）前后及期间，避免标题出现不和谐音符。

例 58 国庆时某网出现《北京 1 万羽和平鸽今晚安检查肛门　明日放飞》的标题，极不严肃。

5. 涉及群体性事件、疫情及其他可能引起公众恐慌的事件，谨慎改标题。

例 59 《网传天津蓟县大火死亡 300 多人》。“网传”此类新闻，容易引发公众不良情绪。

6. 对《人民日报》、《北京日报》、《环球时报》之类的重要党媒或者风向标型媒体的文章，要谨慎改标题，不能断章取义。

五、移动端和 PC 端标题的差异

因为传播渠道的不同，在相同的价值观下，移动端和 PC 端的标题存在不同的处理方式。

1. 长短不同。

最直观的感受，移动端受限于屏幕尺寸，在标题字数方面比 PC 端少。一般情况下，移动端字数为十几字，而 PC 端则达到二十多字。受此影响，在新闻点选择和标题风格方面，存在较大差别。以周永康案为例：

新闻客户端：标题短而灵活，四字句使用较多。

周永康被立案　刷“打虎榜”纪录
最高点“跌落”　倒在全球老虎日
不再称“同志”　中央通报说明啥
蓦然回首　曾专程为薄熙来背书
灯火阑珊　周家大宅敲门无人应
周某某的政商帝国　财产超 10 亿

手机搜狐网：大标题简练，表达最重要事实。小字进行进一步解读，并利用标签归类。

中央决定对周永康立案审查
独家：起底周永康　政治嗅觉灵
大家族｜堂弟构筑金钱帝国　两兄弟皆被查
石油系｜中石油高管贾晓霞失踪　周滨姨妈
四川系｜李春城李崇禧等 3 名老部下均落马

PC端搜狐新闻首页：标题字数较多，表述更加细致。

中央决定对周永康立案审查简历
通报内容：涉嫌严重违纪　根据党章等规定　由中纪委立案审查
宦海沉浮：1967年在石油系统　1999年赴四川　2007年任常委
政商关系：跨四川石油政法系统6秘书　“树倒无凉”刘汉死刑
兄弟三人：二弟周元兴两次抄家后病故　三弟去年12月被调查
妻子两任：首位妻子曾在祖坟痛哭　死于车祸｜续弦贾晓烨

独家—秘书起底周永康仕途起点：只喝1次酒
策划：周永康最后的自由　家人圈　秘书帮　落马前夜　造富神话
图集：最后亮相　油田起家　宦海沉浮　周氏表情｜反贪语录集

周永康之子周滨被批捕照片曝光（图）
生意涉石油领域　价值亿万计　借政法人脉进军影视业　老家被抄

独家网论：欲要天下无虎　还需反腐法治化
改革开放以来首对常委立案　反腐面前没高官　法治面前没特权

2. 组合元素不同。

客户端有标题、提要、配图。主标题可以做简略，提要可做相关解释，而且可以运用配图再做配合。但其他端口则没有图片配合，只能用文字表达清楚内容——这就要求把新闻点提炼得更精确。

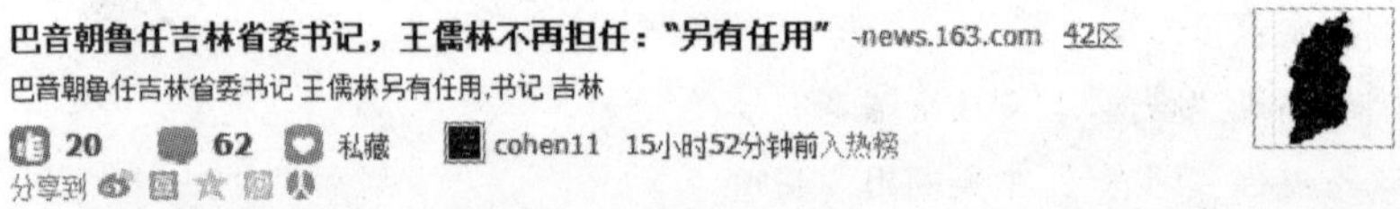
巴音朝鲁任吉林省委书记，王儒林不再担任：“另有任用” -news.163.com 42区
巴音朝鲁任吉林省委书记 王儒林另有任用,书记 吉林
20　62　私藏　cohen11　15小时52分钟前入热榜
分享到

在上图的吉林人事变动新闻中，搭配了山西地图，暗示王儒林调任山西，这种配合很高明。运用好图片，使图文互相配合，甚至图片提供文字不能表达的意思，是较高的境界。

附　标题中常见专项内容使用规则及用词禁忌

一、标题中常见专项内容使用规则

1. 数字、英文及标点符号使用规则。

（1）标题中出现的数字，如是实数应为阿拉伯数字，虚数应为汉字。

例1　4个人坐在马车上

四五个人坐在马车上

（2）标题中尽可能省略标点符号。

例2 茅台：白酒还是“红”酒？（“还是”已有选择的含义，就不再需要问号）

例3 邹恒甫爆北大“猛料”，会不会被拘留处罚？（题中所有标点符号均可省略）

有疑问、加重的语气可适当用问号、叹号。

（3）特别提醒：不要乱用“”。引号只在两种情况下使用：表示直接引语或引用；表示反义或强调。

例4 人大教授“高钢”出版新书（高钢是人名，不需要加引号）

（4）使用标点时要区分全角、半角：破折号、括号用半角，其余（冒号、顿号、引号、书名号等）用全角。

间隔号的使用。外国人名的名字与姓氏之间使用圆点间隔符号“·”。以月、日为标志的事件或节日，用汉字数字表示时，只在一、十一和十二月后用间隔号；直接用阿拉伯数字表示时，月、日之间均用间隔号（半角字符）。

（5）禁止出现全角空格。

2. 缩略语使用规则。

（1）缩略语应广为人知，一般如WTO（世界贸易组织）、CEO（首席执行官）、发改委（国家发展改革委员会）等可用。一些只有专业人士了解其含义的缩略语，应避免出现在标题中。

同样是缩略语，如果一个是中文，一个是英文，根据使用氛围来决定采用哪一个更能方便信息接受者。对于标题中经济指标、外国机构等，除非特别著名，其他不得用英文简称替代，如国民生产总值可用GDP代替，世贸组织可用WTO代替，但国际货币基金组织一般不可写成IMF等。

（2）要使用网友熟知或者易于理解的缩写，尽量避免单音节词；严禁出现非标准式缩写和港台用词，如飞弹（导弹）、软体（软件）、华文（中文）等。

（3）标题中的中国地名应避免使用简称，如沪、蓉、豫、粤等。但多地连在一起的，可以使用简称，如“京港澳”。

（4）标题中的国家名称可以使用国家简称，如美、日。但不得产生歧义，如伊拉克、伊朗第一次出现时不得简称为“伊”。长国名简称不得产生混淆，如巴基斯坦与巴勒斯坦、巴西等不得简称为“巴”；国名简称不得与该国历史称谓产生混淆，如俄罗斯国家杜马不能简称为俄国杜马。

3. 地名、机构名称、头衔使用规则。

(1) 地级市及以下行政区划(含县、乡、村)出现在标题中，一般情况下前面应冠以省份；省会及其他计划单列市，不需要冠以省份。应避免名字重复，吉林省或吉林市需要特别标明。重大新闻、特殊地域新闻（如东莞）可突出地名；一般性社会新闻标题，地名可省略。

例5 河北省廊坊市新建一座城市广场

例6 深圳市新建一座城市广场

(2) 涉及台湾政府机构的名称或官员的称谓，有主权意味的，须加引号。

例7 台湾外交部：日本已道歉不撤换“驻台代表”

改 台湾“外交部”：日本已道歉不撤换“驻台代表”

(3) 标题中领导人直呼其名，不加官衔尊称，除非和本人职务有关。如“温总理最后一次记者会”。

例8 温总理引用诗句：花径不曾缘客扫，蓬门今始为君开

改 温家宝引用诗句：花径不曾缘客扫，蓬门今始为君开

4. 争议性内容免责规则。

权威信息发布或官方表态的，一定要指出信息出处。

有鲜明态度和倾向的，消息未得到多方证实的，标题需指出观点来源如“专家称”、“外媒称”，以免网友误以为该观点是搜狐观点。

一些不代表搜狐价值观但是有推荐的需求（接要求必放的稿件，或是很怪异的能引起关注、热议）的媒体观点稿，我们可以冠以具体媒体的名字，如“环球时报称”等，来表明态度非出自搜狐。

点明媒体有一定新闻价值，比如涉及解读中日关系，是出自日媒还是出自美媒，此时媒体与国家立场不无关系。再如外媒谈及国内事件，如“CNN关注玉兔生死”等，此类情况，可使用“日媒”、“美媒”的说法。

标题中出现“媒体”一词，如“媒体称”、“媒体：”等，多数时候很难有实际意义，因为我们的稿子大多转自其他媒体，无论从规避政治风险的角度还是从不对稿件真实性负责的角度来讲，冠以“媒体”头衔并不能成为我们免责的保护伞，应尽量少用、不用。

特别注意不得使用“传”、“网

传”之类以讹传讹的字眼。

二、标题用词禁忌

1. 不得使用晦涩、生僻词汇或过于专业的术语。

如航空领域的“湿租”、“干租”。

2. 不得使用方言。

如婈驰、依姆（年长女子，湖南方言）。

3. 禁止级词汇。

如激凸、凸点、底裤、翘乳、巨胸、巨乳、双乳、露乳、露胸、波霸、爆乳、露臀、淫妇、荡妇、手淫、意淫、奸淫、淫荡等涉性或人体性器官的词汇；棒子、阿三、支那、黑鬼等侮辱民族和国家的词汇。

4. 限制级词汇。

如露点、性爱、熟女、裸奔、三点、挑逗、色诱、激情、走光、脱光、强暴、裸体、全裸、赤裸、半裸、热辣、放荡、艳舞、裸舞、酥胸、乳沟、湿身等有明显的性挑逗和性引诱倾向的词汇。

5. 不对有身体伤疾的人士使用蔑称。

不使用“残废人”“独眼龙”“瞎子”“聋子”“傻子”“呆子”“弱智”等蔑称，而应使用“残疾人”“盲人”“聋人”“智力障碍者”等词语。

6. 新闻稿件中涉及的某些对象不宜公开报道对象的真实姓名。

如犯罪嫌疑人家属；涉及案件的未成年人；涉及案件的妇女和儿童；采用人工授精等辅助生育手段的孕、产妇；严重传染病患者；精神病患者；被暴力胁迫卖淫的妇女；艾滋病患者；有吸毒史或被强制戒毒的人员。

7. 民族宗教类。

不能使用“回回”“蛮子”等，而应使用“回族”等。也不能随意简称，如“蒙古族”不能简称为“蒙族”，“维吾尔族”不能简称为“维族”，“哈萨克族”不能简称为“哈萨”等。不能将“高句丽”称为“高丽”，不能将“哈萨克族”“乌孜别克族”等泛称为“突厥族”或“突厥人”。“穆斯林”是伊斯兰教信徒的通称，不能把宗教和民族混为一谈，不能说“回族就是伊斯兰教”“伊斯兰教就是回族”。报道中遇到“阿拉伯人”等提法，不要改称“穆斯林”。涉及信仰伊斯兰教的民族的报道，不要提“猪肉”。穆斯林宰牛羊及家禽，只说“宰”，不能写作“杀”。

8. 注意法律术语要严谨。

如法人——法定代表人——法人代表；罪犯——疑犯。

第三章 要闻区："五大哨所"和而不同

本章编辑｜吴晨光　杨章怀　李　彬
陈　柱　王　健　刚晓宁
朱鹏英　刘　凯

主编的话

互联网是一个空间无限的场所，面面俱到不可能。抓重点并在重点上精耕细作，才能事半功倍。

哪里是重点？当然是用户最集中的地方。对于门户网站和新闻客户端及手机网而言，就是首页要闻区。

在搜狐的媒体矩阵中，各首页要闻区又被称为"五大哨所"。这"五大哨所"指的是PC搜狐网首页、PC搜狐新闻首页、搜狐弹窗首页、手机搜狐网首页、搜狐新闻客户端首页，分别简称为狐首、闻首、弹首、手搜首页、客户端首页。

一、要闻区版面基本原则

1. 快。

搜狐新闻的发稿速度以"秒"来计量。尤其是面对重大突发事件，在保证稿件真实可靠的前提下，必须快于竞争对手。特别是客户端推送，必须争第一。

2. 独。

独到、独立、独家。有独到的视角、独立的判断，并重点推荐搜狐独家报道。禁止无原则抄袭，要在激烈的竞争中体现搜狐的特色与风格，并逐渐形成竞争对手无法抄袭和逾越的核心竞争力。

3. 精。

在每一个细节上精益求精，改掉互联网新闻粗糙堆砌的毛病；充分运用搜狐新闻的原创、评论、策划、直播等报道手段。

4. 高。

善于在纷繁芜杂的新闻事件中把握规律、提炼概念、判断趋势。从最基本的“述”向“论”迈进，最后上升为“道”。

5. 深。

对信息进行深度挖掘，通过整合、解读、原创策划等方式，提供背景和原因的解读。

6. 靓。

注意要闻区的布局和搭配，如图片的选择、标题的长短等，做到真正的“悦读”。

7. 逻辑。

在搜狐PC首页、搜狐新闻首页、手机搜狐首页等要闻区，新闻排序虽未严格分类，但也需遵照一定逻辑，如按照时政、社会、国际等进行归类。在新闻客户端，一般情况下以时间先后为逻辑，如遇重大新闻或其他特殊情况，需人工干预。

8. 安全。

时刻注意三条红线：政治风险；色情低俗；语法错误及错别字。同时注意版权及其他法律纠纷。

二、“五大哨所”的和而不同

“五大哨所”又称五大渠道、五大端口，释义如上文。这五个区域集中了搜狐的多数用户，亦统称为“主路径”。五大哨所要闻区统一接受来自新闻、财经、军事、文化等中心生产的内容，值班编辑遴选其中的优质内容制作版面。不同哨所的版面有统一要求，但也要根据各自的需求做出特色。

（一）相同

1. 价值观。

共同推进中国改革开放、市场经济、自由竞争，推进依法治国、社会公平。

2. 重大新闻判断。

对重大新闻的判断标准统一，每天推送能代表搜狐判断的重要新闻和重要资讯。

3. 独家报道。

同步展示独家报道、独特视角，形成搜狐的独到气质。

4. 图片选择。

重要新闻图片统一选择、发布。

5. 最终页。

共享最终页精编内容，特别是对视频的精编（详见第九章《移动阅读：最终页有大奥秘》）。

（二） 不同

1. 排列逻辑。

客户端以时间为第一逻辑，遇到重大新闻人工干预；其他端口以报道领域为逻辑，如时政、社会、体育等。

2. 组合元素。

对于同一条新闻而言，PC狐首、闻首、手搜首页只有标题，而客户端首页有标题、图片等要素。应根据不同的组合元素包装新闻。

3. 标题字数。

不同端口，标题从13.5～21.5字不等。需掌握用不同长度的标题表达核心意思的能力。

4. 图片裁剪。

PC狐首4帧、PC闻首3帧、手搜3帧、客户端多帧（5.0版本，每下拉一次会变化一次），应做到优中选优。由于各端口图片大小不同，在剪裁时也应考虑不同需求。

5. 音频使用。

在移动端要注意音频的使用，特别是在直播过程中。

6. 更新频次。

移动端的阅读属于碎片化阅读，需要更快的更新频率。一般用户每天刷新新闻客户端10次以上。

7. 流量高峰。

移动阅读往往是在上下班路上，所以早高峰时间比PC端早一个小时左右。

为此，编辑在排班时间上应有考虑。而在节假日大家出行时，移动端更受欢迎。

三、通用版面规则

（一）版面结构

1. 选择最重要新闻。

搜狐 PC 首页 4 个加粗头条、手机搜狐首页大头条及二头条、搜狐新闻客户端首页头条区、搜狐弹窗首页大头条及二头条、搜狐新闻首页前 3～4 条，为最重要新闻。选择标准应注意 4 个原则：卖点、价值、信息增量、价值观。在题材上，应包括时政、社会、财经等类型，并确保新闻表现的丰富和正负面题材的平衡。

例 1

习近平谈结构调整：腾笼换鸟　凤凰涅槃
谈中国足球：看起来遥远　没梦想根本达不到
李克强追问“黄标车”：该淘汰的一辆也不留
77 次提改革　代表委员掌声“送”总理回座位
独家：什么人能现场“围观”两会 | 简政放权
全国统一公车改革将启动　一般公务用车取消
一个字“难”：汪洋谈任职副总理 1 年来感受
两个字“不公”：楼继伟回应上调个税起征点
三个字“我也吃”：农业部长直面转基因问题
许家印叫苦：审批要上百个章　官员不吭声
副市长承诺：北京市区房价肯定要降下来
卫计委：医疗服务价格过低　医院是过路财神
公安部：昆明暴恐案后查处 45 名造谣者（图）
武警部队反恐力量披露：已经部署到县级
日驻华大使称工作难做：难见到中国领导人
李克强警告日本别开倒车　外媒称姿态强硬（图）
美国务院再度向俄施压　公布普京十大“谎言”
俄媒：乌克兰动荡中国受益　将提前签苏 35 合同
栗东生系蒋洁敏心腹　空降四川染指百亿级项目
流浪汉带犬行乞　警察当街将狗杖毙（图）

大学生收文盲母亲 16 字短信　含泪写千字感恩书
有钱也不让移民　10 名中国富人欲起诉加拿大
英 13 岁小学生在学校实验室实现核聚变（图）

这是 2014 年全国“两会”期间 PC 端搜狐版面，进入到密集发布会期。编辑尝试将每个发布会高度概括，每场挑一个亮点问题，过滤冗长的官话，用几个字来概括答案；在排版上则很用心地做了一个小组合，把语录提前，把问题置后，突出官方对热点事件的态度。其中关于楼继伟的和农业部的，都把链接指向了相关频道的“两会”专题，从一个点引向一个领域。即使在时政新闻占主导的时候，版面仍保持题材丰富，各板块之间衔接自然，可读性强。

此外，原创策划很亮眼，与其他稿件巧妙搭配，体现了搜狐的独家元素，同时延展了报道深度；视频、直播等图标的运用也体现了全媒体战略。

2. 注意排列逻辑。

注意头条与附文、大字与小字之间的互补性，相互内容不得重复。按照从细节到评论、从现场到背景的逻辑展开，重要新闻的最后一行，应选评论或综述“压阵”。

例 2

周永康涉嫌严重违纪被立案审查　简历
原政治局常委　系改革开放后落马最高级别官员
最后亮相｜去年“十一”回母校　神态怡然（图）
一语成谶｜去年曾感慨：可能最后一次看大家了
石油系统｜牵涉中石油腐败案　蒋洁敏等落马
周永康之子周滨涉嫌非法经营被捕（图）
独家揭秘周永康关系网：成也石油败也石油
儿子周滨：插手油田转卖　政商黑白两道通吃
周氏家族：二弟两次抄家后病故　三弟去年被查
秘书 6 人组：冀文林、郭永祥等“树倒无凉”
搜狐网论：欲要天下无虎　还需反腐法治化

3. 标签使用。

重大事件报道，鼓励使用“标签”对内容进行归纳总结，常用的标签包括“细节”、“背景”、“评论”等。

例 3

"好老公"黄海波嫖娼当场被抓

主演《媳妇的美好时代》等多部热剧

处理 | 已经移送拘留所　或被关 15 天

情史 | 约会多次被拍　曾与女友当街热吻

调侃 | 贵圈真乱　文章出轨后海波嫖娼

调查 | 国民女婿"果然"嫖娼　你震惊吗?

4. 要闻区版面应注意归类。

一般而言，一档为重要时政新闻；二、三档为财经、军事、国际、国内及其他领域新闻；四档可选取一些谈资和有意义的社会新闻。但这几档新闻如何遴选放置并无严格界定，应视当日新闻状况而定。特别强调，避免出现"新闻联播＋地摊小报"式的排列组合——上三路的新闻要做细节，下三路的新闻要提炼概念，最终形成卖点和价值兼具、放眼天下而又注重细节的风格。

5. 兼顾整个版面的协调。

包括焦点图等位置与要闻区新闻的搭配，须避免重复。

6. 同一档新闻标题。

形式要有区别，杜绝千篇一律。

例 4

山西前首富疑欠债 30 亿后失踪　银行上门讨债

秦皇岛现"鬼城"隐忧：部分楼盘降价四成

河南死囚举报 26 年前命案有真凶　警方回应疑点

山东平度农民阻征地被烧死　200 名警察抢尸

合肥 10 岁男童遭人猛戳头部　倒地装死躲过一劫

很明显，以上版面是有问题的。格式均是"地名＋人物＋事件"，且"合肥"地名非构成新闻的重要元素，在该新闻里无意义。

（二）编排技巧

1. 搜狐重磅。

围绕一个题材或事件，将搜狐新闻的原创稿件、图片、评论等独家内容进行整合，做出区别于对手的版面呈现。

例 5

独家："晋虎被打图"过半本省籍常委折戟
名单｜7名省部级落马：女常委白云　副省长任润厚"消失"半年
官场｜正进入崩塌状态　若深究还有更多老虎　剩下常委如何开会
血煤｜官场地震或因资源管理漏洞　落马官员几乎都倒在煤上

此模式又称"搜狐重磅"，组合搜狐新闻的《独家采访稿》、《数字之道》、《独家评论》等多篇报道。在门户同质化日趋严重的今天，这种独立、独到、独家的组合尤其值得推崇。

2. 变换角度。

以敏感独特的视角，在同一报道中寻找不同于对手的关注点，通过对信息中关键新闻点的深度挖掘、精编、整合，做出"新闻就是这么多，看看搜狐怎么说"的亮点。

例 6

罕见！刘云山赵乐际亲临山西
刘云山：山西政治生态存在不少问题
山西省委书记易人：王儒林坐镇"火山口"
袁纯清任中央农村工作领导小组副组长
独家分析：袁纯清被免职前一周有迹象
山西正副书记均换人　省长咋办
动态｜袁纯清今日《求是》刊文：不抓反腐失职
中纪委官网：反腐不力将追究党委书记
分析｜山西帮集体沦陷　窝案藏黑金政治
遗憾｜袁纯清大力整顿吏风　再造山西梦碎

其中"省长咋办"的视角为搜狐独家，并以此延展出反腐不利的追责。

3. 细节动人。

通过挖掘各种细节，编排出充满人情味又不失独立思考的版面。

例 7

云南昭通6.5级地震398人遇难　习近平指示
李克强徒步5公里进震区　不慎滑倒泥水洗手
灾情｜老街15秒被夷为平地　村子"全军覆没"
救援｜中央急拨6亿专项资金　2万军警投入救灾

> 困境｜伤员出不来物资进不去　灾区急需品清单
> 善后｜多国发来慰问　遇难者抚慰金提至每人2万
> 网友质疑地震祸起兴建水库　专家：尚无证据
> 地震局：3原因致伤亡重　7大疑问　地震分布图
> 两孕妇废墟下互相鼓励：为了宝宝活下去（图）

此版面中，李克强“泥水洗手”、老街“15秒被夷为平地”，均是细节。

4. 形式创新。

对标题和版面始终怀有创新精神和独立思考能力，探索版面标题在呈现形式上的无限可能。

例8

> 冰桶之外：渐冻症患者零度人生
> 望　640万的杯水车薪能救几人
> 闻　中国慈善搭上网络狂欢快车
> 问　医保拿什么拯救罕见病患者
> 切　冰桶到底在“挑战”谁的关注

5. 背景阐述。

当大家对某类新闻产生厌倦时，交代背景是很好的重拾用户的手段。

例9

> 刘金国任公安部党委副书记　升正部（图）
> 公安部恢复重量级配置　3名副部长为正部级

6. 价值观凸显。

注意遴选能表达搜狐新闻价值观的报道呈现在要闻区（特别是改革与开放），此举可改变人们对互联网新闻“简单粗暴没想法”的印象。

例10

> 独家：胡耀邦与习仲勋等创改革开放新局面
> 共志者｜危机时习仲勋挺身而出　患难中互助
> 共事者｜他是真正赞成改革开放的人
> 后来人｜他看到孩子不高高在上　非常高兴
> 纪念耀邦：你永远不会独行
> 工作｜任中宣部长期间重扬民主
> 生活｜曾坚决反对修复浏阳故居

7. 排序示义。

把两条或多条有关联度的新闻有意组合在一起，为用户提供新解读。

例 11

东莞 4 名镇委书记扫黄不力　向全市公开道歉

公安部：建议追责东莞警方领导及负责人

四川全省大扫黄：成都 6500 警力抓获 335 人

8. 提前介入非突发重大报道。

这类报道具有可预见性，应提前思考确定主题、重点和版面思路。

（1）围绕主题，从简单堆砌变为提炼重点、总结规律；

（2）针对重点，可采用一事一议的方式——每个头条围绕一个话题展开；

（3）注意几个头条搭配得当，尤其是“两会”之类时政报道，应从细节切入逐步纵深，不能像某些媒体那样上来就是泛泛之谈甚至假大空；

（4）妥善恰当处理政治风险，避免越界之举。

例 12

习近平同代表委员共商国是纪实

细心记者揭秘：记者会上总理眼睛有点红

看现场｜讲话少用文件语言　多次讲故事｜亲切、睿智、幽默

讲政策｜总理 9 天 2 次定调房地产调控思路　资源性产品价格改革

望远方｜南方已一派春光　北国也春意萌动　唯愿中国开往春天

还原“两高”报告表决现场：票数引发惊叹

女记者低呼：高检的反对票比高法的多｜策划：谁投了反对票

9. 围绕“人”报道突发性大事件。

这类事件具有不可预见性和快节奏，但是最基本的报道要素就是“人”。始终以“人”为第一报道目标，围绕“人”去展开其他细节。

（1）伤亡人数是第一关注重点，尤其是人数变化时；

（2）之后将人物故事、现场细节、官方表态等内容横向展开；

（3）反思事发的原因，对质疑、善后等内容进行纵深挖掘；

（4）联系类似事件，进一步纵深；

（5）依据新闻传播规律把握报道节奏，不过度、不跟风、不王顾左右而言他。

例 13

马航客机在乌克兰被击落　超 300 人遇难
航班 | MH17 飞行 5 小时后坠毁　被俄制导弹击落
地点 | 系俄乌猛烈交火地带　疑似现场曝光（图）
现场 | 15 公里外发现百具尸体　十几具亚洲模样
乘客 | 机载 80 名儿童　23 名美国人　无中国人登机
惨剧 | 空乘之妻 MH370 痛失丈夫　MH17 再失好友
谁是凶手？ 乌俄相互指责“叛军”忙否认
疑似击落客机防空导弹曝光　可能涉事方都有谁？
美确认 MH17 航班系被导弹击中　正追踪发射地
俄媒称马航与普京专机航线相同　或是替死鬼
马总理：马来西亚本已悲剧一年中的悲剧一天

例 14

昆明暴力恐怖案成功告破　3 名逃犯全部落网
详情 | 团伙 6 男 2 女　4 人被击毙 4 人被抓
线索 | 现场发现“东突”旗帜等证据
现场 | 昆明暴恐案女暴徒被抓捕视频曝光
逝者 | 小伙临死前对妻子怒吼“跑!”
政协大会首次为昆明暴恐遇难平民默哀
搜狐快评：开幕式为平民默哀　为文明树碑

10. 重中选重。

应该“对于大事件中的突发”有足够的敏感和新闻判断，打破习惯思维，根据事件的重要性和受关注程度及时调整报道重点。

比如 2014 年“两会”期间，连续发生昆明暴恐案、长沙街头砍杀案、MH370 失联，搜狐均将报道的核心与重点对准了突发安全事件，提出了“我们关注国是，但更尊重生命”的概念，赢得了尊重。

（三）版面禁忌

1. 禁止稿源不规范。

根据要求，做到稿源规范。慎重使用外媒（含港澳台媒体）报道，除非该新闻已经被国内媒体转载。

2. 禁止盲目跟风。

根据新闻价值、稿件真实性、政治风险等条件进行综合分析判断，决定是否越界。

3. 禁止擅改涉及中央领导人报道的标题。

对涉及中央领导人，尤其是中共中央政治局常委（含前任常委）的报道，一律采用规范稿源，禁止改标题。

4. 禁止“煽色腥”及侵犯隐私。

禁止使用低级、色情标题及图片；禁止使用血腥恐怖标题及图片；禁止侵犯他人（尤其是未成年人）隐私；并在法律和伦理道德允许的前提下提炼新闻点。

5. 禁止负面扎堆。

两条负面新闻在排列时需间隔开。特别注意不要把负面新闻和涉及党和国家领导人的新闻连排。以下两例编排明显不妥：

例 15

醉酒少女被 3 名猥琐男带至宾馆　保安跟踪相救

好莱坞众女星艳照是如何集中外泄的（图）

痴心男到京追女友 5 次遭拒　杀死女友及其闺蜜

缅甸女孩获世界小姐冠军　被要求陪睡（组图）

例 16

×××即将访韩　推动中韩关系

通奸！ 中央政法委办公室原副主任被双开

也是通奸！ 海南原副省长冀文林被双开（图）

还是通奸！ 齐鲁工业大学原党委书记落马

6. 严防低级错误。

如错别字、错链接、旧闻新发、常识错误等。

特别推荐

新闻客户端编辑规则

一、基本原则

客户端新闻排序一般为“时间流”概念，以新闻发生时间为主要编排逻辑。即最新发生的事件，要放在版面最上部。

对于重大新闻，不以时间流为排序原则，人工设置权重，固定新闻位置。但要随时用最新的稿件，去替换旧稿、流量下跌迅速的稿件。

对于同一类型或相关新闻，通过合并组版原则，进行编排。有时候因版面正负面新闻比例，进行适度调整。

一般来说，首页头条放置时间不宜超过4个小时，到时需要更换新闻。如果是阶段性重大事件，也要更换新闻点。

二、编排技巧

（一）特别重大报道

由焦点图引领，然后“头条+二条+三条+组图”等等，以突显报道重量，以整组报道带来的视觉冲击力。

比如周永康案被通报之时，客户端打破常规，以焦点图、文字链、组图的形式，以六字标签展现波澜壮阔的“打虎”行动，用组图将每个板块隔开展现版面逻辑：围绕周自己发家、落马；没管住家人：兄弟、妻儿；没管住下属：秘书六人帮尽数剪除等。

（二）重大报道

可使用多种编排手法。比如标题标签，字数统一，相邻标题工整或者对仗，使之成为一个整体。铺开多行，形成规模优势。

例1

万庆良：早上头版头条　下午被查落马（头图）
官运亨通　44岁即升为副部级
财运不济？ 自称工作20年没房
赛场威武　龙舟三连冠没人敢超
落马黯然　高官们的“最后一面”

四字标签，既展现了这位明星官员的现状，又颇具讽刺地旧事重提，加之盘点落马官员的神态，使得版面语言丰富，寓意深远。

（三）日常报道

需要版面组合丰富，新闻类型多种多样。可以包括重磅的时事新闻与丰富的财经社会娱体新闻。各种新闻组合在一起，使新闻类型不单一。这种版面调整，是在时间流的基础上，做出微调。

例2

疆心比心　维吾尔青年笑解误会
疆计就计　暴恐阴影下的旅游业
主播退隐　李瑞英告别新闻联播
一姐出山　55岁倪萍重返央视
教授急了！ 拍预告片　拉学生选课
女人怒了！ 脱高跟鞋砸破乘客头
雨欲来　官员购房打折罪加一条
风满楼　港媒：北京抛售高档房

分析 这组版面题材丰富，既有时政新闻，又有娱乐、社会、财经，可读性强。标题也很有意思。

（四）版面的间隙

首页（前20条），一般不宜少于3组组图，通过组图可以将版面分隔为“要闻（3～5条）＋财经/社会/媒体（2＋3＋2）＋其他”，既保证新闻多样性，又使版面美观，同时也为版面“喘息”留下空间。

例3

很明显，这是一个失败的版面。整个版面缺少隔断，让读者一口气看下来，感觉“不友好”。

三、配图规则

新闻客户端每条新闻都配有图片，和PC及其他端口相比算是一大特色，也是一大优势。但是，因手机屏幕关系，所配图片较小，很容易看不清楚，有时候就会变成劣势，成为鸡肋，甚至成为败笔。好的图片，能使图文互相配合，甚至图片提供文字不能表达的意思，是较高的境界。

（一）提倡

1. 背景明显的、虚化的、干净的、对比度大的图片。

例4

2. 一般情况下，提倡使用特写镜头，而不是全景。特殊情况除外。

例5

特写较好，但可以再锐化一下。

3. 提倡对人物使用特殊表情，尤其是对有特殊身份的人们。

例 6

4. 推荐使用有寓意、能引发思考的图。

例 7

5. 部分新闻，根据新闻本身，推荐使用轻松有趣的图，而不是局限于新闻本身。

例 8

（二）禁忌

1. 忌背景模糊，一大片看不清楚。

例 9

2. 忌颜色灰暗，对比度不明显，看不清楚什么意思。

例 10

3. 少用或者不用漫画，除非是特别好的，或者有特别意义的。

例 11

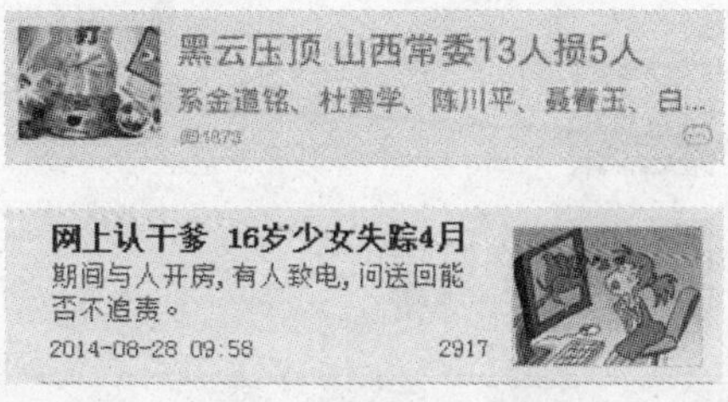

4. 尽量少用带字的图片，除非是栏目名称等有特别设计的图片。

例 12

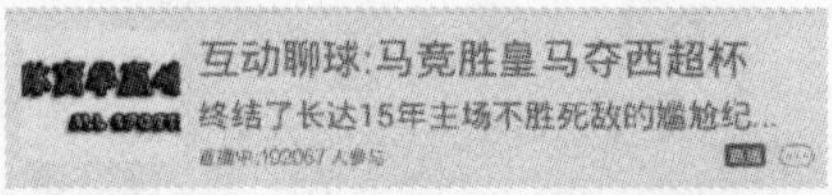

5. 一般官员尽量少用标准照。但国家领导人等重要人物，严格按照原新闻配图。

例 13

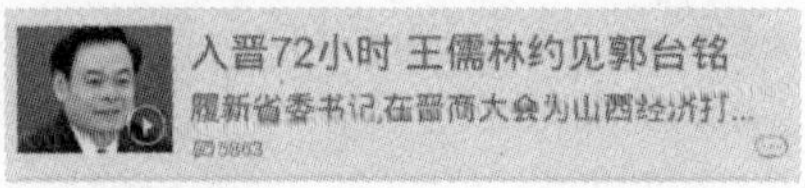

6. 一排横图，尽量少用同一场景的，应尽量变换角度。

例 14

7. 一组报道中，忌用同一角度的图片，上下重复罗列。

例 15

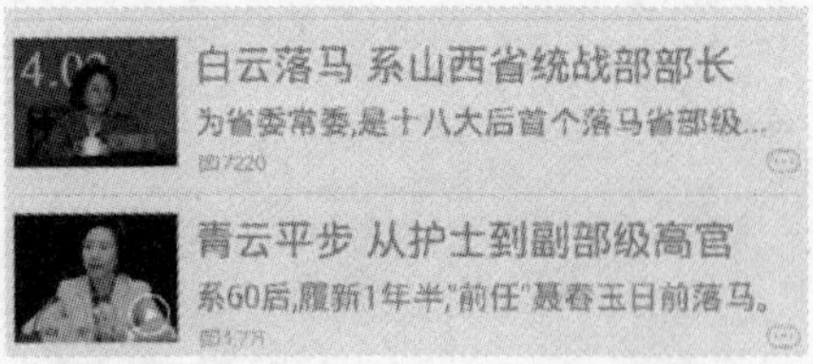

四、推送规则

相比较于PC端等传统新闻端口来说，新闻客户端的Push是一大特色。通过及时的推送，将重大新闻或重要资讯送至用户面前使之强迫阅读，从而产生较大反响。

（一）Push的原则

Push的重要性决定，要做到"三如"：出手如电、惜墨如金、下笔如神。出手如电，是指反应速度快；惜墨如金，指在50字内传达更多信息；下笔如神，指文笔顺畅、吸引人。

（二）Push的时间

重大新闻发生后第一时间推送。除此之外，在早中晚高峰，各需要Push一条重要新闻。早高峰Push一般在7～8时，以重大"硬新闻"为主。午高峰一般在中午12～13时，一般以"重要＋可读性"为选择标准。晚高峰一般选择20～22时，以"可读性"为选择标准，一些媒体客户端甚至推出"夜读"模式的晚高峰Push，更突出

Push的可读性。一般情况下，每日Push不宜超过6条，否则有打扰用户之嫌。

例16

早高峰Push：

香港“占中”持续70余天，警方于今日全面清障，有激进示威者不断设立新路障，警方或出动7 000警力，称会果断执法≫

午高峰Push：

呼格吉勒图被错杀18年，内蒙古高院应支付104万国家赔偿；官方启动追责。搜狐快评：制造冤案的执法者须付出代价≫

晚高峰Push：

郑州美女主播孕后查出患癌，为保胎儿健康而放弃化疗；顺利产子却不敌病魔，宝宝百日之际，终因癌细胞扩散去世≫

（三）Push的重大新闻内容

1. 重大安全生产事故。

如马航MH370失联事件、“7·23”动车事故等。

2. 重大自然灾害。

如汶川地震、北京“7·21”暴雨、舟曲泥石流等。

3. 重大群体性事件。

如杭州中泰垃圾焚烧厂人员聚集、什邡钼铜矿人员聚集等。

4. 重大刑事案件。

如昆明“3·1”暴恐事件、广州火车站砍人事件。

5. 重大疫情。

如SARS、禽流感等。

6. 重大食品药品安全事故。

如三聚氰胺事件等。

7. 重大环境污染事故。

如雾霾等。

8. 高级官员落马或者接受司法处理。

如薄熙来案公审、刘志军案公审、周永康被调查等。

9. 重大人事变局。

如清华大学校长调任环保部任要职等。

10. 重要会议召开及发布的相关信息。

如全国“两会”。

11. 重大政策发布。

如劳教制度被废除等。

12. 重大财经事件。

光大乌龙指、油价涨跌等。

13. 重要历史节点。

胡耀邦逝世25周年等。

14. 重大外交、军事事件。

东海识别区设立、中国渔民南海被扣等。

15. 重要的娱乐、体育事件。

恒大夺得亚冠、文章出轨门等。

除此之外，一切重要新闻事件

均在推送之列。关于新闻事件重要性的判断，参见本书上编第一章《遴选新闻的秘密》。另外值得注意的是，当新闻足以重大时，可从不用的角度 Push 多条，形成持续关注度。

（四）独家与专业

搜狐新闻注重原创、策划、评论、直播等独家内容，所以选择这些内容进行 Push，是吸引读者、提升品牌的有效手段。此外，注意专业性和地域性的 Push——当然，这需要技术后台做较大支持。

1. 重大新闻＋独家报道。

独家报道主要是重大事件中，搜狐的独家策划、评论、专访、直播等原创内容。此类 Push 一般是重点推送。

例 17　国民党九合一选举溃败，马英九再辞党魁；经济承诺难兑现，面对扁案难“硬气”。搜狐独家：书生政客马英九≫

2. 专业领域。

财经、金融、等重要事件，如股市涨跌、金融新政等。此类 Push 可以选择关心这个领域的特定群体。

例 18　沪深两市短暂冲高后“跳水”，沪指创 49 个月新高后翻绿；牛市初期必定震荡，搜狐邀专家解读 3 000 点后热点趋向≫

3. 本地域资讯。

对于全国可能是小事，但对于当地来说就是大事，比如深圳暴雨等。此类 Push 一般以当地推送为主。

例 19　［本地］据多位网友在微博爆料称，北京地铁 7 号线广渠门站工地起火，现场浓烟滚滚（图），目前伤亡不详≫

第四章 策划：发现黑天鹅

本章编辑｜王　晨　徐一龙

主编的话

PC门户——包括移动端的内容，大多来自版权采购或合作。若将这些内容比为“龙”，策划、原创、直播等即为点睛之笔。可以在其中注入搜狐的思想和价值观，体现搜狐新闻的判断力。

搜狐新闻注重五个维度——速度、角度、高度、深度、态度。对于栏目及策划而言，角度最重要。拒绝大而全的“about新闻”，找到自己的切入点和落点，是策划的精要所在——这就是我们强调的发现“黑天鹅”。

一、策划的基本技巧

具体而言，搜狐新闻中心的策划由《点击今日》、《数字之道》（图述）、《谣言终结者》、《神吐槽》几个栏目组成，分别以文字、图片加文字、图表三种形式，加工“不一样”的新闻。这些栏目在制作过程中，遵循相似的规则。

（一）“下三路”与“上三路”之间的相互转换

“下三路”新闻一度是互联网的流量利器：只要标题中出现“嫖”、“妓”、“扫黄”等涉性话题，点击率大增。但这种点击带来的流量被称为“垃圾流量”，用户只为猎奇。这类新闻的存在弊大于利，不会传递有质量的价值观，更不会塑造搜狐新闻的品牌。因此，如何能将垃圾流量转化为有价值的流量，搜狐新闻策划做了诸多尝试。

例如，有一则《80 岁嫖客找 62 岁“小姐”》的新闻一度引起舆论关注。在这一简单新闻还在传播的时候，《点击今日》栏目以“80 岁老人为何要找小姐”为切入点，从老人性健康的角度，将人们的兴趣点转向社会问题。

又如在李天一案件中，受害人一度被爆出是“小姐”。《点击今日》根据上述思路，做了一期“强奸性服务者算不算有罪?”，从人权和法治的角度将话题引向深入。

“高大上”的时政新闻，反而应以“小切口，接地气”的方式处理。一个案例是“2 000 万听障者如何看懂十八大报告”，从电视上手语老师如何翻译十八大报告为切口，讲“科学发展观”与“三个代表”等名词用手语如何表达。

（二）“寻常事”守正出奇

一些事情首次出现是新闻，反复出现就不是新闻。例如反腐、医患冲突、矿难等新闻，随着出现次数的增多，人们丧失了对这类新闻的好奇心。虽然不“新”，但这类事件往往是重要的现象，策划也不能缺席。那么，怎样挽救这种新闻的被关注度？大胆联想、剑走偏锋，从“奇”的角度进入，讲述一个“正”的道理，是这类新闻的操作方式。

例如，公务员腐败是老生常谈话题，若不是造成非常严重的后果，新闻关注度很低。《数字之道》从中国人肥胖度增加的新闻转移到公务员腰围增大，切入公款吃喝等腐败现象，把看似不相干的新闻，巧妙地进行深度分析，挽救了这类新闻的流量。

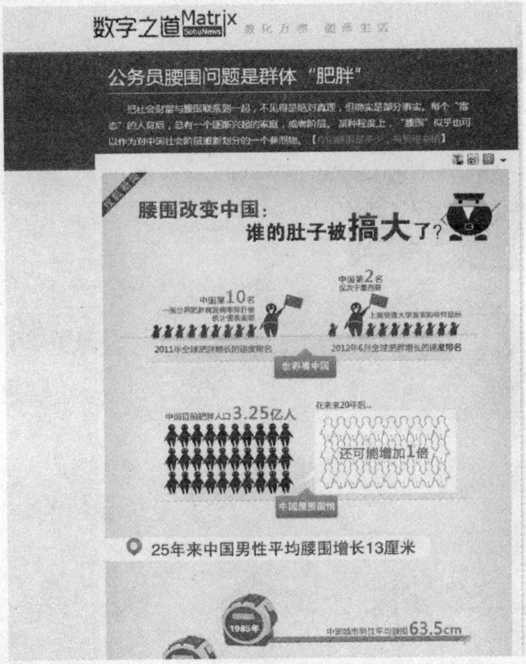

（三）高屋建瓴　提炼概念

除了注重角度之外，高度也是搜狐策划追求的目标。我们试图从一个新闻事件中看到现象、规律乃至趋势。

例如，薄熙来去职重庆市委书记之后，时任中共中央政治局委员张德江接任。《点击今日》栏目策划了“临危受命的中央政治局委员”，点明包括朱镕基、吴仪、尉健行任中央政治局委员时，都曾空降救火。特别是在重大新闻发生时，这种综合分析所蕴含的信息量较大。

（四）使用新的表现形式

让读者对一则新闻产生深刻的印象，仅仅靠文字或者普通的图文表达方式远远不够。有时，一点“小聪明”会使一个中规中矩的策划焕发出不同魅力。

例如，一个常规专题“雾霾”，在banner设计上用了专题名称朦胧化的效果，旁边一行小字“对不起，标题被大雾遮住了，请用鼠标点击清除”。这个设计充分利用了互联网的技术特点，让用户有了不同于只阅读文字的感受。

根据人类感官的特点，文字带来的冲击力远远不及图像，用图像的形式表达新闻，也成为搜狐新闻中心很重要的路径。2013 年的搜狐年终策划，尝试了用大片的方式对这一年的重要新闻做盘点，35 件重大事件，被做成大片海报全部排开，给人强烈的视觉冲击感。

（五） 提升速度，优先占有资源

2013 年以前，搜狐的栏目一度是以“天”为出版周期。但当移动阅读崛起后，人们获取信息的速度越来越快，于是策划打破了时间限制。特别是遇到重大突发事件，《点击今日》在当天就会出稿，而制作周期较长的《数字之道》有了简版“数读”，可以保证在几个小时内做好。这种方式满足了人们的阅读需求，同时给有出版周期的报纸更大压力，互联网新闻的魅力再次展现。

二、栏目解析：《点击今日》

（一） 栏目定位

这是一个话题类栏目。注重四个“一”——从新闻中发现某一个热点，分析该新闻点折射出的一个社会现象，引发一个话题，争取提炼出一个概念。

《点击今日》的核心是“点”。所谓“点”，是指切口要小。例如，以“呼格案中物证不足”这个点做话题，不如把“刑事案件定罪，精斑能起多大作用”作为话题吸引人。

（二）释义

1. 点。

从新闻中提炼读者最关注的点。

2. 击。

话题要有争议性，能激发人们的讨论欲望。

3. 今日。

强调话题的时效性及时代意义。

（三）操作方法

1. 逆向思维。

发现黑天鹅，找不同角度。

2. 运用多种手法。

运用对比、反衬等各种手法，突出新闻点。

3. 轻松幽默。

嬉笑怒骂皆成文章，而不是一味严肃猛冲。

4. 做好常识普及。

尤其是时政报道中的常识。

5. 特别提示。

除了跟踪热点之外，还需要对新闻进行“预判断”，掌握其发展规律，提前策划，并在抛物线最高点时推出策划报道。

（四）选题分类

1. 政治话题。

此类话题较为敏感，更多使用集纳式手段，解读背后的政治逻辑或规律。

例 1 政治局常委破例赴晋 深意何在

分析 2014 年 8 月 29 日一天内，山西三名省部级高官同时被查。中共中央政治局常委刘云山亲赴山西“坐镇”新省委书记任命，就内地省委书记任命而言，史无前例。这种举动背后有什么含义？《点击今日》从一般人不易了解的政治举动，解密政治行为背后的深意，对未来的反腐局势和官场生态进行展望和解读。

类似案例 邓小平诞辰有何不寻常

领导人的拍案时刻

2. 社会话题。

此类话题集中在某一个社会热点上，针对此热点进行进一步分析和讨论，解释话题产生的社会背景和社会心态。

例 2 地痞性侵少女，“自愿”就 OK？

分析 几名社会青年通过加 QQ 好友、送手机等方式骗取女生好感后发生性关系。警方在对其中一名受害女生调查后认为，事件过程中没有强迫行为，不构成强奸。从现行法律规定上看，这种看似以事实为依据的说法似乎没有漏洞，但在成年人与未成年人的性关系中，“自愿”二字远远不能成为裁决的依据。

类似案例 好莱坞艳照门背后的云隐私

王思聪为何比陈光标可爱

3. 专业类选题的时政和社会解读。

例 3 伦敦奥运会“奥运非体育”系列

分析 2012 年伦敦奥运会，搜狐新闻推出《点击今日》系列报道“奥运非体育”，把一个专业话题用时政的方式加以解读。比如：伦敦奥运十大猜想——开幕式会不会出现假唱？奥运之后，伦敦房价会不会上涨？在体育频道，报道奥运会更多是专业问题专业化，并将其引向纵深，突出搜狐的权威性；而在新闻中心，则是让专业问题通俗化和大众化，吸引更多眼球。这种不同的解读，也正是“角度”的体现。

4. 鲜常识。

“鲜”指新鲜，有新闻性或新闻由头；常识指一些应该为人所知但被忽略，又蕴含着较大新闻价值的信息点。需要注意的是，此类常识更多集中在时政话题——有些敏感话题无法直接或者没有新闻由头做纵深解读，这时可以通过常识的方式表现出来。

例 4 中共一把手为什么叫“书记”？

国家主席能管总理吗？

人大代表有什么“特权”？

（五）注意细节

《点击今日》素材多援引自媒体，必须进行精心调整，使之逻辑清楚、风格统一。

虽然这是一个策划性报道，但依然鼓励采访并加入原创内容、提供信息增量。

尤其是导语写作，要引人入胜。

三、栏目解析：《数字之道》

（一）栏目定位

用数据及图表解读新闻。

（二）释义

1. 数字。

有亮点的数据和图表是《数字之道》的核心，也是区别于其他栏目最明显的一点。从表面上看，这个数字要有看点，如很大、很小或出人意料；从逻辑上看，数字之间要能够进行解读，而不是简单拼凑在一起。

2. 道。

指“道理”，也就是我们要表达的价值观。

（三）操作方法

1. 对比。

通过两组或者多组数据进行比较，说明其关联性或者差异性。

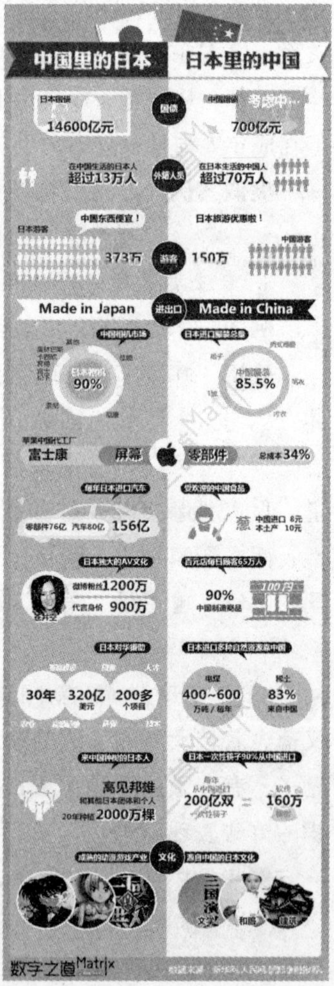

例 5　中国里的日本，日本里的中国

分析　这个报道产生于 2012 年 9 月，中日关系因钓鱼岛紧张之时。搜狐新闻选择了两组数据，说明中日之间的关系已经“水乳交融”，比如中国人身份证的芯片是由日本企业生产

的，北京的一号线地铁有日本人的投资；而在日本留学、工作的中国人已经是一个庞大的数字。报道之“道”，在于批判“砸日本车”之类的狭隘的民族主义。

类似案例　亚洲四国交通大 PK

官方反腐 VS 民间反腐：谁拉下的贪官多？

2. 解剖微数据。

选取一个数字，分析里面的组成结构，或者解构其背后的含义。

例 6　一块奥运首金的“含金量”

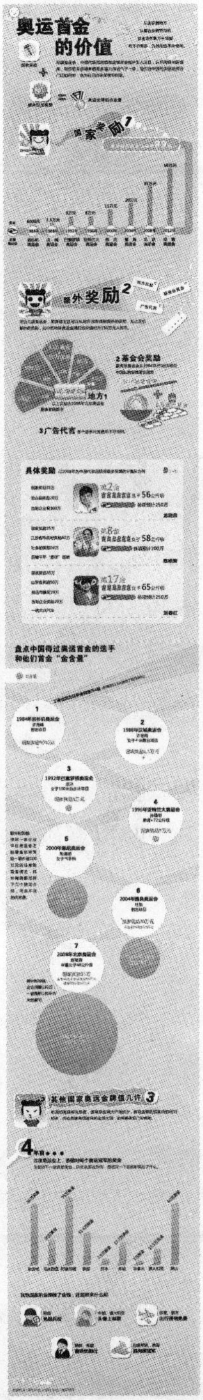

分析　这个报道产生于 2012 年伦敦奥运会期间。搜狐新闻选取了中国选手夺得奥运冠军后获得的奖金数额，来说明“举国体制”影响之深。其中包括国家奖励、地方奖励、企业奖励，还包括很多奥运首金获得者的广告代言等其他收益。

类似案例　算算一个上海户口背后的经济账

一罐奶粉国人多花 4 倍钱，谁在抬洋奶粉身价

3. 排行榜。

通过排行榜来盘点或者总结某一类新闻事件或现象。

例 7　警方破案速度排行榜

分析　一个日本青年在中国丢了一辆自行车，警方只用了 4 天时间就使这辆自行车完璧归赵。如果同样的情况发生在中国公民身上，莫说是自行车，就算是豪华轿车，4 天找回来的可能性也不大。那么，究竟哪些因素影响着警方破案的速度？警方侦破一起偷盗案件，最快需要多长时间？这个报道就如此出炉了。

类似案例　落马官员的房产排名

周克华案背后：警方悬赏金额排行榜

4. 逻辑链。

用数字记录从源头到结尾的全过程，解构分析各步骤之间的逻辑关系。

例 8　红头文件的传达时间

分析　此报道产生于新常委换届之后。新一届班子力图进行行政改革，减少会议及文件是其重要手段之一。搜狐新闻梳理总结了一份文件由动议、起草到执行的全过程，用各环节的数据说明中国政府效能之现实。

类似案例　苹果手机的生产链条

5. 地图。

通过分布图解构数据，显示问题的地域差异。

例 9　候鸟迁徙的中国死亡地图

分析　世界上有 7 条候鸟迁徙的路线图，其中 3 条经过中国。然而，这些千年鸟道却成为候鸟死亡之所。根据相关报道和搜狐独家调查，我们绘制出“候鸟迁徙死亡地图”，与候鸟迁徙图叠加对比，并与《新闻当事人》、《搜狐评论》等合成了“搜狐重磅”模式。

类似案例　日军的海外墓地调查

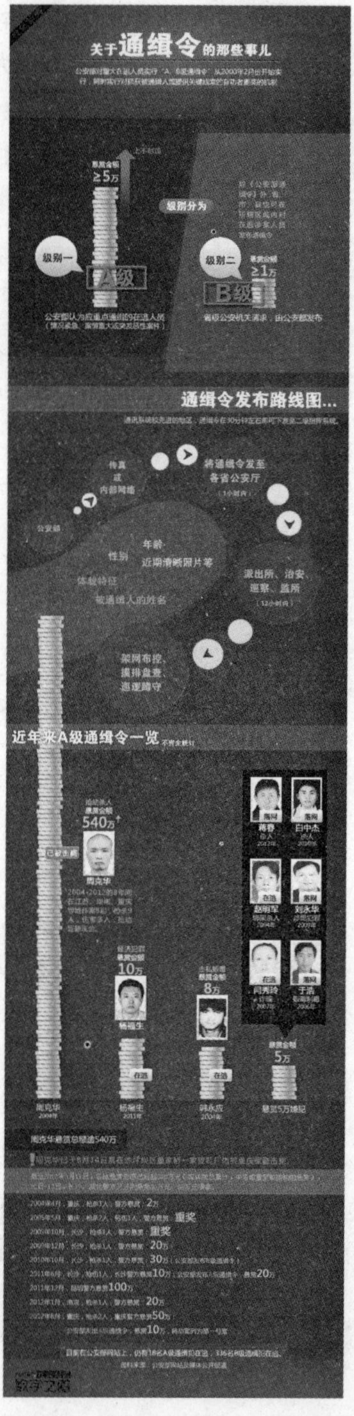

四、栏目解析：《谣言终结者》

（一）栏目定位

鉴别广泛流传的各类谣言，通过专业的求证，澄清不实传闻。这个栏目的首要意义在于正本清源，更深层次的意义则是增加搜狐乃至所有网络媒体的公信力。

（二）释义

1. 谣言。

不仅包括颠倒黑白、凭空捏造的传闻，

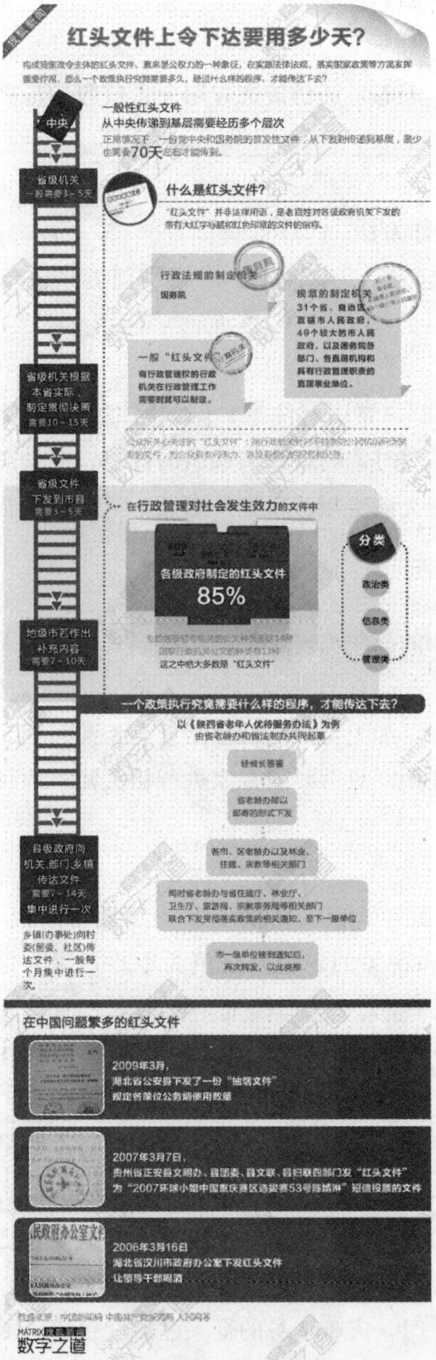
红头文件上令下达要用多少天?
中央
一般性红头文件
从中央传递到基层需要经历多个层次
省级机关
什么是红头文件?
行政法规的制定机关
国务院
规章的制定机关
一般"红头文件"
省级机关根据本省实际,制定贯彻决策
省级文件下发到市县
在行政管理对社会发生效力的文件中
分类
各级政府制定的红头文件
85%
政治类
信息类
管理类
地级市若作出补充内容
一个政策执行究竟要什么样的程序,才能传达下去?
县级政府向机关、部门、乡镇传达文件
在中国问题繁多的红头文件
2009年3月,
湖北省公安县下发了一份"抽烟文件"
2007年3月7日,
2006年3月16日
湖北省汉川市政府办公室下发红头文件
数字之道

候鸟在中国的不归路
过境中国的候鸟们
20%至25%
西部候鸟迁徙区
中部候鸟迁徙区
东部候鸟迁徙区
全球8条候鸟迁徙路线 3条途经我国
猎杀候鸟的产业链
打鸟人
中国濒临灭绝的鸟
数字之道

也包括因专业壁垒、信息屏障导致的理解偏差。

2. 终结者。

通过接触消息源、传言主角、专业人士等，证伪传言并用令人信服的证据指出“伪”在何处。

（三） 操作方法

要有鉴别所见所闻是否是谣言的敏感度，并熟练掌握鉴别谣言的几大工具。

1. 常识思维。

太阳底下无新事，过于离奇的“新闻”，要引起注意。例如网络上广为流传的“九个空姐被杀”等。人性的底线虽然时常刷新我们认识的极限，但偏离常识思维越远，是谣言的概率会越大。这类谣言相对较容易求证，只需在敏感度上保持警惕即可。

2. 专业知识。

有一类较为隐蔽的谣言，往往以专业的面貌出现，例如科技谣言“雷雨天打手机遭雷击”。

这类谣言辅以案例和所谓的科技阐释，加上与人们的生活息息相关，因此有很强的伪装性和转播率。这类谣言的证伪，只需要找专家进行相关知识的科普即可。

3. 多领域运行规律。

科技类谣言只需了解相关的科技知识和掌握一定的专家资源即可解决，但政治、司法、人文等领域的运行逻辑和相关的专业判断更为艰难，因为这些领域的运行逻辑不是科学领域简单的因果关系，而是复杂的因素相互作用和博弈的结果，证实或证伪需要专业判断鉴别、多方面求证才能得出最终结论。

（1）公共政策类谣言：“北京地铁将于明年涨价”，政治逻辑和运行规律是发现和击破此类谣言的工具，诸如养老政策、计划生育政策等领域出现的传言也可如此处理。（编者注：“北京地铁涨价”当时是谣言。但目前，地铁确实已涨价。）

（2）灾难类谣言：有水灾、地震发生时，灾难本身的受关注热度也成了滋生谣言的温床，且人们倾向于相信而非求证。

例 10 辽宁水灾

分析 网络上马上流传有 500 人死亡等消息。但水灾尚未结束，政府忙于救灾而非进入全面清点人数阶段；死亡人数的统计非个人调查能胜任；且灾情真有如此严重，中央政府也会有相应的措施。这几个因素都未出现时，耸人听闻的死亡人数绝大多数为谣言。除了死亡人数等谣言外，还有灾难寻人、在财物上求助等信息也往往为谣言。

(3) 司法类谣言：引人关注的案件，也是谣言多发领域，对这类谣言的判断需了解案件侦查、起诉的一系列技巧和知识。

例 11 李天一案件

分析 在事情爆发之初即伴随谣言，“警方说李天一案为轮流发生性关系”。这一消息传出时，案件尚在公安机关侦查阶段，这一阶段是警方理清事实的阶段，如发现有罪的证据将移交检察院，无则不移交。这意味着这个环节是绝对保密的，也意味着警方不可能有确定结论，侦查尚未结束，警方不可能肆意公布消息，所以此消息明显可疑。同样，在补充侦查、起诉、一审、二审诸多阶段也会滋生各类谣言，了解案件处理流程并和相关律师、部门保持联系是破除谣言的关键。

(4) 贪腐类谣言：这类谣言生命力强大，主要利用人们信息掌握渠道不对称的迷信心理。一个贪官刚被调查，即有贪腐金额、腐败细节等谣言传出，人们总以为是内部传出来的，倾向于相信。

例 12 王素毅案

分析 王素毅刚被调查，即有他包养情妇等说法流传。此时中纪委刚介入调查，诸多细节尚未确定，不可能在短短几天内查清他的情妇和贪腐金额，越细节的情节在这个阶段传出越不可信。这类谣言要寻找第一手源头。

仍如王素毅案，消息源头说自己的消息也是转来的，自己尚未确定，谣言的概率即加大；再辅以当地官场等多方面的求证结果，会得到有力的证据证明此为谣言。

(5) 在重大突发事件中，往往谣言多发。此类谣言一般多是细节性谣言，要求的是切实采访求证，此时可以以重磅形式密集辟谣，增强媒体的公信力。

（四）辟谣禁忌

要谨慎确认消息，不要把辟谣辟成另外一个谣言。

如果辟谣者不愿意透露姓名，需要再多方求证。不透露消息来源的辟谣很难服众。

不要为地方政府背书，不要成为被利用的工具。

五、栏目解析：《神吐槽》

（一）栏目定位

以轻松、诙谐的方式解读新闻的策划栏目。因为这是一个在移动端上展现的栏目，是“流阅读”而非“块阅读”，所以采用了图、文穿插的形式。

（二）释义

1. 神。

出其不意，掩其不备，不着一字，尽得风流，强调奇巧、创新。

2. 吐槽。

话题涉及重大时政、国际新闻和社会热点，极容易引起网友共鸣，以轻松、诙谐的风格予以解读，使网友在会心一笑间领悟新闻事件的内涵。

（三）操作方法

1. 类比。

将互不相关之事撷其相似情节，互相比较，形成趣味。

例 13 【落马官员“墨宝”遭遇：周永康题字被遮挡 王立军题字被铲】周永康的母校中国石油大学陷入舆论漩涡：先是刻意用火箭模型遮挡住了落马“著名校友”的题词署名，后又将学校新闻网上与其有关的报道悉数删除……当然了，无数血淋淋的教训也给官员们提了个醒：不要随便题字。早在十万八千年前，一只猴子在偏远山区的一根柱子上题字并撒了泡尿……后来的遭遇，大家都知道了。

分析 以孙悟空与如来佛祖打赌之事同落马官员题字相类比，戏谑点题“不作就不会死”。

2. 集纳。

有或荒唐、或谐趣之事，只选择一个说，略显单薄；同类新闻集纳，效果翻倍。

例 14 最近的新闻总让我有种生活在弱智吧里的错觉

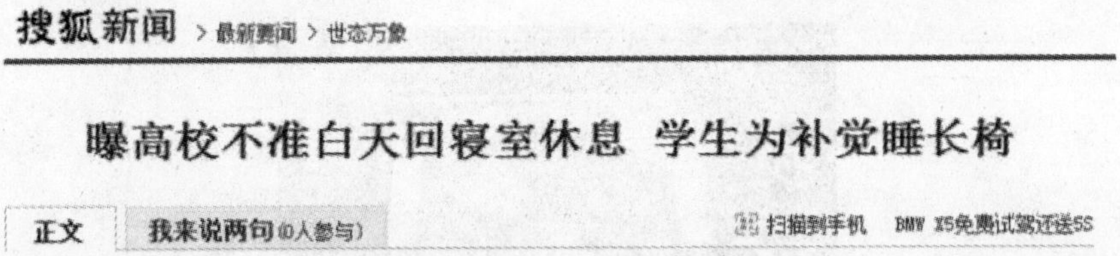

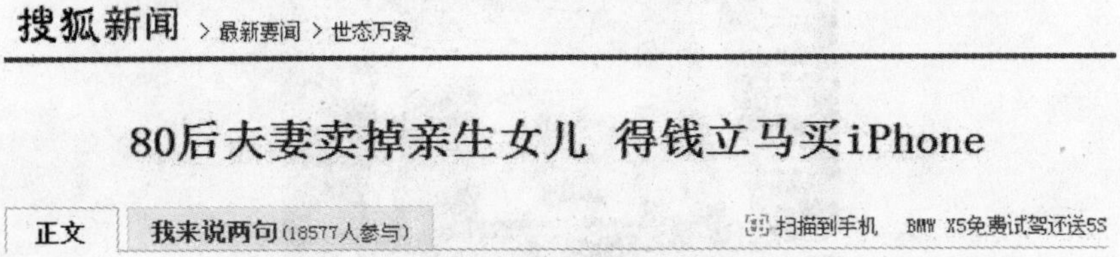

分析 此三条新闻，每条皆有其趣味性，然而感染力不足。三者共性为事件结局反转出人意料，共相集纳，则感染力倍增。

3. 归谬。

事件固谬，不必反驳，可归其谬至愈谬，则自可驳之。

例 15 有一道学……自谓真仲尼之徒焉。时遇刘谐。刘谐……曰："是未知我仲尼兄也。"其人勃然作色而起曰："'天不生仲尼，万古如长夜。'子何人者，敢呼仲尼而兄之?"刘谐曰："怪得羲皇以上圣人尽日燃纸烛而行也!"其人默然自止。(选自李贽《赞刘谐》)

分析 道学家力赞"天不生仲尼，万古如长夜"，然而仲尼之前，并非万古皆长夜，刘谐归长夜之谬而至燃纸烛之谬，其言有四两拨千斤之效。

4. 反讽。

明知其错，故言其"正确"之理，使人更知其错。

5. 借此说彼。

真事隐去，留假语村言。

6. 图说。

《神吐槽》配图之重要不亚于文字，一幅内涵图之功效往往强于百字。

例 16 【县委书记“春晚”拉二胡走调　被讽“午夜惊魂”】（部分文字略）何书记，你看，咱中央领导刚讲完“文艺不能做市场的奴隶”，你这视频就被扒出来了，当时拉完二胡过瘾不？现在后悔不？在你这儿，文艺没做市场的奴隶，可是文艺做了你的奴隶了……

告诉我，你的梦想到底是什么？

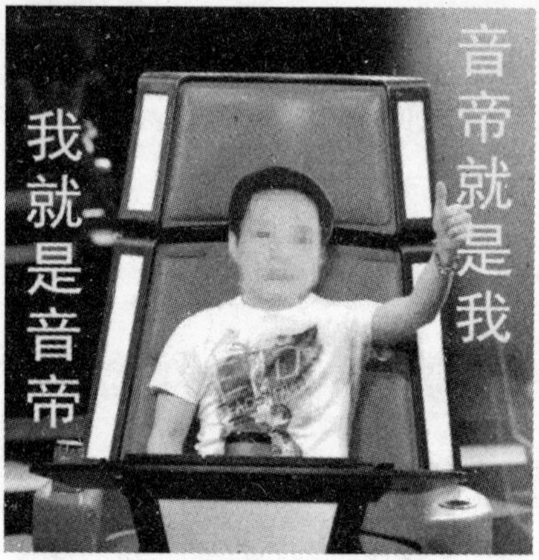

分析　将拉二胡的县委书记头像 PS 到《中国好声音》导师之一汪峰的头像上，不必在文字中说明，然而戏谑效果强于文字多矣。

7. 真诚。

虽然是诙谐栏目，但诙谐之处，也有回味的余地，新闻观、价值观之彰显，尽在此处。

例 17 【“7·23”甬温铁路特大事故两周年】两年前的今天，这个两岁的孩子被父母抱着，登上了杭州至福州南的 D3115 次动车组。当晚 20 点 30 分左右，这辆动车发生追尾事故，整整 4 节车厢从高架桥上坠下，包括这个孩子的父母在内的 40 人死亡。

如果你还记得的话，这个孩子叫小伊伊，全名项炜伊，这次追尾，就是“7·23”甬温线特别重大铁路交通事故。

我一直想象不出来，等这个孩子长大之后，这个世界要怎样向她解释，她失去的健康，她失去的父母，她失去的幸福。谁，会站在她面前，向她道歉说，对不起，孩子，为了这个国家的荒谬的膨胀发展，我们害你失去了这一切。

这个话题，有点儿沉重。不是成心让大家不痛快，而是这样的事情，真的不应该忘记。愿这样的事情，再也、再也、再也不会有下一次。

分析 关于“7·23”甬温铁路特大事故的纪念文字不可戏谑，动情更能引人思考。哀而不伤，收放有节，也不使人反感。

第五章 《新闻当事人》报道了哪些人

本章编辑 | 王 鹏 徐一龙

主编的话

在这个自媒体时代，每一个人都是记者。

既然网站每年花费巨资进行版权采购，为什么还要做原创？其实答案也很简单：拿到其他媒体拿不到的“料”；在写作中注入自己的价值观；传播品牌和影响力，积累各种资源。

一、互联网原创报道类型

按照采写性质划分，目前主要可分为人物特稿及调查报道、综合报道（资料写作）、突发事件消息三类。对应不同的报道模式，稿件的采访及编辑规范有所区别。

（一） 人物特稿及调查报道

人物特稿编写时，首要注意对文章主题的把控。对于调查报道而言，事实真相为主题核心；对于观察报道而言，观察角度为报道重点。把控主题时应从新闻风险、价值取向、可读性等多方面进行考虑。

注重特稿的写作技法，在事实准确的基础上，追求文章可读性。注重结构逻辑，注重细节描写，尤其注意报道中的矛盾与冲突——这是“讲故事”最重要的技巧。

注意选题的周期热度与网络新闻的时效特点，注重新闻事件的关键节点与最新动态。

人物特稿应包含标题、导语、正文、背景等关键结构，并视情况添加导读和摘要。为阅读需要，稿件需划分段落，设置小标题，通常情况下，小标题不少于 3 个，不超过 5 个。

原则上单篇字数在 5 000 字以内，发布的主要板块为《新闻当事人》栏目。

在互联网——特别是移动端传播的背景下，讲故事的技巧更为重要。互联网并不拒绝深度和美文，但包装非常重要，比如利于传播的标题和提要。

（二）综合报道

综合报道是指记者组通过已公开的新闻报道、书籍资料等信息源，重新选定主题和角度所进行的改写类报道，多适用于明星官员和高层领导等直接采访较难的报道任务。

最需注意的一点是：综合报道并非简单的拼凑或者摘抄，应该在素材中提炼重点和主题，注入搜狐新闻的理念。要让素材发生化学反应而不是物理反应。

首要注意文章的立意、角度。对于资料的引用整合，决定综合报道的成败。对于文章中出现的多线叙事、事实重叠等情况，编辑应多加注意，务求事实梳理清晰准确。

编写综合报道时，应注重对资料的融汇改写。避免原文的照搬引用，严禁抄袭等情况发生。改写时应注意对关键事实的核证，注意因单方说法造成的事实偏差。

编写综合报道时，记者和编辑应具备版权意识，对于文章的资料来源要在文中和文末注明，并视情况向原作者支付稿酬。同时，应采用公开规范的资料来源作为信源，避免不实报道。

综合报道应包含标题、导语、正文、背景等关键结构，并视情况添加导读和摘要。为阅读需要，稿件需划分段落，设置小标题。

综合报道发布的主要板块为《新闻当事人》栏目和专题策划区，原则上单篇字数在 5 000 字以内。

（三）突发事件消息

应注意采编速度，力争在最短时间内完成新闻发布——这也是网络媒体战胜都市报的最佳武器。

注意对新闻五要素的核实。对文中出现的时间、地点、人物讯息、事件流程、背后原因进行反复确认和核对。对出现的相关数字、专用名称、直接引语等关键信息进行编写处理，务求真实、准确、明晰。

注重文本的简洁流畅，注意文章节奏，避免冗长拖沓，注意提炼文章的核心新闻点，将突发事件发生后的最新动态告知读者。

突发消息体裁通常为消息，稿件应包含标题、导语、正文、背景和结语，并视不同情况添加资料链接、采访对话等内容。

主要推介板块为新闻首页要闻区，原则上单篇字数在1 000字以内。

二、核心栏目《新闻当事人》

（一） 栏目定位

这是一档人物特稿栏目。人物的选取有两个层面：热点新闻人物；搜狐独家挖掘出的、有新闻价值的人物。选题注重热点事件中的核心人物，重点落在突破核心人物上。关注新闻事件中的人物命运，深入挖掘其思想、遭遇和行为动机，观察其经历折射出的人心沧桑、时代变迁、国家走向、历史进程。借个体的命运写人生，写中国，写世界。

人物报道集中在四个层次：故事、语言、性格、思想。能写出前两个层次只算是及格，能把四个层次都表达出来才算优秀。

（二） 核心突破和深度

1. 面对面采访当事人。

这是搜狐新闻永远追求的第一目标。

例1 独家专访上海法官嫖娼案爆料人

分析 描述了“复仇者老陈”之路。此报道的价值在于突破核心当事人，且为独家。同样的报道还有在李天一案中独家专访其母梦鸽，这是梦鸽在李天一事件发生半年来首次接受媒体的专访。

例2 暗访捕鸟人：湖南千年鸟道的终结者

分析 这是一篇暗访文章。搜狐新闻冒着很大风险，深入捕鸟者内部，挖掘出抓捕候鸟的利益链条。当其他媒体都在关注鸟的时候，搜狐新闻把重点放在人的身上。事实上，任何新闻都是“人”的新闻，新闻当事人的价值也在于此。

例3 陕西孕妇72小时逃亡路

分析 此稿的价值在于对人的命运的深度挖掘，以72小时、逃亡路线为双线索，细致勾勒了孕妇命运，并反映了超生群体在中国计划生育体制下的悲惨命运。

2. 外围突破。

如果采访不到当事人，也要找到与其关系最密切者，尽量披露核心信息。

例4 MH370机长：消失的神秘“极客”

分析 在全球关注马航客机失联之际，搜狐新闻赴马来西亚，独家采访到MH370客机机长的密友，率先披露出机长属政治狂热分子。在坠机原因莫衷一是的节点，率先给出搜狐独家挖掘的答案，事后官方的调查进展也证明，这极可能是悬案的最终原因。在关键时刻做出关键分析，正是《新闻当事人》栏目追求的目标。

例5 落马书记万庆良的人生抉择

分析 此稿的价值在于对人的命运的深度挖掘。前广州市委书记万庆良被组织调查后，搜狐新闻便重访万庆良仕途之路，通过大量独家细节还原了万庆良的官场前半生。和当时媒体流行的贪腐花边不同，我们的人物特稿更关注人生命运的抉择，在深度上胜过同类报道。

例6 周永康往事：揭秘盘锦岁月

分析 这是周永康被调查后，搜狐新闻推出的独家特稿。此报道的价值在于突破核心当事人，采访到周永康踏入仕途之初的诸多见证人，通过大量细节还原、勾勒出周永康在盘锦的官场岁月。在大事件发生时发出搜狐自己的报道，是《新闻当事人》的立身之本。

（三）角度和高度

在新闻核心人物无法突破的情况下，报道转向搜狐的独家视角，要在观察角度与报道思路上独树一帜。部分思路列举如下：

例7 从外部环境的角度，参见特稿《离开金正恩的日子 阳光依旧普照朝鲜》。通过观察金正恩40多天隐匿后朝鲜的变化，点出朝鲜政局背后的暗流。

例8　反其道而行之——当所有媒体都在关注参加冰桶挑战的明星时，搜狐新闻关注那些被冷落的病人——渐冻人的零度人生。

例9　从个体到群体，或者从群体到个体；包括一些虚拟人物和动物，亦可纳入报道范畴。如一条狗的奇幻玉林狗肉节、“7·21”暴雨中一条金毛犬的成名史等。

三、特别强调

当重大突发事件发生时，应按照新闻中心“社会新闻突发事件处理小组”的规章迅速布局，完成报道。（参见本书上编第十二章）

如果报道特别重要且时效性很强，应采用前方记者突破、后方支援的方式，采用“狼群战术”，打“组合拳”，力争在最短时间内做出最有深度和力度的报道。

四、报道伦理

1. 真实。

真实是新闻的生命，也是新闻人的生命。真实是搜狐新闻中心打造权威品牌的基石，也是记者组每一个成员必须秉承的首要原则。必须通过我们的努力，改变公众对互联网新闻“不靠谱、传谣”的印象。采访时，不得歪曲、夸大、背叛事实，不得断章取义、歪曲采访对象原话，更不得虚构采访对象及其语言，不得为追求戏剧效果强行拼凑细节。

2. 诚实。

作者应对自己的采访作品负责。严禁抄袭，严禁对事实进行杜撰。

3. 理性。

搜狐新闻的价值观，既要防“左”，也要防“右”，避免偏激，对不同意见兼容并蓄。真理的对面同样站立着另一个真理。要深入反映中国的复杂性。拒绝先入为主、非黑即白的简单二元化判断，拒绝自我圣化的道德陶醉，拒绝廉价的悲情主义和民粹主义，不被民意和同情心裹挟。

4. 杜绝有偿新闻。

注：文中所列文章，均可通过搜狗或百度关键词搜索。如“搜狐＋上海法官嫖娼案爆料人”。

第六章 来搜狐新闻客户端看互动直播！

本章编辑｜王　鹏　徐一龙

主编的话

在这个移动互联时代，直播不再只属于电视。在重大新闻、重要赛事发生时，掏出你的手机，打开客户端，就可以看到属于新媒体的互动直播。

现场、悬念是直播的两大要素，而“前方采访＋后方解读”可以进行纵深报道。尽管目前新媒体直播还仅限于图文＋音频，但4G时代的到来会让视频直播成为主流。

一、全媒体直播的基本原则

搜狐新闻直播以重大时政和社会突发新闻为主，强调现场和悬念。例如，288个小时连续直播马航MH370失联的相关内容（参见本书下编第六章）。

通过图文、语音、短视频等多媒体手段，全方位表达新闻事件。

借助客户端功能，完成搜狐新闻与用户的即时双向交流。

重大新闻直播可使用前方记者播报、后方嘉宾解读的方式进行。

可把社会热点形成话题，请核心人士进行分析解读。例如，关于电视连续剧《北平无战事》背后的历史真相，请其编剧刘和平、著名历史学家杨天石做客进行讲解。

二、全媒体直播的角色构成

（一）主持人

直播过程中动态消息的传递。

全部信息的录入。

语音视频文件处理与上传。

与用户的互动交流。

（二）文字记者

获取现场信息，如曼德拉葬礼现场的场景描述。

连线新闻关键人物获取最新信息，完成音频和视频录制，完成录音访谈台本。

（三）图片记者

现场图片拍摄。

现场动态短视频录制。

协助文字记者处理音频和视频文件。

（四）策划编辑

新闻事件背景资料的搜集编撰。

对前线记者所做采访进行资料补全。

在直播过程中完成独家策划并在直播过程中推出。

（五）直播统筹

直播主题的确定、内容与节奏的整体把控。

协调前方与后方的采编工作。

与“五大哨所”进行推广沟通。

规避政治风险、法律纠纷。

三、直播流程

按照搜狐新闻突发事件处理预案，当二级及以上新闻发生时，启动直播

(参见本书上编第十二章)。

重要嘉宾访谈，启动直播。

(一) 在直播启动时，新闻生产端全媒体采访部应做到的

直播统筹撰写直播推广信息、确定直播间标题、建立直播临时协调群，分配人员角色。

主持人开启直播间，反馈直播间 ID，并迅速进行信息录入与更新。

前线记者进行实地或电话采访，完成独家新闻点采写，并视情况获取视频，在新闻直播间中发布。

直播统筹沟通前方与后方，视直播进展情况指挥完成独家热点策划，并调控信息发布速度。

在直播进入尾声时，直播统筹发布结束语，主持人关闭直播间。

(二) 当直播启动时，“五大哨所”编辑应做到的

各哨所接受直播间 ID，并推广位。特别是新闻客户端，应使用 Push 手段进行推送，扩大影响力。

值班编辑以直播间为主体，配合各类相关稿件进行重点推广，并随着直播进程，修改推广标题。

在直播结束后，不要急于撤下推广位置。一般而言，在重要位置上的推广应再保持六小时以上。

四、直播内容要点

(一) 动态消息

最新信息永远是受众最迫切希望获知的内容，是直播的主体。

例 1 昆明火车站“暴恐”事件发生后，搜狐新闻迅速连线火车站在场旅客及附近商户，向公众传递有关暴徒行进路线及行凶细节的信息，披露事件真相。

例 2 云南鲁甸地震发生后，记者第一时间挺进震中，72 小时不间断直播救援细节。

（二）策划增量

随着动态信息的播报，受众希望获知对事件的解读和分析，此时“深度”和“角度”成为直播关键词。

例3 马航MH 370失联直播中，策划编辑对大量航空专家进行连线采访，通过专家解读普及航空知识，解答公众疑惑。例如，在失联初期，公众对飞机如何与地面保持联络、军用雷达如何对民航进行追踪、飞机高空遇险应急处置流程等问题很感兴趣，我们便在直播过程中通过专家解读、独家策划等方式满足受众需求。

例4 苏格兰公投直播。搜狐新闻邀请旅苏人士及英国嘉宾进行解读访谈，从多角度解析国际事件。当时到场嘉宾有反对英苏分裂的英格兰人，有支持苏格兰独立的访苏学者，形成两方观点的对立，有助于观众对事件进行全面了解。同时在万里之外，我们的特邀记者采访大量英国普通民众，将民众真实的想法第一时间传递至直播间。不同的身份与国籍、不同的观点和立场也形成了对苏格兰公投事件多角度的观察。

（三）价值观

每一场直播都有灵魂，直播的灵魂是价值观。直播是一次大型的报道，除了消息，更要让价值观伴随这次大型报道传播出去。

例5 曼德拉逝世后，搜狐新闻万里跨洋直播，成为全球距离曼德拉葬礼最近的媒体。在直播的结尾，我们撰写了如下结束语，推广搜狐的价值观：

> 我们以搜狐的方式向伟人致敬。因为他向全世界传递的价值观就是搜狐的价值观：平等、自由、博爱。在这样一个具有历史意义的时间节点，我们非常荣幸与你同在！
>
> 让我们再次吟诵他最喜欢的《不可征服》中的诗句：“无论命运之门多么狭窄，也无论承受怎样的惩罚，我，是我命运的主宰；我，是我灵魂的统帅。”

五、技术特色

（一）标签化

在直播过程中，我们会根据新闻事件的不同阶段运用新闻标签，使直播进程简明扼要、逻辑清晰。除了“最新动态”、“背景信息”、“独家连线”等常规标签外，编辑根据新闻事件本身的特点创造了大量独有标签。

例 6 马航客机 MH 17 在乌克兰境内被击落，美国随即对该领空进行封锁和预警，我们便使用了“死亡空域”标签；随着美俄两国在事件上的争锋，我们便使用了“各执一词”标签；当事件真相出现多个版本时，我们使用了“迷雾重重”标签，以便于观众获知真相和进行判断。

（二）语音访谈

随着 4G 时代的到来，带宽已经不再成为全媒体直播的制约。除了图文转播，用户更多希望获知现场，希望能和当事人进行全方位交流，语音访谈也因此成为直播的发展重点，也成为搜狐全媒体直播的特色。而在不远的将来，电视台式的视频直播也是可实现的。

例 7 2014 年“九一八”纪念日，搜狐邀请到高文彬先生进行访谈。他是目前健在的、唯一参加过第二次世界大战东京大审判的中国人，时任检察官助理。受访者已 93 岁高龄，通过语音和数十万搜狐网友畅谈往事，给人穿越时空的感觉。

例 8 在黑龙江越狱逃犯抓捕直播中，搜狐新闻第一时间抵达抓捕现场。在语音直播中，警笛声、村民讨论声清晰可见，极大地增强了现场感。

（三）长时间不间断

在重大新闻事件发生时，我们的直播秉承全程关注的原则，对系列重大事件均进行全天候直播，满足用户随时关注的需要。

例 9 马航 MH 370 失联事件，搜狐新闻开启了直播模式，连续 288 个小时报道。

例 10 云南鲁甸地震，搜狐新闻从地震发生到“头七”纪念进行了全程直播。

附 搜狐新闻 2013—2014 年重要直播

2013.08 《李天一案首次开庭直击》

2013.09 《济南高院公审薄熙来案》

2013.10 《薄熙来案二审直击》

2013.11 《青岛黄岛区输油管线发生爆炸》

2013.12 《搜狐万里赴南非跨国直播曼德拉葬礼》

2014.01 《邵逸夫去世　终年107岁》

2014.02 《贵阳237路公交车发生爆燃》

2014.03 《昆明血腥夜：火车站遭“暴恐”袭击》

2014.03 《马航MH 370失联　全球紧急搜寻》

2014.04 《韩国客轮沉没　数百学生罹难》

2014.05 《直击暴恐后的乌鲁木齐　城市伤痕正在愈合》

2014.06 《刘汉刘维被判死刑》

2014.07 《马航MH 17被击落　近300人遇难》

2014.08 《云南鲁甸发生6.5级地震》

2014.09 《直击苏格兰独立公投》

2014.10 《四中全会决定全文发布　法学名家做客解读》

2014.11 《内蒙古冤杀案波澜再起　呼格父母做客访谈》

2014.12 《聂树斌母亲做客搜狐　讲述冤案血泪》（见相关视频）

2014.03　MH370直播

2014.11　聂树斌案视频

2014.12　聂树斌案直播

注：直播相关文章，详见本书下编第五、第六章。

第七章　评论让你有态度

本章编辑｜徐一龙　齐　贺　王　蕊

主编的话

与传统媒体相反，无论是商业门户网站还是它们的新闻客户端，评论都被置于一个并不重要的位置。事实上，作为一种带着判断、输出价值观的新闻题材，评论的作用是“客观报道”无法替代的，它是网站的喉舌。

与传统媒体相比，互联网评论有着更大的发挥空间——网友的点评中，亮点颇多。所谓“无跟帖、不新闻”说的就是这个道理。而把网站发出的“社论”与网友的“点评”组合在一起，更是种有想象空间的媒体产品。

一、基本原则

（一）观点明确

对与错、黑与白、左与右、进步与倒退、开放与保守，必须在评论中阐述清楚。禁止王顾左右而言他，评论标题尽量不要出现疑问句。

（二）论述充分

至少能用“共识与常识”的逻辑证明论点，并有较为深入的分析。

（三）见解独到

不说正确的废话，不用众所周知的道理进行说教，而是能够发现“黑天鹅”，用独到的观点、充分的论据、犀利的语言打动读者。

二、搜狐评论的价值观

拥护中国共产党的领导和社会主义制度。

积极推进改革开放、市场经济、自由竞争。

积极推进国家法治化，尊重人的权利。

推进社会的公平、正义以及公民合法的自由表达。

在选择或者集纳评论时，可以百花齐放、百家争鸣，但独家评论要秉承理性、建设性的方向，抵制极左思潮，并严防自由主义。

三、搜狐评论的主要内容

（一）搜狐网论

在重大新闻、重磅策划、重要节点中，以搜狐网名义刊发的高规格评论，地位等同于传统媒体社论。搜狐网论的几个要求：

不抢速度第一，但观点必须深刻，入木三分。

有严密的逻辑和充分的论据。

文字有力，可读性强。

例 1 周永康案系列网论（重大时政事件）

搜狐网论：反腐剑指“大老虎”见证中央决心

搜狐网论：欲要天下无虎　还需反腐法治化

分析 中央第一次将反腐利剑指向了政治局原常委，从有相关传言起，搜狐评论便开始关注并有所准备。特别是从 2014 年 3 月起，搜狐正式将此案列为重大报道项目，选定角度和作者，准备了评论的核心观点和论据，请作者先行成文，万事俱备只等公布调查结论。在新闻播出本案的第一时间，将预发稿修改补充后及时发出，抢占舆论高地。

本组网论，在内容上观点递进。网论 1 观点明确，打破“刑不上大夫”的禁区，彰显人人平等的法治精神；网论 2 层层深入，不能用党内程序代替法律程序，应遵循程序正义，并借此对十八大以来的反腐特点做了较好的分析总结，

搜狐评论：
2014 我们的声音

由点及面，由表及里，延伸至纪委体制改革、司法体制改革。

类似案例 中共十八届四中全会系列网论（六篇）

例 2 昆明火车站“暴恐”事件（社会突发事件）

搜狐网论：恐怖分子暴行让国家和公民更警醒

分析 2014 年以来，频繁发生的暴力恐怖事件严重影响了社会治安和百姓生活。特别是 3 月昆明火车站砍人事件，给全社会带来巨大震撼和心灵伤害。

搜狐网第一时间发出自己的声音，严厉批评这起针对无辜平民的暴力恐怖犯罪活动，指责这种赤裸裸地向国家安全与人民生命的公开挑衅，我们向网友传递一种共识：恐怖分子是人类共同的敌人，当他们举起屠刀的那一刻，他们就背叛了这个世界。

对于恐怖暴行，搜狐评论力图体现理性、深入的思考，全面分析恐怖主义的危害和传播途径，特别认真反思了互联网对传播恐怖主义起到的推波助澜作用，将推动社会安全和百姓安居乐业视为重大责任。

例 3 五四运动 95 周年纪念日网论（重要节点）

搜狐网论：不逐俗流，不负青春

分析 在五四运动 95 周年的节点上推出搜狐网论，是为了纪念五四运动，更是为了向年轻一代传递价值观，那就是：不管是在哪个时代，自由、独立、向上、进取都应该成为年轻人最宝贵的品格。

互联网是年轻人的世界，本文的宗旨是以入脑入心而不是说教的方式传递正能量，文字优美，可读性强，容易打动网友、产生共鸣。

类似案例 纪念胡耀邦逝世 25 周年——你永远不会独行

（二）搜狐快评

与搜狐网论相比，快评有如下特点：

速度第一，要求在事件发生后当日（最好是三小时内）推出，走在纸媒前面。

篇幅不一定长，但角度要刁钻。

嬉怒笑骂皆成文章。

同时要注意避免两种倾向：一是切忌只有速度没有质量，只是重复事实没有观点；二是切忌为求角度而生造观点，哗众取宠。

例 4　云南鲁甸地震救灾快评（突出时效性）

搜狐快评：浑水泡面　一则当代社会的寓言

分析　鲁甸地震，救灾解放军用浑水煮面的新闻迅速在互联网上发酵，根据新闻跟帖等情况，编辑发现此事已经搅动了舆论场。搜狐评论快速做出判断，三小时后就成文刊出一篇快评以拨乱反正。

尊重新闻规律是媒体人必须恪守的规则。一些不准确的报道打扰了救灾，混淆了视听，搜狐快评探求真相，快速纠偏，呼吁灾情报道要严格遵守新闻价值规律。

例 5　演员文章出轨评论（观点犀利深入）

搜狐快评：为什么要做文章出轨的“文章”

分析　“文章出轨”事件吸引了众多人的目光，在传统意义上，这是一则娱乐新闻，但是背后有复杂的社会原因和深刻的社会意义，这是我们看中此选题的根源，不为追星为明理。

此次“文章出轨”事件，媒体的关注和网友的起哄，消费的只是娱乐八卦层面。我们为什么要做文章出轨的“文章”，是因为社会需要重拾传统的、正确的爱情观和家庭观，这正是评论的意义所在。搜狐作为一个权威媒体，应该在热点事件中坚持正确的价值观。

（三）名家专栏

如果说社论、快评的卖点是观点，那么专栏卖的是作者以及该作者在某一领域独到的见解。它与博客或自媒体账号相似，有强烈的个人色彩，同时有某个专业领域的特质。

2014 年以来，由于业务调整，名家专栏进行了缩减，不作为常规栏目运营。目前，在一些重要话题中使用专栏的方式发布评论。专栏的表达更个人化、更有特色，可读性更强。

例 6　徐才厚案

为打老虎欢呼　也别忽视了反腐的司法程序

分析　因为口径严格，一篇以专栏形式发出的原创填补了空白。

本文内容丰富，作者见解独到，特别是建议借鉴不同制度下的政策，“有人指出，现在官场和香港 20 世纪六七十年代很相似，体制内究竟隐藏着一个多大的'湿鞋'干部群体，谁都无法准确测算出来，也无法通过治标手段彻底清除干净。立足于这种严峻的已然犯罪现状，香港当年反腐转型的经验或许值得借鉴"。

本文同时显示了专栏"卖作者"的特点——作者是名家或是对某一个领域有深入了解的人，这也是"专"字的重要含义。

（四）日常转载

日常转载即及时转载每日最新评论，更新搜狐新闻首页评论相关推荐位，并保证搜狐评论频道的正常运转。

应善于用好"转载"这个手段，规避风险，营造更有利于自身的舆论环境。

例 7 环球时报：产妇死亡事件 舆论流水线的次品

分析 湘潭产妇死亡事件引起很大关注，因为受到限制，转载官媒的相关评论成了比较安全的方式，既保存了对本事件的关注和发声，又成功规避了风险。

转载稿件的价值还体现在与搜狐原创评论的组合策划上。两者形成观点交锋，可作为评论策划的一部分存在。

例 8 搜狐视角：因为爱情 张曙光和他的情人

分析 记者罗洁琪在对张曙光案庭审的随感中提出了不同的观点："贪官新闻出现'情人'总会惹起众怒。可是，谁说官场里的男人不能有爱情呢?"在严肃的庭审及贪腐新闻中也是一抹亮色。因此评论频道选取的此稿与刊发的搜狐网论《高官和大款之间没有"真爱"》，在贪官有无真爱的问题上，形成了观点交锋，也给网友创造了一个讨论的空间。

四、评论禁忌

忌观点碰触政治红线和法律底线。

忌乱改标题，断章取义（案例参见本书上编第二章）。

忌乱约作者。

不要说正确的废话，也不要刻意标新立异、实则有违共识。

特别推荐

跟帖运营

一、跟帖的功能

跟帖，指文章之后读者的评论帖。它是编辑与网友互动的“抓手”。网易的“无跟帖，不新闻”就是很好的范例。特别是在移动互联时代，跟帖更方便、更快捷，也更容易产生影响。

（一）舆论引导

选用符合搜狐价值观的跟帖，形成舆论引导效应。同时避免言论一边倒，做到声音多元而不失理性，让观点与思想在自由市场竞争。

（二）提供增量

通过内容运营达到内容的丰富性，及时挖掘有价值的表达，用评论增量、事实增量提供新闻不具备的内容，特别是一些符合网络传播的经典语句，如“你懂的”。

（三）祛除杂芜

删除色情、政治不安全的跟帖及谣言帖。

二、工作内容

（一）快讯 Push（推送）运营

(1) 运营团队和客户端值班编辑团队组建联通机制，进行快讯专项运营。对于即将发布的快讯提前做好运营所需相关素材准备。

(2) 为了能让网友第一时间看到跟帖，用优质账号发布导向正确的跟帖，避免一些无实际价值或“愤青”类跟帖占据热门位置。

(3) 对个性化 Push 内容，因材施料，进行运营。

（二）重点栏目运营

(1) 对《点击今日》、《数字之道》、《新闻当事人》、《搜狐网论》等独家内容实现专项运营，主要以原创跟帖和挖掘精彩跟帖为主，以达到活跃跟帖气氛、引来跟帖盖楼的目的，让跟帖与新闻相互补充、同样精彩，引导网友看完新闻翻跟帖，令跟帖成为栏目的一部分。

(2) 重点栏目的跟帖运营主要采取编辑对接制，工作流程主要是以下几个步骤：前期沟通选题，中期沟通运营方向，后期沟通运营效果，在符合搜狐新闻价值观的前提下，尽量满足栏目编辑的诉求。

(3) 对财经频道、历史频道等品牌活动，进行专项支持，通过跟帖运营进行效果反馈。

（三）重大社会突发事件运营

(1) 对于突发的热点事件，如

自然灾害、安全生产事故等，运营人员要第一时间准确找到该新闻在各端口的推荐位置，首先置顶三条相关新闻优质跟帖，迅速形成关注热点，呈现最有价值的信息。

(2) 密切关注各类媒体动态，尤其是微博、微信等自媒体信息，最好能及时寻找到当事人、知情人或现场网友发布的信息，摘取他们发布的图文，更真实地还原现场细节。这样，既接地气又增加可信度，最大化丰富新闻报道，弥补一些缺失元素，形成各方互动的舆论场。

(3) 关注该事件的发展，及时更新运营的内容，全面呈现事件发展中最新、最有价值的信息。

(4) 把汇集来的现有信息做成专题展示，利用置顶功能更新消息，形成直播模式。

例 1 余杭中泰垃圾焚烧厂事件

分析 有选择性地过滤了一些不宜宣扬的暴力式场景图片，以防激化矛盾，引发更大程度的冲突。同时构建多个舆论场，让官方、现场亲历者、媒体观察者等各方声音全面呈现。将一些过激性言论删除或沉底，让客观描述、反思爆发原因的言论占据重要位置，如政府解释不到位、程序存在瑕疵、未及时疏导民意等。另外，还可进行适当的科普，列举国外的类似做法，并提出一些建设性意见，比如从源头抓起，对垃圾进行分类；再如需要引进第三方监管，公开其运作模式。

(四) 重要时政新闻运营

热点时事类新闻主要包括：党代会（如十八大、三中全会、四中全会），全国“两会”，影响全局的重要决策、政策；贪官落马（如周永康、徐才厚、薄熙来、苏荣等“大老虎”及部分省部级官员；重要城市一把手如万庆良；广受关注的热点官员）；部委及地方官员的重要人事调整。

例 2 周永康落马

分析 周永康落马传闻已久，因此提前准备好诸多相关资料，梳理出了其石油系、四川系、政法系、亲友系等关系族谱。官方消息公布后，迅速将之前落马的一系列官商联系起来，形成完整利益链，呈现其政商帝国。同步梳理其反腐言论，形成台上台下的鲜明对比。

我们还客观地列举了其过去的工作，比如在石油系、国土系、四川系、政法系的影响。不因其落马就否定一切，对鞭尸式报道保持警惕，尽量保持报道的平衡。

最后，倡导反腐法治化、制度化。而当中央政治局在宣布周被审查的同时，也公布了十八届四中全会的时间表，并首次以依法治国为主题，令人期待。因此，借助此文件与口径，尽可能彰显法治的功能与地位，比如在运营时列举诸多最高领导层及公检法机构有关法治的表述。

三、运营技巧

（一）新闻增量

拓展内容源，在新闻内容、专业知识等信息量方面予以补充，通过跟帖提供内容增量。新闻和跟帖的联系十分紧密，优质的跟帖内容是对新闻的锦上添花。

例3 产妇死在手术台上 医生护士失踪 官方介入调查

跟帖内容 我老婆就是产科医生，以前就聊过羊水栓塞，今天又请教了一番：羊水栓塞首先无法预测，而且出现症状容易与其他癫痫之类的病症混淆从而造成误诊，病程恶化非常快，而最严重的结果就是产妇猝死，就是“啊”一声随即死亡。孕妇吐血是因为羊水栓塞产生了血凝等。我也没有听明白，反正这个是正常现象。还有一点就是羊水栓塞大出血用止血药是根本止不住的，因为根本不是正常的出血。过敏反应导致血管极度扩张所以血流不止，而这种病的死亡率是80%。所以单从病因上看，如果真是羊水栓塞那就是命，几万分之一的几率碰上了，而且基本是无药可救。

分析 由于此条新闻背景的专业性较强，涉及的医学专业名词较多，使许多网友对新闻真相的判断感到有些迷惑。因此，在运营的时候选取一些客观的、通俗易懂的专业知识解释普及给网友，使网友掌握一定的专业常识后再做出更为正确的判断和表达。

（二）放大细节

善于发现、挖掘新闻事件中容易被忽略的细节，为网友从新闻事件中找到新颖独特的讨论角度。

例4 八小时外像候鸟一样生活（讲述在大城市工作而在周围的卫星城生活的人）

跟帖内容 辛苦与否都是自己选择的生活，就拿那对武清夫妇来说，俩人城际加地铁，一天的路费是162元钱，一个月就是3 564元呀，这个价位在北京租个小两居都没问题，而且能承担这么多路费的人，大家推算一下他的工资有多少？所以人家也算小资阶级了，只是自愿选择那样的生活。

分析 大部分人都是关注图片本身传递给我们的直接信息，即他们的生活，很多人都会忽略文字内容，所以深入分析新闻中的“交通费”这个细节，让网友重新审视评论角度。

（三）故意犯错

在不偏离搜狐价值取向、不违背道德、不犯政治安全错误的前提下，原创跟帖故意犯错，激发受众的智力或道德优越感从而前来批驳。

（四）引用热点

跟帖运营时可以在内容中引用一些当下的网络热词，拉近跟帖与网民的距离，活跃跟帖气氛。

例5 燕郊一处楼盘业主习武维权 请咏春八卦拳师助阵

跟帖内容 维权需要的是“立即马上随时”的时效性！习武没有个十年八载何以见得深厚内力，不如雇一家专业好、技能强、群殴单挑样样好，上能知天文地理、下能动土挖掘的高级队伍。那么问题来了，挖掘机技术哪家强？

分析 “学挖掘机哪家强，中国山东找蓝翔”这句耳熟能详的广告词，加上后来关于蓝翔的群殴事件等负面新闻，一时间使得“蓝翔”成为网络热词，网络上有人专门为它编写段子。跟帖也要与网络热点接轨，适当地使用网络热词。

（五）提出问题

提问式的跟帖往往比摆事实讲道理的跟帖更引人关注，深入剖析新闻热点，引导网友深入思考新闻内涵。

例6 患者家属遭恐吓：你死定了

跟帖内容 大家仔细看图片了吗？此事有蹊跷，特别是抢救那张，这么危急的时刻还有人在边上拍照留证据，早知道他会死吗？而且死者后面还站着一个穿便装的女子，抢救室如此随便？事实没查明之前不要给医院泼脏水，也不排除医院遭人设计陷害。理智看问题吧，难道大家忘了上次湘潭产妇裸死事件了么？事实证明医院无过错。

分析 医患矛盾一直是跟帖比较热的话题，网友总觉得患者和家属是弱势群体，所以站在医院的角度理性分析问题，提出自己关于新闻内容的质疑，会引起大家的回复和思考。

（六）现身说法

从网友的原生态跟帖中挖掘与

新闻内容有相同经历的人，以亲身经历和体验为例来说明某个道理，这种事实更具有说服力。

例7 十堰校园血案四死五伤 专家：校园安保经费还在扯皮

跟帖内容 我是一位小学教师，我们有难言之隐，绩效工资的主项是考察成绩，我们这里如果班级里有成绩排名后30%的学生则会加倍罚老师，逼得我们劝差生转退学，这样才能提高班平均分，才能评上优秀，这都跟评职称挂钩！

分析 一个老师的真实案例，真实性比较强，信息量大。网友会随着新的信息进行讨论。

第八章 一个专题 打包奉送

本章编辑 | 吴晨光 徐一龙 范吉鹏

主编的话

专题，是把关于某个主题（如“两会”）的相关文章集纳在一起的一种表现形式。它原本属于PC端——信息量大，表现丰富。当有重大新闻发生时，它可以在短时间内使读者更全面地获取信息。它是原子弹。

在移动互联时代，专题的发展方向应该是聚合式频道。比如，在柴静发布《穹顶之下》的纪录片之后，雾霾迅速成为中国的最热点话题。此时搜狐新闻客户端推出了“雾霾”频道，就是聚合类产品（相关文章见下编第九章）。

一、基本原则

重中之重：只有重大新闻才需要以专题形式来表现。

快速：搜狐新闻专题的搭建，同样争分夺秒。

丰富：作为报道的“总集”，专题应有海纳百川之势。尤其注意新闻背景及原因。

主题：围绕报道重点，每个专题都应提炼出主题。尤其在专题的大标题上，不能仅停留在事实的基础上。这是搜狐新闻区别于其他门户的重要手段，并依此完成“述—论—道”的升级。

逻辑：切忌堆砌稿件。在导航条和稿件、版块的排列顺序上，应由浅入深，由新闻到背景。

全媒体：充分运用视频、音频等表现方式，增加专题卖点。

二、专题搭建条件

专题不滥用，能用最终页表现清晰的，不用搭建专题。

当启动二级及以上突发事件时，应搭建三栏专题，30 分钟内上线。

可预见的重要新闻事件，应搭建三栏专题，在事件发生当日上线。

当启动特级、一级突发及“两会”、党的全会等可预见性重大新闻事件时，可搭建二级专题。

三、专题构架

（一）单栏专题

单栏专题由通栏标题、事件概述、动态消息列表页（或直播页面）三部分构成。

例 1 公审薄熙来

分析 专题标题中的“公审”侧重了司法描述和含义上的双关。导航区在快讯模块外，放上了搜狐新闻中心专题策划组的“落马高官辩解之道”、“高官受审为何不穿囚服”等独家策划，显示了专题区别于其他门户的差异性。

例 2 公审公判这一周

分析 从 2013 年 9 月 22 日薄熙来案宣判开始后的一周里，每天都有知名案子的公审或者宣判，对丁羽心、龚爱爱、李天一等每个案子，都会单独搭建单栏专题。在此之外，提炼了“公审公判”作为这一周的大标题。提炼这一阶段案子处理的特点——这本身也是一个新闻点。在导航条上，把每个案子的名称放上，点开是各个案子的专题，使得孤立的案件变得有相关性。

（二）两栏专题

两栏专题也是一种简易专题，用最简单的形式将事实、逻辑和策划组合起来，给受众较丰富的信息聚合。

两栏专题由头部和左右两大部分组成，头部为通栏标题＋导语、导航栏；

左侧为新闻头条、直播页面、要闻、高清组图、动态消息列表页；右侧为功能区，包括新闻搜索、小调查、新闻背景、视频播报四大部分。

特别要注意两栏专题左侧要闻的分类报道，这里承担着展示事实与逻辑关系的责任，要尽量多分出功能区。同时要注重右侧功能区的充实和策划，不能带给网友新闻堆积的感觉。

例3 苏格兰全民公投

分析 专题左侧内容清晰丰富，分为公投动态、英国姿态、外界反应、媒体评析、图表策划，由核心到外围，由消息到评论，内容由浅入深，可读性强。右侧有调查、独家评论、新闻背景、视频播报四大部分，由新到旧，由互动到背景，将最具特色的独家内容做了层层深入的全面展示。

（三）三栏专题

1. 构成。

三栏专题由通栏标题、导航条、导读、要闻区、策划区、图片区、视频音频区、网友互动区等部分组成。

2. 搭建步骤。

单条消息—单栏专题（消息集合）—提炼主题—三栏新闻—延伸阅读（加入图片、深度报道和新闻背景）—精品栏目—全媒体表达—二级专题。

3. 主题。

重要专题的主题必须有高度，不能仅仅停留在陈述事实的层面。最好能提炼出观点或概念。同样重要的是专题头图设计，要避免“万能镜头”，而是能够从视觉上反映专题的主题。

例4 撒切尔夫人辞世：一个时代的终结 & 撒切尔夫人辞世

分析 前者点出了“一个时代的终结”，并根据此在专题中围绕铁娘子开创的时代——政治保守、经济自由做文章；而后者就是陈述事实。

例5 “9·11”后美国首次遭恐怖袭击 & 美国波士顿发生爆炸事件

分析 前者将“9·11”和波士顿恐怖袭击联系起来；后者也只是陈述事实。

例6 刘铁男事件的专题头图设计

分析 因刘铁男是被微博举报而落马的，所以“@刘铁男”的设计非常适合。

例 7 长春杀婴案的设计

分析 一支蜡烛，两重含义。其一是祭奠这位一岁的夭亡者；其二暗示他走得很孤独。这种简洁的设计风格也避免了对杀婴现场血腥的渲染。

案 8 郭美美事已了　监督红会事未了

分析 当其他门户网站将镜头对准郭美美性交易的惊人天价时，搜狐将矛头对准了缺乏公信力的红会。一个二十多岁的小姑娘去卖淫不值得搜狐去做专题，但是一个国家官办的公益机构每况愈下、不能让民众信服，这是需要媒体来监督改进的，这亦反映了搜狐的价值观。

4. 导航。

导航是连接头图和要闻区的部分，既能起到索引作用，又是很好的内容展示入口。导航要求：

(1) 排列顺序应逐步纵深，如：消息—策划—评论—新闻背景—图片—多媒体（音频、视频）—互动等。

(2) 标签尽量简洁，不要直接把标题往上面铺；不要出现“滚动消息”，直接用“快讯”或者“最新”替代。

(3) 把独家策划放在醒目位置，可以通过不同的颜色重点突出。

5. 导读。

导读为对专题主题或重点内容的提炼，切忌使用“时间＋地点＋人物＋事件”平铺直叙的方式，应有总结、有高度、有观点，并避免与要闻区头条重复。

(1) 人物类专题的导读应抓住新闻点并总结其主导的大事件，描述其性格、思想。

例 9 “撒切尔辞世”专题导语

撒切尔夫人是英国史上唯一的女首相，创造了蝉联三届、任期 11 年的纪录。她尊重市场与自由，创造了英国经济奇迹；马岛战争中她高呼“大英帝国的旗帜一定要在马岛重新升起”；她支持里根的对苏政策，是西方第一位对戈尔巴乔夫摆出友善姿态的政要；她曾四次访问中国，在香港主权问题上感叹邓小平真残酷！

凭借内政外交的强悍，撒切尔夫人被称为“铁娘子”。如今，她的生命走向了终点，一个时代也随之终结，但她的传奇却永不磨灭。

例 10 “胡耀邦逝世 24 周年”专题导语

24 年前的今天，胡耀邦与世长辞。一个让诸多人记忆清晰的细节是：躺在棺木中的他依然身着西装。新华社的悼词如此评价这位中共前最高领导人：他的历史功绩和优秀品德永载史册。

随着时间的流逝，人们对他的怀念则越来越集中在平反冤假错案、展开“实践是检验真理的唯一标准”的大讨论以及选拔干部任人唯才上。这三点承前启后，集中展现了胡耀邦民主治国的思想，也深深地影响了中国的改革开放及政治走向。

（2）事件类的专题，要随着事件进展及时更新。

例 11 “雅安地震”专题导语

前期：4 月 20 日晨，7.0 级地震再袭四川。震中芦山，离汶川约 280 公里。五年前的疮痍还未平复，人们心中的伤口亦未愈合。今天，我们又不得不面对新的灾难。

此时正处于救援“黄金 72 小时”期间。总理赴震中指挥，军方已赴现场，民间志愿者正在集结。而搜狐网记者第一时间进入雅安芦山县重灾区。灾区人民，我们全力为你们加油！

后期：“黄金 72 小时”已经过去，相比汶川地震，雅安地震在组织救援方面有显著改善。但值得反思之处依然存在：面对拥堵的生命通道，民间救援是否该明确规则？红会坐拥巨额资源却失民心，今后又该何去何从……

6. 要闻区。

要闻区包括头条和消息。头条的选择一般和狐首和闻首保持一致，但是可以安排一些尺度更大的报道，如独家策划稿件。

例 12 郭美美事件

红粉手雷——郭美美的三件套 更多>>

一、“名”起何处？

·炫富：开玛莎拉蒂晒名包 澳门包酒吧庆生 卡余额51亿

·骂名：攀附红会炫耀 财富来源遭质疑 中红博爱倒掉

·炫美：着透视装露内衣：等男人来伺候 自曝裸身浴照

·绯闻：海天盛筵搭富二代遭拒 和红会高层性爱视频不实

二、“钱”从何来？

·小角色：系“北漂”一族 接戏跑龙套 期间靠母亲接济

·初长成：被王军长期包养每次五万 获赠240万买豪车

·援交妹：性交易每次数十万 带不同男人回家 外籍居多

·开赌局：结境外赌徒 每场金额超百万 抽水牟利数十万

·假宣传：炮制“澳门欠2.6亿赌债”帮网站出名 获50万

三、“势”谁给造？

·普通家庭：父诈骗 母经营洗浴业 姨曾容留卖淫 舅贩毒

·傍上干爹：被王军包养后化身"红会商业经理" 一夜成名

7. 右侧。

切忌在要闻区右侧放一些读者毫不关心的“新闻背景”。右侧可选择独家策划或网友互动内容。

例 13 雅安地震

搜狐独家

灾区故事：

·藏族老人的地震爱情

·北川医疗队成最好心理治疗师

独家策划：

·点击今日：哪些官员曾被就地免职

·数字之道：读懂李克强使用的震区地图

独家评论：

·李克强为啥只在灾区停留1天

·抓住黄金时间 任何迟滞是渎职

·24小时前报出大地震，不可能

·"大师"为何热衷地震预测？

例 14 2013 年全国“两会”

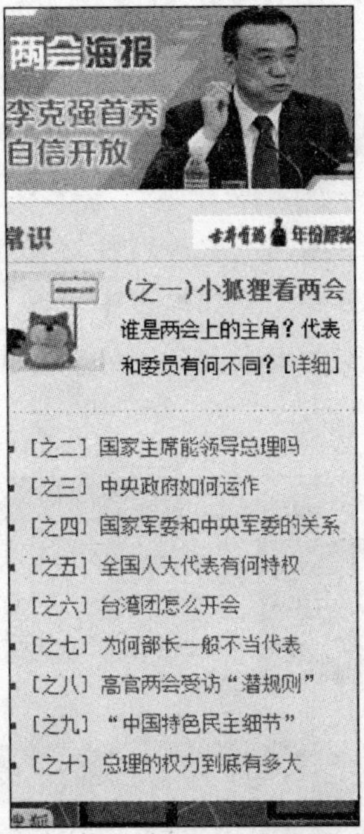

8. 策划区。

正因为专题属于集纳式报道，几家门户的选择不会相差太多。要想更胜一筹，就必须在策划区上做文章。专题策划区应精选搜狐原创、策划内容，并充分使用图表、漫画、音频、视频等手段，力求与众不同。

搜狐新闻独家栏目《点击今日》、《数字之道》、《谣言终结者》等，都是策划区应该重点推介的内容。

9. 新闻背景。

加入新闻背景可以让专题更加厚重，尤其是在新闻信息缺失或者信息面面俱到时，背景是非常好的补充与衍生。

例 15 “自考学生乘坐大巴坠崖”专题

该专题加入背景解读《中国最危险公路路段》。

例 16 “穆巴拉克临床死亡”专题

该专题加入背景《解读临床死亡和脑死亡区别》。

10. 其他原创。

鼓励使用音频、视频等原创。尤其在重要专题中，音乐的加入会增色三分。

例 17 “汶川五周年”专题

该专题使用了原创视频《汶川五年，你的伤口是否愈合》。

汶川五周年祭：写给天堂的信

11. UGC（user generated content，用户生成内容。——编者注）上传。

充分利用网友上传内容为专题提供信息增量。尤其是在重大突发事件——如地震中，寻人报平安、献花祭奠等，一方面可为网友提供服务，另一方面可拓展搜狐新闻的品牌。

例 18 雅安地震寻人及献花

四、策划性专题与二级专题（以 2013 年“两会”为主案例）

此处策划性专题特指可以预见的专题——如中共十八大、“两会”、神舟飞船发射等。这一类专题应提前策划——至少提前一个月。此间还应与公司销售部进行充分沟通，为专题招商提供条件。

2013 年“两会”，新闻中心的专题“中国再接力”正因为提前三个月准备，所以主题鲜明、逻辑清晰、制作精良，在流量、口碑和广告销售上都超出预期，创历史纪录。现以此专题为案例详细解构。

（一） 主题与专题头图

主题：中国再接力——2013 年是大换届年，新旧班子交接。“再接力”体现出中国的权力更替、承接，亦有希望新班子能继续推动改革的含义。

专题头图背景突出天安门和人民大会堂两个标志性的图案，跑道的设计体现出专题的再接力的主旨，具有很强的指向性。

（二） 导航

体现独家内容，不搞“大路货”。

导航分为三部分：第一栏：消息类（以分类消息汇总为主）；第二栏：搜狐重磅（紧扣本届“两会”主题的重点、看点）；第三栏：独家策划（搜狐新闻的独创内容，以区别于其他网站）。

（三） 焦点图

根据当日的大报道方向做调整，画面上要有内容、有特点，凸显视觉效果。例如：“两会”代表——第一张申纪兰，画面构图和标题要点出图集的内容性和思想性：“六个维度 一个农民”。焦点图一般为 5～6 个，为防止影响打开速度，焦点图不宜太多。

（四） 头条区

在大报道的专题中，头条有别于一般常规专题的两个头条，分量很重，往往是 4～5 个头条，以小字应对头条进行补充或解读。头条忌照搬闻首，在设计上也要突出搜狐新闻独家内容，比如“第一重点”的设置。

例 19　2013 年“两会”结束日头条区

搜狐网论：中国再接力 有你一棒

十八大后胡锦涛主动提卸任 习近平赞功勋

[习近平] 中国梦：中国道路中国精神中国力量 外媒解读

[李克强] 前任温家宝打下好的基础 对他表示深深敬意

[张德江] 民主须制度化法律化 不因领导人改变而改变

李克强：触动利益比触及灵魂还难 专题

[权力] 一答联合早报 办个事盖几十个章群众很恼火

[民生] 再答人民日报 保障人基本生存权利和人格尊严

[三公] 约法三章只减不增 中央带头 一级做给一级看

[反腐] 己正才能正人 当官要断发财念想 完善反腐机制

[污染] 对雾霾天和大家一样心情沉重 以更大作为治理

[劳教] 一句话回应中国日报提问：方案年内有望出台

克强style：“甩开膀子”说法传播迅速

[数字] 2007年十七大当选政治局常委 57岁 第7任总理

[经历] 田头锄地收高考录取通知 行大道民为本利天下

[开场] 敬畏法律敬重人民 敢担当勇作为 法学背景出身

媒体梳理三任总理首次亮相：89次谈改革

（五）二级专题

重要专题可建立子专题（二级专题）。子专题应围绕大专题的主题，并抓住大专题里最重要或最核心的部分进行二次解构。

例 20　2013 年“两会”子专题

分析　所分解的二级专题有：

（1）国家换届：本次换届的集纳式报道，这是 2013 年“两会”的最重要的主题，所以用一个子专题进行特别解构。其中包括“大国总理”的三级专题：围绕李克强和新一届副总理、国务委员做文章。

（2）部委重组：大部制改革的动态与方向。

（3）人民权利：因为“两会”是人民代表大会和政治协商会议，所以突出纳税人权利；另外本届政府开局时屡次提及“人民”，故将领袖与人民的一些策划、原创纳入这个子专题。

（4）中国姿态：从高层言论和观点看中国发展方向。

（5）“两会”海报：以海报形式，将“两会”每天的重点进行集纳，包装绚丽。

（6）洋眼看会：外媒对于“两会”的报道及观点。

（7）军方声音：解放军代表在“两会”上的声音。

五、专题禁忌

（一）信息重复

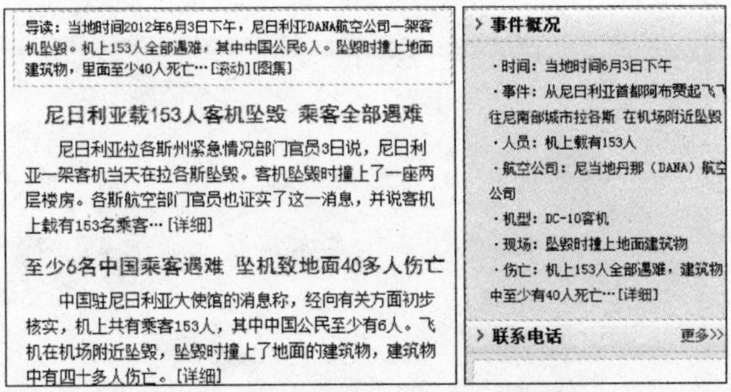

分析 因为一个专题容纳的内容较多，所以需要再三思考和调整哪些内容需要合并同类项。以上就是一个反面教材：在这样不到一屏的截图里，死亡人数出现了四次以上、时间出现了两次、地点出现了四次以上——这是典型的信息重复，大量的垃圾信息会引起读者的强烈反感。

（二）无主题

缺乏主题的专题就像一个人缺乏了灵魂，只是行尸走肉而已。它很快会被淹没在门户的海量报道之中，同时还带来一系列问题，比如选择稿件缺乏重点，眉毛胡子一把抓，排列逻辑混乱等。

一个很有代表性的例子是2012年香港回顾15周年，操作者最初定的专题是“15年15人”——这是典型的无主题变奏：首先从策划上就难以自圆其说，为什么是15人而不是16人？更重要的是，报道这15人的目的何在？他们的共同点在哪里？这就是专题的主题，好专题绝不能凑数。

经过调整，此专题最终定为“回归15年：香港给内地带来了什么，内地给香港带去了什么”。主题敲定之后，大熊猫、“双非孕妇”、奶粉、民主与专制等，很自然地纳入了专题内容，报道意图很清晰地呈现给了读者。

（三）逻辑混乱

逻辑混乱主要体现在两个方面：导航条排列混乱；专题各版块之间没有逻辑。关于排列逻辑，上文已经说明，在此不再赘述。

如果专题非常重要，且内容庞杂，可采用子专题（二级专题）进行梳理，以保持清晰的逻辑。

第九章 移动阅读：最终页有大奥秘

本章编辑｜范吉鹏　徐一龙　周　蓉

主编的话

顾名思义，最终页是指点击新闻链接跳转后呈现的页面，如同一本杂志的内文页。在很多时候，用户认识搜狐新闻并非通过首页，而是在浏览器（如QQ）或搜索（如搜狗）中搜到最终页链接。因其重要，它又被称为搜狐网“第六大哨所”。

在移动互联时代，最终页会越来越重要。因为人们在手机上的阅读方式是“流阅读”——不停下滑获取信息。所以，在最终页上依次呈现的标题、图片、视频、文章、相关版块、延伸版块等，都需精耕细作。

第一部分　精编规范

一、精编的基本概念

（一）精编是什么

精编是对新闻最终页进行“深加工”的编辑手段。它的功能包括规范、美化、增值等。

规范：是指经过编辑之手，最终页上不得出现任何不规范之处，包括新闻过短、图片不合规、视频剪切失当、文章混杂不清等。

美化：是指经过编辑之手，最终页合理、美化地呈现，包括标题字号的处理、对话体等非常态报道体呈现合理、对重点部分的标记等。

增值：是指经过编辑之手，按照某一逻辑，对报道进行纵深扩展。这也是精编工作最具创造力的部分。

（二）为什么要精编

精编本质是一种黏合剂，其目的是实现搜狐新闻最终页高度黏合受众。

精编也是实现解释性新闻的有力手段。精编对目标新闻进行解释，其集合也将推动搜狐新闻从告诉受众“发生了什么”转型为“这到底意味着什么”。

精编还是体现搜狐新闻专业性的重要手段，比如《18 省份一把手不兼任人大常委会党组书记》一文，通过精编进一步做出了深度解读：党委书记和党组书记有什么区别。

在某种程度上，精编编辑是最终页的大管家。

（三）精编的基本元素

精编的基本元素包括文字、视频（音频）、图片、小调查、直播页面、新闻加点料、精编框、相关新闻等。

二、精编形式规范

（一）文字与页面

要保证页面段落清晰，不出现错乱折行等现象，禁止文章左对齐不留两个字的空间。

将通讯社电头与内容切开，如下的问题不能出现：

> 据新华社电由中国海军首次承办的
第14届西太平洋海军论坛年会昨天在青
岛举行。来自论坛21个成员国和3个观察
员国，以及申请成为论坛观察员国的巴
基斯坦等25个国家的150余名海军领导人
和代表参加这次论坛年会。作为第14届
西太平洋海军论坛年会的一项重要议
题，《海上意外相遇规则》当天获得通
过。

小标题必须加粗。

问答体的报道，要将问题加粗。诸如央视《环球视线》、《新闻 1＋1》等节目的台本，篇幅大，要分页并撰写核心提示，同时将对话体的人物名称加粗，如主持人、解说、专家。

需要突出的重点内容，以加粗的形式出现，不要加蓝。

删掉无关内容，如稿件中“对××提供的信息给予 100 元奖励”。

正文若属于微博堆积的稿件，必须按照逻辑改写。

例 1 最初全是引用微博的短消息，用户体验极差，毫无逻辑；经过改写梳理后，顿时清晰明了。

改写前：

> **延伸阅读：** 福州发生确人事件 两名死者中有一人是警察
>
> #西洪路砍人#【东快记者核实：已导致两人死亡一人受伤】@东南快报 记者现场消息：行凶男子砍了三个人，其中有两个男子已经当场身亡，另外一个女子送往医院抢救。
>
> #西洪路砍人#【网友称：行凶者在超市砍人后，又捅伤路人】据网友@是林丽姗不是林丽珊 ：今晚10点左右西门永辉发生命案，一男子在超市二楼当场砍死一人，后跑到85度C门口又捅了两个路人，一个当场身亡，一个被救护车带走抢救，希望平安无事。凶手已经被抓，20多岁出头男子。
>
> #西洪路砍人#【超市员工和群众徒手制服持刀行凶者】@东南快报 记者现场消息：行凶者砍人后，从超市跑出。永辉两位员工在后面紧追不舍。超市附近的老福州店徐老板看到后，挺身而出，和超市员工一起，徒手制服行凶男子，将其摁在地上。围观的市民，一起出手控制歹徒，等警方赶到！为勇敢的福州市民点赞！
>
> #西洪路砍人#【行凶者已被警方控制 已造成一人死亡】@东南快报 记者在现场看到一名伤者已死亡。现场目击者告诉东快记者，行凶者现场砍伤三人，其中两人已送往医院救治。目前警方正在在现场封锁。
>
> #福州西洪路砍人事件#【消息汇总】凶手被擒，被砍者一死二伤。砍人的砍累了，休息会儿又继续砍。@十三月7：据同事说，砍人的砍累了，休息会儿又继续砍。
>
> #突发#【网爆福州西洪路一男子砍人】网友@昕有林心曝料，福州西洪路85度门口出现一男子砍人，连砍数刀，血迹斑斑，太可怕了！什么情况？！那边临近西湖又是永辉超市还有夜市，老人小孩特别多啊！

改写后：

> 据@东南快报 记者现场消息 今晚10点左右，福建省福州西洪路85度门口发生命案。一男子在超市二楼当场砍死一人，后又跑到85度C门口砍伤两名路人，一人当场身亡，一人被救护车带走抢救。凶手当场被抓，系20多岁出头男子。目前警方已封锁现场。
>
> 据目击者证实，行凶者砍人后从超市跑出，永辉两位员工在后面紧追不舍。超市附近的老福州店徐老板看到后，挺身而出，和超市员工一起徒手制服行凶男子，将其摁在地上。围观的市民，一起出手控制歹徒，等警方赶到！
>
> 后经《福州日报》证实，两名死者中，有一人是警察，为台江分局指挥中心民警，58年出生。

（二）视频

首选现场视频，不选口播视频或资料视频。

选取的内容从关键信息开始，杜绝冗长和无效信息。

视频截图必须清晰，领导人（特别是七常委）形象必须端正。

标题必须具备核心新闻点，视频内容与标题相符。

上到搜狐首页的新闻必须去掉广告。

出视频的速度一定要快，特别是央视的即时播报。

（三）图片

首选现场图片，次选资料图片，若选用资料图要注明。没有图片时可与设计部同事沟通，为流量高或者影响大的新闻专门制图。

图片必须清晰、准确，小尺寸及黑白图尽量不用，多选配大视野的组图，无意义的漫画类配图可以去掉。

图片大小按照新闻中心新闻发布规则执行，最长边不得超过600px，大小不得超过100k，图片切忌涉黄、露点或者有血腥、暴力内容；更不要涉及敏感政治人物，如达赖；图片不得泄露青少年隐私，敏感新闻图片不得泄露主人公隐私（如外貌、身份证号、信用卡及银行卡、电话号码等），必要时可以马赛克的形式将这些信息隐去。

每个页面图片不能超过三张，图片上下顺序注意逻辑性。

配多张图时大小需一致，要注意页面呈现是否美观。

如图片自带的文字模糊混乱，需要重新加工，选取新图。

（四）图片说明

字体要比正文小一号，要杜绝甩出单个字折行的现象；当机器抓取的新闻图注不规范时，应重新处理，避免出现只有记者姓名的情况，应有具体的场景独立成句。

在组图中，每张图的图说应有所区别，不能重复。

（五）民意调查

调查是网友参与互动的有效形式，编辑亦可通过调查选项的设置反映某些社会现象，进而达到传播搜狐价值观的目的；民生类及有争议的社会新闻应重点做出调查。

调查的设置应该客观，立场中立是调查的第一要素，避免在调查选项设置中融入个人感情。

调查问题设置不能超三个，否则页面过长影响美观；每个问题设置二到四个选项，切忌过多。

当投票数过万时，应主动将结果告知两首编辑以便反馈到页面。

对于特别热点的话题或投票参与数异常高的新闻（以 15 万投票数为参考标准），要根据调查结果做出原创性报道，将《我来说两句》中具有代表性的网友言论（包括正反双方）体现在报道中，如此不但可以突出打造搜狐独家原创品牌，同时能增加用户对最终页的忠实度和黏合度。

例 2 精编组原创文章：《内地孩童香港小便 七成搜狐网友不认可港人做法》

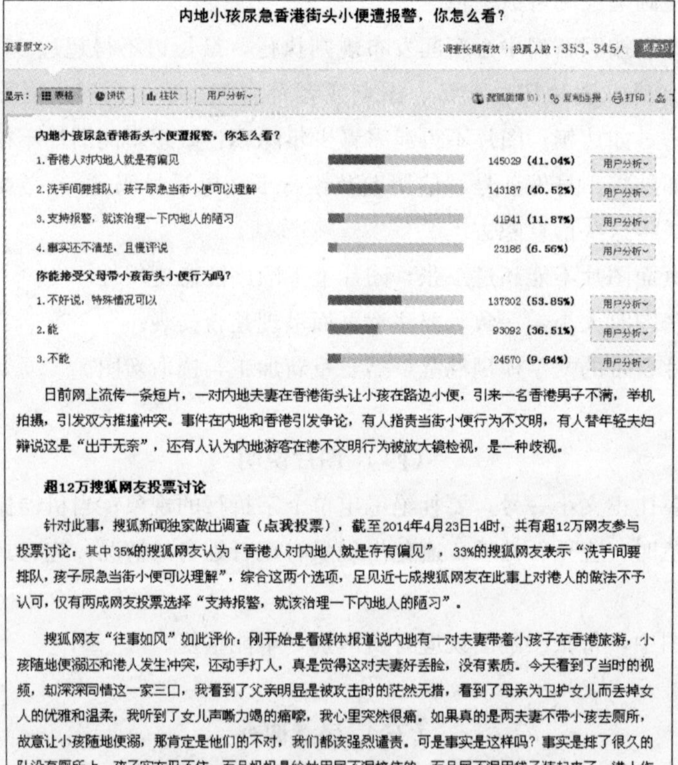

内地小孩尿急香港街头小便遭报警，你怎么看？

调查长期有效；投票人数：353，345人

内地小孩尿急香港街头小便遭报警，你怎么看？	
1.香港人对内地人就是有偏见	145029 (41.04%)
2.洗手间要排队，孩子尿急当街小便可以理解	143187 (40.52%)
3.支持报警，就该治理一下内地人的陋习	41941 (11.87%)
4.事实还不清楚，且慢评说	23186 (6.56%)
你能接受父母带小孩街头小便行为吗？	
1.不好说，特殊情况可以	137302 (53.85%)
2.能	93092 (36.51%)
3.不能	24570 (9.64%)

日前网上流传一条短片，一对内地夫妻在香港街头让小孩在路边小便，引来一名香港男子不满，举机拍摄，引发双方推撞冲突。事件在内地和香港引发争论，有人指责当街小便行为不文明，有人替年轻夫妇辩说这是“出于无奈”，还有人认为内地游客在港不文明行为被放大镜检视，是一种歧视。

超12万搜狐网友投票讨论

针对此事，搜狐新闻独家做出调查（点我投票），截至2014年4月23日14时，共有超12万网友参与投票讨论：其中35%的搜狐网友认为“香港人对内地人就是存有偏见”，33%的搜狐网友表示“洗手间要排队，孩子尿急当街小便可以理解”，综合这两个选项，足见近七成搜狐网友在此事上对港人的做法不予认可，仅有两成网友投票选择“支持报警，就该治理一下内地人的陋习”。

搜狐网友“往事如风”如此评价：刚开始是看媒体报道说内地有一对夫妻带着小孩子在香港旅游，小孩随地便溺还和港人发生冲突，还动手打人，真是觉得这对夫妻好丢脸，没有素质。今天看到了当时的视频，却深深同情这一家三口，我看到了父亲明显是被攻击时的茫然无措，看到了母亲为卫护女儿而丢掉女人的优雅和温柔，我听到了女儿声嘶力竭的痛嚎，我心里突然很痛。如果真的是两夫妻不带小孩去厕所，故意让小孩随地便溺，那肯定是他们的不对，我们都该强烈谴责。可是事实是这样吗？事实是排了很久的队没有厕所上，孩子实在忍不住，而且妈妈是给她用尿不湿接住的，而且尿不湿用袋子装起来了。港人作为东道主，本可以为游客提供帮助，哪怕是善意提醒，可是在视频中却看到了蛮横，得理不饶人，这些明显都是带有恶意的。

4. 调查要置于内文上方的调查碎片内，位置低于视频、高于大视野。

5. 调查要注意在移动端（手搜、客户端）的同步展示，这样的话，用户参与的热情度会非常高。

（六）精编框

什么时候采用精编框？精编框是在某个新闻事件由于某种原因无法制作专题的情况下，而用来代替专题的内容详尽的精编形式。它一方面可以为网友梳理整个事件的脉络，另一方面可以规避做专题的风险。

精编框的主要内容包括以下几个方面。

最新消息：应包含新闻事件的最新进展，以方便了解新闻的网友获取最新消息。

新闻回顾：有条理地、有步骤地将新闻事实全面地展现在网友面前，应该图文并茂，避免只有文字或者只有图片的情况。

相关评论：尽量选用独家或者与我们价值观相符的评论，体现搜狐新闻的态度。

标签串联：可以理清线索，增加可看性。

例 3　薄熙来事件精编框

（七）修改文章“关键词”

关键词涉及相关推荐。在精编新闻的时候，如发现机器推荐的关键词不当，要进行修改。

例如：新闻《习近平会见巴基斯坦参议院主席布哈里》的关键词应为“习近平”。

三、“新闻加点料”的规范

（一）三重境界

“新闻加点料”是精编的一部分，是为某条新闻增加更有深度或广度的内容。“新闻加点料”分为三重境界：顺势而为、别开生面、议程设置。

1. 顺势而为。

要合乎大道，合乎新闻走向；若是方向错了，一切加工都毫无意义。

例 4 2014 年 8 月 12 日，中国边防武警在中国和老挝边境抓获 11 名来自朝鲜的“脱北者”，大多为二三十岁的年轻女性，包括一名四岁的儿童。最新报道显示，这些“脱北者”意志坚定，宁死也不愿回朝鲜，中国政府也罕见地网开一面，把她们全部释放，没有强行送回朝鲜，而是交给了韩国政府。

新闻加点料

朝鲜女间谍冒充“脱北者”在韩国被捕 获刑五年

脱北者向联合国反馈人权状况 几十万人或死于集中营

脱北者用气球向朝鲜投放食物（图）

分析 此文精编的后两条都没问题，但第一条不符合要求。此新闻虽然有看点，但与整个新闻的走向不符。因为主体新闻的第一主角是中方态度，中方态度变化是最重要的因素，我们虽然不知道是什么促使中方态度发生了变化，但其他国家对“脱北者”的处理多基于人道主义。朝鲜的真实情况和“脱北者”被遣送回朝鲜的悲惨境地使得人们多同情逃离朝鲜的人。所以中方之前的态度、“脱北者”在朝鲜遭遇了什么、遣返朝鲜后可能遭遇什么，才是重点，这是中方视角的精编思路。而“新闻加点料”的第一条，“脱北者”中可能有间谍，这是韩方视角，也是相对而言较小的点。

2. 别开生面。

要给出专业内容，既合乎用户理解的要求，又给出他们不知道的资讯或评论。

例5 北京四大火车站铁警换新枪　民警配左轮手枪巡逻

精编内容　左轮手枪有何优点？

自动手枪容易卡壳，而左轮手枪则没有这方面的问题。现实中，自动手枪确实经常会发生卡壳现象，使手枪不能正常发射子弹。因此，美国警察一直不肯换掉手中的左轮手枪。美国警察中90%的人爱用左轮手枪，他们认为，手枪是面对面使用的近距离武器，一定要可靠。左轮手枪一旦瞎火，只需再扣一次扳机，那发“死弹”便会转到一边，可以立即补上一枪。而自动手枪遇到这种情况，要退弹是来不及的。

此次换枪，更多的是针对巡警和派出所民警；而对于刑警来说，应该是不换的。中国警察使用的五四式手枪是军用手枪，杀伤威力大。刑警一般面对的多为穷凶极恶的悍匪，他们手中一般都有枪支或其他危险器械，因此刑警手中的枪支要保证有一定的杀伤力。而巡警和派出所民警则不同，他们的任务是维持社会治安，即使遇到紧急情况开枪，在保证制止犯罪的同时也能留下活口。

3. 议程设置。

议程设置可以引领读者往有价值的领域思考，此途径亦可彰显搜狐的价值观。

例6 苏荣被免去全国政协副主席职务

分析 新华社的通稿不足60字，通过精编提供了爆炸性的信息增量，从其最终露面、被举报的导火线、家人涉贪到往昔高呼反腐，揭示落马高官台上台下的不同面孔，实为赤裸裸的讽刺。

精编最终以《治理“贪内助”必须根除“公权力家族化”》的独家评论收尾，揭示中国官场长久以来难以根治的顽疾，带给读者深刻的思考，实现议程设置，彰显了搜狐倡导政治清明、监督公权力、实现法治化的价值观。

（二）“新闻加点料”的常见类型

1. 事件进展类。

要有条理、有步骤地将整个新闻全程体现，以“标签+标题”或“以时间为轴整合消息”的形式串联。搜狐新闻的受众多为普通网友，不像媒体人对事件的来龙去脉有清楚的了解，此时对整个事件的梳理就能全景式地展示在网友面前，迅速提供事件的逻辑和背景。

例 7 山东“全能神”教徒杀人案“新闻加点料”内容

血案背后：揭秘邪教组织

揭秘 | “全能神”宣称只有信教才能保平安 1995年被认定为邪教

等级 | 该邪教内部分7个等级 男领导配美女 借末日谣言敛财

势力 | 发起人赵维山逃往美国 自称在所有省市均已建立组织 除了西藏

罪恶 | 学生因亲属脱教被杀脚底印闪电 山西男童被挖眼或与此有关

回顾：山东招远血案

血案 | 女子在麦当劳餐厅被6人群殴致死 受害者当时在麦当劳等丈夫下班

起因 | 疑犯为发展成员索要电话号码 受害人拒绝遭殴打

目击 | 行凶者像喝醉了一样 手段非常残忍 被害人倒在血泊中仍行凶

现场 | 指着被害人大喊“这是一个恶魔”“谁管谁死啊，滚！”

嫌犯 | 行凶时开保时捷 曾做外贸生意 家有多辆车 全家信“全能神”

妻儿 | 曾打砸柜台多次阻止攻击警方 其子用铝制空心拖把打受害人头部

身份 | 6嫌犯为邪教组织“全能神”成员 认为受害人是“邪灵恶神”

2. 常识解读类。

对新闻中涉及的常识、名词进行解读或背景分析，以常识的力量打动用户。

(1) 普法类。

例 8 副镇长接受老板宴请酒后死亡 政府公款赔偿 75 万

精编内容 涨姿势 | 工作陪酒致死 是否工伤?

职工有下列情形之一的，不得认定为工伤或者视同工伤：因犯罪或者违反治安管理伤亡的；醉酒导致伤亡的；自残或者自杀的。

分析 职工伤害事故或死亡事故认定为工伤（亡）的一个基本原则，就是伤害或死亡事故是否与其本职工作有着必然联系。工作期间因应酬饮酒死亡的情形，不仅不符合工伤认定范围，且属于法律法规明确列举的不属于工伤的情形。通过精编，清晰地展现出醉酒不算工伤范围，更凸显出官方处理的荒唐之处。

(2) 常识类。

例 9 “威马逊”登陆 系新中国成立后我国大陆最强台风

分析 精编的方式是找到一篇对台风强度进行解释的报道，其中有“12 级就能吹翻列车”的表述，足见 17 级的台风有多猛。

(3) 指南类。

2014 年新疆、云南等地频发暴力恐怖袭击事件，公交车人为纵火事件亦频发。精编此类的相关新闻即可加入逃生指南的元素，如公交车起火逃生指南。

3. 深度解读类。

就一个现象或事件答疑解惑，做出深度分析，最好能总结出背后的规律，上升至论“道”的层面。

例 10 回炉救火 青海省委副书记王建军接替毛小兵主政西宁

此文一出，精编组即独家整合《救火官员未来仕途走向》一文，总结出“多位重大事件救火官员接连获晋升”的规律，时势造英雄——通过提炼升华，对新闻背后可能发生的事情做出预判。

4. 聚合类比类。

把同类事件进行聚合、提炼概念、分析趋势，达到精编的第三重境界“议程设置”。

例 11 湖南一村支书开色情按摩店 边办公边介绍小姐

分析 本文精编最难得的是从差劲的村支书反转到优秀的村支书，给予对比，信息量大，且导向不错；这个“导向”不是官方所说的“导向”，而是媒体所推崇的价值观念导向，这样的精编从更深层面反映出该新闻的意义。

5. 评论追问类。

评论是搜狐新闻的喉舌，是传递搜狐价值观最重要的渠道。在新闻精编

新闻加点料

新闻连连看

"了不起"的村支书

占土地| 浙江村支书违建豪华别墅续：退地交罚款4万余元

能算计| 会堂被积雪压垮10人亡 村支书：不漏水就不用修

会省钱| 河北一村委会3个月吃饭花2万 村支书称已减八成

很性福| 被抓时裸身伴两女：天天打麻将 夜夜当新郎

人家的村支书

分红千万村庄村支书：今年分红超2千万改发金条

村支书去世村民欲降半旗默哀：一辈子没捞着歇息

涨姿势：村支书是个什么官?

村支书是我党最基层的党组织村党支部的书记，无行政级别。村支书一般由村党支部党员选举产生，如有特殊原因则由上级党组织委派。

中，可以开门见山地表达编辑的思想和态度，或追问事件真相（具体参见本书上编第七章）。

精编编辑要在两方面发力：

(1) 原创短评，在第一时间发出有力的声音和清晰的态度。

(2) 善于发掘其他媒体的优秀评论，为我所用。

例 12 海南小学生春游翻车 8 死 32 伤

独家点评 车祸猛烈，但不能对春游一禁了之

孩子们需要春游吗？需要，春游不但是孩子们接触大自然的机会，也可以在另一种环境下锻炼团队意识、协作精神。在西方，学校组织的远足、露营甚至成为教育系统的固定动作。随着城市的扩大、路况的复杂，在中国，组织学生春游让很多学校望而生畏，甚至干脆一禁了之。这本身

也是一种懒政思维。需要提升的，是春游的组织能力、安全保证能力，甚至孩子的独立能力。当然，还有全社会在交通安全问题上整体素质的提高。社会发展太快，管理跟不上，这一社会共病也传染到中小学春游问题上。唯一的破解之道不是一禁了之，而是提升能力。

分析　该新闻让人感觉春游是危险的，事实上，很多学校为了不出问题，也已经采取了禁止集体出游的措施。这是一种危险的因噎废食的懒政思维。因为没有合适的新闻展示这个思路，精编编辑出手写出短评。

（三）“新闻加点料”注意事项

1. 注意内容的长度。

内容一般不要长过正文，一则影响用户体验，用户没有耐心看完；二来影响“我来说两句”及下面的产品，损失掉相关的跳转量。

2. 找准核心点，不是多多益善，一定要注意“精”的含义。

不是堆积相关新闻，不能抱着“多多益善”、“肯定能打中”的侥幸。

例 13　《兰考贫困县之问》核心是“多年来兰考为何总是摘不掉贫困的帽子”，最初精编的时候放到了“民主生活会上”，这就是不合适的。

3. 增加链接的数量。

有些精编纯文字的内容太多，我们必须要经过加工筛选，只留下核心部分，同时增加链接的数量，以此增加新闻的黏稠度和跳转量；案例类或者资料常识类，尽量先发一篇稿子，然后在精编中摘取核心点，以“短文字＋链接”的形式体现。

第二部分　“相关”版块编辑规范

一、“相关”是什么？

“相关”是指与此新闻内容有关联的报道。在手机端的“相关”新闻位置高，其重要性不言而喻。此前传统的操作方式是根据关键词等凭机器自动抓取，匹配度差、精准度低。随着新闻最终页部门成立后的介入，形成了“机器抓取＋人工选择”的模式，此问题便迎刃而解。

二、"相关"与"新闻加点料"的区别

相关新闻与"新闻加点料"有重合处，也有不同。

两者重合处，都在于是某条新闻的延展，其处理方式也有类似之处。不同处在于"新闻加点料"更讲究进行深层次乃至专业性的精编解读，须紧扣"精"字的要义；"相关"可以是外延或发散性的，延展范围可以比"新闻加点料"更大。

例 14 北京四大火车站铁警换新枪 民警配左轮手枪巡逻

分析 "新闻加点料"侧重解读左轮手枪有何优点，例如，不卡壳；威力比军用手枪相对低些，民警一般任务只维持社会治安，即使遇到紧急情况开枪，在保证制止犯罪的同时也能留下活口。

"相关"则可从北京警方应对暴力恐怖的其他举措入手，如巡逻车上街、街头修鞋匠提供反恐情报等，或者将昆明火车站砍杀事件后，各地警力应对暴恐的举措进行横向的对比列举。

三、"相关"版块的操作及常见类型

"相关"新闻如同要闻的版面处理，多为几种分类的聚合或综合使用，非任何一种就能概括的，需要发挥每一个编辑的主观能动性及创造力。

（一）事件进展类

以时间为逻辑对相关报道进行整合加工。

例 15 厦大博导"诱奸"女学生

相关

回顾|厦大教授被指诱奸多人 有女生割腕

回应|博导否认诱奸 学生联名称举报不实

发酵|四女学生称曾被害 正视校园性骚扰

进展|诱奸案至今调查无果 网友斥丑闻

深度|大学禁止或限制师生恋是国际惯例

（二）聚合及类比类

通过对同类事件、相似新闻的聚合，或提炼总结，或类比反转，增加信息量的同时从另一面带给读者思考，达到精编的第三重境界"议程设置"。

1. 系列报道的聚合。

例 16　四中全会网论

相关

依法治国网论六:应理清党与司法的关系

依法治国网论五:司法独支撑法治中国梦

依法治国网论四:用法治保障公民的权利

依法治国网论三:用法治去推动市场经济

依法治国网论二:唯法治赐予人们安全感

依法治国网论一:法治是给人民最大福利

2. 同类事件、相似新闻的聚合。

例 17　别拿村长不当干部！去年全国各地村官吞 22 亿元

相关

案例1|北京两村官贪污千万拆迁款

案例2|村官嫌500万少 要2000万

案例3|最牛家族贪700万 村民:钱全被村官贪了

语录|我当官就为捞两个咋还违法了

震惊|小村官成大硕鼠 一年吞22亿元

评论|村干部收入绝对不是小事

例 18　党报：有官员称被捧着的美好感觉就像鸦片一样

相关

拍法1|林业局挂横幅向领导们拜年

拍法1|雅安原书记灾情前大夸领导

拍法3|景区石头刻"王总英明神武"

拍法4|奥运决赛"领导来就能赢球"

声音|百姓过得苦 春晚却一直拍马

（三）科普、常识、指南类

就文章的核心点或关键词展开，进行解读说明，让用户看完后知识大增，有一种豁然开朗的感觉。

例 19 日本飞北京客机备降济南青岛两遭拒 险酿空难

相关

背后|机场有畏难情绪 接收航班没钱赚

常识|备降和迫降区别:后者为紧急情况

详解|飞行计划中至少要有1个备降机场

案例|雷雨等恶劣天气常导致飞机备降

伤痛|台复兴航空客机迫降失败致47死

（四） 深度解析类

就一个现象或事件答疑解惑，做出深度分析，最好能总结出背后的规律，上升至论“道”的层面。

例 20 湖南华容县公捕公判大会召开

相关

屡见不鲜|多地公捕公判频发 民众质疑

执法犯法|侵犯人格尊严制造"法律恐怖"

违背法治|震慑本质终究是"多数人暴政"

独家网论|须用法治保障公民基本权利

（五） 重大会议决议筛选提炼类

例 21 中共中央关于全面推进依法治国重大问题的决定

相关

重磅|探索委托第三方起草法律法规等

护法|民法典编纂停滞十多年 亟待重启

维公|统一市场 清理有违公平法律法规

打虎|推反腐国家立法 扩大受贿罪范围

独家|中纪委制度反腐用哪些"组合拳"?

（六） 核心关键词延展类

例 22 美加澳成外逃贪官首选藏匿地

相关

外逃路线|职位高躲北美 身份低去非洲

外逃秘笈|子女先行 国内有人保驾护航

费尽心思|贪官曾18次考察加拿大踩点

焦点人物|云南原书记外逃至澳已12年

生活直击|外逃期间吃了4个月的黄瓜

如何追逃|存协作难 引渡签约国仅36个

特别推荐

“延伸”版块编辑规范

一、“延伸”定位

“延伸”，确切的说法应为“重磅”，指在手机搜狐网最终页集纳当天重要新闻的版块，共计六条。因为这个版块会出现在每条新闻的下部，所以阅读量很高，日均超过200万人次。在延伸新闻的遴选上，除了遵循第一章“卖点、价值、信息增量、价值观”四方面的基本判断标准外，更应具备以下特点。

（一）坚持“新闻”属性

此处的新闻主要指狭义新闻，与财经、军事、娱乐等相对应，可分为时局、民生、谈资、天下。“延伸”主打时政类新闻，经过一段时间运行的验证，网友对此最为关注，流量亦最高。但对特殊情况如“阿里上市”、“世界杯”等专业领域的大事件，“延伸”不能缺位，必须保证至少一条的位置体现。

（二）推送搜狐独家新闻

“延伸”要成为展示独家新闻、独家品牌的第一窗口。但凡打开搜狐新闻的最终页，就要让网友看到搜狐独家的创造力。目前已经确立了独家原创“延伸”首发原则，如《点击今日》、《数字之道》、《新闻当事人》等，每个工作日晚间11点前推荐到位，标题必须带有“独家”字眼。如此亦可以培养用户的阅读习惯，让网友每天都想来看看搜狐今天在哪方面发力了。

（三）“延伸”要与手机搜狐网首页26条保持差异

1. 抢速度。

争取比“五大哨所”抢先发现好稿。如《王岐山隐身一个月 已敲定敏感大案?》一文，“延伸”比

"哨所"早了四小时。

2. 拼角度。

标题、角度、选材应注意和手机搜狐网首页新闻的差异化，要明白最终页推荐的新闻是提供信息增量，若和首页标题等完全重合，同样的内容网友怎会关注?

（四）有空间

因"延伸"的天然优势——在最终页的中下部，所以有相对较大的发挥空间。新闻直播，可放此处。

时政类新闻的空间可以更活跃一些。此处的前提是不破底线，不犯事实性错误。

拓展新闻来源，保证劲爆有看点，如权威微信公众号：听海、政见、团结湖参考、焦点人物、青年特稿等，将其作为"延伸"的有益补充。

（五）价值观

最终页在新闻选择、顺序排列、标题制作等诸多方面必须注意，同时要符合新闻伦理和相关法律法规。部分媒体对黄海波嫖娼事件中的卖淫女大肆曝光，搞"网络游街"不可取。

在敏感事件上发声，展现出搜狐新闻作为有影响力的媒体——"铁肩担道义"的使命感。

二、版面规则

（一）丰富性

"延伸"的六条新闻，要注意包含各种题材，不要全是时政或社会新闻的大聚会。长期以来，"延伸"已经形成"两条时政新闻＋一条独家＋一条国际新闻＋其他"的风格。独家必须注明"独家"字眼。在晚高峰时期增加"旧闻新读"，选择一条有看点的历史类稿件，可调和读者的口味。

（二）正面负面平衡

此处需要注意，恶性社会事件类的报道不能超过三条，不要一味追求流量和抓人眼球，导致整个版面戾气偏重。

（三）控制奇闻类数量

经过一段时间的观察，移动端网友对奇闻类关注度颇高，如《女孩葬礼上"复活" 随后再次死去(图)》、《女浮尸被打捞时突然复活 竟睁大双眼》。但此类新闻不宜过多，版面仅有一条即可，以满足读者的好奇心，这不是"延伸"主要的发力方向。

（四）严格控制涉性类新闻的数量

不能超过一条，此点须特别注意。同时，也要注意选择严肃的涉性新闻，天然的话题性加严肃的报道角度，可以获得流量、价值双丰收。例如，《揭秘性治疗师：帮八旬老人实现“性福”》。错误案例：《苗条女子裸躺广场　衣衫遍地》，这种处理为了抓人眼球想尽办法突出“裸”，只是单纯的现场描述，在一定程度上也算是围观的看客和偷窥者，并且在传播这种恶。经过修改后变为《女子裸躺广场　多人围观拒施援手》，将路人的冷漠凸显无遗，体现了编辑的一种人文关怀。

三、重大突发新闻处理

（一）重磅模式

针对时政类一级和特级报道，“延伸”六条新闻全部围绕此新闻展开。如“徐才厚落马”和“周永康被调查”。

当新闻事件足够重大时，人们的关注会非常集中。所以，此时应倾全网之力提供信息——而“延伸”也是非常重要的部分。

（二）差异化报道

如何在大报道中脱颖而出、一炮打响，是“延伸”留住用户的秘密武器。上述两次大案的发力便是很好的证明。

1. 选择不同的新闻点，抓出核心看点。

随着客户端等移动阅读工具的普及，网友第一时间便会得知各种快讯，这个时候“延伸”要做的是继续往深处猛烈挖掘，而非停留在单纯的消息层面。

2. 最有看点的新闻放在最高的位置。

头条一定要有力度。例如，“步步惊心！硬汉王岐山三步扳倒周永康”。

3. 提炼概念。

例如，周永康被调查中的“改革开放后首个正国级”、“终于等到你”亦反映了一种期待。

4. 善于用标签串联。

这样代入感、节奏感都比较强，以清晰的逻辑给读者良好的用户体验。

5. 尺度。

如周案之前王岐山神秘消失，“延伸”做出《王岐山隐身一个月　已敲定敏感大案?》的标题，开启了时政类重磅揭秘的高潮，徐案后薄熙来和徐才厚特殊关系的披露亦是如此。

新闻延伸

薄倒厚继曝徐才厚薄熙来同桌情(图)

重磅：四只"大老虎"七一前被踢出党

徐才厚最后露面：头发花白 身形消瘦

讽刺!徐才厚年年讲反腐 今日竟成虎

独家揭秘徐才厚与谷俊山有何交集

军中有虎:解放军报提前走漏打虎风声

第十章 “图”个明白

本章编辑｜赵跃生　杨　会

主编的话

什么是优质的新闻图片？第一，图片本身有看点；第二，图片所表达的新闻有看点。

与平面媒体相比，移动互联网对图片的要求更高——在一个狭小的空间里，展示清楚一个远景、全景并不容易。另外，由于移动互联是下滑式的“流阅读”，所以图片的排列逻辑非常重要。

一、图片新闻的遴选

文字新闻也好，图片新闻也好，核心都是新闻。所以，在遴选图片新闻时，需要对此新闻卖点、价值、信息增量和价值观进行判断（参见本书上编第一章）。

作为新闻的载体，图片需要有一定的信息含量，如新闻人物面孔、新闻发生的现场，或是与新闻有关的事物等。

图片本身要有一定的冲击力，注重特写图片。

二、图片的选择

1. 时效（时机）优先，兼顾品质。

以新闻发布的时效性需要为前提，提倡选择质量上乘的图片作为图片报道的素材，但不能因为等待更好的图片而错过报道发布的最佳时机。在特殊时效要求下，可以使用视频截屏得到的图片作为报道素材。同时也要尽量注重图片的品质感，要求图片无颗粒、构图合理、色彩漂亮、富有张力。

2. 在图片报道中，图片素材的排序需要结合事实陈述、景别区分、用户接受底线来规划。

一般来说，承载核心、关键信息的图片需要靠前排陈列，比如核心现场、关键瞬间、主要人物等；可能超出读者接受底线又是必要信息的图片后置，并在其出现前留出黑底白字提示页面（如下图）。

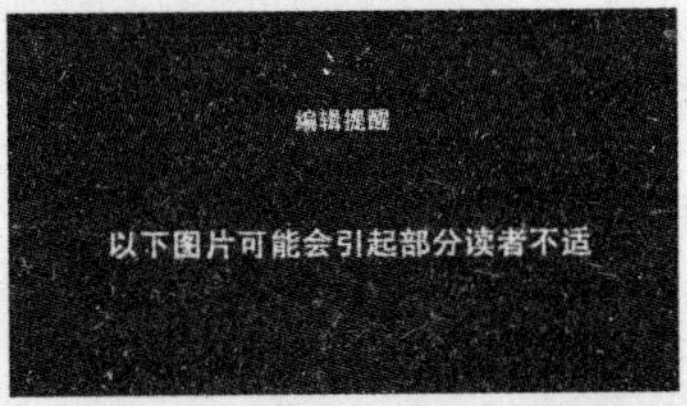

3. 不使用经过虚假处理的、违背新闻事实的图片。

4. 所用图片必须经过法律层面的授权许可，以保证版权的合法性。

不能直接从包括百度、谷歌等搜索引擎下载图片，更不能使用未经作者授权或采购的其他媒体及图片交易网站的图片。使用来自社交网络的图片，必须确认其真实性和合法的版权。

5. 充分尊重图片版权机构和版权人的署名权。

（1）署名统一格式为“机构名称 姓名 摄（摄并文）”，空格相间。合作媒体及自由摄影师图片按约定署名。

（2）稿源采自传统媒体、通讯社和官方网站。来自微博和自媒体发布的新闻，对其真实性必须有足够的证据核实，并经过图片频道负责人批准。

6. 注重图片使用安全，杜绝使用违反政治要求、破坏宗教和谐、刻意强烈刺激读者感官的图片。

（1）不选择影响政治安全的旗帜、符号、图形、口号、外文等元素，图片中包含政治人物、国旗、国徽时要注意是否合理合法。如表现“藏独”雪山狮子旗、“东突”旗帜以及达赖和热比娅的图片严禁发表。

（2）不选择与民族宗教习惯风俗严重冲突的图片。

（3）不刻意使用暴力、血腥等强烈刺激感官的图片。如波士顿爆炸案中出现的残肢图片，过于血腥，应尽量避免使用；或在“引起反感处”打马赛克后进行使用。

（4）不使用含有色情信息的图片。

三、图片的制作

只允许对图片的色温、颜色和对比度进行真实方向的调整，适当地裁剪图片以获得更佳构图；不允许为了迎合美感所进行的非真实方向的色温、颜色和对比度的调整；不得对图片拉伸、变形、镜像翻转以适应版面需要；不得改变图片中记录的实体内容和元素；在适当情况下可以因需要将彩色图片调整为黑白图片；严禁任何原因的图片变形处理；谨慎合理地使用图片拼接。

（一）须使用马赛克

对于以下情况，必须使用马赛克遮挡图片中人物的面部直至无法辨认形象：

负面报道中的未成年人；

被性侵害的妇女；

各类事件中泄露隐私的人物；

特种行业的人，如刑警、国家安全人员等；

其他有必要隐去身份和面孔的人物。

（二）制图

因图片报道需要可进行制图和拼图。

例1 奥巴马抵京，将会见习近平

报道方向放在随奥巴马专机空运抵京的座驾“野兽”上，并附上定制版凯迪拉克的内部示意图，对该车做了详细介绍。属于独家角度，也一并提高了流

量，当时 5 分钟 UV 表现 PC 端由 5 000 增至 1.4 万，手搜端由 7 000 增至 2.3 万，客户端由 6 000 增至 3.3 万。

例 2 日本首相安倍晋三改组内阁

在 18 名内阁阁僚中，官房长官菅义伟、财务大臣麻生太郎、外务大臣岸田文雄等六名主要阁僚留任，新增三名女性阁员。在这样一个严肃新闻中，编辑抓住“五名女性进入新内阁，为历届内阁女性阁僚数量之最”这个话题，用拼图的方式产生了愉悦的画面，讲述在严肃话题内阁重组中的三大看点以及安倍确保政权延续性的一系列动作。

当然，在焦点图位置，我们应慎用拼图、少用拼图、巧用拼图。如果使用不当，信息复杂的画面组合在一起，就会使画面很乱。

四、图片策划

图片策划报道包括原创类、整合类。原创类图片策划，指由搜狐摄影师或搜狐特约摄影师拍摄的作品。整合类图片策划，指通过整合各种图片资源（如版权采购的图片、网友上传的图片），确定一个主题后完成的作品。

策划报道的核心，在于创造增量。所谓增量，是指挖掘新闻报道中大多数人所不知悉的新鲜元素；或通过对资源的整合，深入某一角度或剖开某一切面的报道，以及总结概念，揭示规律和趋势。

策划类报道以编辑的观点和视角取胜，不是简单的对某一类人物或现象事件的罗列。

策划类报道尤其要注重包装的运用及多媒体和交互技术的应用，丰富读者的用户体验。

十年总理“1”瞬间

策划类报道的发布应该充分尊重时机，并酌情在重要版面位置推荐。图片编辑应该自觉积极地投入到策划类报道的制作中，包括充分介入二级和一级预警的报道，谨防贻误战机，并达到丰富读者视角和阅读内容的效果。

策划类报道的制作人员通常包括摄影记者、文字作者、编辑、监制等，应充分尊重参与人员的署名权。

例 3 十年总理“1”瞬间

分析 2013 年全国“两会”，正值政府换届、新常委走马上任之际。围绕中国政坛新局势，颇有影响力的一次政坛人物进行角色的变换，正所谓“变的是豪杰，不变的是江山”。搜狐图片频道制作了全国“两会”图片专题报道——“两会面孔：变，不变”。全套策划报道围绕重点人物和话题人物，紧密结合当年全国“两会”召开的进度，每天推出一期。

在整个策划中，《十年总理“1”瞬间》给网友深刻印象。

3 月 5 日全国“两会”召开，71 岁的温家宝做完两个小时的《政府工作报告》后，正式退出中国最高政治舞台。图片频道借此话题契机，用图片回顾温总理十年执政的历程。在选题上，我们留意到从 2004 年到 2013 年，每年《政府工作报告》都有一个经典的“手指天”的手势。于是我们在图片组稿上，将温总理每年的这个动作提炼出来，与温总理当年“两会”的语录结合，组成一篇《十年总理“1”瞬间》的报道。从该报道中，可见大国总理 10 年从政历程及中国政经格局的发展，以及一位名留历史的政治人物的容颜变化和人生历程。

例 4 疫苗阴云

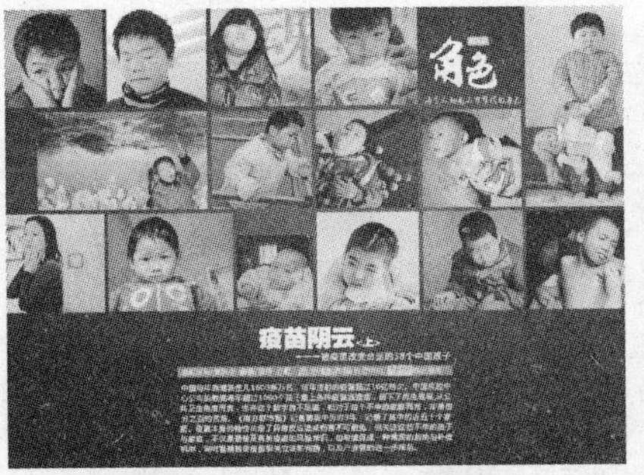

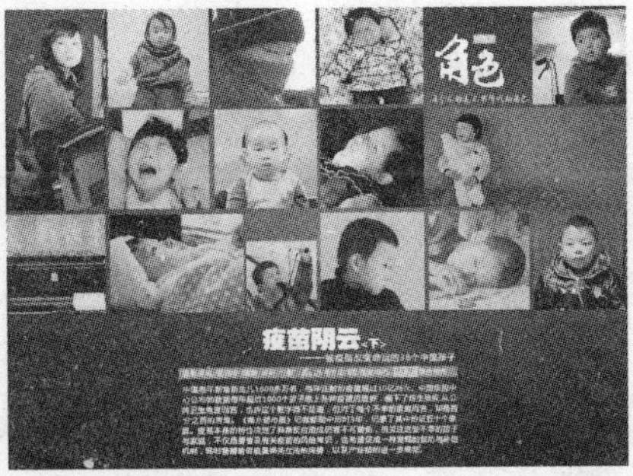

分析 该报道为《南方都市报》记者郭现中原创，通过与该报视觉中心“共同制作”的模式获得该报道的网络 24 小时首发权。这是一篇典型的原创类的策划报道。因为题材关注度很高，创下了搜狐网单篇文章 230 万条评论的纪录。

本案例中，摄影记者关注的是因不合格疫苗而产生的残疾儿童。前后长达三年的跟踪采访，以全国为数众多的问题疫苗致残的儿童案例组成此稿，通过图片与故事让我们看到卫生部统计的“小概率数字”背后的一个个悲惨的家庭群体，这是搜狐图片频道关注中国医疗问题的典型稿件。

由于作者拍摄的均为受害儿童的肖像，故无法找到代表这个群体的封面。但经过将个体肖像组合的美术设计，包装后的专题封面带有强烈的群体色彩，让小概率人群得以还原现实并放大，引起读者强烈的共鸣。

例 5 性治疗师：因“性”被误读

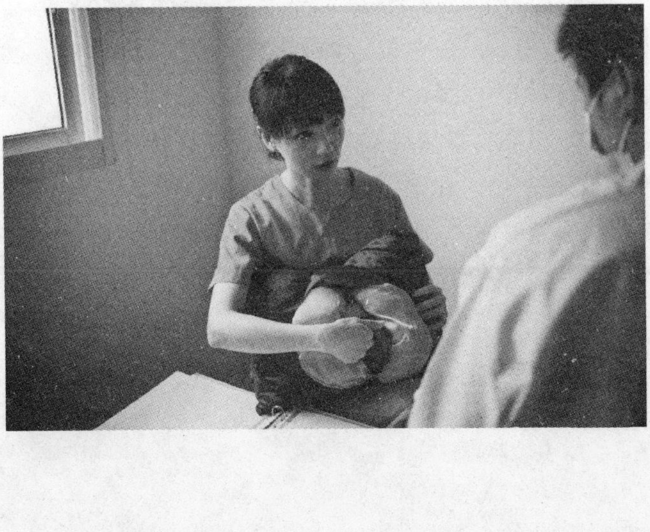

分析 该报道为搜狐首席摄影师的原创报道。

“性”在中国是一个上不了“台面”的话题，在国外跟心理咨询师一样普遍的“性治疗师”，在中国更是一个鲜为人知的职业。搜狐摄影师通过深入调查，将“性治疗师”这一罕见职业揭示在读者面前。因为话题涉及很多隐私，作者在沟通中做了很多工作，消除障碍，取得信任，获得了最近距离的画面（为保护隐私的新闻伦理考虑，图中涉及隐私的内容均打马赛克）。

在编辑过程中，我们以“性治疗师”的职业内容作为小切口切入，文字探讨了“中国性革命改革与性观念的演变”这一在中国讳莫如深的话题。将看似“三俗”的话题，包装成一篇高质量的图片调查报道，堪称图片报道版的“新闻当事人”。其流量也获得了丰收，PV（page view，页面浏览量。流量重要的衡量指标之一。——编者注）超过1亿。

例6 阿Sir的八种兵器

分析 2014年香港“占领中环”事件爆发以来，境外媒体、境内官方媒体各种声音不断。搜狐作为网媒却一直没有声音，事实上如何发声一直困扰着我们。2014年9月29日晚，新华社发布了这样一条消息：“香港警方29日表示，警方在过去两天的行动中，在别无选择的情况下，使用最低武力，在行动中，警方共使用了87枚催泪烟。”这条消息引发了一个疑问：催泪烟是什么？在国外抗议成灾的案例中，警察常用的、造成最小限度伤害的武力是什么？这对网友来说比较陌生。

我们的报道借助了当时的热点话题，寻找到一个惹人关注的群体——警察，巧妙地用图解的方式盘点了其八种兵器。在“鲜为人知”和“话题所在”

之间寻找到增量释放，同时也在这件需要谨慎处理的新闻事件上发出了声音。无论在时效上还是内容深度上都做到了很好的契合。

五、组图标题与图片说明

图片报道标题除了前章节所述的标题制作标准外，还应该考虑到标题与封面图片的配合问题。标题与封面图片之间通常包括以下几种合理的配合情况：

封面图片应体现标题的核心元素。

封面图片应给读者更大的关于标题的合理想象空间。

封面图片应放大或凸显标题的情绪效果。

图片说明则应注意以下要点：

体现五个“W”，时间一律使用“年月日”格式，一般不适合用“昨天、今天、明天”的方式表达。

图片说明包括针对图片本身内容的分说明和针对图片报道故事的总说明。一般来说，总说明在先，分说明在后。但在极为必要的情况下，可以颠倒顺序。

图片说明的撰写不允许盲目照搬稿源，要结合发布时刻的时间信息和阅读感受，加以调整。

轻阅读和浅阅读时代，必须回避冗长的图片说明，力求简洁明快；但又不能盲目求短，以致信息交代不足。

六、图片包装

图片报道的包装是增加报道美观度和感染力、强化报道效果和传递情绪的必要手段。但在对图片报道进行包装时，要注意有理有度，不做无理包装和过度包装，以防止由于包装而带来的新闻失实。

例 7　2013 年全国“两会”图片报道策划——“两会面孔：变，不变”

分析　本例中每个专题封面均体现策划的统一标识，醒目的标识在统一协调的色调下更加明显，突出搜狐图片“两会”策划的整体性。适当的音乐介入增加了互联网阅读的感受，优化了体验，带动了读者的情绪。

其中，《给部长的一封信》，以信封为主题包装，带有“拆开信封看真相”的效果，将有待于新任部长们解决的各种问题的新闻照片陈列其中，成为用户们踊跃“一看究竟”的动力。

七、图片的发布

图片报道的发布渠道主要为手机搜狐网、搜狐新闻客户端、搜狐 PC 首页、搜狐 PC 新闻首页的焦点图区域。在一般情况下，要求以上各个首页（首屏）的焦点图位置、头条焦点图的图片报道内容保持一致。从时间角度看，早高峰期间，对图片报道的新闻性需求强；而午高峰和晚高峰，则可以随着时间的推移而适度增加消遣性阅读的比例。

第十一章 可视化产品如虎添翼

本章编辑｜张静波

主编的话

移动互联成就了很多产品，如图表、动画。它们统称为“可视化产品”，其优点是“悦读”。

比图表更进一层的，是H5页面。它的信息量更大、表现力更丰富，可使用翻页、音乐等手段传递信息。正因为如此，人们乐于在社交工具如微信、微博上分享之。于是，H5产品很快成了时下最流行的媒体新产品。

一、基本原则

可视化产品首先是新闻产品，其标题、文本要符合搜狐新闻的基本技术规则，其主旨、立场不能违背搜狐新闻的价值观。

可视化产品要用非文字的图表、动画等方式展示、阐述新闻。文本要配合设计，遵从可视化传播的简洁、生动、直接、高度归纳等特点。

可视化产品传播要重视移动端及分享。

二、分类

（一） 文章页制图、配图

如搜狐新闻《图述》栏目，以及对图表的优化、重制。

独家图解：假新闻如何上头条（保存到相册）

（二）图表策划产品

如《数字之道》长图表栏目（参见本书上编第四章）。

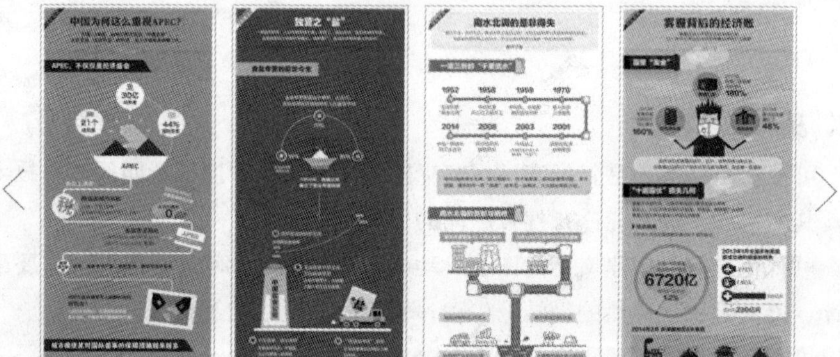

APEC为啥这么重要　　食盐专营　　“南水北调”的困境　　雾霾经济学

（三）H5可视化交互类产品

如面向移动端的“视觉设计＋互动产品（含小游戏）”（详见本章“特别推荐”内容）。

（四） 视频动画类产品

"两会" 狐揭秘：
"两会" 花费知多少

"两会" 保障：
"一个都不能少"

"两会" 狐揭秘：
"两会" 时装周

三、生产规范：图表视觉类

适用于长图表和新闻中心及其他部门文章页配图制图需求，也适用于动画视频创意与设计规范。

（一）制图配图常规协作流程

确定选题→ 确定提纲和草图→ 丰富内容及创意设计→ 形式与内容审核→ 编辑推广。

（二）与编辑协作模式

如果内容易懂或网上有较完整的材料，可由设计师独立完成设计。

例 1 《舌尖上的濒危动物》

选题带有一定策划能力或内容专业性、政治敏感性，可在报题时说明，需要策划编辑协助完成。

例 2 《奇奇怪怪的“临时办”》

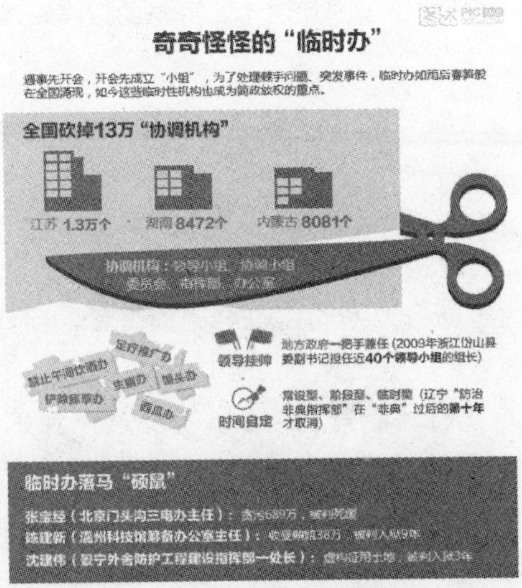

优先应对计划外应急制图：如重大新闻事件发生，按新闻中心突发事件处理流程进行。

（三）设计制作规范

1. 图表尺寸规格。

（1）配图：宽 600px（像素），高 600px 以内；文件大小：100k 以内。

（2）长图表尺寸：宽 600px/950px，高 4 000px 以内；文件大小：1 000k 以内。

2. 文字规格。

标题字体：兰亭粗黑简、方正正黑简等文本常规字体，慎用或禁用书法体等其他字体。

字体控制在 40px 以内。

内文：雅黑为主，字体最小为 14px，推荐正文为 16px。

行间距清晰，文字和背景的对比要清晰。

文字颜色一般用灰黑色：#666666。

3. Logo 使用规范。

（1）保证 Logo 周围不出现与之相干扰的文字内容。

（2）尽可能保证 Logo 出现在纯色背景上，如不能也要保证 Logo 的可识别性。

(3) 不得更改 Logo 组合方式，最小 100×25px，最大 130×33px。

(4) 图述 Logo 只可放置于图片四角，可辅助搜狐新闻水印铺底。

四、安全事项

(一) 基本规范

杜绝抄袭盗用，转载运用别家资源的资料素材时需标明出处。

画面内出现的内容断行及断句需符合阅读需要，行首避免出现句号、逗号、问号、叹号、顿号、分号、冒号、后引号、右括号、右书名号、省略号。

使用字体或图片素材注意避免侵权，也要避免观感质量过低影响阅读体验。

时政类相关新闻图片不能随意合成。新闻现场图片不能有移花接木、歪曲事实的处理。

(二) 设计里的政治安全性

涉及高层领导人或民族、宗教类别的设计，头图及相关图表都需要经过部门主管或以上的领导确认才能发布，政治敏感图片素材不准使用。擅自发布后出现问题按生产安全责任事故来处理。

高层领导人照片不允许镜像，不能过度 PS、翻转，照片不能进行覆盖遮挡、模糊压缩，不能随意进行大幅度的裁切。同时出现多位领导人时需按等级进行正确的排放，不能在形式上倒置排位关系。

大面积地图使用时要注意完整性。如中国地图不能漏九段线，行政区的名称和边境线都要严格以国家权威地图出版社为准。

(三) 政治类设计素材的使用事项

1. 国徽。

国徽的颜色并不一致，但主要是“金红二色”与“黄红二色”两个类型，其他配色国徽禁用；不能倒放、镜像、裁切；需等比例放大或缩小。

2. 党徽。

除了党代表与中央委员会委员可以与党徽一起出现，其他的尽量避免；不能倒放、镜像；需等比例放大或缩小。

3. 国旗、党旗。

国旗、党旗不能倒放、镜像、变色；需等比例放大或缩小。

4. 少数民族习俗及宗教、政治图案。

少数民族习俗及宗教、政治图案在设计创意时要慎重，敏感标识慎用，比如宗教标识、民族分裂组织的符号、台湾地区的“中华民国”旗帜等。

特别推荐

H5页面制作

H5页面为适用于PC端策划专题，以及Wap和App推广的基于HTML5（H5）技术的视觉交互产品。

现在，产品设计移动化已是大势所趋，因为已经广泛实现4G和Wifi覆盖、二维码技术。而微信朋友圈分享等，促成了移动化产品传播的大时代。

一、我们为什么选H5

先来了解一下H5的特点。

H5技术标准已经确定，不同浏览器下有不错的兼容性，而且跨终端、多平台。

CSS3能够实现多种2D/3D动画效果，性能比Javascript动画好。

可以使用Canvas、SVG元素绘制图形，而且图形可进行触发交互。

H5有丰富的API接口，能获取“3D陀螺仪、重力感应”等设备状态，丰富交互方式。

内置视频、音频的多媒体元素。方便集成多种媒体文件格式。

二、H5产品常规协作流程

确定选题→确定内容脚本和流程原型→丰富内容与设计→设计形式与内容审核→前后端制作与兼容测试→平台推广

三、产品开发协作模式

交互式动画类型的H5制作周期和成本比较高，需要提前规划。除了创意、文案、设计外，开发周期也相对较长，优质的H5产品大约需要1～3周，甚至更长时间。

因此H5产品的立项评估要慎重。因为复杂交互做出来的效果，在普通用户看来只有完美和垃圾两种区别，所以慎重立项和生产，从选题、文案到设计、技术执行都要尽善尽美。

四、注意事项

兼容测试要考虑多设备多平台，要保证80%以上的用户不报错和不出现影响正常阅读理解的问题。

充分考虑用户需求，要重视产品的分享和互动功能，满足阅读外的用户参与感。

五、制作规范

1. 使用符合 W3C 行业标准的制作方法，选择通用性好的 JS、CSS3 或 HTML5 技术来实现前端呈现。

2. 在手搜 WCMS 建立实体时，要考虑三个版本（触版、彩版、普版有内容可见）。

3. 考虑三端数据的整合，减少人力资源浪费。评论数据等要注意互通。多使用二维码引导用户到移动端。

4. 首页或封面有频道 Logo 和制作团队标识，封底或尾部需出现具体参与人员名单。

例 1 中东罪恶之花——ISIS 揭秘（扫描二维码在手机浏览）

分析 从 ISIS（“伊斯兰国”极端组织）几个月来的制造新闻话题热度、频繁来看，我们认为这个选题有很多适合视觉表现和多角度分析的地方，很适合做科普解读，于是从满足制作图表角度做了大量的资料整理分析和设计工作，也更加验证了实现 H5 产品的可行性。

例 2 周永康集团关系树

分析 在周永康事件报道中，搜狐做出了最具形式创新和传播效果的可视化产品。通过一株错综复杂、叶繁枝茂的大树，把这个前所未有的腐败集团在手机上呈现出来。

例 3 中国“严打”风暴下的冤魂

分析 三次严打都掀死刑高峰。新中国一共进行过四次“严打”。第四次和前三次又有质的区别，需要结合政策和国情分析。此报道最早有长图表版本，但为了更强调时间发展和因果关系，特别考虑了交互版。

手机扫描浏览更多 H5 产品效果：

鲁甸地震“头七”祭奠

推动中国法治进程的十大案件

抓住越狱犯

第十二章 重大突发事件处理

本章编辑 | 新闻中心全体人员

主编的话

找亮点与抓重点，是搜狐新闻强调的两种工作方式。亮点是路遥知马力，重点是疾风知劲草。

所谓“亮点”，指日常新闻处理要有创新意识，有可圈点之笔，能于无声处听惊雷。

所谓“重点”，指对重大新闻的处理必须拿得出手，特别是重大突发事件。在对社会、时政两个领域上百个重要突发新闻进行分析之后，搜狐新闻“重大突发事件处理规范”出台。

第一部分 重大社会突发事件处理流程

一、基本原则

（一）定义

突发事件指在未曾预料的情况下发生的、对公众的生活和生命产生影响，或对国家和地方的政治生态产生影响的新闻事件。

（二）分类

新闻中心负责处理的突发事件包括七类。它们分别为：

（1）天灾（自然灾害）。

（2）人祸（安全生产事故）。

（3）疫情。

（4）食品药品安全问题。

（5）环境污染事故。

（6）群体性事件。

（7）重大刑事案件，特别是涉恐暴事件。

（三）分级

新闻中心负责处理的突发事件分为四级，按新闻事件影响力大小排序，分别为特级、一级、二级、三级。每级对应不同的处理程序。

（四）突发事件处理原则

提前筹备，把“遭遇战”变为“伏击战”。突发事件看似毫无征兆，其实可提前准备。一方面，就突发事件的背景进行分析（如地震、空难），做出分类、分级制度，以便更专业、更深入地进行报道；另一方面，对其发生发展规律进行深入研究，可做出预判断，甚至可提前准备好相关的 Push 语、要闻版面及策划。

速度：在保证信息真实的情况下，第一时间发稿。

浅解读：在突发事件发生当天，以不同角度的短策划抢占关注点。

深挖掘：随着事件的进展，以深度、高度、态度表现搜狐的与众不同。

存档：使用“聚合频道”、专题等手段，把有关事件的报道进行集纳，作为历史资料存档。

多媒体手段表现，如视频、音频等。

重大事件处理流程图见下页图。

二、突发事件处理流程

突发事件处理程序，由事发时“五大哨所”值班编辑启动。

值班编辑根据中心规定及自身经验，对突发事件级别做出预判断。

三级突发事件处理程序，值班编辑有权启动；二级突发事件，第一时间报新闻中心负责人（总监、副总监），由其决定是否启动；一级突发事件，

搜狐新闻重大突发事件处理程序

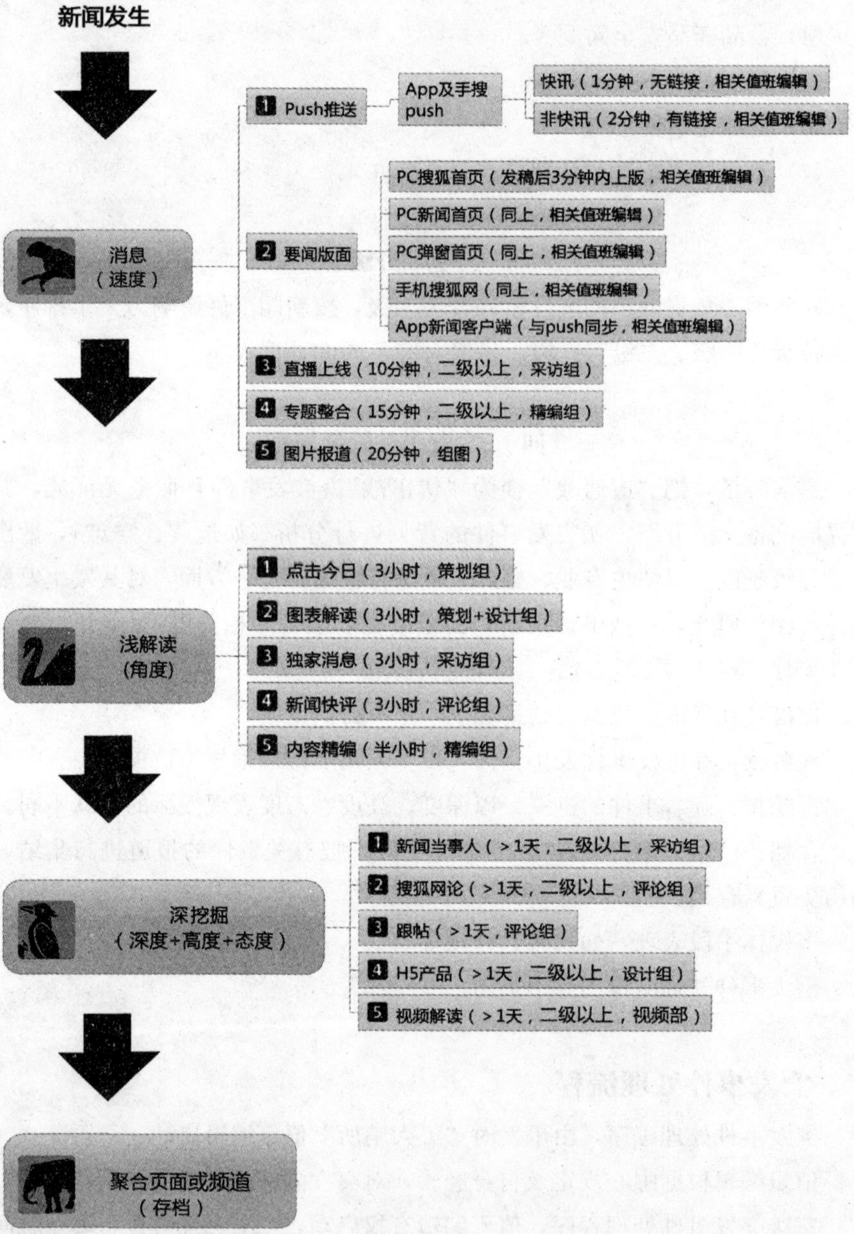

注：三级及以上突发事件启动此操作模式。

第一时间报总编辑及新闻中心负责人，由总编辑决定是否启动，如涉及军事、财经等领域，同步通知相关中心负责人；特级突发事件，处理同一级。

搜狐新闻突发事件处理流程

上报之前，需做好客户端及手机搜狐网的 Push 工作，并在要闻区上版。

各级突出事件决定启动后，由相关责任人（三级为值班编辑、二级为新闻中心负责人、一级以上为总编辑），在相关微信群中进行通知。

三级突发可调动资源为：五大哨所、精编组、策划组、图片组、评论组；二级突发可调动资源为：五大哨所、精编组、策划组、图片组、评论组、采访部（含直播）；一级突发可调动资源为：新闻中心全体人员，相关专业小组到岗并提供决策依据；特级突发同一级。UED 设计部人员可根据情况调动。

如值班编辑需调动相关资源（如评论组），首先与该组负责人联系。当负责人休假或者联系不上时，与第二责任人联系。相关部门负责人应在第一时间配合值班编辑工作。

在一级及以上预案启动时，接到任务的同学必须在两小时内到岗；中心全体同学手机必须保持 24 小时畅通；新闻中心总监安排编委会成员 24 小时轮值；无特殊情况，编委会成员不得请假或离京；新闻中心行政助理需第一时间到岗，做好宾馆、工作餐等后勤支持。

相关责任人（如总监、副总监）联系不上或休假时，下一级人员有权代替其确认突发事件级别。

值班编辑需随时监控突发事件进展，当新闻发生重大转折或出现拐点时，需提醒相关负责人升降其级别。

在突发事件结束或进入稳定状态后，相关责任人通知解除紧急状态。

三、突发事件级别划分

（一）自然灾害之地震

划分标准：

（1）死亡人数。

（2）发生的地区，尤其是当地人口密度。

（3）震级及地震的深度。

（4）次生灾害状况——是否引发了疫情、海啸、核泄漏等。

此划分标准主要参考事件初发时之新闻要素，应根据报道进展调整其分级。下同。

特级 ≫

（1）地震发生的地区：中国主要城市（首都、省会及港、澳、台等），中国周边国家的重要城市（尤其是朝鲜），美、日、英、法、俄等世界大国的知名城市。

（2）震级大于8级，浅源地震（深度小于60公里），震中地震烈度超过10度。

（3）死亡人数过万（国外地震，有大量华人华侨）。

（4）有严重次生灾害（海啸、火山喷发、核泄漏、泥石流）。

例1 中国汶川8级地震

分析 （1）震级大。震级8.0级，震源深度14千米，震中烈度高达11度，这是新中国成立以来震级第二、破坏性最强、波及范围最大的一次地震。

（2）影响广。波及大半个中国，其中川陕甘灾情最严重，泰国曼谷、越南河内、日本均有震感。

（3）伤亡重大。地震确认69 225人遇难，374 643人受伤，17 923人失踪。

（4）引发山体崩塌、堰塞湖等多种次生灾害。其中，地震后共产生大小113座堰塞湖，唐家山堰塞湖蓄水1.4亿立方米，成为一颗“定时炸弹”，威胁下游绵阳市110万人安全。

例2 印尼苏门答腊8.9级地震

分析 （1）震级大。震级为8.9级，震源深度40千米，是南亚40年来最大震级地震，也是自1900年以来全球第五强的地震。

（2）影响广。此次地震对南亚、东南亚、东非共11国（印尼、印度、斯里兰卡、缅甸、孟加拉、马来西亚、泰国、新加坡、索马里、肯尼亚、坦桑尼亚）造成灾害；地震发生两周后地球仍然像“被敲过的钟一样振动不停”。

（3）死亡人数多。各国死亡、失踪总人数将近30万，其中印尼死亡11.1万人，失踪12.7万人；斯里兰卡灾情次之，3万人遇难，5 000人失踪；索马里也有298人遇难。

（4）地震引发海啸，造成的灾情超过地震本身。海啸以每小时 700～800 公里的速度扩展，海浪高 10 米，一路奔袭 1 600 公里，席卷 11 国，波及东非索马里。29.2 万人中有近 14 万人失踪，都是被海啸卷走的。

例 3 日本 9.0 级大地震并引发海啸

分析 （1）震级大。震级 9 级，震源深度 10 千米，震中烈度 9 度，日本有地震记录以来发生的最强烈地震。震级全世界第三高（1960 年智利 9.5 级地震和 1964 年阿拉斯加 9.2 级地震分别排第一和第二）。

（2）影响大。强震引发海啸，最高达到 24 米，对日本一些海岸造成严重破坏，给整个太平洋沿岸带来威胁。强震使日本本州岛向东移动大约 3.6 米，使地球自转加快 1.6 微秒，地轴移动 6 微米。

（3）伤亡惨重。造成 14 063 人死亡、13 691 人失踪。

（4）强震造成核泄漏，引发国内食品安全关注，还导致国内核电站建设全面暂停。

一级 ≫

（1）地震发生的地区：中国国内大城市或者较为敏感地区，世界知名国家的主要城市及地区。

（2）震级大于 7 级，浅源地震（深度小于 60 公里），震中地震烈度 9 度以上。

（3）死亡人数过 1 000 人（但无大量华人华侨）。

（4）无非常严重的次生灾害。

例 4 中国玉树 7.1 级地震

分析 （1）发生地点为藏区，属于较敏感地带。

（2）震级 7.1 级，震源深度 6 千米。余震不断，最大余震 6.3 级。

（3）重大伤亡。遇难 2 698 人，失踪 270 人。汶川地震之后第二次全国哀悼，降半旗。

（4）山体滑坡坍塌，供水、供电、通信设施遭到破坏。

例 5 南亚次大陆 7.6 级强烈地震

分析 （1）震级高。各国测性震级从 7.6 级～7.9 级不等，震源深度 26 千米。

（2）影响大。巴基斯坦、印度、阿富汗三国首都均有强烈震感。震中位于巴控克什米尔地区，为敏感区域。

(3) 伤亡惨重。该地区死亡总人数超过7.9万人。地震发生在当地周末的凌晨3点，人们在睡梦中遇袭，毫无准备。大多数建筑物在新建时未考虑抗震因素，设计、选材、施工均存在安全隐患。

(4) 局部地区发生泥石流。

例6 海地7.3级最强地震

分析 (1) 震级高。震级7.3级，震中烈度10度，震源深度10千米，达到毁灭性破坏。

(2) 影响广。震中距首都太子港16公里。总统府、联合国维和部队驻地建筑坍塌。

(3) 伤亡惨重。地震中约30万人丧生，其中联合作工作人员共49人遇难，另有300多人下落不明。8名中国维和人员遇难。作为世界上最贫穷的国家之一，该国家长期发生暴政、暴乱，建筑抗震性差，很少钢筋混凝土结构，造成粉碎性坍塌。

二级 >>

(1) 地震发生的地区：中国国内地市级城市，世界各国主要城市及地区。

(2) 震级大于6级，浅源地震（震源深度小于60公里），震中地震烈度6度以上。

(3) 死亡人数上百。

(4) 无严重次生灾害。

例7 智利发生8.8级地震

分析 (1) 智利地震多发，该国地广人稀，曾发生全球最大震级地震。

(2) 震级虽大，死亡率较低。此次地震震级8.8级，震源深度35千米。震中在外海，震中距首都圣地亚哥325千米，受灾较轻。距第二大城市康塞普西翁省最近，约有100公里，受灾较重。其他地区由于房屋抗震等级多数达到9级，影响相应较小。共507人遇难。

(3) 无严重衍生灾害。

例8 新疆巴楚6.8级地震

分析 (1) 震中位于新疆维吾尔自治区巴楚县，震级6.8级，此次地震为该地发生的史上最强地震。

(2) 死亡人数228人，重伤人数2 058人。

(3) 无严重衍生灾害。

三级 ≫

(1) 地震发生在或者影响人类聚居区域。

(2) 震级大于4级，浅源地震（震源深度小于60公里）。

(3) 有人员伤亡。

(4) 无严重次生灾害（海啸、火山喷发、核泄漏）。

例9 中国西藏日喀则仲巴县6.8级地震

分析 地震发生在青藏高原，属于中国地震多发地区，地广人稀，地震未造成人员伤亡和财产损失。未引发次生灾害。

例10 中国台湾花莲海域6.8级地震

分析 台湾位于环太平洋地震带，地震频发。震级6.7级虽较高，但在当地仍常见，未造成直接的财产和人员损失。未引发次生灾害。

例11 所罗门群岛发生8级地震

分析 所罗门群岛地处环太平洋火山带，地震频发。8级地震引发局部海啸，上千人无家可归。

（二） 自然灾害之暴雨、洪水

划分标准：

(1) 死亡人数。

(2) 发生的地区、范围，影响面，如交通等。

(3) 官方发布的气象预警级别，降雨量。

(4) 是否引发次生灾害，如疫情、泥石流等。

特级 ≫

(1) 发生的地区为中国主要城市（首都、省会及港、澳、台等），中国周边国家的重要城市，美、日、英、法、俄等世界大国的知名城市。

(2) 三小时降雨量达到或超过100毫米，降雨持续，降雨量逼近历史高值，发布气象红色预警。

(3) 死亡人数上万。

(4) 引发重大衍生事故（决堤溃坝、城市内涝、泥石流等）。

(暂无案例)

一级 ≫

(1) 发生的地区为中国国内大城市或者较为敏感地区，世界知名国家的主要城市及地区。

(2) 三小时降雨量达到或超过 50 毫米，发布气象橙色以上预警。

(3) 死亡人数上千。

(4) 引发衍生事故（决堤溃坝、城市内涝、泥石流等）。

例 12 1998 年中国南方洪水

分析 (1) 发生在长江流域，影响沿线全流域省市。

(2) 降雨量大，持续时间长。例如，湖北黄石 7 月 22 日的 24 小时降水量 360.4 毫米，接近或超过历史最高纪录。降雨持续时间长，当年整整 77 天里，汛期主雨带一直在长江流域南北拉锯及上下摆动。

(3) 伤亡惨重。全国共有 29 个省份遭受了不同程度的洪涝灾害，受灾人口 2.23 亿人，死亡 3 004 人，直接经济损失达 1 666 亿元。

(4) 暴雨引发衍生事故，如江西九江决堤，朱镕基大骂“豆腐渣工程”。

(5) 江泽民亲自指挥救灾。

例 13 2012 年“7·21”中国北京暴雨

分析 (1) 暴雨发生在首都，关注度极高。

(2) 降雨量大。北京全市一天平均降雨量 164 毫米，持续近 16 小时，官方认定为 61 年以来最大。一天内气象台连发五个气象预警，暴雨级别最高上升到橙色。

(3) 有重大伤亡。突降暴雨引发山洪暴发，造成北京 79 人遇难，河北 33 人遇难。

(4) 城区内有多人死亡，特别是二环路淹死人。

二级 ≫

(1) 发生的地区为中国国内地市级城市，世界各国主要城市及地区。

(2) 死亡人数在 30 人以上。

(3) 气象橙色以上预警，有衍生事故（决堤溃坝、城市内涝）发生。

例 14 2011 年南方多省暴雨

分析 (1) 影响区域大，贵州、湖南、江西、浙江、福建、广东、广西等地大暴雨。

(2) 伤亡较大。造成福建、广西、四川、广东、江西 5 省份 143.2 万人受灾，因灾死亡 42 人，失踪 36 人，倒塌房屋 6 000 多间，直接经济损失约 20.4 亿元。

三级 ≫

（1）地震发生在或者影响人类聚居区域。

（2）影响范围大，降雨量大，气象黄色以上预警，有伤亡，无衍生事故（决堤溃坝、城市内涝）发生。

例 15　暴雨造成朝鲜多地受灾，169 人死亡，400 人失踪

例 16　暴雨致湖南省五个市州 29.7 万人受灾，因灾死亡两人

（三）安全生产事故

划分标准：

（1）死亡人数，以及死伤者是否具有特殊身份，如社会底层群体、未成年人、重要官员、外籍人士等。

（2）安全生产事故类型，公众关注度较高者，需要重点处理，如动车事故、空难等；专业领域事故，可弱化处理，如矿难。

（3）是否存在瞒报。

（4）对事故负责官员的级别以及对其处理程度。

（5）官方对事件的定性。

特级 ≫

（1）死亡人数多。

（2）中国（含港、澳、台）列车出轨或追尾、大型客轮倾覆、重大空难等。

（3）出现瞒报等人为因素，或事故发生的领域具有极高关注度，如铁道部。

（4）事故处理过程中发生了其他引起社会广泛关注的情况，如“7·23”动车事故中的“小伊伊事件”、“王勇平事件”。

（5）官方将该事故定性为特别重大安全生产事故，有副省部级以上官员因此被问责。

例 17　“7·23”动车追尾事故：按常理为一级，但因为具备诸多特殊元素，升至特级

分析　（1）中国罕见的铁路事故：40 人死亡，200 多人受伤。

（2）救援过程中出现填埋事故动车情况——可归类于瞒报。

（3）出现了小伊伊及王勇平等高关注度人物。

(4) 铁道部及动车一直饱受争议，且动车一直被树立为中国高科技标杆。

一级 >>

(1) 至少29人死亡（这是中国对“特别重大安全生产事故”死亡人数的标准）。

(2) 中国（含港、澳、台）列车出轨或追尾、大型客轮倾覆、重大空难等。

(3) 事故发生的领域具有较高关注度，如航空。

(4) 事故处理过程中发生了引起社会关注的情况，如松花江污染遭到俄罗斯抗议。

(5) 官方将事故定性为特别重大安全生产事故，有副省部级以上官员因此被问责。

此外，如安全生产事故的发生地极具关注度，在其他条件不满足的情况下，亦可升格为一级，如2009年情人节央视大火。

例18 2014年3月8日 马航MH370航班失联，200多人下落不明，其中包括上百名中国乘客

例19 2014年4月16日 韩国客船沉没，数百人遇难

二级 >>

(1) 10～29人死亡。

(2) 矿难、公路交通事故、火灾等关注度一般的事件。

(3) 处理过程中暴露出一定的问题，如缓报、处置不力或信息不公开。

(4) 官方将事故定性为重大安全生产事故，有官员因此被问责。

例20 天津蓟县火灾

分析 (1) 死亡人数为10人。

(2) 官方在处理过程中信息披露缓慢，导致谣言四起。

(3) 国务院安委办督办火灾事故调查。

三级 >>

(1) 3～10人死亡。

(2) 为矿难、火灾等常见的各种安全事故。

(3) 被官方定性为较大安全生产事故。

例21 2014年8月2日 江苏昆山爆炸，数十人死亡

例22 辽宁阜新“8·29”矿难

分析 （1）死亡人数为5人。

（2）事故原因为井下电缆引发火灾，较为常见。

（四）食品药品安全问题

划分标准：

（1）死亡及身体受到影响的人数，以及死伤者是否具有特殊身份，如未成年人、重要官员、外籍人士等。

（2）所涉及品牌是否知名，如三鹿；所涉及行业是否与公众密切相关，如奶粉。

（3）是否为整个行业存在的问题，如乳业、胶囊业。

（4）发生地点及问题产品流通的地域，尤其是否涉外。

（5）对事故负责官员的级别，以及对其处理程度、官方对事件的定性。

特级 ≫

（1）上万人的健康被严重影响，可能造成后遗症，并出现了较多人员死亡。

（2）被影响群体关注度高，如儿童。

（3）所涉及品牌被公众熟知。

（4）所涉及行业与公众密切相关，且整体存在问题。

（5）问题产品流通极为广泛，甚至波及全国。

（6）副部级以上官员被严厉问责。

例23 三聚氰胺事件

分析 （1）官方称约5万儿童的肾功能被严重影响，但民间估计这个数字超过20万，受害儿童或有较为严重的后遗症。

（2）三鹿、蒙牛、伊利等知名品牌全军覆没，中国奶业几乎全军覆没。

（3）问题产品覆盖中国大陆。

（4）国家质检总局局长（正部级）、石家庄市委书记（副部级）引咎辞职，三鹿董事长田文华被判处无期徒刑。

（5）索赔问题至今没有解决。

一级 ≫

（1）数千人的健康被较为严重地影响，可能造成后遗症，并出现了人员死亡。

（2）被影响群体关注度高，如儿童。

（3）所涉及品牌被公众熟知。

（4）所涉及行业存在问题。

（5）问题产品流通较广泛，波及领域较大或在重点城市（如北京、上海、广州等地）造成了影响。

（6）若造成国际影响，更需重点处理。

（7）有官员或企业因此被严厉问责。

例24 阜阳奶粉事件

分析 （1）导致12名婴儿死亡，229名婴儿营养不良。

（2）被影响群体为婴儿，造成大头娃娃现象，关注度高。

（3）牵连出奶粉行业存在的普遍问题。

（4）原安徽阜阳公平交易局长因劣质奶粉案获刑六年。

例25 2008年中日毒饺子事件

分析 （1）多名日本人在食用中国饺子后中毒。

（2）造成日本对中国冷冻食品产生信任危机，有恶劣的国际影响。

（3）事件定性为食品安全事件还是个人投毒事件存在疑问。

二级 ≫

（1）上千人的健康被较为严重地影响，或出现了较多人员死亡。

（2）所涉及品牌被公众熟知。

（3）所涉及行业存在一定问题。

（4）问题产品流通较广泛，波及领域较大或者在重点城市（如北京、上海、广州等地）造成了影响。

例26 双汇火腿肠事件

分析 （1）双汇品牌被公众熟知，涉及火腿肠行业问题。

（2）火腿肠流通广泛，重点城市消费者均被影响。

（3）“瘦肉精”为安全监管工作重点检查对象，仍在大品牌上出现问题。

例27 毒胶囊事件

分析 （1）使用皮革制作胶囊，重金属超标，对消费者危害大。

（2）涉及整个胶囊行业，其中包括修正药业等知名品牌。

（3）胶囊流通广泛，波及领域广。

三级 ≫

（1）上百人的健康被较为严重影响。

（2）所涉及行业存在一定问题。

（3）问题产品在某一地域流通，并波及一定范围。

例 28 浙江金华敌敌畏火腿

分析 （1）用敌敌畏浸泡火腿防腐坏，对消费者身体健康危害严重，性质恶劣。

（2）金华火腿知名，事件造成信任危机，金华火腿销售量几乎为零。

（3）波及范围主要为长三角地区。

（五）疫情

特级 ≫

（1）范围：疫情覆盖面涉及全国（包括 WHO 宣布发生流感大流行）。

（2）伤亡：出现人员死亡，并且数字以每天两位数递增。

（3）特征：疫情传播速度较快。

（4）传播途径：涉及人与人之间感染，以及人与其他物种交叉感染，多介质传播。

（5）对应国家响应级别：红色预警一级反应。

（6）监督官方作为：应急指挥机构及时组织评估、预测疫苗和药物需求量，组织生产厂家扩大生产规模，最大限度地满足药物、疫苗的需求。卫生部每日向社会公布疫情、监测和防治工作情况。

例 29 2003 年“非典”

分析 此疫情波及中国，导致 5 000 多人被感染，数百人死亡；且在发生之初被严重瞒报，卫生部部长、北京市市长因此被免职；造成了严重的国际影响。

一级 ≫

（1）范围：疫情覆盖面较广，涉及几个主要大城市（如北京、上海、广州），但传播范围有限。

（2）伤亡：出现人员死亡，数字增长较为稳定，每天日增人数个位数。

（3）特征：疫情传播速度较快。

（4）传播途径：涉及人与人之间感染，以及人与其他物种交叉感染，多介质传播。

（5）对应国家响应级别：橙色预警二级反应。

(6) 监督官方作为：对可疑病人要及时隔离，并采样分离病毒；疫情发生地卫生行政部门根据疫情流行情况，就实施疫区封锁、停产、停业、停课等措施向当地政府提出建议。

(暂无案例)

二级 ≫

(1) 范围：疫情覆盖面有限。

(2) 伤亡：出现人员死亡，数字增长缓慢。

(3) 特征：疫情传播速度较缓。

(4) 传播途径：未发生人与人之间的感染。

(5) 对应国家响应级别：黄色预警三级响应。

(6) 监督官方作为：对病例的所有密切接触者进行追踪和调查，对出现症状者要及时进行隔离和医学观察。卫生部及时向社会公布疫情。

三级 ≫

(1) 范围：疫情范围较小。

(2) 伤亡：未出现人员死亡，但出现临床病状。

(3) 特征：传播速度较慢。

(4) 传播途径：未发生人与人传播。

(5) 对应国家响应级别：蓝色预警四级反应。

(6) 监督官方作为：发现地将被分离出的感染人员送定点医疗机构。做好医学观察、消毒和院内感染控制工作。

(六) 群体性事件和重大刑事案件(含暴恐事件)

划分标准：

(1) 事发地点，敏感或重要地点要特别关注，如新疆、西藏、北京等，或国外驻华使馆、领事馆。

(2) 事发时间，特殊时间需要特别关注，如重要会议期间。

(3) 诱因——冲突直接导火线是什么。

(4) 冲突的双方——是官方与民众还是民族之间、中外民众之间。

(5) 伤亡人数以及当时波及的人数。

(6) 表达诉求的手段，仅仅是“散步”还是使用了暴力、与警方发生冲突。

(7) 官方的处置手段——是否存在强力应对及使用枪械等。

特级 ≫

(1) 诱因为“疆独”、“藏独”、“台独”、“法轮功”等敏感因素。

(2) 发生了上万人规模的游行、示威或冲突，并有百人以上死亡。

(3) 有军警等国家暴力机关的介入，并动用了枪械。

(4) 事发地点为中国北京、乌鲁木齐、拉萨等敏感地带。

例 30 乌鲁木齐“7·5”事件

分析 (1) 事发新疆乌市，此为敏感地带。

(2) 组织者为敏感人物热比娅，且有境外“三股势力”介入。

(3) 数万人游行。

(4) 127 人死亡，上千人受伤，部分死者被割喉。

(5) 新疆动用大量武警部队维护治安，平息此事。

(6) 造成严重国际影响。

一级 ≫

(1) 诱因为敏感问题、官员腐败、环境污染等因素。

(2) 发生了大规模的游行、示威或激烈冲突。

(3) 有军警等国家暴力机器的介入。

例 31 2014 年 3 月 7 日，昆明火车站砍人事件

分析 (1) 32 人被砍杀致死。

(2) 血案背后操控者为“疆独”分子。

(3) 事发地点为火车站，敏感地带。

(4) 事发时全国“两会”正在召开。

例 32 几起重大群体性事件

事件	详情
广东乌坎事件	2011 年年初，广东当地村民就村官员贪污、私吞村财产进行抗议示威，引发群体性事件。
贵州瓮安事件	2008 年 6 月，贵州省瓮安县发生一起围攻政府部门的打、砸、烧突发事件。10 万以上人员参加，县公安局、县委、县政府大楼均不同程度被烧，大院内另有数十辆汽车被烧。事件起因为瓮安县一名女学生溺水死亡，瓮安县公安局进行调查后，对女学生的死因做出鉴定。但死者家属不肯接受鉴定结论，此后事态扩大。

续前表

事件	详情
大连 PX 项目事件	约 1.2 万人参与“散步”。“散步”当晚派出大量武警驱散民众。事件起因为当地政府同意一污染项目落户大连。
中国民众“保钓”抗议及抢夺日本大使坐车、国旗事件	中日矛盾关注度极高；十几个城市发生游行，每个城市均数百人参与；抢国旗一事近年罕见；对中日关系造成了一定影响。

二级 ≫

(1) 诱因为敏感问题等因素。

(2) 发生了数千人规模的游行，或产生较为激烈的冲突、伤亡人数较多。

(3) 政府处理相对温和。

例 33 江苏启东王子纸业事件

分析 (1) 数千名启东市民参与。

(2) 市民冲击政府，市委书记被扒光上衣。

(3) 警方介入，但并未采取强制措施。

(4) 起因为王子纸业可能对当地造成污染。

例 34 山东招远麦当劳杀人案

分析 (1) 虽然只有一人死亡，但罪犯使用手段非常恶劣。

(2) 杀人者为“全能教”教徒，有较深的社会背景。

(3) 事发麦当劳，地点知名度高，容易传播。

(4) 事发时间为 6 月初，属于敏感时间点。

三级 ≫

(1) 警方城管等特殊群体执法不公，引发百人以内小规模骚乱。

(2) 造成较严重伤亡的非涉恐暴刑事案件。

(案例较多，不再一一列举)

(七) 环境污染事件

标准参照安全生产事故，但需注意雾霾这样长期存在的问题（相关文章见本书下编第九章）。

第二部分　重大时政新闻报道流程

一、基本原则

时政新闻泛指与政局、政府、政策、政要等相关的新闻。搜狐新闻中心时政新闻报道小组负责处理重大及突发时政新闻的预警、策划、报道，以及政治风险把控。

报道分以下三个方面。

（一）可预见性重大政治新闻

例行政治事件，如中共全国代表大会、每年全国“两会”、中纪委的全会报道等。

重要历史节点，如共产国际成立70周年、胡耀邦逝世25周年等。

（二）时政突发事件

副省部级以上官员贪腐案，如周永康、薄熙来、刘志军案；

正部以上官员及其他重要人事变动，如山西原省委书记袁纯清调动；

重要领导人逝世；

两岸关系重大转折，中国重要外交政策变化；

国外重要政治人物去世，特别是美国、朝鲜等高关注度的国家；

重要国际政治事件，如战争、政变、大选等。

（三）常态时政新闻

重大政策出台前后的报道和解读，如中纪委反腐新动向，医改、教改、房改新动向等；

重要时政事件，包括：

（1）重要领导人的出访与调研，如习近平、李克强、王岐山等常委领导的出访。

（2）重要领导人讲话，如习近平在中央党校开学仪式上的讲话。

（3）政治花絮，如网传的“习近平打车”的辟谣。

（4）退休常委们的言论、活动、出版书籍等。

二、平时准备工作

（一）时政事件预警

重大时政事件的预警，可选择在每月时政小组例会时，辟一个环节来讨论。

讨论的内容可以是本月发生的时政事件的延伸，也可以是对接下来可能发生的时政事件的预测。经过讨论后，确定时政预警事件，在新闻中心公布，并让相关人员开始进行准备工作（如准备栏目策划、评论、原创报道等）。

（二）时政常识资料库整理

资料库包括：党代会、“两会”等相关常识、中央及地方人事资料、官员库等，有些可以去官网比如中国政府网、全国人大网查找。

另外，对于重要政治人物，需准备好其日常资料。

三、报道分级及小组启动程序

特级 >>

中国本土发生的特大政治事件，如公审薄熙来（参见本书下编第四、第七章）。

一级 >>

（1）重大策划性时政报道，如中共十八大、涉及换届的2013年全国“两会”（参见本书下编第二、第三章）。

（2）重大突发时政事件，如贪腐案件。

例1 令计划落马

分析 之所以令计划落马列为一级，一是因为其身份——副国级官员、前中办主任。而令计划背后，牵扯山西省贪腐窝案，其兄令政策也在其中。另外，导致其子死亡的法拉利车祸也是公众广为关注的新闻事件。

但在此类反腐报道中，切忌仅仅将目光盯在贪官、情妇身上，把反腐败引向法治化是搜狐新闻要输出的重要价值观。

二级 >>

（1）重要可预见性时政新闻，如2014年、2015年全国“两会”。

(2) 重要时政突发事件，包括：

正省部级官员贪腐案、重要人事变化；

重要政治人物逝世，包括美国、朝鲜等高关注度国家的领导人；

重要国际政治事件，如战争、政变、大选等。

例 2 山西官场地震

分析 2014 年，中共反腐风暴持续。其中，山西省窝案频发，半数以上的省委常委落马，原省委书记袁纯清因用人失察被调离。搜狐新闻多角度解构山西腐败案，并将落点集中在政府权力之手操控能源分配的深层次原因上。

(3) 重要日常时政事件。

重要领导人的出访，如习近平出任国家主席后第一次出访；重要领导人的调研活动，如习近平在延安。

三级 ≫

(1) 重大政策的出台前后的报道和解读。

(2) 重要领导人讲话解读。

(3) 政治花絮。

(4) 退休常委们的言论、活动、出版书籍。

注：时政小组启动程序，与社会突发事件启动程序相同。

四、审核机制与风险把控

（一） 审核机制

(1) 二审制（一般时政报道）：由栏目主编一审，分管副总监二审。

(2) 三审制（重大、敏感时政策划报道）：栏目主编一审，分管副总监二审，中心总监三审。

（二） 风险把控

与社会新闻相比，时政报道的风险要大很多。编辑应该有“政治家办网”的视野和胸怀，能够准确判断出政治报道的价值，并能把控边际、判断风险。

例 3 薄熙来报道的底线（参见本书下编第四章）

五、如何提高时政常识水平

（一）常识积累

平时多看时政类报刊书籍、专业杂志、网站，包括一些相对靠谱的外媒，批评性参考他们的报道角度。

（二）趋势分析

订内参（比如新华社等的内参）。

（三）培训

每月请相关专家过来做一次讲座，会后进行交流。

（四）例会

每月开一次例会，沟通讨论近期大事和心得。如遇突发大事，随时召集会议。

（五）分享

时政小组的同学每周将看到的杂志、报纸或者是由新闻事件引出的时政话题做整理、解读，发群邮件，供大家学习和讨论，每周至少2～3篇。

（六）时政资料库

看到好的报道、资料、解读，放到我们的服务器上及时分享，大家可以经常去上面浏览积累知识。

下编

未曾公开的新闻内幕

引　子 | 狼群，远去的狼群

文 | 吴晨光

本书的出版，让我再次翻开这篇激情澎湃的旧文。或许，没有什么文章比它更适合做“下编”的引子了。

它写于六年前。文中提到的那些故事，早已被更劲爆的新闻替代；文中提到的那些人，我甚至已经记不清他们当时的样子了。

回忆中，我开始敲击键盘。突然，一贯坚定的我变得迷茫起来：狼群——还有它所代表的精神，在我心里还有吗？

群　狼

2009 年 5 月 19 日，又一个周二。

北京，中国新闻社大楼五层的办公室里，我在等待着猎杀结果。1 500 公里外的湖南株洲，狼群的一名成员和《中国新闻周刊》（简称《周刊》）特稿部的一名记者正在追逐着“断桥”——那座大桥如同一只发狂的猛兽，在垮掉的瞬间至少杀死了九个人。

这次行动的代号就叫“断桥”。

狼群成立后，每一次集体行动都会有个代号。“蓝剑”“烈火”“猎牛”“血煤”，还包括引起全国轰动的“疯狂”，以及至今仍在反思的“震痛”。对于老新闻人，我想不用解释，你们也会知道这些都代表着什么。这就是狼群的战果，也是我在《中国新闻周刊》倾心打造的“作品”。

“作品”由这些人组成——

陈晓舒：此次参与“断桥”行动的狼群成员。一个参加过选美的福建姑娘，温柔可人的外表难以掩饰对新闻——尤其是突发事件——报道的狂热。鉴于她不怕死的表现，狼群计划将第一个单项奖“突发事件报道杰出记者”授予她。

顺便说一句，如果在阶段性时间内，同时在“突发事件报道”“调查性报道”“特稿”“综述”以及“时政报道”五个方面获得单项奖，她（他）将获得狼群中的最高荣誉称号——“狼牙”。

晓舒的代号是“狼叔”。但从没人这么喊她，怕把这个漂亮的女孩子叫老了。

严冬雪：《中国新闻周刊》科技组的记者，是狼群中唯一不属于社会组的成员。同样温柔可人的外表，同样有着对新闻执著而狂野的心。她是“狼群”的维护者——这里的“狼群”是个论坛，如《南方周末》内部论坛（www.nfzmweekly.com）一样。她的代号是“雪狼”。

晓舒和冬雪是2009年《中国新闻周刊》表现最优秀的两位新人，这是她们得以加入狼群的原因。

周华蕾：曾经在《南方周末》文化部、新闻部实习。她的文字和外貌一样精致灵气，并有着和她个性一样的“个性”。代号“花狼”，主攻特稿。

还有刘刚，一位来自南方的小帅哥，主攻调查报道。

刘炎迅：一个细腻型帅哥，代号“烟熏牛”。当牛和一群“女狼”遇到一起，你应该知道会发生什么。

“小狼”、蔚然和赫然：狼群里的三位实习生。小狼是王婧，曾在《南方周末》经济部实习。她是个新闻小天才。她们三人是以上记者最好的助手。

最后是两名负责人，王刚和我。出生于1978年、长着一副卡通面容的王刚是《瓮安事件调查》的作者之一，这个作品获得了《南方周末》2008年“年度传媒致敬”的最佳调查报道奖。他于2009年3月进入《周刊》，任社会版编辑、高级记者。

这个组织的各种规章制度和日常管理则由我负责。我的代号是“狼心”，但王刚的代号不是“狗肺”而是“保姆”——可见，他是一个多么认真并为记者着想的人。一个细节是，在“疯狂”行动中，他与小狼的业务交流超过了3万字。

Living for news

把一群人放在同一个组织里，是件非常容易的事。但问题是，你如何让他们向同一个目标努力，又不能像军队那样扼杀个性？尤其是一个以新闻为纽带的组织，如果变成了绝对的服从，就失去了创新的生命力。

《南方周末》曾给出很好的答案。在我的理解里，这个组织是靠着朴素的新闻理想把来自五湖四海的兄弟们拴在了一起。它的主流读者也是如此，“居庙堂之高则忧其民，处江湖之远则忧其君”——这是中国当代的“士”，与权贵、白丁不同。

我把这种理想部分移植给了狼群。这也是我认为自己离开广州后，最对得起老东家的事情。我在广州大道中289号12楼的办公楼里坐了32个月，熟悉这个单位的一草一木——尤其是它代表的精神。

但在狼群中，新闻理想变换了一种说法。它来自《周刊》副总编辑刘新宇的总结。有一次，酒后的他曾经对小狼说：“我确信你‘Living for news’。”不是“Living by news”。

凭借着11年的从业经验，我也可以感觉到，谁是“for”，谁是“by”——这是我选择狼群成员最重要的标准之一。而我自己的“for”的情怀，可以感染这群小朋友，使得狼群在并不很好的物质条件下勇往直前。

于是，狼群有了自己的“内核”，如同文章要表达的精神。还有形式的东西，那是狼群的工作方式——群体猎杀。

除了冬雪和实习生之外，狼群成员都属于《中国新闻周刊》社会组。2008年的诸多突发事件给了这个团队充分的磨炼机会。此间的合作经验告诉我，与高手如云的《南方周末》相比，他们只能算是青瓜蛋子，单兵作战获胜的可能性不大。只有王刚是个例外，他的实力足以和《南方周末》的顶尖记者抗衡——但他是唯一的。

所以，除了对选题的判断之外，我必须寻找能够与竞争对手们一决高下的方式。一次观看西伯利亚灰狼群猎杀野牛的录像感染了我，加上此前阅读的《狼图腾》，让我找到了答案。这是团队合作，但狼群的猎杀绝非毫无组织的群殴，它们分工明确、配合默契，所以，当它们在山林或者草原呼啸而过时，足以让虎豹退避三舍。

在经历了诸多战斗后——尤其是汶川大地震报道给了我很多经验和教训，《中国新闻周刊》“突发事件小组应急预案”出台。这包括两个部分：一是处理程序，二是人员分工。因为《中国新闻周刊》的社会突发事件是由我来负责的，所以这个方案的执行基本落在了社会组——这就是狼群的前身。

因为我所写的东西并不是一份业务报告，所以如何处理突发事件就不细谈了。其基本原则是这样的：记者专业化分工并监督相关新闻；编辑负责第二道监控；分管副主编负责第三道——可以保证不漏题。选题确定后，记者直飞现场，后方资讯组和生活服务组同时启动，全面支援。当时间非常急迫时，记者会将采访结果口述给后方，由后方整理写作。作为负责人，我还会协调中国新闻社分社资源支持记者。

24 小时内完成的《人为泥石流：山西尾矿库溃堤调查》，就是狼群按照上述程序完成的经典战例之一。

王刚把突发事件报道的经验用在了其他模式的采访上。这种模式还催生了一些制度和规定，比如，狼群成员在每周日晚有在线会议，每人必须按照选题单报题，然后集体讨论选题。再如，只要是群体参与的报道，编辑和记者是必须要有总结的，如果是封面报道，大家还要在一起开个总结会。

就在这样的磨合中，突发事件处理小组在成长。在定名时，我们一起选择了“狼群”。狼群，猎杀，血腥刺激带有男人气质——这是我最欣赏和向往的。后来，我用这样的话来描述狼群的精神：

第一，狼群是一个充分依托集体力量，但成员又有着明确分工的组织。这一点，在它们挑战强大对手的时候体现得淋漓尽致。当狼群遇到危险时，退却也井然有序——在必要时，会有一些个体（包括头狼）做出牺牲，用来换得全局利益。

第二，狼群的坚韧和意志。不要以为猛兽就是天生的强者，在大雪封山的时候，狼也可能被饿死、冻死。这种严酷的环境让狼群永远不会贪图安逸，它们不会放弃任何捕猎的机会——宁愿先杀死猎物，以作储藏。当狼被猎手的夹子锁住时，会咬断自己的腿逃生。这看似无比残忍的举动，恰恰证明了它们的坚毅——所以，当虎豹之类的大型猛兽逐渐消失时，狼群仍活跃在草原、森林和山地。

第三，敢于挑战王者。在狼群中，头狼的位置举足轻重，它甚至可以决定整个群体的生死。所以，最强悍的狼才能成为狼王。但与人类不同，头狼不是任命的，也非世袭，而是在族群中通过血淋淋的撕咬搏斗产生的。如果某只狼觉得自己足够强大，那么它随时可以挑战头狼，战胜它即可取而代之。而对那些弱小的狼来说，死亡是随时可能的，就算狼群可以照顾它，它也会被自然淘汰。

而“狼群”成员必须恪守以下准则：

（1）永恒的创新意识；

（2）面对强大对手时的“亮剑”精神；

（3）完成任务过程中的智慧、坚忍及不放弃；

（4）与其他成员合作时的团队精神，并能分享战果；

（5）服从团队领导，但勇于表达自己的观点；

（6）不抱怨，把更多的时间花在如何解决问题上；

（7）勇于承担责任；

（8）诚实、信守承诺、守时。

强者为王

狼群成员之间充分的信任和配合，让狼群在历次征战中几乎攻无不克。2008年3月至12月，狼群（当然要感谢《周刊》其他同仁的协助）以大约20%的人力，完成了超过45%的封面报道。

狼群每月会组织一次活动，或者唱歌，或者采摘，还去香山“红色大本营”打过一次真人CS。

但我试图用更血腥和刺激的方式激励他们成长。在和王刚商量之后，我们计划对狼群进行排名。

《中国新闻周刊》施行的考评方式和《南方周末》相似。从A+到D，以文章质量论英雄。按照一个A（及以上）7分，B+ 3.5分，B 2.5分，C+1.5分，C 1分计算，每个季度，狼群将统计工作量并进行排名。实习生也参与其中，只是给予1.2的系数。

让我们两个负责人没有想到的是，这个决定当场遭到了狼群所有记者（尤其是小狼王婧）的一致反对。他们的理由是，压力太大——“我北大的同学因为排名自杀了，”小狼说，而且，这“破坏了狼群内部的环境”。

狼群是一个比较民主的组织。几乎每项规章的细则都是集体决议的结果，而且对我这个“狼心”来说，必须带头遵守。比如说，开会迟到罚站——如果有一个人迟到，我就要陪着他一起站着；有一个人脱稿，我就要和他一起被罚钱。唯一例外的是我不用报选题，作为补偿，我要负责每月的活动经费。

但这次不行。够“群”不够“狼”，这是我对此事的评价。其实很清楚——他们的障碍不是不敢面对同伴，而是不敢面对自己。如果不过这一关，狼群永远是在摇篮之中。

我最欣赏两个人的管理风格。一个是江艺平，一个是胡舒立。前者春风化雨；后者会用自己的能力告诉属下，我是最牛逼的——所以，你们要听我的。以我的性格，效仿江老师是不敢指望了，所以只能选择用我曾经的成绩来和狼群对抗。

在这里，我要感谢《南方周末》，是这张报纸给了我直面一切强敌的资本和自信。我翻出了自己 2007 年的业绩，还包括苏永通和马昌博的——他们当时是《南方周末》非常优秀的年轻记者。同样分值，《南方周末》的有 B−，2 分一个。作为编辑，我把自己的总分除以 3。

结果是：马昌博 18 分以上，排行第一；我第二，12.6；永通第三，11.8（2007 年每季度平均值）。而狼群中的第一名是 11.5（2009 年第一季度）。在会议上，我把这个结果向狼群公布。没有人再说什么，大家只是在解释“狼心太认真”了。后来，我的一句话成了大家的口头禅，“不要试图挑战我的权威”。事实上，我是希望每个人都超过我——狼群的规则是头狼不是来源于任命，而是搏杀。狼群会在这种竞争和合作中成长，如同中国乒乓球队，每个人的强大让它独孤求败。

此后，这个考评方式经过修订，并在 2009 年第二季度起施行。小博的 18 分被定为“优秀”，我的 12.6 被定为“良好”。上文已经说过，为激励狼群的斗志，同时设立了最高荣誉“狼牙”。在做记者时我没能做到最好，所以我希望狼群的成员能成为中国最出色的新闻人。

后来，小狼在狼群的论坛里写道：

> 2009 年 4 月 6 日晚 11 点半，MSN 上，小狼就狼群排名一事单挑狼心，被灭得一塌糊涂。
>
> 为避免狼心误删短信造成日后折磨小狼之证据不足，小狼特地在邮箱公开为狼心备份声明证据一份：
>
> 小狼愿赌服输，1. 2009 年之内不再挑战狼心之权威，无条件接受一切来自狼心的在工作上的人性的要求以及非人性的妖蛾子，比如排名（姑且称之为狼性的折磨），但保留小狼喜恶之权利。
>
> 2. 无条件应对一切来自狼群内部的抑或狼群外部的挑战。如果能将小博等狮子、老虎的工作量也加入排名来折磨小狼，小狼将毫无怨言地把

每一次被打落的带血的牙齿咽下并消化掉。

3. 每个季度自觉公开工作量，接受狼群监督。

后来一段时间，小狼 MSN 签名档的留言是“逮谁咬谁”。

而冬雪在一个初夏的凌晨写道：

行进的方式有很多种，进步的道路也有很多条，各自挑自己习惯的、能接受的就行，统一的要求、纪律是必需的，个性也是必需的。千姿百态的狼们凑在一起“群魔乱舞”，才会有更多的火花。

与××报的朋友聊，就会对部门的气氛有更深的感恩。他们固然是狮虎，却也真就成了狮虎——独来独往，孤傲封闭。他们会对社里同事甚至组里同事隐瞒选题，冠以“有些选题不便公开”的名头……这种各自封闭的做法，我真的不齿！

人不过是一种生命短暂且渺小的生物罢了，想要在稍纵即逝的生命中得到最多的精神财富，最好的方法就是自己奋斗，且和伙伴们分享、共同成长。一个人的力量渺小到不堪一提，狮虎们就让他们活在自己的精神王国里当皇帝好了。就算将来成长了，我更希望狼群成长为依然群居的象群——每一个个体都是让狮虎惧怕的王者，同时又是保持群居个性的、谦虚开放的、敏而好学的、互通有无的王者。

猎杀

又一次猎杀开始了。狼群的目标是湖南株洲，一座垮掉的大桥。

承担这次任务的记者是张鹭——《周刊》特稿部的一位小帅哥，当时他还未加入狼群。晓舒于周一下午飞到了株洲，赫然在后方配合。

对狼群和我而言，这都是一次极大的挑战。时间只有一天半，但报道的量级是封面。更重要的是，2007 年 8 月，张悦写的凤凰大桥报道已经达到了一个高度。要超过这名《南方周末》非常优秀的年轻记者并非易事。

“同样的时间，同样的事件，同样我是责任编辑。”我对两位小朋友说，“但你们是两个人。如果搞不过张悦，就不要回来了。”

…………

2009 年 5 月 19 日晚 10：00，距离事发 54 个小时之后，一组报道上版。我确信，这组报道不输于“凤凰大桥垮塌”。否则，张鹭的手机不会成为同仁们的热线，腾讯网不会用三个醒目的位置推广，新浪的评论不会有数千条，央视的白岩松和王小丫也不会连线我们的记者。

狼群的规定是，如果在报道刊发后的周日没有书面总结，稿件考评将降一个等级。现在摘录的是晓舒的部分总结，可能有点长，希望大家能耐心地看下去：

壹

是集体的智慧。周日晚上的会议，众狼把整个事件都分析到位了，包括这场战役的落点，第一第二，都提到了。

…………

贰

时间紧迫。周二交稿，张鹭周一中午到了株洲，我周一晚上到。

其实心里没底，这一次不是来看看场面、还原现场的，调查事故原因却只有一天时间。

一路上，我把脾气全发给司机，包了一辆车，丫还给我绕路进了长沙，还四处拉客，还不走高速。一个小时的路活生生被丫走了两小时，我骂骂咧咧一路进了株洲城。

还没到事发地，就被来来往往的人群惊到。

我问在路口等我的张鹭，这些人在干吗。

他说，围观呢，从白天一直围观到晚上。

天，是从昨天下午围观到今天晚上吧。关键的点在于，封在警戒线外面的他们什么毛都看不到，连个桥板砖都没影。

张鹭调侃，这是一个小农意识极强的城市。

其实，这个在配稿里面应该更多的展现。一个过快发展的城市，伴随的是极速淘汰的公共设施市政规划，和跟不上脚步的市民思想。

叁

不愧是张鹭的主场，他挑了一家和现场指挥部在一层楼的宾馆。打开房间的窗子就能看见塌了的那几节桥。

可惜没带摄影师，可惜救援已经结束。

我们分了工，他去见联系好的民爆公司工作人员，我去医院找伤员。

这个晚上的采访都是在没沉住气的情况下进行的。十句有五句听不懂的湖南话，不了解事情核心的普通市民，快抓狂了。

采完赶紧找了一个上网的地方核实线索。

十一点，张鹭说要去吃饭……（拿到了惊人线索）靠哦！

凌晨一点，我和张鹭纠结完天亮后的分工，开始纠结这座桥是谁承建的。

张鹭突然想到，桥上有块碑，碑上有刻字，刻字上面就有承建公司。

我俩很鸡血地拎包奔桥而去。

张鹭显示了他的纤细，钻进隔离板，在断桥边上来回摸索，都没找到那块已经被拆除隐藏的碑。这一晚，我们的教训是：要关注家乡的一景一物，尤其是每个可能发生险情的公共设施，对于丫们的信息有条件的拍摄备份，没条件的进行笔录。

真正的战斗在天亮之后。其实几乎一夜未眠，对株洲断桥的所有关键词反反复复地搜索，把天亮要欺骗的人反反复复人肉。

天亮之后，我选择电话海聊，已经没有时间四处跑局敲门，后来证明那些人也都不在办公室，丫们都在各自被开会着。

我选择和所有的副局长、总工程师聊。事实证明，事不关己的副局长们很健谈。

我依稀记得我以前有电话恐惧症，但是这一次却是电话上瘾症，一上午屡败屡战，越拒绝我越骚扰，甚至打电话去调戏远在美国的市委书记。

肆

最后的稿子还是有很多东西没有表现出来没有想明白，时间多的话，应该和规划院的总工坐着好好聊聊这几年株洲的城市建设如何畸形发展。

也应该可以找一些专家聊聊，中国大部分城市都是走这样的发展道路——一开始仰赖国道省道发展，几年之后开始建环线，城市发展版图重新布局。

株洲就是个交通城市，所有的发展都环绕交通展开。就这么一个重视交通的城市，最终因为城市规划没有远景，把不满 15 年的国道高架桥拆除，最终导致闹市塌桥。

这个城市完全可以作为一个中国式规划的样本来描写：90 年代盲目

改道，周边的产业随路而兴。2000 年之后，周边产业成熟，道路却反而制约其发展，拆桥之声渐起。随后，环线建成，高架桥被弃。

写稿子的时候我在想，还是在采访之前没有想清楚，这个配稿其实没必要和塌桥靠太紧，显得很边缘。完全可以抛开塌桥写不靠谱的规划。

要是采访前想清楚，就应该去找一个在桥边做生意的故事串场，谈这 15 年来这座桥给他的促进制约最终阻碍的改变，把城市发展、市民心态带进这座桥的命运中。

伍

每次稿子都不完满，每次采访都很纠结。

不过是场战斗！

周三天亮（其实是深夜），狼心电话我，赶紧去长沙取证，这是他前一晚反复强调的，我和张鹭觉得他小题大做了。

事后证明，又是一次惊人的判断。

一个老兵的直觉。在第一时间判断出该冲锋，或者该后退守碉堡。

但愿历练能让狼群更敏锐地嗅出猎物和危险的味道。

远去的狼群

在狼群成立的近两年时间里，我们攻城略地，征战四方，荣誉和掌声像雪片一样飞来，狼群连续三年获得了“南方周末年度传媒致敬”之“最佳调查奖”——这是业内公认的中国新闻界的大奖。

狼群还凭借《瓮安事件调查》和《血色乌鲁木齐》获得了 2008 年、2009 年“腾讯网影响中国华语传媒报道奖”，以及 2009 年亚洲杰出出版人金奖、银奖。2009 年年末，北京市新闻出版系统的先进工作者也落到了我的头上。

至少在我的经验和见识里，狼群的战斗力和成长性都是最好的，甚至可以说超出预料。如果再给我们两年时间，它一定会成长为中国最优秀的采编团队。

然而，裂痕恰恰在此时出现。

在离开《中国新闻周刊》近六年后的今天，我依然觉得，在纸媒尚未衰落时，这本杂志是一个很不错的媒体平台。仅仅从名字来看，它提供的舞台就是 360 度的。即使是拥有 28 年历史、曾经一纸风行的《南方周末》，也没有如此大气。

但对于《周刊》编辑记者而言，他们生活在一个极其狭小的空间之中——这并不是只做新闻的空间，而是一种气场。举个最简单的例子，狼群需要配六只比较好的录音笔进行暗访，每只大约是600元。我为此打了三次报告，在半年之后，录音笔买来了，是最差的，每只200元——你可以想象它的偷录效果。

录音笔事件绝不是最极端的。这样的事情几乎每天都会发生。再举个例子，有位同事出差，因为规定是五天回，因为调查艰难，去了七天。那两天的“差额”费用，是他自己埋的单。

还有更深刻的管理问题……或许你会追问“为什么”？我只能告诉你：你懂的。

我不愿意详细回溯那段狼群解散的岁月。在大约三个月的时间里，《中国新闻周刊》共有一名执行主编、两名副主编、至少20名编辑记者离职。

晓舒、冬雪、张鹭去了《财经》杂志；刘刚去了《新京报》；王刚、华蕾去了《南方周末》特稿部；王婧回广东结婚，留在了《新世纪周刊》华南记者站；蔚然和赫然因为毕业分配需要户口，但周刊又不能解决这个问题，一个留在中新社政文部、一个去了中国气象局。只有刘炎迅留了下来。

送走这些小朋友，我觉得我也应该走了。

记得吃散伙饭的那天晚上，在广渠门上空，漫天乌鸦——这是我最讨厌的一种鸟，聒噪。在饭桌上，我们什么都没说，也没有喝多少酒。小狼则哭得一塌糊涂。此后两年，狼群的人再没有聚齐过。

有时候，我会有一种把狼群再次召集起来的冲动。但这种冲动很快会被压制住——你不能奢望，所有的人还保持着当时的激情。所以，还是把最后一个美好的印象永远留在记忆中吧！

新的开始

但那个曾经的梦想一直留在我心里，难以磨灭。2012年5月，我带着它来到了搜狐，任新闻中心总监。我把狼群的经验拿出来供同学们分享——在北京“7·21”暴雨之后，筹建了新闻中心突发事件处理小组。

“我们重新开始！”在小组成立的例会上我说。于是，“Living for news”的精彩继续。这正如同小狼离开时对我所说的：“如果所有的人依然对新闻激情澎湃，即使不聚，狼群仍在。”

于是，新的故事开始了……

第一章 狼群，重现“7·21”暴雨

文｜吴晨光

“春台：在我新闻从业的14年里，鲜见此类情况——一个晚上，同时出现了两件重大新闻。而在操作中，我开始感受到了门户网站的力量，并总结出一些报道模式，这周的工作汇报主要围绕这些问题……”

以上文字写于2012年7月末，是我给搜狐网前总编辑刘春（因为他此前在凤凰卫视任执行台长，我们习惯叫他春台）工作报告的节选。一场暴雨在此前一周突袭北京，让这个城市付出了惨痛的代价——包括让人至今难忘的、淹死在广渠门桥下的那个中年男子。而政治上的暴风雨也震惊世界：就在北京公布“7·21”特大自然灾害死亡人数的当晚，薄熙来妻子薄谷开来因涉嫌杀人被立案调查。

关于搜狐网如何报道薄案的故事，后面会有一章专门讲到。这篇“回忆录”主要是追溯“7·21”暴雨的处理过程，以及搜狐新闻突发事件处理小组的成立。既然《中国新闻周刊》无法实现“狼群”的梦想，那就让搜狐实现吧！

雨一直在下

雨一直在下，编辑部的气氛还算融洽。2012年7月26日晚，我将新闻中心所有人员召回办公室，因为一个重要的信息——此次暴雨中的死亡人数即将发布。

其时，我出任搜狐新闻中心总监已经两个多月。原创、策划及栏目的改版基本完成，原有的十多个栏目被整合为五个，包括后来成为搜狐品牌的《点击今日》《数字之道》《新闻当事人》。“做信息的减法、思想的加法”，这是我在改革之初提出的口号。此前，门户网站非常重视“海量”，但在信息过剩的时代，海量有时代表着眉毛胡子一把抓。事实上，编辑需要给用户更精练、更有价值的信息。

两年半之后一个酒局上，新闻中心某同学提起了当时的一篇稿件。“把新闻当事人做成新闻当事狗，这是很牛逼的事。”他说。当时，搜狐新闻组独家采访到了房山区的一条义犬，滔滔大水之中，它帮人们寻找失落的物品，并叼回岸上。一位很有才情的值班编辑为此稿起了推荐标题：《房山救灾金毛犬：吃狗粮　干人事》。

这次暴雨是一个非常好的练兵机会。采访组、图片组被派往重灾区房山，殡仪馆里的遗体处理也是我们重点关注的，时任图片编辑的某男采访之后，被吓得晚上不敢上厕所。最后，是一个女生陪着他进行了“人生的放松”。评论组负责约稿，《每个生命都值得我们尊重》在公布死难者数字的当晚发出。值班组、专题组作为新闻中心的核心团队，负责收集每个部门的优秀作品，并将版面提前准备好，只等数字公布。

我亲自调整着版面的逻辑、结构，并斟酌每一个标题。当时真是心怀忐忑，这毕竟是我来搜狐后第一次面对重大突发事件。我曾试图找一些参考，但此前搜狐虽然做了15年新闻，对于重大突发事件的积累只有语焉不详的一页纸。

既然没有标准，就从我开始吧！77人的死亡数字终于公布了，此前准备好的版面在这一瞬间发出。

首页的PK

这组版面，节选于2012年7月26日晚8：00左右，是搜狐新闻首页与其他门户网站新闻首页的对比（如下页图所示）。

如果从版面上看，有几个核心问题：

（1）规模。为什么搜狐的规模最大？道理很简单——这个事件关注度够高，值得用如此大的版面来承载。从最基本的信息判断：死亡77人，不少；且事发中国首都，地点的显著性极高。而在这场暴雨中，又出现了北京广渠门淹死人这样的极端事件。

搜狐：

哀悼！北京7·21特大自然灾害77人死亡

最新：[遇难者名单公布][其中66人确认身份　11人未确认]

死因：[溺水46人　触电5人　房屋倒塌3人　泥石流2人　遭雷击1人]

分布：[五环路内6人　其中核心城区1人　房山区38人　通州区3人]

官方：[重灾区山地多　死者搜寻难度大　承诺绝不隐瞒死伤数字]

背景：[公布遇难者人数需经过DNA鉴定　无名遗体需与家属比对]

评论：每个生命都值得我们尊重

[“死难者”不是冰冷的数字　公布遇难者名单应成为国家习惯]

策划：在灾难中学习　在灾难中反思

预警：[专家：北京预警不够及时全面　灾难预警后行动更重要]

硬件：[排水标准仅三年一遇　发展滞后　明代团城无一积水报告]

对比：[台风袭香港无死亡　预警及时][深圳取消交通违法处罚]

自救：[车内溺水可用头枕撬窗][积水点分布图　应急避难场所]

新浪：

北京特大暴雨灾害已致77人遇难

[66人确认身份　搜救工作仍继续　遇难人员发现地分布图公布]

[暴雨当天预报与实际差一量级　组图：溺亡司机追悼会举行　滚动]

网易：

北京暴雨确认77人死亡　悼念　专题

66人身份确认｜46人溺亡｜房山38人遇难｜官方：遇难人数不会再有大增

北京暴雨灾害募款超6 000万元｜官方称今后将对市民发极端天气预警短信

凤凰：

北京7·21暴雨已77人遇难　66人确认身份

五环路内死亡6人　房山区死亡38人　46人溺死

腾讯：

北京暴雨遇难人数上升至77人

[河北32人遇难20人失踪][未来两天全国多地大到暴雨]

[北京募款超6 000万　领导捐22万][现场图：广渠门等雨]

京港澳高速150位农民工救起182名被困者

[暴雨袭击天津　主城多处被淹][组图：城区成泽国][自救指南]

（2）逻辑。在各门户网站中，只有搜狐使用了“标签”。很显然，这样做更清晰。在我来搜狐新闻中心之前，要闻区一个最大的问题就是缺乏逻辑，胡子眉毛一把抓。

一个突发灾害，人们最关注的是什么？肯定是死亡人数。其次应该是一些故事和细节。再次是事发原因和背景。善后处理结果也是公众关注的。按照这个逻辑排列版面，再用标签，一目了然。

（3）态度。“哀悼”——之所以把这个词放在开头，表明了搜狐新闻的态度。而《每个生命都值得我们尊重》，也是人文关怀的传达。还包括其中信息的选取，很多都是围绕死者，因为我们知道，人的生命是最宝贵的，远远胜于财产损失。

以前，门户网站以转载为主。但没有价值观的媒体一定没有生命力，就如同人缺少了灵魂一样。

（4）原创。在这个页面之中，有两个原创策划类报道，一是《每个生命都值得我们尊重》，二是《在灾难中学习 在灾难中反思》。如果说，占门户信息来源99%的版权采购是“画龙”，那我们的原创、策划一定是点睛之笔，搜狐新闻的核心竞争力由此而来。

（5）预警。因为提前得到了死亡人数较多的消息，所以做了充分准备——提前准备好页面，成为搜狐新闻中心的一个惯例，一直坚持至今。凡是遇到大事件，都要提前预备好版面。比如在2014年的令计划事件中，为了抢Push，我们准备了三套方案：第一，令涉嫌违纪；第二，令涉嫌违法违纪；第三，令涉嫌严重违纪。按中纪委的口径，我们的客户端第一时间便推送出去。

新闻判断力

在当时给总编辑刘春的工作周报中，还有如下记录。这成为搜狐新闻社会突发事件处理小组成立的铺垫。

（1）大报道可以提升士气。新闻中心需要借着大事件的机会，启动类似北京暴雨这样的“大报道应急制度”。在周四当晚，看到很多同学的微博在说，“我在经历×××”，并且附加上了闻首版面的截屏。这说明，这件事情打动我们这些参与者。

（2）新闻预判断能力。这次我们在暴雨后期判断准确，并有充分准备。但更重要的问题是，不是每一个突发事件都能给我们这么多时间筹备。我们什么时候才能做到一个新闻刚刚发生时，就对其做出相对清晰的判断呢？这一点，有赖于编辑的专业化——对事情背景了解得越多，心里就会越有把握。而现在的问题是，我们的素质达不到这一点。比如说水灾和城市内涝问题，哪个编辑能如数家珍地说出个门道来？

（3）值班组的责任问题。作为新闻中心的核心，值班组应该有调动其他组的能力。但前提是，你的判断需要非常准确，能说到点子上，别人才会听你的。“狼来了”如果喊了几次，或者搞几个南辕北辙，将来你想调动人家，人家也不会来。所以，对值班组要提出更高的要求——归根结底都是新闻判断力。同样，策划、原创、评论等各项业务也需要良好的新闻判断力。

（4）面对重大事件，在人员布局方面，也有一定的提升空间。比如发布死亡人数的当晚，我们留守的人很多，大家做得都很有激情，但有些岗位有些重复。

以上所有问题，都是突发事件处理小组应该解决的。比如说用多少人做这件事情，怎么分工？常态化、程序化，而不是人治。如果把突发事件分为若干级别（特级到普通）、若干类别（天灾、人祸等）的话，每级都对应怎么样的处理模式？每类突发的特征又在哪里？这都是未来一个月新闻中心要讨论的重点。

狼群，再建狼群

说干就干！北京暴雨报道结束之后，我一头扎入对突发新闻的研究之中。凭借在《南方周末》和《中国新闻周刊》的积累——特别是指挥过汶川地震等大报道的经验，我很快确定了在中国经常出现的几类社会突发事件，包括自然灾害（天灾）、安全生产事故（人祸）、食品药品安全、群体性事件、环境污染事件、恶性案件和疫情。

然后是把每类事件再进行细分。比如天灾，其中又包括地震、洪水、台风等；而人祸包括矿难、空难、海难、陆路交通事故等。当我检索了2002—2012年的重大灾难后，我深深感受到，中国人民真的生活在“水深火热”中。

给这些灾难分级则是一项庞大而艰巨的工程。因为此前仅仅是有专业上的参考——比如地震，震级从1级到12级；而安全生产事故，是以死亡人数作为标准。但你在处理新闻的时候，就不能简单以此作为标准。一个发生在太平洋深处的8级地震和一个发生在中国四川的8级地震，根本不是一个量级。我们必须要考虑到死亡人数、地震发生区域、经济损失和震源深浅等诸多指标；而对于同样死亡 40 人的矿难和高铁事故，处理力度肯定也不能相同——前者是专业领域事故，而后者是公共领域事故。

不要说我们很“功利”，新闻就是如此。温家宝总理穿双星鞋是新闻，普通人穿七星鞋也不一定是新闻。

如此艰巨的工作，不是一个人能完成的。从 2012 年 8 月起，搜狐新闻中心的数十人几乎全部投入到这项工作中去。每周一次例会，专题讨论如何更精确地分类分级。2012 年 10 月工作基本完成，本书上编第十二章《重大突发事件处理》的上万字内容，就是这几个月总结的精华。

又一个问题来了：我们应该如何组织人手，让突发事件的处理更顺畅呢？于是，小组的架构被逐步确立起来。此处省略 300 字——如果你有兴趣，扫描文后的二维码，可以看到一个动画片，那只可爱的小狐狸会告诉你，搜狐新闻是如何处理突发事件的。

这个不到三分钟的动画，在无数场合被播放，成为搜狐新闻很好的 PR。其中有一句话非常经典，并延续了我的“狼群”梦想——搜狐新闻突发事件处理小组，代号“狼群”！不，是拥有狼群精神的“小狐狸群”。

我始终认为，请个明星代言，不如让自己代言。在 2013 年“两会”的报道中，我们推出了《三分钟，小狐狸教你看懂“两会”》的动画片，用这个萌萌的卡通与凤凰抗衡——你有吴小莉，我有小狐狸。

“头狼”何在？

一套良好的运营体制保证了突发事件处理小组的成长。从 2012 年 7 月起，每个月小组都会召集一次例会，对上个月发生的事件进行分析，并提取有效资料入库。很快，关于地震、空难等常见灾难的准备已经非常丰满。而在 2013 年冬，在雾霾覆盖北京时，一套关于环境污染事件的处理体系也迅速建成。“对不起，标题被大雾遮住了，请用鼠标点击清除”。这个专题的创意，一时成为业界追逐的经典。

问题发生在 2014 年。搜狐新闻“中央厨房”的改革，建立了一套新的工作方式：以新闻中心为例，被分为生产端和分发端。生产端负责提供内容，而分发端负责在 PC 搜狐首页、PC 新闻首页、弹窗首页、手机搜狐网首页、新闻客户端首页推送优质内容。这个大中心的员工超过了 110 人，如何重新构架突发事件处理小组，成为首要问题。

但几乎所有人都忙于公司大的改革之中，包括我自己。在这种相对“微观”的事情上，并未投入过多精力。这个改革持续了大约四个月，当我们取得了阶段性成功后，突然发现——我们用了一年多才基本磨合成的突发事件处理小组，难以按之前确定的模式操作。

在这里，必须要反思几个核心问题：

(1) 因为新闻生产端和分发端分开，谁来领导这个小组？一旦事件发生，谁来启动处理程序？

(2) 如果按照原有模式，应该是分发端的值班编辑统筹协调小组。但现在的分发端包括五大哨所，有五名值班编辑。如果大家对某个事件的判断不同，听谁的？

(3) 在这种“谁也管不了谁”的情况下，所有问题必然会被推到更高层领导那里。但并不是每一个突发事件都需要总编辑处理，他也不可能有这种精力。

这个问题困扰着搜狐新闻，一直延续到2015年台湾坠机事件。那天中午，我突然收到了老板Charles（张朝阳）的微信：“台湾坠机，怎么我先看到了今日头条的Push?”

愧疚和遗憾顿时涌上我的心头。“拥有狼群精神的小狐狸群”更应该有亡羊补牢的精神。在甲午岁末的最后几天，我坐在电脑前，一边敲击着这段回忆录，一边规划着“新狼群”的构架。这也应该是改革的延续，我们需要与时俱进。

窗外的鞭炮声已经响起，新年的气氛已经很浓。但做新闻就是如此，365×24，没有停歇。这就如同真正的狼群，需要永远保持高度警惕面对残酷的大自然——新一轮猎杀可能随时开始（关于重大突发事件处理新流程，请参见本书上编第十二章）。

第二章 中共十八大 首战凤凰网

文｜吴晨光

如果在门户网站中选出一家做时政报道最优秀的媒体，当属凤凰网。境外媒体的视野以及凤凰卫视的资源让其成为翘楚。“学学凤凰网的风格。”这是2012年春台经常挂在嘴边的一句话。

2012年11月，中共十八大召开。这是中共10年来最重要的会议，以习近平总书记为核心的新一届领导班子登台。这也是我进入搜狐后，首次指挥重大政治报道。

我感受到了凤凰新闻的实力，很多新闻——包括传颂一时的《习近平之路》《李克强之路》——颇有独到之处。在十八大之后，我专门约了凤凰新闻的一位负责人交流业务，“在做这些报道时，我们也很忐忑。”她说。

下面的业务手记写于此次交流之后。和前一篇相比，它比较“硬”，缺乏故事情节。但如果你想知道“狐凤PK”中的纯干货，请耐心把它读完。

优势与经验

搜狐新闻中心在此次报道上的优势和经验可以用16个字总结：人事变局、常识解读、形式创新、稿源拓展。

1. 人事变局。

在最初策划时，报道主题并不明确。后经春台指导，新闻中心将报道重点转移到人事变动中，并围绕这一主题在“闻首四条”做了布局。这一点在十八大闭幕日（11月14日）、常委见面日（11月15日）、十八大报道收官日（11月16日）可以看出：

(1) 11月14日。

十八大闭幕　习近平李克强当选中央委员

现场：[胡锦涛　江泽民主席台就座][2 307名代表和特邀代表出席]

解读：[两委预选昨日结束　差额比例多于8%　详解如何选出两委]

王岐山、刘云山、刘延东、李源潮、汪洋、张高丽、张德江、俞正声当选中央委员

[中央军委副主席范长龙、许其亮当选][“两委”名单产生]

[外媒：中国改革改变了自己和世界　新加坡模式值得学习吗?]

新一届政治局常委明日11时许　公开亮相

[贺国强看望湖南代表：大会后就退出领导岗　但乡情永不退休]

[张德江看望重庆团鼓励要继续加油　张高丽答复19条网友留言]

(2) 11月15日。

习近平当选中共中央总书记　报道集　相册

常委李克强[报道集　相册]常委张德江[报道集　相册]

常委俞正声[报道集　相册]常委刘云山[报道集　相册]

常委王岐山[报道集　相册]常委张高丽[报道集　相册]

习近平：人民对生活的向往是奋斗目标

[接过历史接力棒　一定与人民心心相印　坚定走共同富裕道路]

[必须警醒贪污腐败形式主义等问题　坚持党要管党从严治党]

[自豪不自满　绝不躺在过去功劳簿上　向人民交一份合格答卷]

习近平为中央军事委员会主席

[范长龙与许其亮为中央军委副主席　常万全、房峰辉等为委员]

政治局委员名单　中央书记处成员名单

[习近平、马凯、王岐山、王沪宁、刘云山、刘延东、刘奇葆、许其亮、孙春兰、孙政才、李克强、李建国、李源潮、汪洋、张春贤、张高丽、张德江、范长龙、孟建柱、赵乐际、胡春华、俞正声、栗战书、郭金龙、韩正为中央政治局委员]

王岐山任中央纪委书记

[赵洪祝、黄树贤、李玉赋、杜金才、吴玉良、张军等人为副书记]

中共第十八届中央委员名单公布（205名）

[171名候补委员（名单）　第十八届中纪委委员名单公布（130名）]

大国交接：往届政治局常委亮相那一刻

[胡锦涛十年足迹：亲临震后汶川　温家宝十年语录：爱国情深]

[盘点历届政治局新常委亮相细节　红领带成为多数人选择（图）]

（3）11月16日。

习近平：胡锦涛等带头离任体现高风亮节

[新华网：权力交接日益制度化　港媒：凸显党内民主更加成熟]

[常委从九人减至七人决策更有效率　军报：坚决听从习主席指挥]

[媒体关注习近平接过中国发展接力棒　中纪委新班子经验丰富]

外媒盛赞新常委亮相：向世界展示风采

[新班子三大特点　可用“温和”来形容　媒体抢拍“神秘符号”]

[独家：总书记亮相侧记　19次提人民　图解执政轨迹　媒体封面]

[回望习近平父亲习仲勋：一辈子没有犯过“左”的错误（组图）]

布局中国：十八大前后人事变动总览

常委：[习近平、李克强、张德江、俞正声、刘云山、王岐山、张高丽]

政治局：[25名委员名单　7名中央书记处成员名单][组织结构图]

中纪委：[王岐山任中纪委书记　赵洪祝、黄树贤等8人任副书记]

军委：[范长龙、许其亮任中央军委副主席　常万全等8人为委员]

[205名十八届中委名单　171名候补委员　130名中纪委委员名单]

变化的面孔：回顾政治局常委人数变更

[解读政治局：中共重大决策中心　当选常委一般经2～4届中委会]

[胡锦涛十年：想听听心里话　温家宝十年：许多工作还没做完]

“闻首四条”之外，常规专题及策划也在围绕人事变局发力。在十八大专题中专门开辟了“人事变局”的专区；值得一提的是，在十八大结束当日，我们推出了二级专题《布局中国：十八大前后人事变动总览》。这个专题在16日一天就取得了200多万的流量。

这个二级专题的优势主要在于两点：

其一，把最重要的素材集中起来，而不是把金子散落在沙子里。每个门户的专题中都是人事变动的部分，但集中起来做我们是第一家。

其二，“布局中国”概念的提炼。门户网站已经习惯了搬砖，我们现在做的不仅是盖房子，而且要自己做设计。这种概念的提炼非常适合在今后的常规专题和大报道中使用。

此外，一些策划也围绕人事布局进行。比如“党中央是怎么选出来的?”“中央政治局常委人数变化”等。这些策划在流量和口碑上都取了不俗的成绩。

延伸开来，在新闻中心近半年来的大报道中，提炼主题已经成为我们的核心竞争力。从“北京暴雨：灾难是一所学校”到“奥运非体育”，从“神九飞天：这是我们的一小步，却是人类的一大步”到“香港回归15年：大陆给香港带去了什么 香港给大陆带来了什么”都是主题的胜利。有主题报道可以纲举目张，无主题的就是拎不起来的一坨屎。所以，在以后的报道中，抓主题是第一要点。

而主题的正确与否源于你对这个事件的理解。理解越深，就越核心、越主流，不会发生南辕北辙、舍本逐末的操作。

2. 常识解读。

在此次十八大的报道中，新闻中心的策划报道共20余个，其中主要表现形式包括《点击今日》（话题类）、《数字之道》（图表类）和《名家专栏》三种。而核心内容均是围绕常识所做的。

从新闻的卖点上说，越接近核心事实越有卖点。所以，让核心人物透露核心信息始终是新闻的最高追求。但这仅仅是理论，在实际操作中，核心人物——如十八大中胡温、习李几位最高层领导人——几乎没有采访到的可能。所以，原因、背景、常识就是我们需要经常使用的一种手段——常人的悲欢、常识的力量往往也能把用户打动。

此次常识主要围绕四个点：

（1）人物——比如“中共中央一把手为什么叫总书记”。

（2）机构——比如“解读中央政治局”。

（3）程序——比如“党中央如何搞民主测评”。

（4）花絮——比如“2 000万听障者如何听懂十八大”。

相比而言，涉及人物和机构的报道更受关注——毕竟，它距离公众更近些。花絮也不错。在五大门户网站中，用常识解读十八大我们是独家。

以下便是此次报道中部分常识解读：

数字之道：中央政治局常委人数（弹窗推）

点击今日：中共一把手为什么叫书记?（狐首、闻首推）

数字之道：九常委下团组，各有渊源（弹窗推）

点击今日：聚焦党代会新闻发言人：皆由中宣部副部长出任（闻首推）

点击今日：一中全会到七中全会都在做什么？（闻首推）

数字之道：十八大党代表，万里挑一

点击今日：中央党校：思潮策源地 政治风向标（闻首推）

专栏：

党代会“主席团”起什么作用？

解读中央政治局

“党中央”是如何选出来的？

“党中央”怎样搞民主测评？

党代会与“两会”的异同

3. 形式创新。

（1）在报纸或者杂志的一些特刊中，往往会采用变形的设计来突出特刊之特。在这次的报道中，两首（PC 搜狐网首页，新闻首页）将新一届中央政治局委员的个人简历、标准照放在最重要的位置上，无疑是一种突破。在我们采用这个操作之后，不少网站都开始跟风。

这个创意虽然很简单，但其实体现了新闻的核心。在我们的概念中，新闻是一种创新艺术，包括两个方面——内容创新、形式创新。你需要不断寻找新的报道角度，也需要不断寻找新的表达方式，大到微博、微信，小到我们的这一次尝试，新闻总在变化，唯一不变的就是创新求变。

(2) 制图优势的进一步发挥。这个时代是一个读图的时代，一种是读图片，另一种是读图表。图表新闻已经成为搜狐的核心竞争力之一，而在此次十八上再次被发扬光大。设计组共制图10多幅，包括“党代表选举程序”“常委都下哪些团”等。

4. 稿源拓展。

十八大报道期间，我们大量使用《参考消息》稿源，超过了30篇。其中引起较大反响的有：

(1) 十八大记者赶场采访迷路 五小时逛“大半中国”。

(2) 外媒：十八大进入关键人事酝酿阶段。

(3) 日媒：十八大农民工代表大幅增加。

(4) 十八大观察：中国官员爱穿深色西装。

(5) 外媒：中共平稳有序实现“新老交替”。

(6) 外媒：小记者尖锐提问 代表们友好作答。

(7) 中共新领导人向世界展现风采。

相比于国内媒体的稿件，《参考消息》(简称《参考》) 的稿件有几个特征：(1) 语态不官方——表达平实中立，让人读了很舒服；(2) 视角比较新颖；(3) 里面有不少“料”，比如对中央领导人的评价等。这些独家视角的东西，可能成为我们抗衡凤凰卫视的重要手段之一。

而在十八大之后，发《参考消息》的稿件已经常态化。每天早晨，编辑都会在第一时间购买该报纸，先手敲出来，然后直接上网。对于报纸编辑，中心也提出了三个要求：第一，数量要发够；第二，精编一下；第三，差异化发稿——除了新华网、人民网之外，多找《参考》这样的稿源，争取更多的独家资源和报道。

最重要的一点是，规范不规范只是技术层面上的，核心问题是对所发稿件的风险判断——是否触及了政治底线。在近半年中，我们的策划、原创、专栏无一出现问题——当然，这需要很高的政治敏感和风险判断把控能力。

问题与教训

此次十八大报道期间，有诸多地方不尽如人意。其主要问题表现在两个方面——低级错误、底线判断。

1. 低级错误。

在十八大期间，我们共犯了几类错误，现将其归纳如下。

（1）某值班编辑因业务不过关，乱改标题，触及政治红线。

（2）某值班编辑在代更新“狐首”时，将标题中一位国家领导人的名字写错。

（3）七常委首次亮相当日，某编辑做重要领导人讲话直播时误将其讲话重复粘贴（一段），所幸被中心其他同事发现，未造成严重后果。

（4）某编辑在制作十八大中央委员名单专题中，将新出来的名单跟2007年名单对比，忽略了三个候补委员；另外有两个委员都叫王国生，一个新当选，一个卸任，误以为是同一个人，没有进一步去核实，放在了留任名单里，缺乏基本的政治常识和求证精神。所幸被中心其他同事发现，未造成严重后果。

综合分析这四个错误，可以分为两类：后三个可归为一类——主要原因是编辑责任心不强所致，需进一步加大处罚力度，增强其责任心。第一个错误则是老问题：乱改标题。该责任编辑称：触犯政治红线的标题是因为稿件中第一句话如此，便用其做了标题。这表明对于文章内容，该编辑并未通读理解。这种为博眼球断章取义做标题的做法，恰恰说明了互联网新闻的浮躁所在——在流量的压力下，不是扎扎实实练内功，而是搞一些花拳绣腿、哗众取宠。也正因为这样做见效快、成本低，所以在新闻中心能够大行其道。在最近半年中，主管部门几次大力处罚基本都源于此——而这也恰恰是目前中国社会的写照，浮躁的人们更愿意通过“捷径”走向成功——既然学历能复印，为什么还要上四年学去拿一张纸？

针对此，新闻中心制定相关规范，在制度层面堵塞其中漏洞。此外，引进人才、加强培训是当务之急。

2. 底线判断——保守或者不保守的前提都是能准确判断。

有几个报道，至今想起来还是比较遗憾。我们的策划固然很多，但缺乏人味。此外，一些比较吸引眼球的报道如“老同志图集”，因来源于非规范稿源被拿掉了。现在回想起来，还真不是稿源的问题，核心问题在于图片拍摄的是不是符合他们的形象。如果他们的形象都是健康向上的，又有什么可怕呢？

艺高人胆大。因为不知道水的深浅，所以不敢跳。所以关键还是通过各种方式，提高新闻中心同学对时政的理解，尤其是对底线的把握。由此我们狠下工夫，引进人才也好，内部培养也好，在半年之内，把新闻中心时政报道的水准提升了上去，也为下一年打好“两会”这一仗打牢了基础。

他山之石

十八大报道中，凤凰表现不俗。如果对比两家网站，凤凰可以评 80 分，而搜狐可以得 70 分。这 10 分的差距，不是天壤之别，但也有相当长的路要走。

总体而言，凤凰的优势表现在三个方面：以人为本、重点突出、资源优势。

1. 以人为本。

先看两个例子：

（1）梁稳根回应进中央委员会传闻：捕风捉影别有用心（凤凰）。

梁稳根：党员找对象更容易　我的财产生命都是党的（搜狐）

对于梁稳根这匹十八大的“话题黑马”，凤凰将新闻点做得很足，加粗的标题抓住了话题核心。相比之下，我们将找对象的点做到了大标题，另外两个更重要的新闻点却没有组合展开。

（2）这是凤凰首页最厉害的一个头版：

温家宝：今后五年有三件事情重大而迫切

- 胡锦涛李源潮参加江苏代表团讨论　网上舆论关注　专题
- 外媒询问中共领导人选举过程能否更公开　中组部回应
- **中组部：2011年底内地公务员702.1万　记者会实录**
- 汪洋：改革开放是党的战略抉择　所有党员都是改革者
- 张高丽：努力做好工作　让群众感受到是人民养育了我们
- 俞正声：我夫人已经“裸退”只要中央决定愿公开财产
- 孙政才主动提出给境外媒体提问机会　称不讲官话
- 胡春华：处理群体事件非铁板一块　该硬就硬该软就软
- **黄奇帆：重庆经济已摆脱薄熙来案影响**
- 内地10月CPI同比涨1.7%　创33个月新低
- 万里之子谈父亲：2002年看望病重习仲勋与其激动拥抱
- 辽宁航近日或再次出海试航　舰载机准备起降试飞
- 王光亚：中央坚决支持梁振英　望香港各界一样支持

结合此前他们对于习近平和李克强两位领导人的报道，我们发现：对于人的理解，凤凰比我们更到位。我们只关注了人事变动，而凤凰不但关注变动，更把人的经历、性格、观点做出来——让这些中央领导人走下了新华社的“神坛”，走到了公众身边。总结而言，大致有如下几个特点：

■ 采访路径清晰。结合已有资料和报道，两位领导人的足迹很容易整理出来，从出生地、重要生活地点（如习在陕西待过的生产队）到从政工作过的各个地方，记者设计好路线后，沿路探访即可。

■ 突破难度低。在实际采访操作中，记者避开了必定态度谨慎甚至会找麻烦的当地政府，也没有选取说话刻板的官员，而是采访老干部、与领导人接触过的普通人、采访过领导人的当地媒体人，从而还原了当年细节。

■ 历史资料丰富。记者实地探访了多地的纪念馆、图书馆，翻阅旧报道、图书史料，对采访形成补充。如记者在浙江省图书馆找到署名习近平的书《之江新语》，其中收录了习近平以“哲欣”为笔名、在《浙江日报》“之江新语”栏目发表了四年的评论，以独家资料的形式表达习的观点。

■ 风险系数低。确保安全——仔细分析凤凰网的原创稿件便不难发现，他们几乎从来不做批评地方政府的调查类稿件，也不做可能招致反感的社会敏感类话题，而是擅长使巧劲儿，利用凤凰卫视资源及常年做时政报道的经验，操作低风险选题。如此次走访领导人之路，两条稿件细读起来，并无任何雷区。这种做法与《南方周末》类似。在10年前胡锦涛上台时，《南方周末》在头版头条发表了《他们眼中的胡锦涛》（记者邓科）——用胡的同学、朋友对其的评论写出的文章——这是媒体第一次如此报道党和国家领导人。

2. 重点突出。

凤凰主推的策划其实很少，只做了《习近平之路》《李克强之路》这两个，都是建立在自采稿件的基础上完成的策划专题。他们将大部分的精力放在了对核心内容的整合上，也就是对人事资料的处理，譬如解读中央委员，解读政治局委员、中纪委、军委、书记处的多个图表页面，做得非常专业精致，有图有简历，显然是有备而来。

对于制作七常委的个人专题页，我们和凤凰都想到了，但是比较后会发现凤凰的内容要强于我们。另外凤凰还专门做了一个常委履历的电子杂志，非常不错。

经过我们的了解，凤凰新闻中心的人数远少于我们。他们一是强调专业背景——国际政治专业在这里最受欢迎；二是，他们更善于集中优势兵力重点突破。《习近平之路》、《李克强之路》是三名记者组成员用了两个月的时间搞定的，此间他们没有做任何其他报道。相比而言，我们往往贪多，分散了兵力。事实上，做 1 000 篇平庸的稿件，不如做一篇有影响力的稿件。

3. 资源优势。

凤凰卫视独家内容的运用，很多是我们干着急的。比如“独家点评：胡锦涛开创领导人到站下车首例”“媒体见面会上习近平李克强挥手 其他常委点头示意”“独家点评：由政治局、书记处组成可窥测未来职务变动”等。根据我们的统计，在十八大期间，凤凰卫视的报道每天 3～5 条，几乎每条都能打在点子上。

对于凤凰的这个优势，目前搜狐更多的是采用《参考消息》＋独家策划抗衡。正如上文所言，《参考消息》的料还是比较足的，关键是我们如何使用。对于策划报道，凤凰的最高领导人之路稿件给了我们很好的启示。

第三章　2013年“两会”：你有吴小莉　我有小狐狸

文｜吴晨光

在2013年“两会”上“大换届”——这是10年来中国最重大的政治事件，没有之一。面对十年一遇的大新闻，亲，你不兴奋吗?

1. 筹备。

“两会”的准备工作从中共十八大后就开始了。那场中共高层的大变局给搜狐新闻带来了太多的经验和教训，也让当时刚进入门户网站半年的我体会到了门户的能量和魅力。

不打无准备之仗。2012年12月25日之前，新闻中心就拿出了第一版方案，并和销售部开了第一次联席会议。虽然我没做过销售，但明白大项目的推广期对广告意味着什么。客户再有钱，也有一个审批过程——就像你想从家里的存折上取出10万元钱，需要事先和老婆打招呼一样。

2. 主题。

这次“两会”的核心之处在于换届。当选了全国政协委员的春台在去“参政议政”之前，千叮咛万嘱咐要抓住这个主题。既然是换届，主题用“中国再接力”再合适不过了——我放弃了“中国梦”之类的主题，这个概念肯定被用滥了。

阿波——中心的设计总监——将设计图中的跑道移到了长安街上、天安门与人民大会堂之间。这是一个几乎所有人看了都赞的创意。接力，从此开跑。

3. 逻辑。

十八大给我们最大的经验就是报道的逻辑和结构。“两会”内容丰富，用一个大专题难以承载。所以，我们按照搜狐时政报道的三级结构“大专题—子专题—策划（文章）”进行了布局。“中国再接力”下面，规划了 17 个子专题，其中“国家换届”“部委重组”和“人民权利”为三个重点。

春台提出的“大国总理”成为此次子专题的最亮点；顾问马昌博提出的“军方声音”“洋眼看会”和“微观两会”等，则成为搜狐的独家利器。

在当时的环境之下，H5 页面并不流行，而移动端的新闻也并未像现在一样发力。但到了 2014 年，我们同样用了大专题带子专题的方式表现“两会”，就不像一年前那样尽如人意——一是 2014 年“两会”的重要性不够；二是大量的新闻产品出现，诸如 H5 页面。所以，了解媒体发展形态并将其运用到实践中，是一个优秀传播者必须把握的技巧（本段补记于 2015 年全国“两会”前）。

4. 常识。

《常识》栏目始于中共十八大，在“两会”得以延续。它的魅力在丁，当有些事件非常复杂或者不好直说的时候，我们无法穷尽真相，就可以用常识的方式给出最基本的解释；此外，告诉大家一些常识——比如如何选举人大代表，是对中国民主进程的推进。

30 岁时，你一直梦想做一只雄鹰；现在，觉得一只蜗牛也挺好。望着蓝天，一步一步向上爬——这就是常识的力量。

这一次，根据公开资料，搜狐新闻解读了《主席和总理谁管谁》《总理的权力有多大》等。此外，我们的动画《三分钟，小狐狸教你看懂“两会”》给 30 万网友留下了深刻印象——常识，一定要做得非同寻常。

5. 政要特稿。

本次对于“两会”的报道中新闻中心表现最优秀的一个部门当属记者组（现全媒体采访部）。他们用一系列政要特稿证明了自己存在的价值：习近平特稿、李克强特稿都换来了 400 万 UV（网站独立访客）。点击文章，你能体会到一种时光流逝、沧海桑田的感觉：那些当年饭都吃不饱的知青们，开始掌控中国的命运。有《南方周末》资深编辑评价：这两篇稿子即使放到《南方周末》鼎盛时期，依然不多见。

三分钟，小狐狸教你看懂“两会”

6. 协调。

我觉得最明智的一点就是在 2 月下旬组织了一次部门协

调会。那个下午，春台出差在外，授权我召集这次会议。50多人挤满了八层会议室，主要是新闻中心编委会及时政报道小组成员。

首先要协调的是总编室，它是渠道商，要对产品进行推广——酒香也怕巷子深；其次是各专业频道——财经、教育、健康，它们做的东西，新闻中心就不用再进行重复劳动了；再次是销售——我们在这次会上又推出了很多新产品，比如几个重要的子专题，为“两会”销售破千万奠定了第二块基石；最后是市场部——感谢其对“两会”内容的品牌推荐！

作为新闻中心，也会毫不犹豫地推广各频道的精彩内容，哪怕自己的流量丢失些；否则肉最后都烂在锅里。

7. 开战。

订了12层的新闻会议室做指挥部，要了一辆采访专用车跑来跑去，包了中国地质大学（那是温总理的母校）会议中心的一个房间休息。同学们，准备好了吗？

3月3日，开战。不破楼兰终不还！

8. 序盘。

我从高中时开始下围棋，（曾）拥有业余二段段位（不过好几年没摸棋，现在估计是负二段水平）。一局围棋大约分为三个阶段：序盘（布局）—中盘（绞杀）—尾盘（官子）。

以“中国再接力”专题的气度、逻辑和细节，搜狐新闻在序盘阶段表现不俗。尤其是小狐狸动画闪亮登场——这是为了对抗凤凰名人而准备的一张牌：“你有吴小莉，我有小狐狸！”

这个简单的动画，成本两万元，换来了30万UV——搜狐的品牌被传播了30万次。

9. 刺刀。

3月5日的“两会”是第一个高潮——温总理最后一次做《政府工作报告》。我们请了三位专家到搜狐现场解读，凤凰请了一个。其他三家没请人，就一个直播页面。

但当天早晨，我们的解读页面竟然晚出了40分钟。而凤凰首页上面是直播、下面一条就是解读。一个同学跑过来问我，专家的名字就不打上去了吧？

我彻底无语了，为什么要让专家隐姓埋名？搜狐新闻，最需要树立一种舍

十年总理“1”瞬间

我其谁的自信。网站的编辑们，不自信太久了。

当晚，有人给我电话说，你们缺乏拼刺刀的勇气。其实，你们准备很充分。我对编辑们说：别怕，狭路相逢勇者胜！

10. 中盘。

带着一点点遗憾，“两会”报道进入平淡期。搜狐策划和原创的优势凸显出来：一天一个常识，一天一个“中国式烦恼”，一天一个新闻人物——比如92岁红袖箍老太要保卫天安门；尤其是两天一组经典图片策划——比如“十年总理‘1’瞬间”，将原本平淡无奇的新闻变得有声有色。

11. 变局。

“两会”第四天，三件大事：一是渐入佳境的“国是”，二是外国总统崩殂——委内瑞拉前总统查韦斯因癌症死亡，三是长春婴儿悲惨离世。

清晨6点醒来，我抱着iPad，寻找当天的新闻点。当时，新闻中心已经为查韦斯紧急启动了二级突发——如果从重要性来说，前两者远远大于第三者。但一个直觉告诉我：要做第三个新闻，而且要大做！

于是，“查韦斯之死”被降为三级，婴儿离世的专题被定为二级。事后证明：反对手之道而行的决策是多么正确！

我们打出了一个概念：搜狐新闻，关心国事，更关注普通人的生命。

12. 陋习。

惊喜不断，问题也是多多。每天醒来之后，打开大专题，一堆乱七八糟的东西就会出现。编辑可以在《会场明星》栏目里发出四条观点稿件，也可以把“中国姿态”变成“中国没姿态”。常识性错误接二连三，政治敏感度基本等于零。

我在不停地说，不停地强调，以至于自己都感觉自己太无聊了。到“两会”快结束的时候，终于好些了。一步一步往上爬，真的很艰难。

13. 民主。

每天早6点起床、晚11点睡觉，无数次反复地挖掘、修订、解读、总结，构成了“两会”15天的生活。日子过得很快，政协会结束了，春台回到了公司。

同学们都说春台的皮肤比之前白了，我也感觉如此。十多天“不见天日”，想不白都不行。在总编辑例会上，他讲了政协委员的讨论，特别是围绕“民主”。我突然想到一个问题：我们如此大做特做“两会”报道，意义究竟在哪里？搜狐的报道能够真正推进中国的民主进程吗？

那天晚上，回到地质大学会议中心时我突然发现：小草抽芽了。

14. 决战（第一天）。

大决战的日子终于到来了。“两会”报道进入了最核心也是最有看点的时期——人事变局。如果把整个“两会”看成解放战争，那么人事变局的头一天相当于辽沈战役。

对于这一仗，我一直是心怀忐忑。十八大期间，凤凰网的两颗重磅炸弹——《习近平之路》和《李克强之路》——抢了无数风头。之后在总结时我写到了凤凰的几个优势——资源优势（卫视）、名人优势（吴小莉等）、挖掘优势（独家新闻点），以及重磅优势。

在2012年12月，搜狐新闻中心便派出了若干记者，寻访习近平那张经典旧照，以及李克强的几位老师，并形成了两篇非常优秀的特稿。但在人事变动第一天，我们的独家利器其实是李源潮的专题。

非常佩服春台看到这个独到的新闻点。结果这篇稿件成为五大门户网站中唯一的李源潮专题。晚上有很多同行给我打来电话，说搜狐的表现堪称“惊艳”，有人说颠覆了他对门户网站“搬砖工”的认识。

15. 决战（第二天）。

大国总理专题上线——这也是春台的思路。

李克强独家特稿上线。

16. 决战（第三天）。

大国总理专题再发，解构了国务委员的级别，重新包装了“常务副总理”张高丽的特稿。另外，常万全、王毅、李斌、周小川、楼继伟的报道，每一个都是人物专题。在此要特别感谢财经中心提供的报道——兄弟齐心，其利断金。

我们还挖了一个新闻点出来：周小川超龄留任。其标题是《老将再出马：65岁周小川留任央行行长》。我接到了他身边人的短信：谢谢你们的关心。

当天晚上，我给新闻中心所有人发了邮件：不到最后一刻，不要放松神经。政治安全就像一把达摩克利斯之剑，每一秒都悬在搜狐新闻的头上。

17. 总理。

3月17日，持续15天的“两会”终于落下帷幕。李克强总理召开他的首次记者招待会。

包括顾问马昌博在内的两位专家来到搜狐演播室，对发布会进行现场解读。在新闻首页头条，我们打出了“独家即时解读”的概念。而在这个关键时刻，我们独家提出了“克强 Style”和“克强微笑指数”的概念。

18. 收官。

全国的“两会”　搜狐的视角

再接力，转型的中国奔跑在复兴路上。
感觉常人的悲欢，感受常识的力量。
这里有漫天雾霾，有炫丽海报，
也有风流人物的清晰影像。
看搜狐新闻，记录历史，洞见方向。

我写了一首小诗，放在闻首最醒目的位置上。红色的字（指上文下划线部分。——编者注），都能点击进入——每一个词链接我们一个主要专题或者策划，旁边配了 flash 特效，推介我们的专题。在门户历史上，恐怕没人这么做过新闻——这就是小狐狸的独舞。

搜狐网评同时推出：中国再接力，有你一棒。

19. 后记。

2015年3月3日，全国“两会”再次召开之时，我翻出了这篇文章。一晃两年，但往事历历在目。今天的媒体竞争已经从两年前的 PC 端转移到移动端，当年备受推崇的专题也被流行的 H5 页面代替。

搜狐新闻在2015年“两会”上推出了新产品《启明说“两会”》，这是央视名嘴邱启明加盟搜狐后的首秀。该节目以视频脱口秀的方式推出。这是搜狐新闻的又一次创新——什么都在变化，唯创新不变。

附 搜狐新闻2013全国"两会"期间推出的专题、策划汇总

类型	名称
【一】专题及策划	
大专题	中国再接力
子专题	大国总理 国家换届 部委重组 人民权利 洋眼看会 军方声音 两会海报 两会面孔
部委子专题	铁道部 计生委 广电总局与版署 国家海洋局 发改委 国务院机构改革方案一览
常识类	小狐狸教你看两会 揭秘人民大会堂的生财之道 招待两会代表：政治第一效益第二 台湾团怎么开会? 领导人参加哪个代表团? 究竟有谁在投反对票? 领导人全身而退，赞!
合作常识	壹读：新鲜的中央政府 看天下：消失的部委 常识汇总
两会观察	主席台上的七级士官 解析中央军委 "议政堂"里迎"三八" 部委改革后，部长去哪了? 中国特色的民主细节

纳税人烦恼	公车改革者的烦恼：八年支持寥寥 买车摇号难，难于生宝宝 报告政府：我真的未婚！ 潘石屹的烦恼：空气太脏 从乡村回到乡村：读书无力改变命运 中国式烦恼：中等收入者的恐慌
纳税人烦恼	小小轮转医生：廉价劳动力 孩子入户妈妈须先上环 下岗工人的养老梦 户籍证明难办，找萝卜章？
发布会	政协发布会 全国政协十二届一次会议开幕会 十二届全国人大一次会议新闻发布会 2013 年《政府工作报告》 专家解读《政府工作报告》 发改委记者会 外交部发布会 两高工作报告 国务院机构改革和职能转变方案 中编办记者会 民政部记者会 央行记者会 “医药卫生体制改革”记者会 环保部记者会 人大闭幕＋习近平讲话 李克强记者会 解读李克强记者会
人物相关	温家宝十年感谢了谁？ 温总理有话问人民 被总理改变命运的人 10 年间温总理亲临现场的重大灾难 傅莹：这个发言人很“女生” 李源潮 张高丽 人物汇总
两会大考	谁是外媒眼中“五朵金花”？ 政协委员彭丹除了胸还有啥？

两会资料	历任国家主席、副主席名单 历届全国人大常委会委员长名单 历任国务院总理名单 历届全国政协主席、副主席、秘书长、常委名单

【二】评论及专栏

原创评论	别了，铁道部！ 中国进入“法学家治国”时代
两会常识	国家主席能领导总理吗？ 中央政府是如何运作的？
名家专栏	总理的权力到底有多大？ 高官如何“退居二线” 日本如何看中国两会
评论集纳	会风转变，两会有新意 新老领导人握手 权力正常交接 农民工“临时夫妻”需要关爱

【三】人物特稿

新委员赵本山首亮相：提议打造美丽乡村

两会民间志愿者：“红袖标”传奇

傅莹：从传奇外交官到人大新闻发言人

汪洋网事：与网民同行 受人民爱戴

待命者汪洋：数十年身体力行“解放思想”

盛光祖：铁道部的最后一任部长

李源潮：当官要有敬畏心

王岐山：从银行家到中纪委书记

习近平：从这里走向中国

李克强7位老师：博士总理的授业人

李克强：博士治国 民生为先

期待王毅再破冰

李斌：冲破“女性高官天花板”

第四章 薄熙来案报道 底线在哪里

文｜吴晨光

一个身着白色衬衣、神情落寞的“老帅哥”被带上了法庭。他的身上贴满了标签——红二代、少年得志、枭雄、绿帽子、唱红打黑、一记耳光……他曾经风光无限，但最终难逃阶下囚的命运。

2013 年 8 月 22 日，全世界的目光集中于中国济南中级法院。前中共中央政治局委员、重庆市委书记薄熙来，在此接受了为期五天的公开审理。这是中国改革开放以来第三个落马的政治局委员。而他的落马对于前行中的中国又有着特殊意义——“重庆模式”，究竟结局如何？

此时正逢搜狐内容部季度主编会召开之际。时任总编辑的春台率队外出，我留守公司，代替总编辑指挥了这场“世纪之战”。以下手记写于 2013 年 8 月底，这是我在搜狐的职业生涯中最辉煌的一刻。

1. 薄案报道，媒体之争集中在三个层面。

其一：底线——这是 10 年来最敏感的新闻题材，判断好底线的“边际”在哪里，是一切一切的前提和基础。政治底线，就是媒体的生死线。不过生死关，其他全是扯淡。

其二：思路——如何不踩底线地把舞跳好，而不是像某些无能的媒体一样，老老实实做习惯动作？输了思路，就输了读者、输了市场。搜狐新闻此次的胜利，就是赢在报道思路上，尤其是策划方面敢出奇兵。

其三：格局——薄熙来报道最终还是格局之战。这里的格局，一是指对案件本身理解的格局；二是指对媒体形态理解的格局。特别是第二点，如何把搜狐拥有的两屏（PC、手机）两端（图文、视频）这四维空间发挥到极致，是此次大报道中最需要总结的东西。

2. 报道要体现价值观。

当然，搜狐不能满足于在这样一个重大事件上只做花边新闻。所以，搜狐网独家社论《薄案检讨：反市场经济只能进死胡同》是本次报道中价值最大的发声，推进市场经济亦是搜狐倡导的价值观。

另一篇独家社论《薄案公开审判　燃法治新希望》也是搜狐网历史上里程碑式的稿件。薄是人治的代表，所以，让他接受公开审判意义非常重大，而搜狐社论恰恰阐明了这一点。

3. 有一线希望和空间，就要做100%的努力。

正因为新闻中心在此前连续三天召开筹备会议，而且薄案的专题、资料足足准备了小半年，才有如此丰富的内容呈现。最关键的是，我们意识到了可能直播。

更重要的是，要学会取舍。舍得，有舍才有得。面对这样一个大报道，有很多东西都是可以放弃的。这是真正的十年一遇！

4. 打造核心竞争力。

微博直播是这次报道的必争点，而新浪网具有天然优势。但这种优势——或者说核心竞争力——容易被效仿乃至全盘克隆。所以，在培养搜狐的媒体核心竞争力时，一定要避免很快、很容易被人家抄走。

那么，什么东西抄不走呢？除了那些独家策划之外，搜狐新闻独到的气质是别人难以效仿的——比如语态、角度、高度、深度，尤其是我们的价值观。

5. 在专业领域刻苦钻研，厚积薄发。

搜狐新闻在一年来培养的独家策划能力、原创评论能力，在这次大报道中发挥得淋漓尽致。这应了一句话：厚积薄发。只有能在自己的领域中刻苦钻研者，才能成就大器。

就这些策划本身说，一个是选角度、找细节——比如薄熙来“OK”手势的解读、他不穿囚服的解读，还有一些是体现综合和高度的东西——比如“高官的婚姻”等；另一些则属于在安全前提下的信息增量——如“英国大忽悠尼尔·伍德小传”。

牢记一点：在重大事件中，策划也要抓速度、打“小巧”。比如这次的“贪腐金额的零头怎么算出来？”如果按照常规，做这样一个《数字之道》栏目需要2～3天，但这次只用了5个小时——一个是提高了速度，另一个是简化了内容。在这种关键时刻，首先要占有资源、提供信息，其次再考虑精益求精的事情——这就是网站和杂志的区别。

还有一点，此次报道，最初只准备了两天的庭审报道。但谁也没有想到，原本的100米变成了马拉松。所以，根据新闻随时调整节奏、根据新闻点做新判断非常重要。简而言之，一是充分准备，二是随机应变。

6. 重大事件，搜狐一定要到现场，哪怕发不出稿子。

这是搜狐媒体影响力的体现。事实证明，搜狐新闻在现场拍摄的图片还是给了读者一个惊喜。

而在无法突破核心当事人——诸如此案主审法官——的情况下，要学会资料写作。资料写作的核心是要先阅读大量素材而后吃透，让资料在记者的头脑中发生“化学反应”而非“物理反应”。而一些能够采访到的细节可以用在文章中作为点睛之笔，比如，此次主审法官在法庭上的表现，作为导语运用就非常吸引人。

7. 集中优势兵力打大仗——这也是多次大报道中总结出的铁律。

面对薄熙来案件，其他新闻已经无法引起读者的关注，所以，不需要花费任何精力。停掉航拍“最牛别墅”拆除是最明智的选择。

此外，其他频道需要根据此案选择自己的角度，尤其是历史频道——新闻中的历史、历史中的新闻，这个频道与新闻的关系最为紧密。

8. 一定要注意表现形式。

搜狐新闻在薄案报道中的收官之作——3D模拟法庭并集纳了所有策划，获得了多方认可。同样可圈可点的还有薄熙来家族人物关系称谓图。

这种形式上的突破，亦是新闻创新的表现之一。在很多时候，形式甚至胜于内容。

9. 内容、形式、渠道、产品都要重视。

传统媒体人往往对内容的重视超过一切。这也可以理解——在平面媒体上，渠道和产品并不在编辑的掌控之中，而且严重缺乏变化。但新媒体并非如此，形式、内容、渠道、产品一个都不能少。我们不能一叶障目，不见泰山。

薄案报道，搜狐最大的优势是整合了所有渠道——两首、弹窗、手机搜狐网、新闻客户端。此外，在hao123、360等外部渠道上也占尽先机。通过这些渠道，把搜狐生产、整合或者购买的内容进行全方位推广，事半功倍。

在表现形式上，视频新闻、图文两端的同时发力，为搜狐全媒体报道的实现奠定了基础。此前，搜狐视频更多是在娱乐新闻上有所作为，而薄案让我们看到搜狐视频的新增长点——新闻。与图文相同，视频新闻可以采购、可以策划，如果请来类似凤凰卫视的主持人，还可以实现评论功能。把这些内容与PC或者手机嫁接，又会产生多种变化。

薄熙来庭审全记录

与凤凰视频相比，搜狐视频的优势在于更大的传播力度——受众超过凤凰；与爱奇艺、优酷等纯视频网站相比，我们的优势在于拥有好的新闻基因——做新闻，搜狐更专业。所以，从搜狐集团层面说，下一步的战略应该是如何进一步整合“两端两屏”的资源，在类似薄案这样的大报道上再度发力。

10. 尽管媒体人不是技术出身，但对技术的了解很重要。

这次报道中移动视频新的匹配技术的应用，大大增强了报道的传播效果和影响力。

11. 此次报道实现了内容生产的“逆转”。

传统媒体在此次报道中几乎失语。可看到的只有在国内要闻版的角落里豆腐块一样的“据新华社电”，而门户网站尤其是新浪、搜狐的表现，让很多人刮目相看。凤凰卫视多次援引搜狐新闻的独家策划作为它的播报内容。这种“逆转”亦可视为重要的里程碑，我们向“把搜狐打造成为中国最优质的媒体聚合平台及生产平台”又迈进了一步。

12. 作为媒体人，对“势”的判断非常重要。

薄熙来为什么会落马？有人说是运气不好。其实并非如此，他的落马是必然的——因为逆势而为。在这个市场、法治越来越占据主流的社会，想重回“文化大革命”时代必定是死路一条。

所以，要想做主流媒体，当大记者、大编辑，对于“势”的判断非常重要。这也是搜狐新闻一直强调的价值观输出。失去了价值观和形势判断的媒体人，就失去了灵魂。

13. 忘掉曾经的光荣，留在脑海中的只有经验与教训。

更重要、更艰难的报道就在前方，等着我们突破。做新闻，最大的享受不是结果，而是过程。最大的进步不是一个选题、一篇文章，而是对国家前进方向的判断、对媒体形态变化的判断。有了这些判断，顺势而为并引领潮流——这就是境界，这就是格局。

第五章　跨国直播曼德拉葬礼

文｜王　辰

2013年12月，为报道曼德拉“世纪葬礼”，从中国北京到南非约翰内斯堡再到曼德拉家乡库努村，我和时任搜狐新闻图片总监的张宏伟一万五千公里奔袭，来到这位世纪伟人的故居。当包括CNN、BBC在内的诸多知名媒体被挡在小村外时，搜狐网成为全球距离曼德拉下葬地最近的媒体——直线距离800米。

这是一次对伟人的纪念和送别，也是一场回溯曼德拉精神的朝圣之旅，这更是搜狐公司价值观的全球表达——平等、自由与博爱，不会随曼德拉的辞世而消散。

此后，直播模式作为搜狐新闻的核心竞争力被确立。2014年全年，我们进行了超过100场的直播，包括同样跨国直播举世瞩目的苏格兰公投。在每个重要的历史时刻，搜狐新闻都会把现场、悬念和解读第一时间传递给上亿用户。

好思路＋好运气

北京时间2013年12月6日凌晨，曼德拉逝世。搜狐新闻启动一级突发，会上讨论的重点只有一个：如何报道这位伟人逝世？

一个让人兴奋的信息传来。宏伟通过“特殊渠道”联系上了南非当地一家华人媒体，他们可以协助搜狐网进行跨国采访。非常感谢我的几位领导——特别是时任搜狐COO（搜狐公司联席总裁兼首席运营官）的王昕女士和总编辑吴晨光，没有任何犹豫，他们决定：火速飞往南非，跨国直播这场世纪葬礼。

事后，我问晨光：为什么有勇气进行跨国报道？要知道，飞往南非的中国媒体不超过3家，包括CCTV都是转播外媒报道。在这个报道上，搜狐投入的成本不少于10万元人民币。

“这么大的事情，所有媒体都会报道、都会转播，搜狐如果用常规手法，谁会记得你?”晨光说，“这也是搜狐新闻品牌在国际上最好的一次传播。”

老人下葬被确定在12月15日，而我们遇到的第一个困难是签证：南非驻华大使馆的答复是：即便手续齐全，签证的周期也需要5～10个工作日。

但运气就是这么好！张宏伟的“硬关系”《南非华人报》发来了函件，以南非华人媒体的身份邀请搜狐前往南非。12月11日上午，晨光正在主持搜狐新闻中心“曼德拉报道讨论会”时，南非驻华使馆打来电话：已为搜狐开特例，护照办好。

得知这个消息，晨光和我兴奋地拍起了桌子——事后证明，如果出行再晚一天，我们很可能错过12月15日的葬礼现场。

考虑到曼德拉的家乡在南非部落库努村，新闻中心特地给我和张宏伟配置了价值5万元的海事卫星电话。有了这对儿“无人区的利器”，即便在曼德拉家乡接收不到手机信号，我们也可以与北京编辑部通信。

16小时的长途飞行后，我和宏伟抵达约翰内斯堡机场，在机场出关处遇到了麻烦——因行程过于匆忙，我们还没有来得及购买返程机票。机场工作人员把我们带到一个小屋里，反复盘查。屋里坐满滞留南非的华人，一个中年人用同病相怜的语气问：“你们滞留了多久?”

“我们是中国最大的新闻网站之一。我们是来为曼德拉送行并进行新闻报道的……”反复解释后，机场工作人员决定放行。他笑着说：“曼德拉很伟大，好好写报道!”

“六脉神剑”初现江湖

此时的南非正当盛夏。刚入约翰内斯堡，就看到街道两边停满长长的车队。这都是为见曼德拉一面从南非各地赶来的人。

南非总统府降着半旗。然而，等候瞻仰曼德拉遗容的万人长队中，却不见长街相送式的悲怆。

总统府前的草坪上，两个黑人青年跳着节奏欢快的舞蹈，引发众人围观。名为Khotso的黑人青年说，这种舞蹈叫“Zalabara”，通常在喜庆的日子里才会跳。

“为什么要在曼德拉的遗体前跳舞?”我问他。

“Celebrate his life!”Khotso咧嘴大笑，露出一口白牙。“我们跳这个舞，是为了庆祝曼德拉曾经的存在，这是上天的恩赐。”

“对你来说，曼德拉意味着什么?”我问他。“意味着一切!”他不假思索地回答，“我们（黑人）的吃的、喝的，住的房子、穿的衣服……全都是曼德拉带来的。”尽管Khotso只有28岁，但他清楚地记得20年前的那场总统选举——1994年4月，曼德拉在南非首次不分种族的大选中获胜，成为南非历史上第一位黑人总统。

Khotso说，他的名字在当地语言里的意思是“和平”。父母给他取这个名字，是因为早已厌倦了两个种族间的仇恨和战争。

12月10日，在曼德拉的悼念会上，美国总统奥巴马、英国首相卡梅伦以及丹麦首相赫勒·托宁·施密特笑着玩起手机自拍。这一幕被在场的记者捕捉到，并在网络上引起纷纷议论。

当时，丹麦女总统解释说，曼德拉的悼念会虽然不失悲伤，但终究“是节日般的事件，人们在看台上载歌载舞”。如有生人路过，没准会以为2010年南非世界杯重演。

如果你没到现场，根本无法感受到这种“奇怪”的氛围。而直播模式恰恰是现场、悬念最好的表达。我们一边压抑着兴奋，一边拿出“直播神器”采访——那是搜狐董事局主席张朝阳先生亲自参与设计的，可以把手机固定在上面当话筒用。

感谢当地还算发达的网络，我们可以随时把录音、图片和短视频传回编辑部。万里之外的北京，直播团队已经搭建好平台。搜狐新闻客户端首页、手机搜狐网首页是直播的重点平台，因为它们更方便声音的传播。如果未来4G普及了，视频也应该是直播使用的一种重要表现形式。

搜狐新闻的
“六脉神剑”

当时的搜狐编辑部还处于PC端和移动端分而治之的时代。这也是此次直播的另一个重要意义——属于PC端的采访部为移动端提供素材，为之后的双屏打通、中央厨房生产模式做了尝试。

后来，晨光又做了一个PR动画片《搜狐新闻的“六脉神剑”》，讲到了直播手段的使用。还是那只可爱的小狐狸，把这种全新的报道理念传递给无数用户。

最佳 PR

在约翰内斯堡，《南非华人报》同行帮我们雇了一台商务车，我们从行李箱里掏出搜狐的 LOGO、贴纸和饰物。直播还有一个很大的好处：可以把媒体品牌传递出去，央视和凤凰卫视把这一点用得很足。

一番装点后，这台商务车成为我们的临时采访中心。南非黑人司机 Jabulani 驾车开往 1 000 多公里之外，那是曼德拉的故乡：姆塔塔市库努村。一路上，我们用微信“显示位置”功能向编辑部发送行程，新闻中心一边推送搜狐网上的曼德拉葬礼报道，一边对前方提出报道要求。

时值 12 月 14 日正午，夏日的南半球阳光正毒，南非姆塔塔市中心的主干道被蜂拥而至的市民包围，他们唱着各种带着“Mandela”发音的歌。

他们早就得到消息——今天，运载着曼德拉遗体的军用飞机飞往曼德拉家乡东开普省埋葬。随后，曼德拉遗体将送到姆塔塔市，再由送葬队伍护送到他的故乡库努。

下午 1 点多，在数辆警用摩托车的护送下，载有曼德拉遗体的黑色灵车来了，现场的气氛也达到高潮。张宏伟在寻找合适的位置拍摄灵车，我则走进欢送的人群中采访。

当我从旅行包里掏出采访本时，身后一个身高一米八的强壮黑人瞥见了旅行包中的物品。他猛地把手伸入旅行包，攥住钱包。我转身抱住他的手臂，他用力一推，我便倒在一片黑人丛中。起身时，只见一道黑影已跑出近百米。

可惜，这个精彩片段未能纳入直播。

还好被抢的不是用于直播的手机！我们继续驾车采访。在炎炎夏日下，数千市民集结成队跟随在曼德拉的灵车后，步行走向 50 公里外的曼德拉故乡。我和宏伟不时下车，跑在黑人民众间，一边拍摄一边采访。回到采访车上，我们把这些文字、图像和音频资料传回国内，新闻中心的后方团队第一时间把这些资讯推送给网友。同时，大量的背景资料被插入其中——在现场信息无法满足用户需要时，专家解读和背景资料变得至关重要。

步行送别仪式没能完成——拥挤的人潮导致姆塔塔到库努村的公路大塞车，就连军用装甲车也不得不蠕动前行。姆塔塔市外约 10 公里处，设置了路障。

此时的库努村已经进入戒严状态。一位警察告诉我，这里禁止媒体进入，禁止拍摄，禁止与曼德拉的邻居交谈。

在摆脱警察后，我们走进库努村。这里已是一片节日气息——村民家里传来节奏欢快的音乐，每个人都会热情地跟我们打招呼，并自豪地称自己是“曼德拉的邻居”。

经一番打探后，我们确认了曼德拉故居和次日下葬的位置，上山寻找合适的拍摄点。当我们找到最佳拍摄位的时候，夜幕已经降临。张宏伟正在踩点儿，突然吓了一跳——面前是两辆装甲车和全副武装的南非军人。

近一点，再近一点

当晚，我们住在下葬地点 20 公里外的曼德拉纪念馆。南非昼夜温差很大。凌晨 2 点左右，宏伟从车上把带有搜狐 LOGO 的广告横幅扯了下来，裹在身上当被子用，又把几张椅子拼成床。两个小时后，这位壮男还是被冻醒了。

此时天刚破晓，纪念馆外，CNN、BBC 等各国媒体已架起长枪短炮，从十几公里外拍摄葬礼。我们觉得，这种报道方式距离现场太远。考虑到公路上可能的戒严，我们选择了最直接、更接近新闻现场的方式——翻越这座山，从山路步行走到曼德拉故居。

在山坡上，一名自称草场主的黑人男子向路过的记者索要 1 000 兰特（约合 600 元人民币）的场地费——这里，是拍摄葬礼的好位置。

面对这种近似于拦路抢劫的做法，宏伟则指着旁边一位记者说“My boss（这是我老板）”，我们就这样混了进去。

走到草场内，张宏伟端起相机，用最长焦距试了一下，墓地观礼台在取景器中只是个小点。这个位置依旧不适合我们。张宏伟说：“还得再近点。我们摄影师有一句名言：如果你拍得不够好，是因为你离得不够近。”

他朝葬礼观礼台的方向走去，爬上一堆废墟，通往库努村的路就在 50 米左右，军车不时在道路上巡逻，废墟上应该是军人“安保”所能容忍的极限。

此时，库努村的入口和出口都已经戒严，进入库努村的媒体寥寥无几，就连 CNN 等国际知名媒体都被拦截在外，山路是唯一的选择。我背着一大包采访工具，继续爬山路。泥泞的山坡上，除了我，就只能看到正在吃草的绵羊。我把挂在脖子上的采访证扯下来，放在背包里。步行十几公里后，我终于走到了库努村。

一辆军车拦住我："你是记者吗?"

"不。我只是来看看，曼德拉是我的偶像!"我从包里拿出事先准备好的英文版曼德拉传记，递给他们看。

摆脱了几次盘问后，曼德拉的故居已近在眼前。此时，一万多公里之外，时差六小时的北京已是正午。搜狐新闻中心正在全力播报此事，仅仅在新闻客户端上，就有超过70万人一直关注着这场葬礼。

凌晨6点，在库努村的小路上，我遇到了曼德拉的孙子Mirara。他胸前挂着蓝色胸牌，上面写着"亲属"。南非的夏日，太阳毒得发烫。为了纪念祖父的葬礼，他罕见地穿上黑色西装，打上领带。在朝我打招呼时，他的衬衫已被汗水打湿。

在曼德拉故居的大门口，我见到了曼德拉的孙女。她老态龙钟、面容疲倦，跟我说话时，声音微弱。两名黑人女性在两边搀扶着她。

曼德拉的亲属陆续前来。他们几乎都选择步行，从库努村走向曼德拉故居。一位村民告诉我，这是在用最原始的方式向祖辈表达敬意。

曼德拉故居前的公路上，三队身着红、白、绿色礼服的军乐队奏起军乐。赶来瞻仰的大巴已经排成十几公里长。库努村内临时建起了遮凉棚和观礼台，村民家中不时传出欢快的音乐声。

公路一旁，一位黑人老者留着爆炸头，穿着时髦的衣服和红色皮鞋，四肢以夸张的动作摆动着——村民说，这位老者从昨晚就开始在这里跳舞了。我走到他身边拍照，他暂停歌声，用听不懂的语言向我大声演说，表情兴奋。一位库努村民告诉我，这位老者唱的是几种部落的语言混合的歌，连当地村民也不全懂，歌曲的大意是在对南非新一届总统选举发表意见。

这段声音也原汁原味地传回了北京，再通过直播间传遍世界。音频是直播最常用的表达方式，因为它最能代表现场。无论多么生动的稿子，也没有这种感染力。互联网新闻"多媒体"的魅力正在于此。

直播曼德拉精神

葬礼即将开始，曼德拉府前还是一片欢乐的海洋。

一位华人向我解释，非洲人认为，死亡只是生命的寂静期，所以，那里的许多部落、村庄里依然为故去的祖先保留着生活的空间。如果把先人的生活场

从左至右：张宏伟、司机 Jabulani、王辰

所维护得好，先人就会降福保佑生者。

7点，曼德拉的遗体覆盖着南非国旗，行进于葬礼所在帐篷。此时，几辆绿色军用炮车开始鸣炮。这是为曼德拉送行的礼炮，每隔几十秒一响，一共响了21声。

礼炮过后，军乐队开始走进曼德拉故居。曼德拉的灵柩由8名护柩军人护送，进入葬礼所在帐篷。帐篷内，非国大（南非非洲人国民大会）全国主席巴莱卡·姆贝特宣布葬礼启动，全体演唱国歌。灵柩从炮车上运下，由军方抬进帐篷，曼德拉的遗孀和前妻跟随其后。

9点多，曼德拉故居前来了一群奇怪的客人——一个黑人小孩儿赶着一群小羊羔，从地下通道走进曼德拉故居。

出来后，他告诉我，自己专程押送羊群，卖给曼德拉家人作为祭祀用。此前，曼德拉的家人已经从他这里预订了50多只羊。

几名小女孩聚集在曼德拉故居门口，叫卖手中的报纸。“买一份吧。”她们对我说。报纸的头版正是纪念曼德拉的文章。

此时，在搜狐网上观看直播葬礼的人已经累计超过了100万。这是一个庞大的数字——在当下的中国乃至全球，单期发行量超过100万份的新闻类报纸也不多见。

南非时间2013年12月15日中午12点，库努村的天空传来震耳欲聋的轰鸣声，6架军用飞机从曼德拉故居上空呼啸飞过，向刚刚下葬的非洲之子致以最高的敬意。

几乎同时，库努村东数公里处，山林间一棵树下传出咔咔的声响。树下，是搜狐特派南非摄影师张宏伟。他如同耐心的猎人，已在这片山林中蹲守一整天。刚刚抓拍下的飞机画面，是他今天最大的“猎物”之一。在直播间里，有无数人留言感叹：搜狐能捕捉到这个镜头，真是太牛逼了！

搜狐直击
曼德拉回家

在礼炮声和战斗机轰鸣齐奏时，曼德拉府外，一队热舞中的黑人朝我放声歌唱：“Madiba was born here，Madiba was bled here，Madiba was buried here”（曼德拉生于斯、长于斯、葬于斯）。

数分钟后，这些音频、图像和文字，传递万里，跨越大洋，出现在搜狐全媒体直播间内。.此时，总编辑吴晨光正在 2013 年“搜狐 World”大会上，面对数百名搜狐网广告大客户演讲。他现场接通了我和宏伟的电话，我们在万里之外向客户问好，并介绍了葬礼现场的情况。

举座震惊。

曼德拉下葬，持续两天的直播结束了。我们在现场发表评论：伟人已逝，但他争取自由、民主、平等的精神永存。这段现场声音夹杂着猎猎风声，传到全世界。

但我们的工作并未结束，因为我们是搜狐“全媒体采访部”的记者。我们需要把直播里的精彩素材整理成深度报道文章，再次发表。这应该是未来记者的一种模式，感谢搜狐新闻为我提供了这样的平台。

在深度报道的结尾，我写道：“为了追求自由和平等，他用一生去战斗，历经坎坷，却不改初心，最终功德圆满。人生至此，离别时已无须哀伤送别。”

这篇手记传回编辑部后，最后一句话被用做搜狐新闻“曼德拉世纪葬礼”专题报道的标题：《曼德拉逝世：没有哀伤的送别》。

（作者系搜狐新闻中心首席记者）

第六章 MH370：我依然等待你的归期

文｜王　鹏

对于新闻人而言，人生最痛苦的事情无外乎如此——我跟进了线索，却不知道真相；你给我出了谜题，却不告诉结局。无论是未完待续还是悬而未决，总让人难以释怀，久之变成了心结。

在已经过去的2014年，我们最大的心结便是消失的马航MH370航班。飞机因何失踪，又终于何处，成为悬案。

从确认失联开始，一场前所未有的国际大搜救便在不同大洲和不同大洋间展开。而在北京的搜狐新闻中心，同样前所未有的新闻战役也点燃烽火。我们的全媒体采访部进行了288小时不间断网络直播，追寻MH370的最后痕迹。

这也是对“网络直播”这种崭新生产模式的重要考验。一场成功的直播核心关键词有两个：一是现场，一是悬念。如果记者没有深入现场，那么直播只能是风闻言事、道听途说；如果事件没有悬念，那么直播就会变成照本宣科、味同嚼蜡。也正因如此，搜狐新闻人奔赴马来西亚和越南，从搜救现场发回最新动态，完成独家调查。而在北京后方，我们昼夜坚守，采访各国使馆，联络航空专家，分析官方报告，试图解开那个最终悬念。

288小时不间断直播

2014年3月初，搜狐新闻全媒体采访部进入了紧张的工作状态——昆明火车站暴恐事件余波方歇，全国“两会”的直播工作已然开始。3月8日清晨，微信的信息提醒音密集响起：一架从马来西亚首都吉隆坡飞往北京的航班，迟到数小时，不知所踪。

自2010年的伊春空难起，甚少有涉及大量国人的航班发生事故。开始，我们和所有获知消息的网友一样，期待这不过是一场航班延误引来的虚惊。然而很快，失联的字眼开始频繁出现。和其他突发事件不同，此事从最开始便陷入信息迷雾，真假难辨的动态不断出现。一度有消息称，航班已经在越南某机场迫降，但很快又被辟谣。随着时间推移，命运的天平开始向不好的结局倾斜。

按照搜狐新闻中心的重大突发事件启动预案，采访部迅速派出两路人马核查信息，一路联络相关使馆和民航单位，核证失联细节；一路则飞奔北京首都国际机场，那里有大量等待接机的乘客亲友，他们是最重要的线索源。

288小时不间断直播从此时启动，但当时没有人能料到这将是一场旷时良久的新闻战役。很快，有记者从中国民航局空管局获悉，MH370于当日凌晨零点42分从吉隆坡起飞，原定于早晨6点30分飞抵首都机场。然而，在凌晨1点20分，MH370在越南胡志明管制区同管制部门失去通信联络，同时失去雷达信号。核查后的信息令人心惊，飞机上共载有227人，其中有153名中国乘客。上午9点40分，时任中国外交部新闻司司长、外交部发言人秦刚称，中国外交部、驻马来西亚使馆和驻越南使馆已启动应急机制，全力做好相关工作，“得知这一消息，我们感到非常忧虑”。

一条条关于事件的最新动态通过手机和PC传递给众多网友，直播的观看人数迅速攀升过百万。网友们的情绪也从最初的震惊转化为焦虑、悲伤，此时，赶至首都机场的两位女同事开始传回现场图文播报——因为预案启动及时，她们成为国内最早赶至首都机场的新闻人。现场，有家属蹲在乘务柜台背后失声痛哭，不愿面对亲人失联的结局；机场人员紧张奔跑，传达着官方最新的安置动态。最终，家属们被送上大巴，前往北京丽都饭店，那里也成为日后的重要新闻现场——马航官方在京的多场发布会均在那里举行。

在大巴车上，前线人员开始用笔记本电脑完成新闻特写，并以最快的速度发到直播间内。在碎片化信息之外，配以高质量的现场特写，这也是搜狐新闻直播的特色之一——特写和图片可以快速勾勒出新闻现场。

3月8日上午9时许，马来西亚官方才遮遮掩掩地说出那个令人心碎的现实：他们相信截至当日9时，MH370的飞机航油已耗尽。此后，搜救工作开始展开，然而因为信息的不透明，让这场国际搜救变得无比艰难，从吉隆坡到越南胡志明甚至中国南海的广阔海天，似乎每一处都是搜救的起点。

因为有了跨国直播曼德拉葬礼的经验，采访部派出两路人马分赴两国，直击搜救全程。当时，“女汉子”王奕刚刚完成“昆明暴恐案”的特稿报道，便从昆明以最快速度赶往马来西亚，那里是马航总部所在国也是官方信息发布地，相当于搜救的指挥中心。与此同时，陈军吉和摄影师甄宏戈则赶往越南——毕竟最初的信息显示，马航 MH370 是在越南空域失去踪影，而越南军方也出动了大量飞机舰艇对海岸线展开地毯式搜索。

在北京，后方的直播团队开始超负荷运转。白天，我们定时联络中国驻越南和马来西亚使馆，以获取搜救一手动态，同时邀请航空专家，就网友所关注的航空相关知识进行解读；入夜后，因为时差原因，欧美媒体开始频繁发布信息，这些也成为直播的重要信源。直播昼夜更新，24 小时不间断地播报事件最新动态。

在 MH370 失联的最初几日，几乎每分钟都有新的节点。当时所有亲历直播的记者都有一个共同的心愿：希望在下一分钟，就有传来关于 MH370 的确切消息。然而，没人预料到，悬案刚刚开始。

角色、主线与节奏

持续多日的马航直播，让更多的人了解了“直播间”这一搜狐特色产品。

早在门户时代，每逢有重大新闻发生，PC 端的值班编辑就习惯用大专题的形式汇总多方消息。而专题中最常规的模块便是滚动新闻——用快速更新的短讯播报新闻动态，这也是新闻直播的雏形。相比于纸媒的一天一报或者半月一刊，这种模式带有天然的速度优势。

而在移动互联时代，网友们已经不满足于单纯的获知新闻，他们更希望加入事件讨论，以满足互动需求，直播间便应运而生。对于网络媒体工作者，这是一项崭新的挑战，毕竟网络直播无先例可循，一切均待摸索。其实，互动直播间和所有的新闻形态一样，有着自己内在的规律，也有着自己独特的节奏。

感谢由老板张朝阳主导的、总编辑吴晨光执行的搜狐媒体融合改革，这让原本属于两个部门的采访部和直播组合二为一。而在马航失联时，正逢这场改革开始。作为采访部主编，我对这两项业务进行统筹管理。经过大量实战磨炼，我们形成了一套完整的内部规则；也正因为这些规则，在经历马航失联这样的重磅新闻事件时，我们才能条理分明地进行播报，不至于应对失措。

规则第一条便是“角色”的确认。按照日常直播的流程分工，我们给每位参与直播的记者分配了不同的角色。“统筹人”是一场直播的大脑，他负责直播主题的设立，负责直播节奏的掌控，负责指挥记者完成信息采集，负责指挥后方完成独家策划，同时还需与编辑团队和推广团队进行沟通对接。“主持人”是直播的主要运营者，负责搭建直播间，更新所有审核后的信息，完成与网友的互动，解决直播中出现的技术问题。“前线记者”是直播的前锋，负责最快获得准确的现场信息，负责完成事件的动态追踪。作为全媒体记者，他们同时要负责完成人物特写和深度调查。“策划记者”是直播的后勤，负责背景资料的搜集、专家解读的采写以及策划产品的运营。除此之外，视不同事件，直播间还将添加图片编辑和视频编辑。

分配好直播角色后，直播间还需确认主线和节奏。与消息、特稿等新闻形态一样，直播间同样遵循着新闻报道规律，相对于原始的信息杂烩，搜狐直播更强调主线、结构和节奏。以马航为例，在持续288小时的直播过程中，主线为搜寻信息，通过时间推演播报新闻。在这个基础上，我们增设了不同的直播支线，比如飞机乘客的人物故事、黑匣子和军用雷达的知识解读。同时，直播和影视节目相似，要有一个清晰的叙事节奏，有动态推进，有高潮节点，有调查反思，在不同时间段推出不同的关注重点，才能让网友获得更多的增量信息。

一些宝贵的经验也成为日后其他大型直播的惯例。比如因为马航事件信息量巨大，我们将不同领域的动态信息进行分类标签化，涉及搜救的信息，取名为“海天直击”，涉及专家解读的信息，取名为“权威释疑”，涉及事故原因的调查猜测，取名为“马航疑云”。除此之外，因为直播间的特殊形态，许多网友是中途加入观看直播，未能看到全部的动态信息，于是我们在每个整点，均将一小时内的最重要信息进行简化汇总，进行整点播报。

3月9日零时，在北京丽都饭店，马航官方召开第一次在京新闻发布会。在发布会现场，搜狐记者再次使用手机语音进行现场播报，借助新闻客户端，这些现场语音传递到每一位彻夜难眠的直播观看者耳中——对于新闻人而言，这是一个崭新的时代。

全球独家调查诞生记

许多传统的媒体人有一个误区，认为网络新闻只是进行简单的新闻聚合转载，付出的劳动也不过是修改一下标题。入职搜狐两年多来，我和同事们用一篇篇精彩的原创报道和一次次全面的多媒体直播，一点点修正着这个印象。

在全媒体采访部，我们的主要业务线有两条：一条是独家原创报道，主要刊载于搜狐的《新闻当事人》栏目；另一条是直播业务线，每次大型直播都在搜狐网PC端首页、搜狐新闻首页、搜狐微门户首页（弹窗首页）、手机搜狐网首页，以及搜狐新闻客户端首页——这就是我们常常提起的“五大哨所”——进行同步直播。两条业务线相辅相成，原创报道往往能提供直播线索，而许多出现在直播间内的碎片信息，串联润色后，便是一篇优秀的独家稿件。

在MH370失联288小时直播过程中，我们也同步推出了系列原创稿件。马航事件迷雾重重，事件走向几度改变，直播间的主题也随之变换。在直播最初，震惊和悲伤是当日的主题，我们随之推出《丽都72小时：在最悲伤的夜晚》独家特写稿件。在搜救展开后，我们相继推出《专访中国驻越南领事：解密越方搜救全程》《海洋专家：搜救地频现“疑似物”因潮汐作用》等独家稿件。当搜救陷入僵局，人们开始质疑航班失联的真正原因，此时独家调查便是当务之急。

MH370消失后，阴谋论在互联网上大行其道，各类传言接踵而来，又被马航一一辟谣。在笼罩事件的团团迷雾中，飞机本身的诡异行为最令人不解，从最初的关闭所有通信设施，到后来披露的躲避军用雷达飞行动作，到最后借助多普勒效应还原出的奇怪航线，每一点都令人充满疑惑。通过分析这些碎片化信息，我们将调查焦点锁定在MH370航班机长身上——看似吊诡的行为，往往暗藏着人为的祸因。

特派马来西亚的王奕在接到指令后，开始调查机长的背景。但因官方的信息封锁，这次调查变得险阻重重。最终，搜狐新闻的突破能力起到决定性作用，我们独家找到了机长的密友和同事，通过他们的讲述，还原出不为外界所知的机长面目：马航机长是一名政治激进分子，热衷于党派选举。在马航失联前，因为政治偶像入狱，他还曾参加游行示威。同时，他私下购置飞行模拟器材，进行秘密训练。他的婚姻也在失联前亮起红灯。一切迹象均指向机长有重大嫌疑。

前线完成采写后，我深夜收到稿件，通宵进行编撰——这也是采访部的特色，我们需用突发新闻的速度，完成具有特稿质量的报道。清晨时，稿件出炉，在搜狐网各端推出，同时在直播间分拆播报。这篇稿件最终被上百家网站和媒体转载。在同行还热衷于消费悲情、点燃蜡烛、呼唤回家时，搜狐网完成了全球独家调查《MH370机长：消失的神秘“极客”》，这也是第一篇将嫌疑指向机长的报道。数月后，美国调查机构发布报告，称该机长有重大嫌疑，印证了我们判断的准确。

当时，互联网上有一个论调，称中国的媒体只会转载和祈福，没有属于自己的突破调查。搜狐新闻采访部用独家调查稿件，做出了最好的回应。

难忘老人的背影

3月20日，马航失联后第12天，新闻关注热度开始下降，在马来西亚官方混乱的指挥下，搜救工作也陷入泥沼。随着动态信息的减少，不间断直播暂告段落——此时，我们已经连续直播了288小时，人虽疲惫不堪，但精神依然处于亢奋状态。

然而这并不是直播的结束，此后只要有相应的新闻节点，直播间会马上开启。

4天后，马来西亚官方突然深夜召开新闻发布会，宣布MH370终结在南印度洋海域。直播间在这一瞬间开启后，此前不间断直播积累下的忠实观众瞬间回归，搜狐的直播服务器在短暂卡顿后，直播在线人数超过950万！这也创下年度直播参与人数的纪录。

在宣布"终结"的当夜，搜狐新闻再次赶往丽都宾馆，完成了独家特写《丽都伤情夜：当马航宣布终结》，摄影记者则定格下一个背影，一名老妇步履蹒跚地走上楼梯，背影充满悲伤。这个背影一直横亘在我们的心头，也督促我们一直追寻MH370失踪的真相。

此后，马航失联阶段性报道结束，但大大小小的相关直播难以计数。2014年7月17日，多灾多难的马航再次成为乌克兰空难的主角，MH17失事。此后台湾空难、阿尔及利亚空难、伊朗空难、亚航空难相继发生，2014年也被网民称为"空难年"，而在这些事故发生后，搜狐新闻直播总是以最快速度出现在网友面前。

2014年，搜狐新闻还相继完成了韩国沉船、杭州纵火、围捕黑龙江逃犯、呼格吉勒图冤案平反等一系列重磅直播，直播的形态也从单一的图文升级为语音视频为主的多媒体访谈。然而在这些大事件中，最让人牵挂的依旧是MH370失联。寻找答案是新闻人的天职，虽然MH370消失无踪，但有关马航的新闻从未淡出我们的视野。在端午节、马航失联百日、农历新年将至时，我们都做出了报道，期待马航悬念早日找到答案。

回忆起288小时不间断直播马航，脑海中只剩下丽都饭店门前纷飞的纸钱、越洋电话的断续音与深夜键盘的敲击声。虽然许多都已遗忘，但那种与新闻竞速赛跑的激情却依旧还在，伴随着我们前行。

这就是搜狐新闻直播。我们记录现场，但并不消费悲情；我们追求悬念，但拒绝接受悬案。就在我动笔回忆马航直播之际，南印度洋的沧海上，搜寻舰船依旧在寻找 MH370 的踪影。我们期待，在不久的未来，马航能再现世间，不幸罹难的国人能魂归故里，如同在每一次马航直播的结束语中所说的那样：真相或许会迟到，但永远不会失联。届时，又将是一场持续良久直播的开始。

“我一定回来”

2015 年 1 月 29 日，马航官方终于宣布了确认 MH370 失事的消息。此时，距离其失联已经 11 个月。就在我们打算启动直播的时候，一贯不靠谱的马航取消了预定的新闻发布会。

正当我们担心“无米下锅”时，搜狐新闻推出了两个报道：一篇网论——《马航 MH370 失事真相和善后不能消失》；另一个是 H5 产品，产品首页是一首小诗。

这首小诗模仿 MH370 上的乘客语气，写给自己最亲爱的人——

等着我，我一定回来

不要相信什么失联，
更没有失事，
等着我，我一定回来。

我的照片你要摆在书桌上，
两只玩具小狗要趴在床头，
还有我喜欢的玫瑰香薰味道，
当推开家门时，必须闻到。

我只是觉得这个世界有些喧嚣，
想在外面自由飞一会儿，
别急，亲爱的，
等着我，我一定回来。

从 MH370 发回的信：
等着我，我一定回来

（作者系搜狐新闻中心总监助理、全媒体采访部主编）

第七章 将“呼格案”追踪到重审

文｜徐一龙　王　鹏

1996年的一个春夜，内蒙古青年呼格吉勒图走出工厂，他的命运开始了一个诡异的转弯，并戛然而止。他报警称发现半裸女尸，却被认定为犯罪嫌疑人，在严打大潮下，18岁的他被执行枪决。

悲痛欲绝的双亲不相信儿子是凶手，就此踏上漫长的申冤路。在那个没有互联网的年代，他们的举动鲜为人知。哪怕疑凶身影再现，哪怕案件问题重重，呼格吉勒图的故事仍旧淹没在泛黄的卷宗内。在回顾当年时，呼格的母亲尚爱云告诉搜狐新闻：“我看不到一点光明。”

拐点在2014年出现。当年10月，十八届四中全会召开，并通过了《中共中央关于全面推进依法治国若干重大问题的决定》。这是中国首次以全会的形式，专题研究部署全面推进依法治国这一基本治国方略，将“法治中国”提升到了前所未有的高度。在会议结束后7天，人们就看到了法治进步的力量，这种力量的源泉来自“呼格案”。

做受人尊敬的媒体

10月30日，搜狐新闻客户端上推送了第一条相关新闻：曾经轰动全国的内蒙古“呼格吉勒图冤杀案”即将启动重审程序。这意味着被以“故意杀人罪”枪决18年后，当年的“杀人犯”呼格吉勒图面临无罪判决的可能。

这是连续追踪“呼格案”的开始。因“依法治国”的舆论浪潮，更因生命至上的价值取向，搜狐新闻将“呼格案”列为年度重点选题，迅速布置策划、统筹版面。总编辑吴晨光定下了报道方向：不惜一切代价，将“呼格案”追踪到重审!

晨光在会上讲起了当年他的经历。同样是一桩涉嫌故意伤人案，在没有确凿证据的前提下，河北曲阳县一名叫做杨志杰的男子，在看守所中被超期羁押12年。杨志杰被羁押五年的当口，《南方周末》发表调查报道《不明不白被关五年》；三年后，是《不明不白被关八年》；又过了两年，是《不明不白被关十年》。这张名报的记者换了一拨又一拨，但对公平正义的追求始终未变。而在杨志杰被关12年终于无罪释放时，时任《南方周末》驻京记者的吴晨光接过了这一棒，写出了一篇综述——《正义，迟到12年》。

“你们知道当年的《南方周末》为什么受人尊重吗?”晨光在策划会上说，“今天，我们也要让搜狐做受人尊重的媒体。”

此前，搜狐新闻很少涉及系列报道、追踪报道。因为互联网时代，再热的新闻关注度往往也就是一两天。而“MH370失联事件”和“呼格案”，是这种报道形态很好的尝试。

这个任务主要交给了全媒体采访部的同学，全媒体直播和深度报道是这个部门制胜的利器。经过判断，“呼格案”在未来可能会有连续的节点消息，非常适合直播；更重要的是，让百万网友能够听到呼格亲人的声音，更具打动力。在直播之外，特稿调查是最有力的介入方式，公众最迫切想获知的便是当年的真相。

最终，采访部决定以“语音访谈直播＋深度内容特稿”的全媒体方式全程报道“呼格案”的进展。

其中，访谈直播的计划是到呼和浩特，现场采访呼格的父母、大哥，以及此案的代理律师，面向网友进行语音直播。

同时，在所有媒体都在回溯“呼格案”始末之际，我们确定了三个新颖的特稿切入角度：专访呼格吉勒图被抓时的唯一亲历者闫峰，梳理当年处置“呼格案”的相关官员的职位调动情况，以及“呼格案”发生时全国严打的历史背景。

网络不只会整合素材

2014年11月初，采访部3名同学赴呼和浩特。得益于提前和呼格父母进行的良好沟通，搜狐新闻人出机场后奔呼格家，完成了初步的采访。令人印象深刻的是，第一次进入这个伤痛之家时，两个房间里挤满了扛着长枪短炮的记者——这次大报道也是我们与同行再一次竞速角力。

第二天，在案件代理律师苗立的办公室内，通过语音直播的方式，搜狐播出了呼格父母、大哥带有内蒙古口音的访谈，真情实感打动了无数网友。同时，通过苗立律师的专业解读，让网友在接受感性内容的同时，了解“呼格案”重审的进度与关键点。

这种“现场+专家解读”的新媒体播报模式获得了业界的肯定。这也是“呼格案”宣布重审以来，影响力最大、传播效果最广的一次互联网直播。互动直播参与人数达到了搜狐新闻2014年下半年访谈的最高峰值，有近百万网友在线互动。

当天下午，当地几位还在犹豫的知情人看过我们的互动直播后，态度不再封闭抗拒，选择相信我们，这为特稿调查打开了缺口。

直播后的第二天，搜狐新闻人进入内蒙古高级人民法院，就呼格吉勒图案的进展情况，直接对话新闻发言人李生晨。然而，那时官方的回应仍然是千篇一律：“目前该案正在依法按程序积极地复查中。”

在官方无法提供更多消息的情况下，3名同学分工合作，采用各种方式突破采访壁垒。例如，在当地各级图书馆查阅资料；反复拜访当地政法系统内部人士，一点点增加信任。最终，一个被媒体忽视的人物进入我们的视野。

作为此案的唯一亲历者，呼格的工友闫峰是除了官方以外最重要的知情人。当年，他陪着呼格吉勒图一起发现女尸，一起报案，最终两人分隔阴阳。

冤案也改变了这个亲历者的人生。在采访中，闫峰数次哽咽。他讲述了报案后呼格被定罪，而自己也被旁人议论“你交的都是什么朋友”，并很快因心理压力过大而辞去了烟厂的工作的人生历程。20年来，他没有结婚，谈女朋友的时候都小心隐瞒这段往事，并时常以喝酒的方式解压。他现在靠四处打零工为生，求职时生怕别人知道自己的这段往事。

他从来不敢给呼格吉勒图上坟，因为沉冤未雪，他无颜面对老友。在采访过程中，他面前的烟灰缸里插满了烟蒂。这位沧桑的中年人表示，如果当时这一切没有发生，他也许已经过上了小城市里国企工人的安稳生活，也许和呼格还是好兄弟——“孩子都在一起玩了”。

我们始终保持着平静、倾听的状态，偶尔和闫峰一起抽烟，获得了他的信任。在一些细节问题上，我们抱着谨慎且求证的态度，不断追问。

在征得闫峰同意后，我们细致地了解了报案当晚两人留宿警察局审讯室、分别接受问讯的过程——有多少警察参与，问了哪些问题，隔壁有怎样的响动，离开时看到呼格是怎样的状态等。经过一番努力，闫峰回忆出诸多宝贵的细节，包括警方曾询问他“是否看过黄色录像”等问题，隔壁传来的桌椅挪动和呼格吉勒图的挣扎呼喊声，他离去时发现好友“头戴摩托车头盔”被反铐在暖气片上等情况。为确定他的记忆没有偏差，我们在不同时间用不同角度反复询问相同的问题，并和其他信源交叉核证。

谨慎核证是搜狐新闻全媒体采访部的传统，也是部门的铁律。曾有一种误解，认为“网媒只会整合素材”，但在采访调查、写作文本等新闻专业问题上，采访部的同学一直按照传统媒体的调查要求严格要求自身，这种要求有时甚至比传统媒体更严苛。

对闫峰的数次专访完成后，搜狐新闻决定以闫峰第一人称的形式，用他质朴的语言风格，讲述1996年那一个春夜发生的故事，以及被改变的人生。

办案人员今何在

从采访到写作仅用5天，采访部便在直播之外完成了以《呼案亲历者闫峰：如果一切可以重来》为主文，《寻找“呼案幕后人”：办案人员今何在》《那些年，呼市经历过的“严打”行动》为辅文的组合特稿报道。

稿子引来众多网友的讨论与支持。除却闫峰的故事，他们也在热议《寻找“呼案幕后人”：办案人员今何在》。

冤案让人痛恨，也包括那些一手操办了冤案的人。在这个角度支撑下，记者通过联络当地媒体朋友、政府内部人员，在支离破碎的信息下，构建出以办案人员冯志明为主线的众多办案人员的官场变迁。

这篇稿子最大的难点在于，此时距离“呼格案”宣判无罪尚有时日，对于当年办案人员的追责定性尚不明朗。在内蒙古公安系统内，愿意透露信息的知情人士少之又少。而我们初来乍到，在当地并无任何人脉资源和引路人。此前此后，也再未见同类文章。

在几次约访未果后，我们转而开始寻找新的知情人，做足了基础工作。在纷繁复杂的互联网信息流中，我们耐心地“海搜”（一位同事语，即海量的搜索），不放过任何一篇可以搜到的早期报道、贴吧留言、博客甚至一封封上访信。

经过日夜不间断的搜索、分析和整理，我们找到了一位至今唯一采访过此案“真凶”赵志红的媒体前辈。如今他已离开记者行业，而当年质疑“呼格案”的报道受到阻力，并未得到广泛的刊发转载。我们搜到他博客上的完整文章，认为具有采访价值。在通过微博、微信进行联系时，他本人都甚感意外。

在这块“敲门砖”的帮助下，我们掌握了诸多线索：如当年的一位审判法官，并未出庭却在审判书上签字；如办案主要负责人冯志明的行事作风，以及多年后曾为“呼格案”醉酒大哭等信息。我们还了解到一个令人遗憾的现实——尽管疑点重重，呼和浩特公安系统内部至今仍有一部分人坚信，冯志明没有办错此案。

而当与新闻界的前辈、“呼格案”最有力的推动者——新华社记者汤计先生交流时，他的谈吐较为谨慎。我们的年轻人在两个小时内，逐渐获得了这位前辈的肯定和信任。即将告别之际，我们抛出了如审判法官未出庭却签字、几位公检法办案人员升迁受阻等几个核心细节向他求证，并获得了他的确切回应。

在资料准备方面，搜狐新闻人先后前往内蒙古、呼和浩特乃至呼市各区的图书馆和档案馆。在两天多的时间里，从几千份期刊、报纸等资料信息中挖掘蛛丝马迹，深入浅出地整理、分类、标注，做出大量的背景调研，最后获得了几位核心办案人员这 20 年的升迁轨迹、言论以及侧面形象描述。

值得一提的是，我们曾获得一份内蒙古在押人员描述接受冯志明审讯场景的日记和家书，其中对冯志明的言语、行为有极为详细的回忆，真实性得到其律师的肯定。但因无法获得呼市公安系统对此的回应，我们放弃了采用这份日记中的描述。

《寻找“呼案幕后人”：办案人员今何在》稿件完成后，多次被多家媒体转载或改写，甚至被制作成图表新闻在网上广泛传播，在一定程度上倒逼了官方的纠错追责机制。

冤案背后值得反思的，除了人，还有时代。

《那些年，呼市经历过的“严打”行动》正是基于这个角度完成的稿子。

在那个严打政策盛行的时代，破大案、快破案成为每个执法机关头顶的达摩克利斯之剑。在运动式的粗放执法背景下，“呼格吉勒图案”绝不是孤案。

网友通过此稿更深入地理解了冤案为什么产生，也明白了怎样避免冤案的产生。

第二场直播里的鞭炮声

在初期的特稿＋直播的报道任务完成后，2014 年 11 月 8 日，我们返京。

但我们始终与呼格的家人保持密切的联络，不停关注“呼格案”的动向。

那段时间，每当有任何风声，我们都会第一时间与呼格吉勒图的大哥进行联系，在通知消息的同时，也是核证消息。一篇篇快讯在不断地推进着“呼格案”重审的进程。

终于，2014 年 12 月 15 日，历经了 18 年冤屈的“呼格案”获得平反——呼格吉勒图被判无罪。

在提前获知消息后，全媒体采访部就已经和呼格父母取得沟通，通过语音+图文的方式，直播内蒙古高院宣布消息和父母为呼格吉勒图上坟的场景，并提前准备了资料对内容进行梳理。

在直播过程中，每一个节点都有我们迅速采写的快讯，并在各个渠道推送。借助网络的优势，搜狐的快讯迅速传播到全球各地。

长期的联络和交流使呼格家人与我们建立了充分的信任。他们充分肯定了我们的工作，并愿意在每一个节点第一时间接受我们的采访。令人难忘的细节很多，在呼市的一次采访过程中，搀扶呼格吉勒图母亲尚爱云过马路时，这位憔悴的老人一直紧攥着我们一位同学的手，过了许久都没有松开。

“平反”直播那天，呼格吉勒图的父母特意买了一挂鞭炮。在点炮前，母亲尚爱云拨通了电话，将自己的喜悦混在喧闹的鞭炮声中，通过直播间传递给了每一位参与直播的搜狐网友。

从“呼格案”再次走进人们视野到最终平反，在不到两个月的时间里，全媒体采访部用两次直播、3 篇特稿、数十篇消息，进行了全方位的报道和不停歇的追踪。

这一天，搜狐新闻中心策划部也推出有关“呼格案”的“图述”栏目。这个策划以“18”这个数字为主题，描述了呼格短暂的一生以及身后之事。他被执行死刑时 18 岁，他的父母为其申冤 18 年，十八届四中全会之后此案平反……在中国古代，18 岁是行成人礼的年龄，故称之为“弱冠”；而在当代中国，18 岁又是可以承担刑事责任的年龄。

数千网友留言，无不感慨唏嘘。

法治：搜狐新闻核心价值观

总结“呼格案”这组系列报道，无论表现形式如何变化，依法治国是其核心所在。法治——也代表了搜狐公司的价值观。

纵观2014年涉及法治的报道，除了“呼格案”外，还包括反腐报道——特别是周永康落马。几乎每逢周五，中纪委的网站就会发布“某虎”落马的消息。

搜狐新闻多次审视自己：如何报道反腐败？想在这场“全民狂欢”中保持冷静克制的态度并不容易。“贪官”“通奸”“情妇”这些词很吸引眼球，而我们背负着巨大的流量压力——对于一个互联网编辑来说，这是个重要的考核指标。

但搜狐公司的价值观约束着我们。正直、诚实，这也是对一个新闻人最基本的要求，所以我们把“周永康案”引向反腐法治化，这也是中共中央的方向。而当搜狐新闻做十八届四中全会的策划时，我们准备了6篇系列网论，从不同角度阐述依法治国。全会开一天，我们就发一篇。

这6篇网论从程序正义、私有财产权保护、依宪治国等不同角度进行了深入论述，在业界引起强烈反响。很多人没有想到，商业网站做了“主流媒体”做的事情。这组系列评论最终获得搜狐新闻年度评论一等奖。

回到“呼格案”上，其他中心的同学也倾力协助。文化中心请来了著名法学家江平、王勇等人做专家访谈，现场点评此案。而这一切，都是希望用我们微薄的力量，推动这个国家的进步。

（本章作者徐一龙系搜狐新闻中心前总监，现任今日头条副总编辑；搜狐新闻中心王晓、刘畅对本文有贡献）

第八章 搜狐网“媒体融合”幕后

文｜吴晨光

还记得是在 2012 年 4 月，一个阳光明媚的周五下午，我来到了王昕的办公室。她时任搜狐公司联席总裁兼 COO，公司内部都称她为“Leader”。

这位干练的中年女士微笑着，向即将出任搜狐新闻总监的我提出了一个理念：中央厨房生产，不同餐厅分发。她希望在我的任上能够完成这一媒体资源的整合。我懵懵懂懂地听着，其实什么概念都没有。已经在传统媒体工作了 14 年的我，当时唯一的想法是“内容为王”。

没想到两年之后，这个具有历史意义的重任最终落在了我身上。而在执政党官方的话语体系中，它被称为“媒体融合”。

媒体矩阵的新成员

我入职时，这个公司移动媒体的布局刚刚开始。WAP 端在 2013 年 5 月 3 日被正式更名为手机搜狐网，部分 PC 门户编辑被抽调出来，组建“手搜小组”。

在搜狐当时的媒体矩阵中，PC 还处于强势地位。所以，手搜小组的编制被安排在各个内容中心之下。新闻中心里有手搜新闻组、财经中心里有手搜财经组，以此类推。因为每个小组的人很少——只有三四个，所以几乎没有生产专属移动产品的能力。编辑们的工作更多的是把 PC 端的内容改个短些的标题后放到页面上。

但在 2012 年下半年里，移动媒体飞速崛起，而平面媒体，也包括 PC 门户迅速衰落——这应该是中国媒体近 10 年来最大的转折点。我始终认为，这两者之间是有必然联系的，移动的崛起是“因”，平媒的衰落是“果”。当人们在等公交时能很方便地拿出手机阅读新闻时，为什么要掏至少一块钱买份报纸打发时光？当我们可以坐在马桶上用手机“知天下”时，为什么还要打开电脑？

自此，搜狐媒体内容部的产品增加到了4个：搜狐网、搜狐微门户、新闻客户端和手机搜狐网。这种多产品的布局，为未来“中央厨房”式的改革奠定了基础。

为了更好地发展移动产品，在2013年，公司把所有负责移动端——包括手机搜狐网和新闻客户端——内容的编辑抽调出来，组建移动媒体部，由时任总编辑的刘春领导。自此，搜狐的编辑部被确立为两个板块——PC端和移动端。在每周一的下午，公司要召开两次例会：一个是PC端的，一个是移动端的。今天，不少门户网站依然使用着这样的模式，按照媒体的传播方式划分部门。

“六脉神剑”

如果照这条路走下去，会距离“中央厨房生产，不同餐厅分发”的概念越来越远。当时我的职务是搜狐新闻中心总监，只负责PC端新闻首页更新。当手机搜狐网新闻组被调到移动媒体部之后，“中央厨房”也被我渐渐淡忘。

但命运就是如此难料，2013年8月的薄熙来案报道改变了这种状态。当时恰逢搜狐内容部季度会议，时任总编辑的春台率队外出。作为留守者，我有机会统筹PC、移动、视频等部门，对这个新闻事件做了全面报道。

我还能清楚地记得COO王昕在微信上给我的留言：“晨光，你要抓好两屏和两端。所谓两屏，指PC＋移动；所谓两端，指图文＋视频。要用最全面的手法表达最优质的内容，并在几个渠道上全面展示出来。”

此时，移动媒体的发展态势已经不可阻挡。无论我们怎样努力，PC端的数据都处于平缓状态，而移动端的数据突飞猛进。在我接任搜狐网总编辑之后，移动端的一些报道特征也被逐步开发出来——比如直播。2013年年底，搜狐新闻人赴南非跨国直播了曼德拉葬礼。此内容的提供者是原PC新闻中心，但展示渠道除了PC端之外，新闻客户端首页也全程直播。

2013年年底，在搜狐新闻客户端伙伴年会上，我首次展示了PR动画片《搜狐新闻的六脉神剑》。所谓的“六脉神剑”，指PC、移动、图文、视频、前方直播、后方深度解读。如何把这六种方式进行排列组合，是当时媒体融合的浅层次思考，并为半年后真正的融合打下了基础。

“五大哨所”

正应了那句话，“天下之事，分久必合，合久必分”。真正的媒体融合始于2014年3月末——同样是一个阳光明媚的春天下午，在搜狐媒体大厦18楼，公司董事局主席、CEO张朝阳先生发出了号令。此时，王昕、春台均已离职创业。

第一个改革的部门是我管理的新闻中心。在任何时候，这个部门都是战斗的先锋。在几乎毫无准备的情况下，我被推上了最前线，等待着即将到来的白刃战。

事后，一位媒体老总问我：为什么那么多媒体嚷嚷“媒体融合”，而搜狐做到了。我说：第一，老板Charles强力推进，他有决定公司方向的能力。第二，作为执行者的我没有退路，干不好就得滚蛋。第三，我一直记着刚来搜狐时的“中央厨房”的理想，人总要为理想做点事。

这次改革的逻辑是这样的——如上文所述，改革前，搜狐内容部按照传播介质的不同划分部门，我们有PC编辑部和移动媒体部。PC编辑部分为新闻中心、财经中心、体育中心、军事中心、文化中心等。同样，移动媒体部下面有新闻组、财经组、体育组、军事组等。双方各自生产内容，并在自己的终端分发。比如，同样是策划，《数字之道》这个栏目是PC端的；而《神吐槽》栏目是移动端的。

这种不打通的方式会产生一些问题，特别是资源得不到良好配置。而这次改革的重点就是把部门进行重新排列组合。我们可以把PC门户看成传统媒体，把客户端和手机网看成新媒体，打通两者的平台，建立“中央厨房统一生产，不同餐厅分发”的模式。

首先，我们按照领域的不同，分为新闻、财经、军事、文化、体育等几个大部门。以新闻中心为例，原PC新闻和原移动新闻合为大新闻中心。这个大中心下面又分为两个部门——生产中心和分发中心。

生产中心包括初选组、精选组、精编组，主要是从每天的数万条新闻中，遴选出数十条最重要的报道，提供给分发中心的编辑。

分发中心又称为“五大哨所”，包括PC端搜狐首页、PC端搜狐新闻首页、弹窗首页、APP首页和手机搜狐网首页。“五大哨所”的命名来自

Charles，这是一个非常形象的称谓。这里是用户最集中的地方，超过1个亿。而分发端的编辑也可以根据用户需求，向生产方提出他们需要什么样的稿子。

还拿“中央厨房”作为比喻：五大哨所相当于不同的餐厅，生产中心相当于厨房。五大哨所的编辑相当于餐厅经理，他们更了解顾客的口味；而生产中心的编辑相当于大厨，他们有着自己的拿手菜。

如果你阅读上述文字有些费力，那么仔细对照下面的媒体融合前、融合后示意图，就会一目了然。

改革的代价

改革中遇到的困难和阻力，远非一张图表能够表达清楚。当利益被触动和重新分配的时候，问题便接踵而至。你需要重新规划部门、理顺生产流程、厘清汇报关系。作为改革的操刀者，我也受到了恶意中伤。但我始终没有后悔：这就是改革的代价。谣言迟早会随风飘散，而这场改革会被记入搜狐的历史，也会被记入中国互联网的历史。

在新闻中心的改革中，还有几个重要细节值得拿出来探讨：

（1）全媒体采访部的重新构架。此前，直播的内容由PC新闻中心采访部提供，而后期编辑由移动媒体部直播组负责。两个部门沟通不畅，造成前方记者生产的优秀内容播不出来，而后方的背景资料又跟不上。谁来启动直播也是个问题。融合之后，直播完全由采访部负责——他们派出记者到前线拿料，后方编辑负责直播页面，部门主编负责统筹调度，流程一下子顺了。而记者拿到的“料”除了供应直播之外，还会同步写成深度报道，保证了“一鱼多吃”。

（2）移动端的策划组和PC端的策划组合并，移动端的图片组和PC端的图片组合并。这不仅仅是两个部门的合并，也是所生产内容的融合。从此，《点击今日》《数字之道》等以前只出现在PC端的策划，会同步出现在移动端。这与公司“重移动”的改革战略吻合。

（3）新闻中心用户体验设计部开始发力研究移动端产品。此后，不断有H5新品推出，包括在周永康事件中的“周氏关系树”。

（4）突发事件处理小组重新构架并确定流程。但由于重视不够，原有的诸多优势被淡化，直到2015年3月，新流程才重新出台。

在改革最初的3个月里，我每天都要在不同的会场上穿梭，因为有太多的细节值得探讨。比如，在内容融合的背后，还涉及技术的后台打通。此前，

2013年搜狐媒体内容部格局

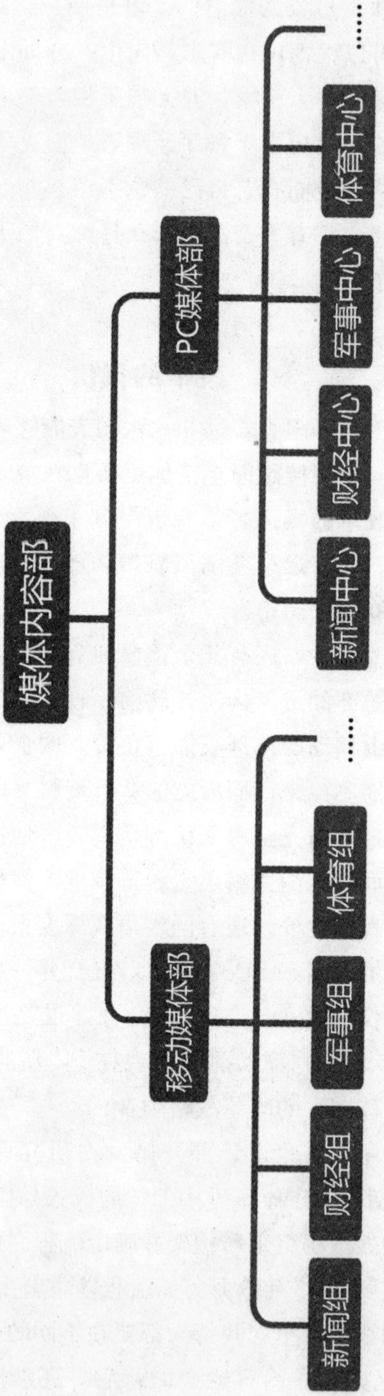

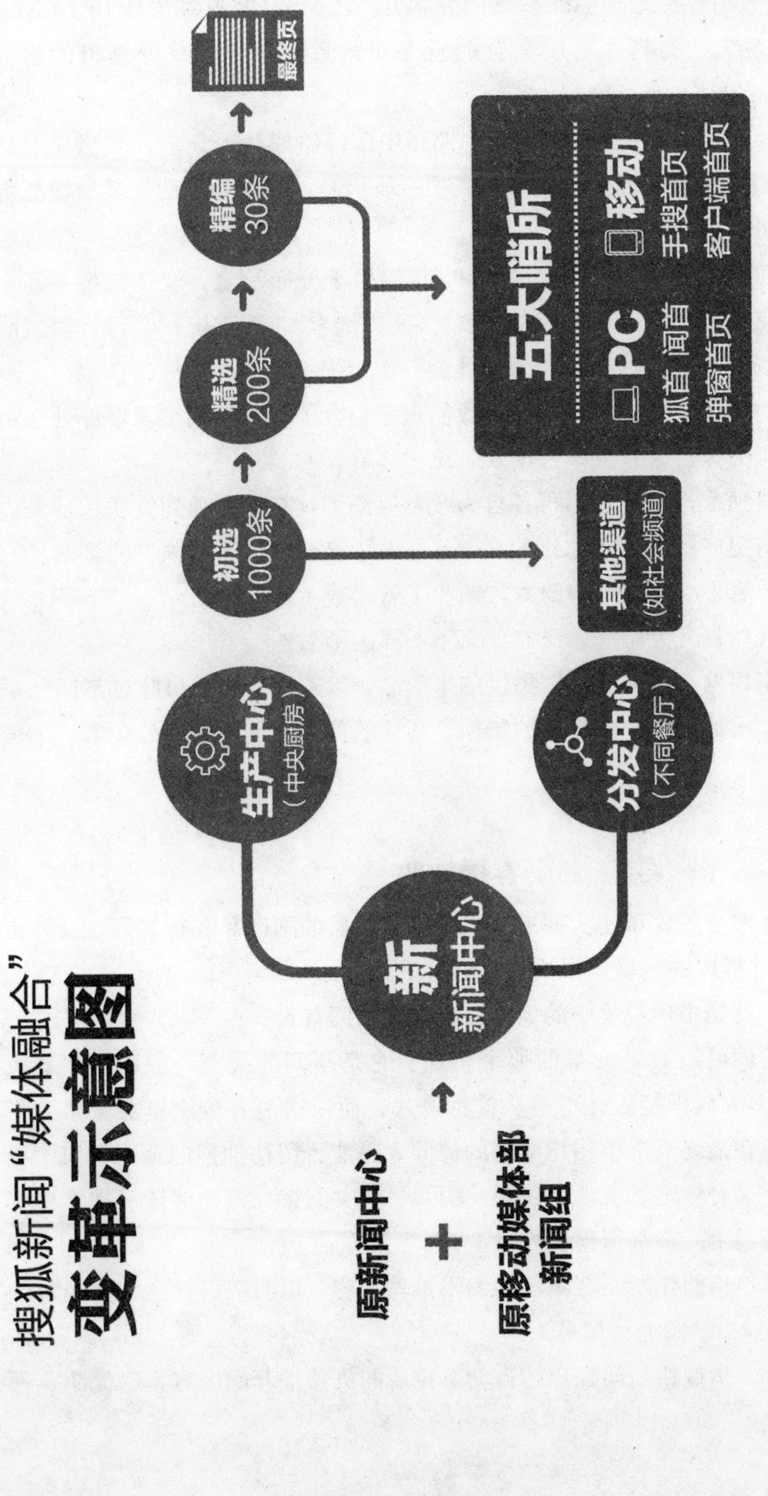

注：这种“中央厨房生产、不同餐厅分发”的模式，在搜狐财经、军事等领域同步实现。

PC端发稿用CMS系统，手机搜狐网发稿用WCMS，客户端发稿用KCMS。而三端发稿系统的打通，对于融合的意义非常重要，可以减少编辑的重复劳动。

2014年10月，在苏州举行的第十四届中国网络媒体论坛上，我做了《从六脉神剑到五大哨所》的主题发言。其中一段话是：媒体融合的变革给搜狐带来了什么好处？

第一，价值观相同。之前移动端和PC端由于分而治之，经常打架。开个玩笑，有人支持《环球时报》，有人支持《南方周末》。现在统一管理，以“改革开放、市场经济、法治国家、公平社会”作为统一的核心价值观。

第二，对重大报道的判断相同。我们重新整合了搜狐新闻突发事件处理小组，重新分类分级。一旦大事件出现，统一部署。

第三，对独家报道推送不再各自为政，保证了具有搜狐独到气质和独家内容的报道能有更广泛的传播。比如，十八届四中全会“依法治国”的策划。

第四，节省了大量人力、财力，减少了管理成本。

那么，既然是五大哨所，又有什么不一样的地方？

哨所编辑根据“中央厨房”提供的半成品，以不同的用户口味、不同的端口风格进行二次加工，包括标题的制作、图片的剪裁、稿件更替的频率、如何应对指令等。

春播秋收

这场媒体融合的变革还为搜狐带来了很多优质的副产品和新名词。这些由Charles创造并推广的名词，很快成为流行语。

主路径：就是用户最集中的地方，比如搜狐网首页。

最终页：你可以看到文章的那个页面。它是新闻的终点，但也是“新大陆”。因为很多人认识搜狐并不是从首页进入，而是通过各种浏览器直接到了最终页。如何在最终页上给用户最好的体验，是能否留住他们的重要手段。而在最终页上，又有标题、文章、视频、图片、相关阅读、延伸阅读、搜索框等诸多元素，每一个元素都值得我们讨论。

头部阅读：指搜狐新闻客户端的编辑推荐内容，以时政、社会、财经等硬新闻为主。

尾部阅读：指搜狐新闻客户端自动下拉后的机器推荐的内容，以健康、教育、美食等资讯为主。

…………

而在改革之后，我思考的一个核心问题是，如何能让这样的大中心的各个部门实现无缝对接，特别是当重大新闻事件出现的时候。

2015年春节，我又把新闻中心业务线的产品综合在一起，绘制了一张图。还是用那个比喻：新闻中心生产的所有菜品都集中在这个“中央厨房”里，那么餐厅如何选择？（参见本书上编第十二章）

在绘制这张图的时候，思想又回到了3年前王昕面试我的那个场景里。正是因为她的希望，我从未放弃心中的理想，百折不挠。

而她的创业项目“春播冷鲜”已经上线。在2015年春节，我和我的同事们吃到了这位前领导送来的优质大米。又是一个春天，又该播种了——希望我们的中央厨房能做出让顾客满意的美味佳肴！

第九章 穹顶之下的雾霾频道

文｜吴晨光

正当本书即将付印时，一段名为《穹顶之下》的视频震动了中国。有传媒学者统计，它在各种平台上播放了接近3亿次。连续3天，微信朋友圈为此刷屏。

这是一部关于雾霾的调查节目，时长超过一小时。它走红有3个原因：其一，雾霾是一个公众非常关注的话题；其二，调查本身比较扎实，而且使用了诸多新媒体手段，并用一个孩子的成长作为开头，很煽情；其三，调查者柴静，曾是央视知名记者，也是畅销书《看见》的作者。

指针与雷达

此事发生初期，搜狐新闻表现平平。2015年3月1日——当柴静和她的视频已经成为全中国唯一的热点时，我们并没有像以往那样推出自己的独家报道，甚至在某个“哨所”上，相关新闻只有一行。

事后反思，我认为这是编辑新闻预判能力的不足。《穹顶之下》与公审薄熙来不同，后者是重要的时政硬新闻，容易引起关注；但前者是话题类的“软新闻”，而且以一种比较软的方式在朋友圈蔓延，就容易被忽略。包括春节流行的“红包”，也属于很软但关注度很高的题材，甚至超过了央视春晚。如果在PC时代，为此搭建一个相关专题是必需的。

3月1日晨，为全国“两会”视频节目忙碌了一夜的我看到《穹顶之下》被搜狐新闻忽略，怒火中烧。我打电话给相关值班编辑，第一句是：“你是木头吗？朋友圈都刷屏了，你没一点感觉吗？”

这虽然是气话，但提出了一个问题：对新闻价值的判断，如何更准确？哪些指标，可以为编辑选新闻提供参考？

在搜狐新闻 2014 年那场变革中，我的老板 Charles 曾经提出了这样的概念：指针（雷达）＋人工判断＝重要新闻点。

所谓指针和雷达，是指通过后台大数据，实时监测网络热点。搜狐能掌握的大数据包括 SOGOU 搜索，根据其搜索的热词等数据进行判断——不仅是当时大家搜索的热点，还包括对热点未来走势的分析。遗憾的是，指针、雷达功能在改革中并没能实现。所以，判断新闻主要还是靠人力。当然，微博、微信等公共平台上多次出现的焦点话题，可以给我们粗略的参考。

新闻就是如此功利。如果你错过了某一个节点，事后再来补救，要付出 10 倍代价。3 月 1 日，网络已经从各种角度来解读此事——科技、伦理、传播，甚至柴静的隐私，以及《穹顶之下》背后的阴谋论，你很难找到新角度、提供增量。难道在这场至关重要的战斗里，搜狐新闻就这样输掉了？

雾霾频道　横空出世

在这个关键时刻，搜狐新闻客户端技术团队发力了。一个由机器自动抓取雾霾相关文章的聚合式频道在 3 月 1 日中午上线；一篇洋溢着激情同时充满高科技含量的发刊词在朋友圈流传——

当《穹顶之下》给国人敲响了最强烈的一次警钟，当各种议论纷攘而至，我们更愿意在一片喧嚣中脚踏实地地去“做”。

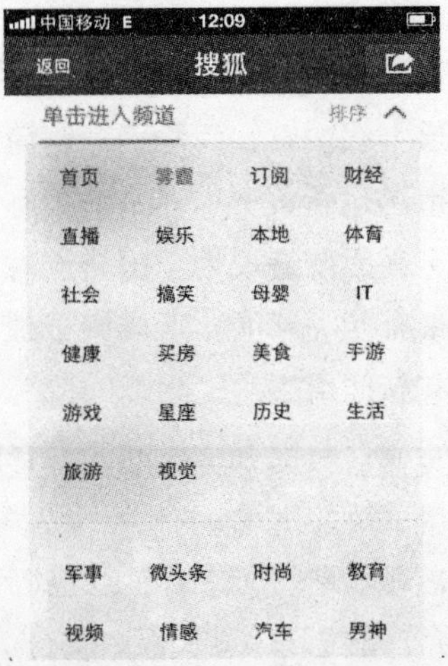

搜狐新闻客户端“雾霾频道”利用了5.0版本在上线时便推出的目前最超前的“主动个性阅读”解决方案Topic方式。即用户可以自定义任何关注事务（例如某明星、剧集、事件、产品）等为个性频道标签，在客户端顶部的标签栏呈现，用户滑动手指即可阅读，并且可以根据浏览次数智能排序。这个功能不仅极大地提高了阅读的精准性，而且让信息的获取过程省时省力，可谓一劳永逸，对用户体验的提升，尤其是个性化体验的提升十分明显。

此次“雾霾频道”上线，便是采用了这种新闻聚合的模式，使得公众关注的事件、热点可以快速地被搜集聚合在一个频道中，方便用户的阅读……

这个频道取得了不俗的阅读量，并强化了搜狐新闻的口碑。正因为其影响力大，后来被更名为“治霾频道”，更“正能量”。

聚合的魅力

频道上线次日，我写了一篇简短的业务总结，发给缪贝影。她是搜狐新闻客户端市场运营负责人，一个很有灵气的女孩。该总结如下：

当雾霾因柴静成为全国热点时，搜狐新闻客户端推出了“雾霾”频道，使用机器聚合相关新闻，形成阅读流。这种方式应成为未来新闻APP的重要模式——有新闻由头的“兴趣阅读”。

很明显，与没有由头的“聚合阅读”相比，此类频道更容易传播、更容易吸引用户。按此推论：

（1）春节期间应聚合“红包”频道。

（2）马航MH370失联一周年，可做“纪念MH370”频道。

构成此类频道的几个要素：

(1) 绝对热点，公共话题。

(2) 这个热点不会随着新闻的过去而消失，在未来依然会形成持续关注。一个反例是，微博上热议的“裙子颜色”，尽管在当时形成热点，但并不能引起持续性讨论，所以用几条新闻表达就够了。

(3) 底线——有些政治类话题不适合，如“周永康”频道是不可以的。

如何形成此类频道？

(1) 必须有敏感的内容编辑对此做出判断，并与技术产品方进行沟通。

(2) 技术方能迅速实现，并开辟更多的入口，把用户导入此频道。

(3) 品牌推广迅速跟上，让更多用户认知。

人与机器谁能胜出

朋友圈中的雾霾终于散去，全国“两会”也进程过半。但思考仍在继续：比如，编辑如何对这类频道进行人工干预？比如，如何重点推荐我们的独家报道？而这种以机器聚合、个性化推荐为核心的资讯类 APP，生命力有多强？

搜狐新闻客户端之所以能推出“雾霾频道”这样的产品，一个最重要的原因是，5.0 以上版本的理念是“人工编辑＋机器推荐”并重。打开这个 APP，首先看到的是像凤凰、新浪一样的新闻编辑推荐内容；当你下拉一下，你感兴趣的内容就会被推荐到位。如前文所述，你也可以选择添加自己感兴趣的频道，比如雾霾、“两会”。

而在目前的市场上，以“兴趣引擎”“个性化推荐”为主打理念、人工编辑为辅助工作的资讯类 APP 有两个：先声夺人的今日头条、异军突起的一点资讯。

2015 年 2 月 10 日，凤凰新媒体以 3 000 万美元收购一点资讯 21％的股份，成为其第一大股东。此前，小米公司是一点资讯的大股东。来自权威数据机构 TalkingData 的《2014 年移动互联报告》称：一点资讯成为当年用户增长最快的移动资讯平台，涨幅接近 2 000％。目前，其活跃用户约 4 000 万，日活跃用户不少于 600 万。一点资讯的目标是：2015 年年底，日活跃用户超过 2 000 万。

“用兴趣搜索了解你的爱好，是拉；用推荐引擎把你感兴趣的东西推荐到位，是推。在反复推拉中，用户能获得自己最感兴趣的东西。”一点资讯创始人郑朝辉的理念，是这类 APP 区别于传统新闻客户端的核心竞争力。根据用户的兴趣和搜索热点，一点资讯下辖的专业频道超过 10 万个。

在一点资讯，这种用户的爱好和兴趣，主要是靠机器发现的。但当《穹顶之下》覆盖全中国时，编辑对机器的提示非常重要。而在此时，个人兴趣等同于公共关注点。你可以在 APP 的首页头条进行强力推荐，点击即可添加或进入这个频道，频道的阅读量就可大增。

但绝大多数媒体人——特别是在传统媒体工作多年的编辑记者，更相信经验、相信自己的新闻判断力。他们认为，自己才是“王”的生产者，机器不能。而“程序猿”们更相信机器，因为他们认为大数据才是最权威、最精准的，而且少了感情色彩，更客观。

如果两者的优势能结合起来，高度、细节、客观、情怀就能融于一体——这或许也是“媒体融合”的另一种解释吧。而两者结合的核心仍然是用户——无论机器算法还是人工推荐，用户的寻求和关注度应该排在首位。

经过搜狐新闻中心与新闻客户端运营人员的沟通，随后上线的搜狐新闻“两会频道”，就采用了“机器抓取＋人工干预”的模式：机器先把所有关于“两会”的新闻抓取到一个频道内，由编辑对其进行重新排序、包装，推荐搜狐重点报道，并严控政治风险。编辑部只用了一个人维护“两会”频道，但如果是全人工操作，恐怕需要几倍的人手。

写下这段文字的下午，雾霾重来。我开车路过五道口搜狐网络大厦，那是我 3 年前初到搜狐时工作的地方。网易公司就在搜狐隔壁大楼，而一点资讯在凤凰投资之后，也租下了附近的一层楼作为新的办公地点。今日头条所在地，距此直线距离也不超过 3 公里。几家 APP 的厮杀，又要在这个“宇宙中心”开始了……

第十章　值班编辑手记精选 12 篇

什么是每日亮点？

亮点是搜狐值班编辑每天要做的一个功课，用文字复盘自己当天创造性的工作，分享在搜狐新闻“五大哨所”的微信群中。

亮点的内容可繁可简，不求大，唯求亮，大新闻可以亮，小新闻也可以亮。

亮点是搜狐新闻“日拱一卒”精神在业务中的直接体现，也是业务学习和积累的一种形式。

读懂搜狐值班编辑们的每日亮点，也基本能理解搜狐新闻的专业密码。

以下是精选的 12 篇值班编辑的“每日亮点”。

一、MH370　PC 搜狐网首页（2014－03－10）

习近平与奥巴马通话 对方对马航事件表示慰问

LIVE 直播：马航客机持假护照乘客系亚洲面孔

调查｜公安部赴马查持有者：恐袭者？偷渡客？

线索｜国际刑警组织：客机发现更多可疑护照

图解：MH370 客机在万米高空可能遭遇什么

推测｜失踪的八种可能 美媒：或被某国军队击落

希望｜解放军启动史上最强救援：九艘舰艇出发

点评　关于马航事故，狐首特别注意编排逻辑，而且改变了之前一个头条带一堆标签、一股脑儿都堆在一起的做法，而改为分成几个小板块，每个板块有不同的主题，然后每个小板块由一个主题带2～3行标签，就如同报纸几个版报道马航事件，每个版分工不同一样。这样层次更清楚。

上午搜救的做一版，主推“解放军启动史上最强救援：九艘舰艇出发”，这种正能量是带给人们希望的稿件；辅文用“马航信息迟缓 已错失搜救黄金时间”对马航进行批评，这也是网友关心的焦点。

假护照事件发酵的一版，主推“持假护照乘客系亚洲面孔”，加公安部调查等辅文。

另外还做了一组推测性的稿件，主稿为“图解：MH370客机在万米高空可能遭遇什么”，辅文用“失踪的八种可能”“美媒：或被某国军队击落”。做这样一组稿，主要是上午搜救内容极少，而现在时间过去近三天，飞机到底是怎么回事，许多网友都在猜测，我们做这一组稿，对“可能性”做了一个梳理，也给网友提供了参考和方向。

中午12点多，我们接到搜狐独家稿件，采访中国驻越南大使馆，然后迅速推到大头条，标题用“独家：越南同意中国海军进入其海域搜救”，不仅体现越南方的配合，更体现中国军人的给力，流量迅速升至第一；用这个大头条重新带了两行关于搜救的辅文。

总之今天处理的原则就是，梳理消息，按主题逻辑归类，通过加点与不加点、加标签的方式，分成几个小板块，避免混乱。

（值班编辑　王昊铎）

二、世界杯　PC搜狐网首页（2014-07-13）

习近平会见希腊总统帕普利亚斯 总理萨马拉斯

李克强：提供良好生态｜会世界知识产权总干事

德国加时绝杀1—0阿根廷 第四次夺世界杯

视频—决赛上半场 下半场 加时 集锦 颁奖典礼

互动聊球：德国是冠军 成三捧大力神杯第一队

英雄｜113分钟格策演绝杀 当选决赛最佳球员

封神｜梅西获金球 J罗6球金靴 诺伊尔金手套

传奇｜K神再创纪录超越马尔蒂尼 只逊1前辈

搜狐视频｜世界杯客场球衣的诅咒 航海王

搜狐世界杯冠军之夜 与群星看巅峰对决

德国 18 球全回顾 冠军之路：狂胜巴西惊世界

梅西哭了！马拉卡纳上空有蓝白色的眼泪（图）

疑情！梅西场上低头干呕不止 三年内狂吐 12 次

忘情！默克尔起立欢呼 惊呆巴西女总统（图）

激情！拉丁天后夏奇拉闭幕式上劲歌热舞（图）

悲情！段暄怀念陶伟：德国夺冠您看到了吗

点评 世界杯的最后一天，德国封王梅西丢冠，狐首上半区都给了世界杯，一区主要是决赛本身，二区则是一些绿茵场之外的内容。由于各种消息比较纷繁，基本都用了标签将其分类归纳，英雄、封神、传奇提炼了球星的表现，疑情、忘情、激情和悲情凸显了足球人生的百味杂陈，而且多是电视直播之外的新闻，提供了更丰富更立体的世界杯信息增量。“成三捧大力神杯第一队”也是狐首最先发掘的点，比起四星德国更有意义；“梅西哭了！马拉卡纳上空有蓝白色的眼泪”则渲染了阿根廷的悲情。

（值班编辑　唐骏）

三、周永康事件　PC 搜狐网首页（2014－07－29）

周永康涉嫌严重违纪被立案审查 简历

原政治局常委 系改革开放后落马最高级别官员

最后亮相：神态怡然回母校中国石油大学（图）

宦海沉浮｜67 年在石油系统 02 年到中央

石油系统｜牵涉中石油腐败案 蒋洁敏等落马

四川政商｜李春城、李崇禧、郭永祥遭查

政法关系｜公安部原副部长李东生涉嫌受贿落马

独家揭秘周永康关系网 成也石油败也石油

儿子周滨：插手油田转卖 政商黑白两道通吃

周氏家族：二弟两次抄家后病故 三弟去年被查

秘书六人组：冀文林、郭永祥等“树倒无凉”

中石油海外高管贾晓霞失踪 系周滨姨妈（图）

搜狐网论：欲要天下无虎 还需反腐法治化

搜狐网论：反腐剑指大老虎见证中央决心

点评 周永康终于落马，狐首第一时间大头条上了单条，随后全面铺开，不惜版面大铺三区，最多时规模达到15条，系各门户之最。一区主讲周永康的简历、过往和派系，二区主要描述周永康家族根系，三区则重推搜狐网论，突出搜狐网的观点。无论是规模还是逻辑上都将周永康事件完整呈现，并且充分运用了搜狐独家原创稿件。

（值班编辑　唐骏　林杨　白琥）

四、依法治国　PC搜狐网首页（2014－10－28）

● 中共推进依法治国若干问题决定发布 解读

构架｜全会文件起草组名单披露 习近平任组长

遵宪｜一切违反宪法行为必须予以追究和纠正

护法｜党政机关和领导干预司法办案可追刑责

打虎｜推进反腐败国家立法 扩大贿赂犯罪对象

瘦身｜点名城管 大幅减少市县执法队伍种类

释疑｜习近平为何说四中三中全会决定是姊妹篇

● 搜狐视频｜剑侠 国土安全 The Kelly Show

● 徐才厚涉嫌受贿犯罪案移送审查起诉

去年2月份其确诊患膀胱癌 已经多个周期治疗

点评 今日最重要的新闻就是四中全会全文决定。得益于新闻预警，事先从辅文、标题做了充分演练，保证标题在仓促之间缩减不影响原意、不出错（虽然有些并未用上）。出消息后第一时间上大头条，迅速铺开，随后加上标签，不断细化要点，从规模上领先对手。

从布局上看，先是依宪执政、违宪追责，再是反腐国家立法、编纂民法典，最后将着眼点落在城管和百姓身上，整体上看既高屋建瓴，又接了地气。其中全会单独点出城管执法倒不常见，狐首标题率先拎出这个点，也回应了近年来备受争议的城管执法问题。

徐才厚的消息早于四中全会，狐首利用这个时间差先上了大头条，标题点出撤销上将军衔，并让军事组精编了军衔的详细内容。当更重要的四中全会出稿后，将其挪到二头条，晚点又放了关于膀胱癌的内容作为辅文，增加了版面的厚度。

（值班编辑　王浩　刘子源）

五、雾霾　PC搜狐新闻首页（2014-03-26）

多城爆表：人面不知何处去 雾霾依旧笑春风

学生室内做健身操 百余高速收费站关闭 保监会叫停"雾霾险"

独家评论：面对雾霾不能习以为常｜当事人：机长眼中的雾霾

点评　雾霾新闻，以前做得比较大，新闻点都做过，如何做出新意？在主标上，用一个比较虚但能引起读者兴味的诗句标题，在辅文处理上突出实点，并且搭配独家评论"面对雾霾不能习以为常"，深度和广度上都得到体现。

（值班编辑　郭磊）

六、官员现象　PC搜狐新闻首页（2014-07-25）

裸官多：广东查出2 190名调整9名厅官

中山市：不是裸官才能提拔｜五类重点岗位需清理 10省启动摸底

贪官横：张田欣推千亿矿产转让称尽管告

都龙锡矿改制：数千亿元矿藏被地产商以1 900余万元控制

县官奇：新马路盖土种豆疑应付国土督察

司机称凌晨拉土盖路县领导指挥｜奇招应对遥测：马路刷绿漆

点评　几个比较好的关于官员的稿子，在版面上祭组合拳，用"裸官多""贪官横""县官奇"三个形象生动的词汇上下对应串接，起到了1＋1＋1＞3的效果。

（值班编辑　郭磊）

七、"十一"黄金周　PC搜狐新闻首页（2014-10-02）

人民网：堵堵堵 拿什么拯救我们的假期？

国庆结婚①：两接亲车队高速相遇 多车跟错 网友：新娘没错吧

国庆结婚②：新人高速上办“婚礼”网友：堵到地老天荒（图）

上头条：济南 1 800 只动物 1 天看了 14 万人

女孩骑男友脖子游公园游客带小孩爬山崖抄近道去景点（图）

独家票选“最坑爹景区”：被宰醉了

井冈山 3 素 1 荤 300 元（图）｜全国 124 个景区首日门票收入 1.4 亿元

点评 国庆节新闻，从路堵、人多、独家票选三个角度做，堵车和人多没有从常规的叙述性说多么挤，而是用了三个例子，独家票选也是国庆期间的一个亮点。

（值班编辑 王昇）

八、山西反腐双响炮 新闻客户端首页（2014－08－29）

老虎“白白” 中纪委反腐三重奏

“挖空”三晋 副省长任润厚落马

白云落马 系山西省统战部部长

青云平步 从护士到副部级高官

黑云压城 山西常委 13 人损 5 人

点评 老虎“白白”，是将当日拿下的白云、白恩培，嵌入标题中；白云、青云、黑云，更是将官员的姓名巧妙运用，同时结合他们的发迹、落马、盘点，使得版面、标题一气呵成，既有细节，又有深度分析。

（值班编辑 苏兆泰 王栋）

九、2014 国庆版面 新闻客户端首页（2014－10－05）

错峰错一起 九寨沟游客撞满怀

爸爸去哪儿 高速被查弃子逃离

数说出境游　中国人每秒花 3 万

赞赞赞　飞机为生病女童返航

难难难　马航 MH370 搜寻重启

乱乱乱　高校科研经费变提款机

贵圈真乱　曝四爷剧组女星被潜

贵圈真艳　王晶邀港姐全裸演戏

奢靡婚风　农村见面礼动辄 10 万

钱景几何 10 张请帖＝俩月工资

点评　(1) 版面题材丰富，主稿是国庆出游的整合、突出点线面，第二组是重要时政新闻，第三组是娱乐新闻，第四组是节日特色的社会新闻；(2) 四组标签，各有特色，各自对仗工整。

(值班编辑　李卓　王栋)

十、反腐报道　手机搜狐网首页（2014－07－10）

酒　河北官员率众豪饮致人死亡被免职

色　落马省部级高官过半涉情妇问题

财　卡塔尔亿元投新疆疑为偷猎洗白

气　醉汉打女儿遭网友轮番登门"教训"

点评　古人曾将酒色财气作为人生四戒，恰好当时出了河北官员豪饮致人死亡的新闻，于是用酒色财气来将当天的四条新闻分门别类地带出，大致分别对应"因酒致死""因色落马""以钱洗白""因气打抱不平"。在新闻整体比较平淡的时候将单独放可能效果不一定太好的报道有机地串联起来，保持较高流量的同时，形成了一个从国内新闻向社会新闻的过渡。

(值班编辑　毕志远)

十一、周永康事件　手机搜狐网首页（2014－07－29）

中央决定对周永康立案审查

专题｜系改革开放后被查最高级别官员

简历｜曾任中央政治局常委、政法委书记

详解｜常委级大老虎如何查？先上报中央

独家｜最后的自由：周永康近两年活动一览

网论｜欲要天下无“老虎”还需反腐法治化

独家：起底周永康 政治嗅觉灵

大家族｜堂弟构筑金钱帝国 两兄弟皆被查

身边人｜打虎先拔牙 秘书组六人先后被查

朋友圈｜刘汉攀上周滨 借Z判死对手

石油系｜中石油高管贾晓霞失踪 周滨姨妈

四川系｜李春城李崇禧等三名老部下均落马

点评 今日周永康事件，手搜第一时间给足面积和位置。

大头条围绕周永康本人展开，同时立即带新闻专题，大胆使用独家稿件同时配发评论。从事件本体到新闻纵深到最后观点的展示，体现新闻厚度。

二头条大推我们的独家策划，起底周永康。标题用“起底”“政治嗅觉”，体现揭秘感。

辅文则解读周永康的周边人、周边事。标签醒目，细节丰富。

除了大头条和二头条，手搜充分利用要闻区，用了7条的位置，继续揭秘其子周滨。

（值班编辑 王健 王浩 刚晓宁 郭天力）

十二、念斌案 手机搜狐网首页（2014－08－22）

死生死生死生死生 念斌最终获无罪

点评 2006年的福建“念斌投毒案”致两人死亡，七年间历经法院多次审判，念斌被四次判处死刑，随后均被驳回重审，昨日又终审被判无罪。多家媒体之所以聚焦此案，不仅因为其过程曲折，而且其本身代表着社会法治进程的累积，或许成为国家法制史上的一个经典案例，从一个小人物的命运折射出中国文明的进步。标题连用了四个死生，影射了主人公曲折的人生命运。

（值班编辑 王浩）

第十一章 截稿新闻：关于李光耀的最后一战

文｜吴晨光

2015 年 3 月 18 日——就在本书截稿的前一天，又发生了一件全球关注的重大新闻。与本书此前记录的所有新闻不同，这是个虚假报道。但中国主流网络媒体几乎无一幸免，全部陷入这场乌龙事件之中。

李光耀被逝世了

乌龙事件的主角叫李光耀，新加坡前总理，一位 91 岁的老人。正如搜狐评论《我们为什么如此关心李光耀》中所说，“这位有着狐狸型思想家美誉的政治家一生波澜，治小国却晓天下，是睿智的经济行动派，更是强力的政治领袖。因为极其勤勉的努力和辉煌的成果，在为数百万新加坡人民带来福祉同时，也赢得了无数重要人物的赞誉”。

就在今年 3 月中旬，关于这位伟人病情加重的消息已被媒体多次公布。按照“搜狐新闻重大突发事件处理流程”，我们将此事定为二级——一旦不幸的事情发生，立即启动相关程序。

凤凰新媒体 CEO 刘爽有个理论，要能把“遭遇战”打成“阵地战”。这位媒体大佬的意思是，很多突发事件提前可以准备好相关素材，一旦突发事件出现，立即抛出。这也是搜狐新闻一贯的风格，在李光耀报道上，相关专题、深度报道和评论早已备好。

18 日 21：50 分，有人在“新加坡总理公署网站截图”上看到了李光耀逝世的消息。但事后证明——这是个十足的假消息，源于推特。因为这个后来广为流传、连美国 CNN 都中枪的页面，根本不是总理公署发出来的，而是一个

16岁的男孩伪造的，公署已经为此报警！

但包括新浪、搜狐、网易、凤凰在内的所有网站编辑，都没有HOLD住自己激动的心情。在各个APP上，争先恐后地出现了这样的Push语：据外媒报道，新加坡前总理李光耀逝世。有些客户端甚至连“据外媒报道”都省略了。与此同时，中国新闻社、中央电视台等官方媒体的新媒体机构也重点播报了此事。

看到搜狐新闻APP的推送之后，我的第一反应是：外媒，哪家外媒?！而当我看到“五大哨所”已经把消息铺开，并把“外媒称”都省略掉时，我在微信群里大喊：第一，迅速查找信源！第二，撤下所有搜狐原创、策划类稿件——特别是那篇为李光耀“盖棺定论”的评论。在消息不确认的时候，你这样说，就等于认可了他逝世的消息。

此时的中国媒体，乃至全球媒体，已经陷入一片狂热。关于李光耀的各种消息铺天盖地，但没人去核实他离世消息的真假。

我在搜狐“五大哨所”微信群里拼命喊叫，让编辑们保持克制。但在群情激奋的环境下，你很难控制场面——所有的媒体都在抢报道，谁能够置身事外?

乌龙球更是新闻

果然在几分钟之后，辟谣的消息到了——李光耀虽然病情恶化，但根本没死！又是一片混乱——编辑们开始手足无措地撤稿、删稿、道歉。

这几分钟里，搜狐新闻打出了与众不同的3张牌：

第一张牌：一篇300多字的消息是采访部负责人王鹏的速写。该消息的标题是《李光耀病危全球关注　假网页引发乌龙死讯》。道理很简单，“你站在桥上看风景，看风景的人在楼上看你”，这张牌打的是不同视角。一位总监当时和我争论，因为搜狐也是刊发乌龙报道的媒体之一，发这篇稿子是否合适?我的回答：我们错了，可以道歉；但一码归一码——“乌龙球”是个大新闻，是新闻就要报道。

事后证明，这是一个正确的判断。在那个时间段里，几乎所有人都在讨论这个乌龙新闻，而搜狐是第一家从这个视角解读的媒体。

第二张牌：事先准备祭奠伟人的评论，改头换面上版面。这就是后来在朋友圈刷屏的搜狐独家《我们为什么如此关心李光耀》。此文对这位新加坡前总理的生平做了详细的梳理，特别是指明了他所主导的“强人政治”时代——这与中国现状相当吻合。

非常庆幸搜狐新闻评论主编宁二提前准备的这篇原本用于追思的文章。而在当晚9：00,我在路边小摊上一边吃羊肉串，一边审核了此文。如果没有看过全文，我也不会想到将其重新包装上线。乌龙新闻把李光耀提到了前所未有的关注度上，这篇评论在此刻刊发的价值，甚至高于他真正离去时刊发。

第三张牌：让直播部门迅速就位，一边连线新加坡总理公署，一边寻找当地权威媒体记者，核实消息。这个时候，谁能发出真实的消息，谁就是全球媒体的榜样。我们强调角度、强调发现黑天鹅，但最牛的角度其实是没有角度，是把核心事实搞清楚。

第二天，我又叮嘱所有值班编辑：只要确认消息，坚持第一个发出。因为18日的假消息会让很多媒体缩手缩脚，正是这个时候，搜狐新闻才要“逆势而上”。

living for news

这三张牌打完之后，已经是深夜11：30。我望着窗外阑珊的灯火，却未能长出一口气。其实，这些事情的发生、判断和处理就在那10分钟以内。如果你是一个新闻人，应该能够感受到当时的紧张。这就像一场大战，对手的兵力布局突然发生了重大变化，作为指挥官的你，该如何判断，如何应对，才能打赢？

我又拿起了那张“搜狐新闻重大突发事件处理流程图”，细细品味。这是我们用了3年时间制作完成的图，清晰简明、一目了然——包括每一个岗位、每一个人、在每一个时刻应该干什么。但是，有了它，就能应对所有突发事件吗？

一个好的报道主题、一个优秀的指挥者、一群“狼”的协同配合……这些都远远超出了图的范畴；我们有几十万字关于突发事件的分类、总结，但到头来还是成了传递乌龙球的媒体。我们的准备不可谓不充分，但这个“阵地战”我们输了一局。

在本书截稿的深夜里，我把这些真实感受，再次整理成“日记”，作为本书的最终一章。如同《笑傲江湖》中风清扬对令狐冲所说：你虽然拿到了《独孤九剑》剑谱，但只有在江湖上纵横20年后，才能成为一流高手。理论很重要、总结很重要、书也很重要，但在各种战斗中不停血拼，击败各路高手，才会有真正的进步。

而新闻的魅力正在于此。因为它多变。规律虽然可以总结，但每一个案例又不雷同，很多是意料之外、情理之中。那些 living for news 的人是最幸福的，因为每天都有不同的日记，哪怕是一点一滴，等待我们去书写。

2015 年 3 月 19 日

全书完稿

编者补注：

2015 年 3 月 23 日凌晨，李光耀先生逝世。

图书在版编目（CIP）数据

超越门户：搜狐新媒体操作手册/吴晨光主编．—北京：中国人民大学出版社，2015.4
ISBN 978-7-300-21033-9

Ⅰ.①超…　Ⅱ.①吴…　Ⅲ.①互联网络-新闻编辑-手册　Ⅳ.①G213-62

中国版本图书馆 CIP 数据核字（2015）第 060721 号

超越门户
搜狐新媒体操作手册
吴晨光　主编
Chaoyue Menhu

出版发行	中国人民大学出版社		
社　　址	北京中关村大街 31 号	**邮政编码**	100080
电　　话	010－62511242（总编室）		010－62511770（质管部）
	010－82501766（邮购部）		010－62514148（门市部）
	010－62515195（发行公司）		010－62515275（盗版举报）
网　　址	http://www.crup.com.cn http://www.ttrnet.com(人大教研网)		
经　　销	新华书店		
印　　刷	北京鑫丰华彩印有限公司		
规　　格	170mm×240mm　16 开本	**版　　次**	2015 年 5 月第 1 版
印　　张	16 插页 1	**印　　次**	2017 年 12 月第 3 次印刷
字　　数	260 000	**定　　价**	39.80 元